Josef Lauter
Fundament der Grundschulmathematik

W0175179

Josef Lauter

Fundament der Grundschulmathematik

Pädagogisch-didaktische Aspekte des
Mathematikunterrichts in der Grundschule

 Auer Verlag GmbH

Meinen Studentinnen und Studenten
an der Pädagogischen Hochschule Schwäbisch Gmünd
seit 1969

Gedruckt auf umweltbewusst gefertigtem, chlorfrei gebleichtem
und alterungsbeständigem Papier.

4. Auflage 2005
© by Auer Verlag GmbH, Donauwörth
Alle Rechte vorbehalten
Das Werk und seine Teile sind urheberrechtlich geschützt. Jede Nutzung in anderen
als den gesetzlich zugelassenen Fällen bedarf der vorherigen schriftlichen Einwilli-
gung des Verlages.Hinweis zu § 52 a UrhG: Weder das Werk noch seine Teile dürfen
ohne eine solche Einwilligung eingescannt und in ein Netzwerk eingestellt werden.
Dies gilt auch für Intranets von Schulen und sonstigen Bildungseinrichtungen.
Satz: Fotosatz Buck, Kumhausen
Druck und Bindung: Ludwig Auer GmbH, Donauwörth
ISBN 3-403-02109-2

Inhaltsverzeichnis

I. Vorwort

Im Mathematikunterricht der Grundschule muss das Kind im Mittelpunkt jeder Überlegung stehen.

Jede Erörterung und Bearbeitung fachwissenschaftlicher, fachdidaktischer oder methodischer Fragen zur Grundschulmathematik hat von dieser Prämisse auszugehen und hat nur dann Sinn und Berechtigung, wenn dadurch die Verbesserung des kindlichen Lernens im Unterricht bewirkt werden kann.

Kindliches Lernen ist aber umfassend zu sehen. Keineswegs darf es ausschließlich als ein intellektueller Akt aufgefasst werden. Auch der Mathematikunterricht, und gerade dieser, muss alle Anlagen und Fähigkeiten des Kindes berücksichtigen und fördern, auch seine emotionalen, sozialen und motorischen Möglichkeiten und Fähigkeiten. Das ist möglich, wenn fachdidaktische mit pädagogischen und allgemein-didaktischen Gesichtspunkten integriert im Mathematikunterricht beachtet werden.

Eben das ist die Intention dieses Buches. Es will somit nicht primär als Report der neuesten wissenschaftlichen Forschungen zur Didaktik der Mathematik verstanden werden. Zwar werden Ergebnisse der fachdidaktischen Forschung berücksichtigt, jedoch speziell die, deren Bedeutung und Relevanz im Mathematikunterricht der Grundschule erprobt sind. Insbesondere soll durch zahlreiche Beispiele die Bedeutung der didaktischen Fragestellungen für den täglichen Unterricht demonstriert und betont werden. Didaktische Forschung und täglicher Unterricht „vor Ort" sind nicht zwei verschiedene Welten, zwischen denen sich höchstens in seltenen Sternstunden sporadische Kontakte ergeben. Mathematikunterricht in der Grundschule ist im Gegenteil ständiges Anwendungs- und Erprobungsfeld der allgemeinen Didaktik und der Fachdidaktik. Umgekehrt muss didaktische Forschung ständig durch die Unterrichtspraxis angeregt und befruchtet werden. Unterricht ohne das Fundament didaktisch abgesicherter Erkenntnisse ist blind, didaktische Forschung ohne die Verifikation in der breiten Unterrichtspraxis ist leer.

Ich möchte mit der praxisnahen, aber wissenschaftlich begründeten Darstellung wichtiger Problemkreise zum Mathematikunterricht allen den Lehrerinnen und Lehrern eine Hilfestellung geben, die im Unterricht nicht nur auf Grund schmalspuriger Vorbereitung von der „Hand in den Mund" leben, sondern mehr wissen möchten über das komplexe Unterrichtsgeschehen, das, Tag für Tag durch ihre unterrichtlichen Maßnahmen gelenkt und gesteuert, vor ihren Augen abläuft.

In dieses Werk gehen über 20-jährige Erfahrungen mit dem Mathematikunterricht in der Grundschule ein. Die Beispiele sind, falls sie nicht aus der angegebenen Literatur entnommen sind, selbst erlebt und beobachtet. So gehen auch viele Anregungen in dieses Buch ein, die in der Unterrichtspraxis mit den Studentinnen und Studenten erarbeitet und erprobt wurden. Meinen Studentinnen und Studenten der Pädagogischen Hochschule Schwäbisch Gmünd in der Zeit seit 1969 bis heute, denen ich dieses Buch widme, danke ich damit für die erfreuliche Zusammenarbeit und die zahlreichen befruchtenden Diskussionen in Seminaren und der Schulpraxis.

Auswahl und Reihenfolge der in diesem Buch angesprochenen Themen sind nicht primär wissenschaftlich begründet. Vielmehr sind es Themen, die nach Ansicht des Verfassers für den täglichen Unterricht von großer Bedeutung sind. Mit den Zielen des Mathematikunterrichts, mit Motivationsmöglichkeiten, mit Differenzierung und Leistungskontrollen, aber auch mit Lernschwierigkeiten und Übung wird jeder Mathematiklehrer in seinem Unterricht täglich konfrontiert. Damit erhebt das Buch keineswegs den Anspruch, den gesamten didaktischen Bereich des Mathematikunterrichts in der Grundschule abzudecken. Die Aufbereitung der inhaltlichen Themen wurde ja schon vor längerer Zeit in meinem Werk „Methodik der Grundschulmathematik" durchgeführt. Aber auch darüber hinaus ist das Feld der didaktischen Unterrichtsforschung zum Mathematikunterricht der Grundschule unabsehbar und nicht in einem einzelnen Werk vollständig zu referieren. Dennoch glaube ich, mit diesem Werk „Fundament der Grundschulmathematik" den praktizierenden Lehrerinnen und Lehrern, vor allem aber auch den Studentinnen und Studenten sowie allen, die sich in der Ausbildung zum Lehrberuf befinden, eine Hilfe für ihren schweren, aber auch schönen Beruf der Grundschullehrerin oder des Grundschullehrers geben zu können.

Besonderen Dank schulde ich meinem Kollegen Herrn Oberstudienrat i. H. Hans Joachim Gnirk für die kritische Durchsicht des Manuskripts sowie für zahlreiche fruchtbare Diskussionen.

Josef Lauter

Um männliche und weibliche Leser gleichermaßen anzusprechen und um die Lesbarkeit zu erleichtern, verwenden wir im vorliegenden Werk abwechselnd die männliche und weibliche Form der Personenbezeichnung.

II. Psychologische Grundlagen des Mathematikunterrichts

1 Einführung

Der Mathematikunterricht in der Grundschule und darüber hinaus in allen Schularten konstituiert sich aus dem Bestimmungsgefüge von der Fachwissenschaft Mathematik, gesellschaftlichen (pädagogischen) Bedingungen und persönlichen Lernvoraussetzungen des Schülers. Alle drei Komponenten haben für einen effektiven Mathematikunterricht existenzielle Bedeutung und jede einseitige Betonung oder Vernachlässigung einer dieser drei Komponenten führt zu verkümmerten Missbildungen im Unterricht. Mathematikunterricht in der Grundschule kann nicht nur fachwissenschaftlich begründet und ausgerichtet sein, ebensowenig wie er sich nur an dem gesellschaftlichen Umfeld und den pädagogischen Rahmenbedingungen orientieren kann. Ebenso sträflich ist aber auch ein Mathematikunterricht, der nicht die psychologischen Lernvoraussetzungen der Kinder mit einbezieht und berücksichtigt.

Jeder pädagogische Erfolg, darauf macht Strunz (1971, S. 30) aufmerksam, hängt von äußeren und inneren Faktoren ab. Mit den ersteren sind Lehrer und Stoff des Unterrichts gemeint, mit den letzteren aber die Person des Schülers und dessen innere Konstitution, die einen Bildungs- oder Lernerfolg erst ermöglichen. Damit ist das angesprochen, was mit dem Begriff Bildsamkeit gemeint ist, der sich aus einzelnen Faktoren wie Begabung, Intelligenz, aber auch Entwicklungsfähigkeit und Grundmotive des Menschen zusammensetzt. Damit hat die Psychologie im Rahmen der Überlegungen zum Mathematikunterricht in der Grundschule die Aufgabe, die internen Voraussetzungen für das Mathematiklernen beim Schüler zu klären und dem Lehrer auf diese Weise Hilfestellung zu geben, die methodisch notwendigen Maßnahmen auf den jeweiligen Entwicklungsstand des Kindes abzustimmen.

Vor allem die Forschungen der Psychologen Piaget, Bruner und Gagné haben sich dieser Aufgabe gewidmet, sodass hier auf die Ergebnisse dieser drei Wissenschaftler besonders eingegangen werden soll.

2 Die Psychologie von Piaget

2.1 Die Äquilibrationstheorie

Wenn man über psychologische Bedingungen des Mathematikunterrichts in der Grundschule nachdenkt, kommt man an den Forschungsergebnissen des Schweizer Kinderpsychologen Jean Piaget (1896–1980) nicht vorbei. Er hat durch seine Forschungen die Grundlage dazu geschaffen, den Zahlerwerb und die Entwicklung des mathematischen Denkens beim Kind besser zu verstehen. Wenn auch seine Forschungen in Einzelheiten kritisiert wurden (siehe Stampe, 1984, S. 40), so sind die Grundzüge seiner Ergebnisse nach wie vor von großer Bedeutung für den Mathematikunterricht in der Grundschule.

Piaget geht davon aus, dass die Intelligenz des Kindes sich genetisch in der Auseinandersetzung mit der Umwelt bildet. Intelligenz ist also keine statische Eigenschaft eines Individuums, sondern ist entwicklungsabhängig. Die Intelligenzentwicklung kann also evolutionär aufgefasst werden und entspricht der biologischen Entwicklung.

Auf einer solchen biologischen Grundvorstellung beruht die sog. Äquilibrationstheorie (Gleichgewichtstheorie). Sie geht davon aus, dass das Individuum in einer Umwelt lebt, die Zwänge und Kräfte ausübt und sich ständig verändert. Das Individuum ist also zur Auseinandersetzung mit der Umwelt gezwungen.

Dazu baut das Individuum (Kind) sog. Schemata auf. Ein Schema ist (nach Wittmann, 1974, S. 45) ein „Operations-, Denk- oder Erklärungsmuster, das in die kognitive Gesamtorganisation des Individuums integriert ist und die Aktivitäten des Individuums steuert", mit anderen Worten, ein Schema ist ein internes Teilbild von der Umwelt. Die formalen Strukturen der Mathematik, die Begriffe, Sätze, Grundgedanken und Theorien sind solche Schemata.

Das Kind ist nun bestrebt, dass zwischen der Umwelt und dem internen Bild von der Umwelt (Schema) Gleichgewicht herrscht. Herrscht ein solches Gleichgewicht, so lebt das Individuum mit seiner Umwelt im Einklang. Die Umwelt entspricht seinem inneren Bild von der Umwelt.

Sind Umwelt und Schema nicht in Einklang, so besteht das Bestreben, diesen Einklang herzustellen (Adaption). Dies kann auf zwei Arten geschehen:

1. Das Individuum versucht, sein Schema beizubehalten und möglichst viele Erscheinungen diesem Schema unterzuordnen. Dieser Vorgang wird mit Assimilation bezeichnet. Neue Erscheinungen in der Umwelt werden also mit einem schon bekannten Erklärungsschema interpretiert.

   Beispiel:

   (1. Klasse, Lehrplaninhalt: Arithmetik)

   Von der Anwendung schon gebildeter Schemata auf weitere Erscheinungen macht man in der Didaktik der Mathematik häufig Gebrauch, etwa bei der sog. dekadischen Analogie: Für das Kind heißt dies: Wie man im ersten Zehner rechnet, so kann man in allen Zehnern rechnen.

   23 + 6 = 29   weil 3 + 6 = 9
   31 + 5 = 36   weil 1 + 5 = 6 usw.

   Das Schema der Addition von Einern zu Einern wird auf möglichst viele Fälle in allen Zehnerabschnitten ausgedehnt.

2. Das Individuum versucht den Einklang zwischen Umwelt und Schema dadurch zu erzielen, dass es bei einer neuen Erscheinung die ihm zur Ver-

füg ung stehenden Schemata abändert oder neue Schemata aufbaut. Dieser Vorgang wird *Akkomodation* genannt. Während bei der Assimilation das Schema konstant bleibt und die Erscheinungen variieren, wird bei der Akkomodation die (neue) Erscheinung festgehalten und die inneren Erklärungsmuster (Schemata) variiert.

Beispiel:

(4. Klasse, Lehrplaninhalt: Arithmetik – schriftliche Multiplikation)

Ein Musterbeispiel für die Anwendung eines zunächst nicht zutreffenden Schemas und den folgenden Aufbau eines neuen Schemas ist das Rechnen mit der Null. Das Kind hat zunächst die Rolle der Null bei der Addition kennen gelernt, nämlich dass bei Addition der Null die Zahl unverändert bleibt:

$3 + 0 = 3$
$0 + 7 = 7$

Es wendet dieses Schema dann auch später fälschlicherweise bei der Multiplikation an, indem es rechnet:

$3 \cdot 0 = 3$
$0 \cdot 7 = 7$

Gerster (1982, S. 128) macht darauf aufmerksam, dass Fehler der Art $7 \cdot 0 = 7$ etwa doppelt so häufig sind wie Fehler der Art $0 \cdot 7 = 7$. Er führt dies auf das beim Schüler vorhandene Schema zurück, dass man mehr erhält, wenn man mit 7 multipliziert, im Gegensatz zu dem Fall, dass man mit 0 multipliziert (Multiplikator an erster Stelle).
An diesem Beispiel zeigt sich auch, dass das Schema der Kommutativität der Multiplikation im 3. Schuljahr noch keineswegs gefestigt ist.

Im konkreten Fall laufen Assimilations- und Akkomodationsprozesse immer verschachtelt ab. Im Unterricht werden Widersprüche zu bereits erworbenen Schemata ja geradezu als Möglichkeiten genutzt, die Schüler durch diesen kognitiven Konflikt zu motivieren (siehe Kap. V. 2.3.5). Auch dazu ein

Beispiel:

(3. Klasse, Lehrplaninhalt: Größen – Gewicht)

Bei der Behandlung der Gewichte bringt das Kind sicher das Schema mit, dass große Gegenstände schwer und kleine Gegenstände leicht sind. Im Unterricht empfiehlt es sich daher, die Kinder schätzen zu lassen, ob ein Gegenstand leichter oder schwerer ist als ein anderer, ohne dass sie zunächst die Gegenstände in die Hand nehmen. Besonders geeignet sind dazu große Gegenstände aus Kunststoff, etwa ein großer leichter Schaumstoffwürfel, dem man nicht sofort ansieht, dass er aus Schaumstoff ist, und ein kleiner Gegenstand aus einem schweren Metall, etwa Blei. Zunächst werden die Kinder dem größeren Gegenstand das größere Gewicht zuordnen, weil sie das erworbene Schema: „Größer – Schwerer" beibehalten wollen. Dieses Schema muss aber abgeändert werden, wenn das Kind die tatsächliche Erfahrung des Gewichts gemacht hat, indem es beide Gegenstände gleichzeitig in die rechte und linke Hand nimmt.

Um die Äquilibration ganz verstehen zu können, muss man bedenken, dass die Denkentwicklung nach Piaget immer eine Entwicklung zur größeren Beweglichkeit des Denkens ist. Folglich, und darauf macht Steiner (1973, S. 144) aufmerksam, ist das Gleichgewicht zwischen Umwelt und Schema nie statisch. Vielmehr ist es die Beweglichkeit der Schemata, deren Interaktionen das Gleichgewicht bewirken. Nach Piaget ist ein gutes Gleichgewicht durch ein Maximum an Denkaktivität und ein Maximum an Offenheit gekennzeichnet. Das schnelle Bilden und gegebenenfalls Abändern der kognitiven Schemata ist also ein Zeichen für den intelligenten Schüler.

2.2 Die Stufentheorie

Das Hauptaugenmerk bei den Forschungen von Piaget und seinen Mitarbeitern war nun auf die Frage gerichtet, welche Schemata das Kind im Laufe seiner kognitiven Entwicklung bildet und modifiziert.
Dabei ergaben sich drei Hauptresultate (nach Wittmann, 1974, S. 52):

1. Die psychologische Entwicklung des Kindes verläuft etappenweise. Jede Etappe (Stadium, Stufe) ist durch ganz spezifische Formen der inneren Organisation charakterisiert.
2. Die Entwicklung ist sequenziell, also alle Kinder durchlaufen die Stadien in gleicher Reihenfolge.
3. Der Übergang von einem Stadium zu dem nächsten ist durch eine Umorganisation der Schemata gekennzeichnet und nicht nur durch Hinzufügen neuer Schemata.

Man kann fünf zeitlich aufeinander folgende Stufen unterscheiden, nämlich

– die Stufe der sensomotorischen Intelligenz (bis ca. 2 Jahre),
– die Stufe des symbolischen und vorbegrifflichen Denkens (ca. 2 bis ca. 4 Jahre),
– die Stufe des symbolisch – anschaulichen Denkens (ca. 4 bis ca. 7 Jahre).

Diese drei Stufen werden auch zum präoperatorischen Stadium zusammengefasst:

– die Stufe des logisch konkreten Denkens (konkret operatorisches Stadium) (ca. 7 bis 11 Jahre),
– die Stufe des formalen Denkens (formal operatives Stadium) (ab 12 Jahre).

Für die Grundschule sind die Stufen des symbolisch – anschaulichen Denkens und die Stufe des logisch konkreten Denkens sowie der Übergang zwischen diesen beiden Stufen von Bedeutung.
Wichtigstes Kennzeichen des präoperatorischen Stadiums ist das Erlernen und Beherrschen der Sprache. Das Kind hat gelernt Dinge mit Namen zu benennen. Es kennt also die symbolische Funktion der Sprache. Eng damit hängt die Bildung von Begriffen zusammen, ohne die ja abstraktes, also auch mathematisches Denken nicht möglich ist.
Nicht nur im sprachlichen Bereich, sondern auch im konkreten Handeln benutzt das Kind Symbole, dies allerdings nicht im Sinn der abstrakten mathematischen Symbole. Ein Baustein wird z. B. als Auto angesehen und über die Tischplatte „gefahren", das Bild einer Tafel Schokolade wird als reale Tafel angesehen und das Kind beißt hinein. Wittmann (1974, S. 54) macht

darauf aufmerksam, dass symbolische Handlungen sich einerseits noch nahe an die wirklichen Handlungen anlehnen, andererseits aber immer mehr nur gedanklich ausgeführt, also verinnerlicht werden. Die Konsequenz dieser Verinnerlichung ist, dass zeitlich weit auseinander liegende Ereignisse jetzt simultan erfasst werden können. Die Reflexion über vergangene Handlungen setzt ein.

Auch im Unterricht des ersten Schuljahrs, in dem die Kinder noch teilweise der symbolisch-anschaulichen Stufe zugerechnet werden können, kann man die symbolische Erfassungsweise der Welt ausnutzen.

Beispiel:

(1. Klasse, Lehrplaninhalt: Arithmetik)

Als Arbeitsmaterial zur Arithmetik sind die Steckwürfel weit verbreitet und beliebt, weil sie so unspezifisch sind. Die erfahrene Grundschullehrerin kann sie ganz verschiedenartig interpretieren, z.B. als Äpfel, um Addition und Subtraktion zu demonstrieren, als Stockwerke eines Hochhauses, um die Ordnungszahlen (1., 2., 3., …) darzustellen, als Eier, die in eine Zehnerschachtel gepackt werden, um die Zehnerüberschreitung zu veranschaulichen.

☐ ☐ ☐ ☐ ☐   ☐ ☐ ☐
☐ ☐ ☐ ☐ ☐

Die Kinder werden sie immer als Symbole für die angesprochenen Gegenstände ansehen.

Das zentrale Defizit des präoperativen Stadiums ist das Fehlen des operatorischen Denkens (siehe auch Kap. IV. 3.2). Der zentrale Begriff der Operation kann vereinfacht als verinnerlichte Handlung verstanden werden.

Operationen gehen aus Handlungen hervor, müssen also nicht immer effektiv an konkreten Gegenständen vollzogen werden, sondern können auch innerlich ablaufen. Dadurch werden sie beweglich und anwendungsfähig.

Die wichtigsten Eigenschaften von Operationen sind:

1. Kompositionsfähigkeit, d.h. Operationen lassen sich zu ganzen Operationssystemen, so genannten Gruppierungen, zusammensetzen,
2. Assoziativität, d.h. bei der Zusammensetzung von Operationen kommt es nicht auf die Reihenfolge an, und
3. Reversibilität, d.h. eine Operation lässt sich umkehren. Zu jeder Operation gibt es eine entgegengesetzte Operation. Dies ist die Eigenschaft, die am leichtesten zur Identifizierung von Operationen beiträgt.

Das Fehlen des operatorischen Denkens macht sich vor allem durch die fehlende Reversibilität des Denkens bemerkbar. Dies sei belegt durch ein (leicht gekürztes) Originalzitat von Piaget (1970, S. 57), in dem sehr deutlich das besondere Denken der Kinder in diesem Stadium zum Ausdruck kommt: „Stellen Sie sich eine geöffnete Schachtel vor. Das Kind sieht alles, was sich in ihr befindet. In dieser Schachtel ist eine Anzahl Perlen, die z.B. alle aus Holz sind. Das Kind fasst eine nach der anderen an um sich zu überzeugen, dass sie alle aus Holz sind. Die meisten Perlen sind braun, aber es sind zwei oder drei weiße Perlen darunter. Die Frage, welche man stellt, um die Relation vom Teil zum Ganzen zu untersuchen, ist ganz einfach: ‚Gibt es in dieser Schachtel mehr Perlen aus Holz oder mehr braune Perlen?' Die Kleinen antworten einstimmig: ‚Es sind mehr braune, weil es zwei weiße gibt.' Man sagt sofort zum Kind: ‚Das habe ich dich nicht gefragt. Gibt es mehr braune Perlen oder mehr Perlen aus Holz?' Das Kind überlegt, merkt, dass hier eine Falle ist, und sagt schließlich wieder: ‚Es sind mehr braune, denn es gibt nur zwei weiße Perlen.' Man macht einen anderen Versuch, indem man zum Kind sagt: ‚Du wirst versuchen Halsbänder zu machen, eines mit den Perlen aus Holz und das andere mit den braunen Perlen.' Man fragt es, welches dieser beiden Halsbänder länger sein wird. Das Kind antwortet nach neuer tiefer Überlegung: ‚Das wird das Halsband mit den braunen Perlen sein, weil nur zwei weiße übrig bleiben.'

Wir sehen hier das ganze Geheimnis des Unterschiedes zwischen dem Denken der Kleinen und dem der Erwachsenen: Für uns geht es darum, zwei Halsbänder zur gleichen Zeit, mit denselben Perlen zu machen, das verpflichtet zu nichts, weil es ja hypothetische Halsbänder sind! Wir können in der Hypothese ein Halsband mit den braunen Perlen machen. Wir können zur gleichen Zeit, immer in der Hypothese, dieselben braunen Perlen in das Halsband der Perlen aus Holz tun. Wir können in der Hypothese das erste Halsband aufmachen, das zweite wieder zusammensetzen und die beiden vergleichen. Für das Kind hingegegen, das noch kein reversibles Denken kennt, das heißt, das immer vorwärts geht und nichts zurücknehmen kann, besteht sein Denken aus einem Handeln in der Vorstellung; es besteht darin, die konkrete Handlung noch einmal gedanklich zu vollziehen. Und darum: von dem Augenblick an, da es die braunen Perlen in das erste Halsband eingereiht hat, sind diese gebunden und man kann sie nicht zur gleichen Zeit an anderer Stelle verwenden. Das ist rein materialmäßig ja nicht möglich. Von dem Augenblick an jedoch, da sein Denken genügend beweglich oder ‚reversibel' ist um die zwei Hypothesen zugleich zu bilden, kann es gleichzeitig die beiden Halsbänder vergleichen. Hier handelt es sich um einen Vorgang der Reversibilität. Im Alter von sechseinhalb bis sieben Jahren, in dem Augenblick, in welchem sich die eigentliche Zahl bildet, löst das Kind dieses Problem sehr gut."

Die eigentlich interessante Phase ist der Übergang zwischen der präoperatorischen Stufe und der Stufe des logisch konkreten Denkens. Zur Erforschung dieses Übergangs hat Piaget eine Reihe bekannter Experimente durchgeführt, die sich auf die sog. Invarianz von Mengen beziehen.

Für Kinder im präoperatorischen Stadium gibt es keine Erhaltung von Mengen. Piaget zeigte dies sowohl mit „kontinuierlichen" als mit „unzusammenhängenden" Mengen (Piaget, 1970, S. 52 ff.). In zwei gleichen Gefäßen A und B befindet sich gleich viel Wasser. Schüttet man nun das Wasser von Gefäß B in ein Gefäß C, das breiter, aber niedriger ist, und fragt, ob die Wassermenge gleich geblieben ist, so behauptet das Kind, dass in dem hohen Glas mehr Wasser ist als in dem niedrigen.

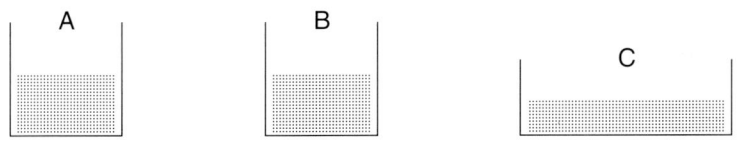

Dieselbe Erscheinung ergibt sich auch bei sog. „unzusammenhängenden" Mengen, z. B. Perlen, obwohl das Kind selbst gleichzeitig je eine Perle in die Gefäße A und B gelegt hat. Auch hier behauptet das Kind, dass im Gefäß A jetzt mehr Perlen sind als im Gefäß C.

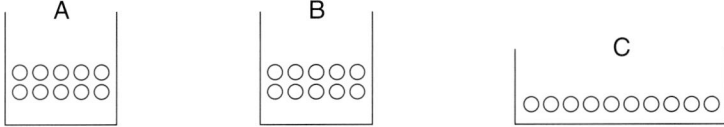

Bei diesen Versuchen kann man drei Stadien unterscheiden. Im ersten Stadium gibt es überhaupt keine Erhaltung der Menge für das Kind. Im zweiten Stadium gibt es eine solche, wenn die Gefäße sich nicht zu sehr unterscheiden. Im dritten Stadium gibt es die Gewissheit der Erhaltung der Menge, was auch aus den Kinderantworten geschlossen werden kann. Es sagt (Piaget, 1970, S. 54): „Es genügt, den Inhalt wieder in das Gefäß zurückzuschütten, um zu sehen, dass die Höhe die gleiche ist." Diese Anwort ist eine operative Leistung, die die Reversibilität, also die gedankliche Umkehrbarkeit der Operation benutzt. Das Kind ist offensichtlich in der Lage Operationen zu bilden und hat das konkret-operatorische Stadium erreicht.

Es gibt zahlreiche weitere Experimente von Piaget und seinen Mitarbeitern, die Auskunft darüber geben, ob das Kind schon das Stadium der Invarianz (Erhaltung) der Mengen, also das konkret-operatorische Stadium erreicht hat oder nicht.

Man gibt dem Kind eine Anzahl roter Knöpfe in einer Reihe vor und fordert es auf genauso viele blaue dazuzulegen. Die Kleinsten beurteilen die dazuzulegende Menge einfach nach dem eingenommenen Raum. Sie glauben, es seien gleich viel, wenn die dazugelegte Reihe den gleichen Raum einnimmt.

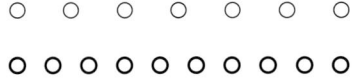

Dieses voroperative Stadium ist überwunden, wenn das Kind jedem roten Knopf einen blauen gegenüberlegt.

Diese ein-eindeutige Zuordnung zwischen roten und blauen Knöpfen ist eine wichtige Voraussetzung für die Bildung des Begriffs der natürlichen Zahl als Kardinalzahl.

Der Übergang zum operatorischen Stadium ist noch durch zahlreiche andere Erscheinungen charakterisiert, wozu auf die Literatur (z. B. Piaget, 1970) verwiesen wird.

In der Stufe des logisch konkreten Denkens bilden sich beim Kind die fundamentalen Begriffe aus wie „Zahl", „Länge", „Zeit", „Gewicht", „Flächeninhalt", „Kleiner/Größer-Beziehung" usw., die für die Mathematik eine zentrale Rolle spielen. Alle beruhen auf Operationen, die sich aus konkreten oder gedachten Handlungen herleiten lassen, wobei insbesondere die Reversibilität der Operationen einen entscheidenden Beitrag leistet.

Auf der anderen Seite müssen aber auch die Grenzen dieses logisch konkreten Denkens gesehen werden. Das logische Denken ist nicht formal, sondern immer an konkrete oder fiktive Handlungen gebunden. Logisches Schließen auf Grund sprachlicher Logik ist dem Kind noch fremd. Dies erfolgt erst in der darauf folgenden Stufe des formalen Denkens.

2.3 Unterrichtliche Konsequenzen

Die Ergebnisse der Untersuchungen Piagets legen wichtige Konsequenzen für den Unterricht nahe, die hier nur angedeutet werden sollen.

Die wichtigste Konsequenz ist sicher, dass die Förderung des operativen Denkens zentrales Ziel des Mathematikunterrichts in der Grundschule ist. Die Bedeutung der konkreten Handlung, aus der sich dann die Operation entwickelt, ist seit Piaget unbestritten. Als unterrichtliche Konsequenz wurde daraus das sog. operative Prinzip (siehe Kap. IV. 3.2) abgeleitet, das die Begründung für die Verwendung von Arbeitsmaterial für die Hand des Schülers gibt.

Beispiel:

(2. Klasse, Lehrplaninhalt: Geometrie – Flächenvergleich)

Direkt an die Versuchsergebnisse von Piaget schließt eine Übung an, die als Vorübung zum Verständnis des Flächeninhaltsbegriff angesehen werden kann. Mit gleichartigen Einheitsflächen, z. B. quadratischen oder rechteckigen Plättchen werden verschiedene Rechtecksflächen ausgelegt und verglichen.

Welche der Flächen ist größer?

Die Lösung wird durch Auslegen mit gleichartigen Plättchen gefunden.

Eine weitere Konsequenz aus den Ergebnissen von Piaget ist die Beachtung auch der reversiblen Aufgabenstellung, wo immer sie möglich ist. Da fast alle mathematischen Aufgaben auf Operationen beruhen, kann auch fast überall die reversible Aufgabe gestellt werden.

Beispiel:

(2. Klasse, Lehrplaninhalt: Größen – Längenmessung)

Auf einem Arbeitsblatt werden unmittelbar hintereinander folgende Aufgaben gestellt:

Messen der Längen vorgegebener Streckenstücke – Zeichnen von Strecken vorgegebener Länge

Weitere Beispiele für reversible Aufgabenstellungen sind:

Anzahlen von Mengen bestimmen
  – Mengen mit einer bestimmten Anzahl von Elementen bilden,
Zahl am Zahlenstrahl zeigen
  – Markierung auf dem Zahlenstrahl als Zahl benennen,
Addieren
  – Subtrahieren,
Zwischen Zahlen entsprechend einer Relationsvorschrift Pfeile einsetzen
  – im Pfeildiagramm Zahlen einsetzen,
  – oder Relationsvorschrift benennen,
Multiplizieren
  – Dividieren,
Aus Anfangs- und Endzeitpunkt Zeitdauer bestimmen
  – aus Anfangs- und Zeitdauer Endzeitpunkt bestimmen,
usw.

Durch die Invarianzversuche von Piaget wurde die zentrale Rolle der eineindeutigen Zuordnung für die Bildung des Begriffs der Kardinalzahl ins Blickfeld gerückt. In vielen Lehrgängen werden zahlreiche Übungen zu solchen Stück-zu-Stück-Zuordnungen vorgeschlagen (Lauter, 1989, S. 29 ff.).

Beispiel:

(1. Klasse, Lehrplaninhalt: Arithmetik – pränumerischer Teil)

Ein Spiel, in dem solche ein-eindeutigen Zuordnungen spielerisch ausgeführt werden, ist die „Reise nach Jerusalem". Alle Kinder der Klasse machen mit. Die Stühle sind in der Mitte des Raums zusammengestellt. Zunächst sitzt jedes Kind auf einem Stuhl und kein Stuhl bleibt leer. Im Gespräch wird die Situation geklärt: „Es sind genau so viele Stühle wie Kinder." Dann laufen die Kinder im Takt eines Tamburins um die Stühle herum. Die Lehrerin nimmt einen Stuhl weg. Wenn der Rhythmus aufhört, sucht sich jedes Kind einen Stuhl. Es sind jetzt weniger Stühle als Kinder oder mehr Kinder als Stühle da. Das Kind, das keinen Stuhl bekommen hat, muss ausscheiden. Das Spiel geht weiter. Sieger ist das Kind, das als letztes übrig bleibt.

Piaget gibt selbst zahlreiche Beispiele für solche Stück-zu-Stück-Zuordnungen von Dingen, die ihrer Natur nach zusammengehören. Er nennt sie provozierte Zuordnungen. Beispiele sind:

Gläser	– Flaschen
Blumen	– Vasen
Eier	– Eierbecher

Diese Beispiele lassen sich unmittelbar in den Unterricht übertragen.

Beispiel:

(1. Klasse, Lehrplaninhalt: Arithmetik – pränumerischer Teil)

Zahlreiche provozierte Zuordnungen gibt es beim Tischdecken. Im Unterricht kann dies konkret ausgeführt werden. 6 Kinder decken den Tisch. Sie sprechen. „Ein Teller für Karin, ein Teller für Markus" usw. – „Ich brauche noch eine Gabel für Petra." – „Jetzt hat jedes Kind seine Tasse." usw.

An diesen Beispielen wird klar, wie die psychologischen Forschungsergebnisse von Piaget direkte Auswirkung auf den Unterricht haben.

3 Die Psychologie von Bruner

3.1 Grundansatz

J. S. Bruner (1972) nimmt den Ansatz von Piaget auf und führt ihn weiter. Ausgangspunkt ist seine provozierende Hypothese: „Jedes Kind kann auf jeder Entwicklungsstufe jeder Lehrgegenstand in einer intellektuell ehrlichen Form erfolgreich gelehrt werden." Damit drückt er aus, dass das Kind auf jeder Entwicklungsstufe eine charakteristische Art und Weise hat, die Welt zu betrachten und für sich selbst zu erklären.

Daraus folgt: Ein Kind zu unterrichten heißt, die Struktur des Gegenstandes so darzustellen, wie das Kind sie sieht. Mit diesem Ansatz beruft sich Bruner direkt auf Piaget. Er kann so als dessen Vollender und Nachfolger gesehen werden.

In der sequenziellen Folge der kognitiven Entwicklung stimmt er zwar mit Piaget überein, zieht jedoch die Auswirkungen der jeweiligen Kultur, in der das Kind aufwächst, mit ein. Er sieht daher die kognitive Entwicklung des Kindes nicht nur als Ergebnis eines inneren Prozesses, sondern ebenso sehr durch äußere Faktoren beeinflusst. Das Kind wächst in einer Umgebung auf, in der ein ganz bestimmtes motorisches, sensorisches und reflektiertes Verhalten herrscht, wobei natürlich unterschiedliche Kulturen unterschiedliche „Verstärker" liefern. Das ist der Grund, warum in der kognitiven Entwicklung in den verschiedenen Kulturen Unterschiede auftreten. Bruner billigt hierbei der Sprache eine bedeutende Rolle zu.

Damit ist ein wichtiger Unterschied zu dem Ansatz von Piaget angesprochen. Während in der Stufentheorie von Piaget die Sprache gegenüber der Handlung nur eine untergeordnete Rolle spielt, wird ihr von Bruner eine zentrale Bedeutung zugeschrieben.

3.2 Die Repräsentationsformen

Ein Objekt kann auf verschiedene Arten „dargestellt" werden, nämlich dadurch, dass man etwas (mit ihm) tut, dass man es sich bildlich vorstellt und durch Verwendung von Symbolen, z. B. der Sprache. Dies ist zunächst einmal auf die äußere Darstellung bezogen. Man kann z. B. einen Knoten darstellen, indem man ihn knüpft, also mit Hilfe eines Handlungsschemas. Ebenso kann man den Knoten durch Bilder darstellen, z. B. in der End- oder einer Zwischenphase des Entstehens. Wer das Bild eines Knotens betrachtet, kann ihn damit noch nicht selbst knüpfen. Schließlich kann ich den Knoten durch Symbole darstellen. Dies ist sowohl in einem mathematischen Code als auch durch eine Beschreibung des Knüpfens mit Hilfe der natürlichen Sprache möglich.

Alle drei Darstellungen hängen natürlich zusammen, jedoch sind Kinder für die verschiedenen Darstellungen sehr unterschiedlich disponiert.

Die Handlung ist wohl die elementarste Darstellungsform, die das Kleinkind schon bis zu einem gewissen Grad beherrscht, bevor es bildliche Darstellungen erkennen kann oder spricht. Die Handlungen des Greifens, des Zum-Munde-Führens, des Haltens usw. sind die Mittel, mit denen das Kleinkind die Welt erschließt. Durch immer wieder durchgeführte Tätigkeiten wird das Kind befähigt, einen Gegenstand im Geiste zu bewahren. Durch die Koordinierung verschiedener Handlungsschemata bildet sich beim Kind ein Bewusstsein über die Gestalt seiner kleinen Welt.

Von dieser elementaren Phase der Handlungen löst sich allmählich, aber nie vollkommen, die bildhafte (ikonische) Darstellungsform ab, die wohl auf Vorstellungsbilder des Kindes zurückgeht. Auf Grund dieser Wahrnehmungsart ergibt sich eine größere Unabhängigkeit von konkreten Handlungen und damit schon eine größere Flexibilität im Erfassen der Welt. Die Wahrnehmung der Kinder ist nicht identisch mit der der Erwachsenen, wie schon Piaget (1970, S. 69) in seinem Versuch zur Erfassung des Raumes gezeigt hat. Die Wahrnehmung des Kindes ist immer egozentriert, bezieht sich also auf das Bezugssystem des Kindes. Es ist unfähig die Welt aus einer anderen Perspektive als seiner eigenen zu sehen. Dennoch bewirkt die ikonische Darstellung eine größere Distanzierung des Kindes von seiner Umwelt. Sie ist daher schon abstrakter als die handelnde Repräsentationsform.

Die Wurzel der symbolischen Darstellungsform geht auf das urmenschliche Verhalten zurück Dinge mit Namen zu belegen. Ursprünglich ist also sicher der semantische Aspekt der Sprache, während die Syntax, also die Grammatik, erst dann von Bedeutung wird, wenn man von Einwortsätzen zu Mehrwortsätzen übergeht. Auch in der kindlichen Sprachentwicklung stehen die Einwortsätze am Anfang, die als Symbole für die bezeichneten Gegenstände verstanden werden müssen. Dabei ist von großer Bedeutung die prinzipiell willkürliche Wahl der (Sprach)-Symbole, wobei zwischen Symbol und Bedeutung keinerlei Ähnlichkeit zu bestehen braucht. Dadurch gewinnt das Symbolsystem, etwa die natürliche Sprache, wiederum an Flexibilität. Diese prinzipielle Bindungslosigkeit zwischen Zeichen und Bezeichnetem ermöglicht und begünstigt auch das Entstehen von künstlichen Symbolsystemen, wie dem der Mathematik. Bruner (1971, S. 70) meint, dass Denken verinnerlichte Sprache sei. „Die

Sprache entwickelt sich aus der gleichen Wurzel, aus der sich auch die symbolisch organisierte Erfahrung entwickelt." Es gibt eine Art grundlegender symbolischer Tätigkeit, die ihren ersten Ausdruck im Gebrauch der Sprache entwickelt.

Diese drei Darstellungsformen sieht Bruner als grundlegend sowohl für die menschliche Kultur generell als auch für den Aufbau kognitiver Systeme beim Kind an. Im Laufe der kognitiven Entwicklung ergeben sich Akzentverschiebungen zwischen diesen Darstellungsebenen. Zunächst ist die handelnde (enaktive) Darstellungsform vorherrschend, später nehmen die bildliche (ikonische) und schließlich die symbolische an Bedeutung zu. „Jede dieser Darstellungsformen prägt das geistige Leben des Menschen in verschiedenen Altersstufen und die Wechselwirkung ihrer Anwendungen bleibt ein Hauptmerkmal des intellektuellen Lebens des Erwachsenen." (Bruner, 1971, S. 21)

Orientiert man sich an den theoretischen Ergebnissen von Bruner, so müssen zur Förderung der kognitiven Entwicklung des Kindes die Repräsentationsformen enaktiv – ikonisch – symbolisch in den Unterricht übernommen werden. Sie werden sozusagen zum didaktischen Prinzip (und auch unter dieser Überschrift in diesem Buch Kap. IV. 3.5 in ihrer Anwendung auf die Unterrichtspraxis abgehandelt). Hier nur ein Beispiel.

Beispiel:

(1. Klasse, Lehrplaninhalt: Arithmetik – Kleiner/Größer – Relation)

Die Kleiner/Größer-Beziehung kann in der handelnden Repräsentationsform mit Türmen aus Steckwürfeln vollzogen werden, die unterschiedliche Höhe haben. Es wird vorausgesetzt, dass die Zahlen bis 9 und ihre Schreibweise bereits bekannt sind. Das Kind baut die Türme, stellt die unterschiedliche Höhe fest und bestimmt die Anzahl der verwendeten Steckwürfel. „Der Sechserturm ist höher als der Viererturm."

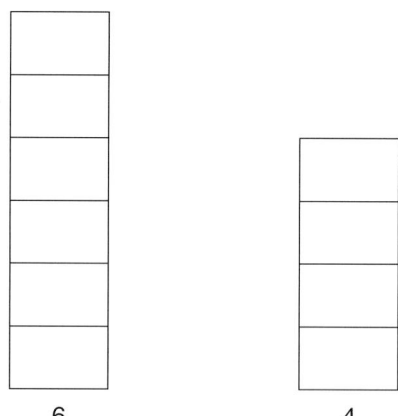

In der zweiten, der **ikonischen** Repräsentationsform zeichnet das Kind unterschiedlich hohe Steckwürfeltürme. Das geht auch in der Form, dass zu einem vorgegebenen Turm ein höherer bzw. kleinerer gezeichnet wird. „Zeichne einen größeren Turm als diesen hier!"

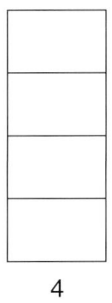

4

In der dritten, der **symbolischen** Repräsentationsform werden die Relationszeichen < und > von der ikonischen Form abgeleitet, indem die Höhe der gezeichneten Türme mit Hilfe von Strecken verglichen werden.

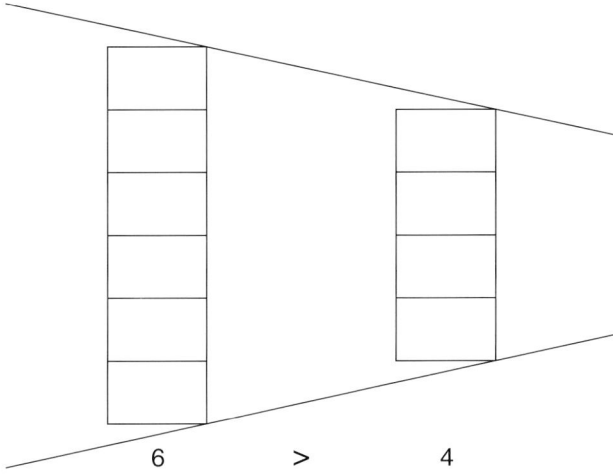

6   >   4

Auch aus diesem Beispiel wird deutlich, dass die drei Repräsentationsstufen nicht isoliert nebeneinander existieren, sondern dass zahlreiche Übergänge zwischen ihnen möglich sind und auch gepflegt werden sollen. Übergänge zur ikonischen Darstellung bezeichnet man als lkonisierung, zur symbolischen Form als Symbolisierung, wobei eine besondere Rolle der Übergang zum sprachlichen Darstellungssystem spielt, der als Verbalisierung bezeichnet wird. Die Übertragung von einer Repräsentationsform in eine andere bezeichnet man mit Bauersfeld (1972, S. 244) als „Intermodalen Transfer". Im Unterricht kommt es auf eine ständige und intensive Förderung dieses intermodalen Transfers an (siehe Kap. IV. 3.5).

3.3 Die Curriculum-Spirale

Wenn es richtig ist, dass das Kind auf verschiedenen Entwicklungsstufen in unterschiedlichen Darstellungsformen lernt, so ist es auch richtig, einen für die geistige Entwicklung des Kindes als wesentlich angesehenen Unterrichtsgegenstand entsprechend der unterschiedlichen geistigen Aufnahmefähigkeit des Kindes wiederholt aufzugreifen. „Untersuchungen der intellektuellen Entwicklung von Kindern rücken ins Licht, dass das Kind auf jeder Entwicklungsstufe eine charakteristische Art und Weise hat die Welt zu betrachten und für sich selbst zu erklären. Einem Kind bestimmten Alters einen Lehrgegenstand zu unterrichten, bedeutet, die Struktur dieses Gegenstandes in der Art und Weise darzustellen, wie das Kind Dinge betrachtet." Bruner (1972, S. 44)

Daraus leitet sich das sog. Spiralprinzip ab, das besagt, ein und denselben Lerngegenstand auf verschiedenen Entwicklungsstufen aufzugreifen, ihn dort mit den dem Kind zur Verfügung stehenden Mitteln bis zu einem vorläufigen Abschluss zu entwickeln und ihn später wieder aufzugreifen. Der Unterrichtsstoff wird also in Form einer Spirale (oder besser einer Schraubenlinie) angeordnet. Auch aus diesem Anspruch leitet sich ein didaktisches Prinzip ab, das in Kap. IV. 2.1 ausführlich besprochen wird.

Die meisten Lehrpläne zum Fach Mathematik sind nach diesem Prinzip aufgebaut. Als Beispiel sei hier die Behandlung der Längen im Lehrplan von Baden-Württemberg angeführt.

Beispiel:

(2. bis 4. Klasse, Lehrplaninhalt: Größen – Längen)

2. Klasse: Länge von Gegenständen schätzen und messen – mit selbst gewählten Einheiten messen,
Lineal und Bandmaß,
Längeneinheiten m, cm
Beziehungen zwischen Längen – Kürzer als, länger als, größer als, kleiner als

3. Klasse: Längen schätzen, messen und vergleichen, auch Entfernungen und Abstände, Längenvorstellungen durch geeignete Vergleichsgrößen aufbauen – Daumenbreite, Entfernung Schule – Rathaus, Längeneinheiten km, m, dm, cm, mm in benachbarte Einheiten umrechnen, Kommaschreibweise bei m und cm.

4. Klasse: Vertiefung der bisher erworbenen Kenntnisse.

Weitere Beispiele zur Curriculum-Spirale in Kap. IV. 2.1

4 Die Psychologie von Gagné

4.1 Grundansatz

Ein weiterer psychologischer Ansatz, der auch für das Lernen von Mathematik von Bedeutung ist, ist der des amerikanischen Psychologen Robert M. Gagné (geb. 1916). Er unterscheidet sich aber im Ansatz grundsätzlich von denen von Piaget und Bruner. Während diese Ansätze starke Impulse aus der Evolutionstheorie aufweisen, fußt die Lerntheorie von Gagné auf dem sog. Behaviorismus, der Lerntheorie, die von Skinner vom tierischen auf menschliches Lernen übertragen wurde.

Der Behaviorismus geht ursprünglich vom tierischen Lernen aus.

Man beobachtete, wie sich hungrige Tiere verhalten, wenn sie das Futter zwar vor sich sehen, es aber nur mit besonderen Manipulationen erreichen können. Gelingt es z. B. dem Tier zufällig, den Türriegel seiner Box zu öffnen und dadurch zu seinem Futter zu gelangen, so lernt es diesen Vorgang und kann ihn bald auf Anhieb ausführen.

1927 machte Pawlow folgendes Experiment: Zunächst stellte er fest, dass ein Hund Speichel absonderte, wenn man ihm Futter präsentierte. Dann verband man die Darreichung von Futter mit einem Glockenzeichen. Später sonderte der Hund auch dann schon Speichel ab, wenn nur das Glockensignal ertönte, ohne dass der Hund das Futter sah. Die Speichelabsonderung auf den Anblick von Futter hin ist eine natürliche oder unbedingte Reaktion, die Speichelabsonderung nur auf ein Glockenzeichen hin ist hingegegen eine erlernte (bedingte) Reaktion. Das Tier hatte eine neue Reiz-Reaktions-verbindung aufgebaut.

Auch im menschlichen Bereich ist das Signallernen bekannt. So wachen viele Menschen schon dann auf, wenn der Wecker leise klickt, bevor er zu läuten beginnt.

Gagné ist weit davon entfernt, das menschliche Lernen mit dem des Tieres zu vergleichen, aber er nimmt dennoch dieses Signallernen zum Anlass, auch das menschliche Lernen zu untersuchen. Hierbei spielt die Bekräftigung (Skinner spricht von Verstärkung) eine wichtige Rolle. Dies entspricht der Belohnung bei gewünschter Reaktion. Der Hund bekommt Futter, wenn er selbstständig den Käfig geöffnet hat. Die Verstärkung durch Lob ist auch im schulischen Lernen ein wichtiges Element.

4.2 Die Lerntypen

Aus dieser Grundvorstellung heraus entwickelt Gagné acht Lerntypen, die auch für den Mathematikunterricht von Bedeutung sein können. Im Folgenden soll versucht werden diese Lerntypen jeweils durch Beispiele aus dem Mathematikunterricht zu verdeutlichen. Auch Gagné gibt mathematische Beispiele für diese Lerntypen an (1973, S. 195 ff.). Hier seien jedoch mit allem Vorbehalt Beispiele angeführt, die im Grundschulunterricht relevant sind.

1. Signallernen:

Hierbei handelt es sich um eine unwillkürliche Reaktion, wie wir sie beim Pawlowschen Hund kennengelernt haben. Auch im menschlichen Bereich gibt es diesen Lerntyp. So wird durch den Ausruf „Achtung" eines Vorgesetzten der Soldat unwillkürlich zu erhöhter Wachsamkeit gebracht.
Dieser Lerntyp hat für das Mathematiklernen (hoffentlich) keine Bedeutung.

2. Reiz-Reaktions-Lernen:

Auch beim Reiz-Reaktions-Lernen reagiert das Individuum auf ein Signal, einen Reiz, allerdings mit einer willkürlichen Reaktion. Auch bei Tieren ist dieser Lerntyp vorhanden, etwa wenn der Hund auf den Befehl „Pfote" die „Pfote gibt". Hierbei ist die gewünschte Reaktion eine ganz präzise. Die Reaktion kommt um so schneller und genauer, wenn sie durch Verstärker gefördert wird. So kann man den Hund durch Futter zu der gewünschten Reaktion „Pfote geben" bringen.

Im Mathematikunterricht kommt das Reiz-Reaktions-Lernen häufig dann vor, wenn die mechanische Beherrschung verlangt wird. Schon das kleine Kind zählt beim Treppensteigen die Stufen mit den natürlichen Zahlen. Das Betreten der Treppe bildet den Reiz, auf den das Kind mit Zählen reagiert.

Beispiel:

(1. Klasse, Lehrplaninhalt: Arithmetik – simultane Erfassung der ersten Zahlen)

Der Lehrer zeigt den Kindern Bilder, auf denen jeweils eine Anzahl (1–5) Gegenstände gezeichnet ist. Die Kinder reagieren mit Nennung der entsprechenden Anzahl.

3. Kettenlernen:

Das Kettenlernen ist eine Folge von zwei oder mehreren aufeinander folgenden Reiz-Reaktionsakten. Insbesondere die Sprachbeherrschung ist auf Kettenlernen zurückzuführen. So bedingt die Nennung des Wortes „Ross" fast automatisch die Weiterführung mit „Reiter". Auch das Anfahren mit dem Auto (Schlüssel einstecken, Kupplung treten, Anlassen, Gas geben, Kupplung kommen lassen usw.) ist eine typische Lernkette. Die einzelnen Glieder der Kette sind schon früher als einzelne Elemente gelernt worden. Das Besondere ist die unmittelbare Hintereinanderausführung (Verkettung) der einzelnen Bestandteile.

Im Mathematikunterricht der Grundschule erscheint das Kettenlernen bei der Durchführung der schriftlichen Rechenverfahren, wenn diese vorher inhaltlich begründet wurden. Die formale Durchführung etwa des schriftlichen Divisionsalgorithmus ist eine Kette von vorher gelernten und begründeten Einzelschritten.

Beispiel:

(4. Klasse, Lehrplaninhalt: Geometrie – Zeichnen von geometrischen Formen mit dem Geodreieck)

Auch die Förderung spezieller motorischer Fähigkeiten, z. B. das Zeichnen geometrischer Figuren, ist Inhalt des Mathematikunterrichts der Grundschule. Beim Zeichnen eines Quadrats muss der Schüler mehrmals hintereinander elementare bereits gelernte Handlungen vornehmen: rechten Winkel anlegen, Abmessen der Seite, Abtragen der Länge usw. Dies ist eine Kette von Reaktionen, die das Kind vorher einzeln gelernt und internalisiert hat.

4. Sprachliche Assoziation:

Die sprachliche Assoziation kann als Kettenbildung im sprachlichen Bereich angesehen werden. Typischerweise liegt sie dann vor, wenn man ein Gedicht auswendig lernt. Auch das Lernen von Vokabeln einer Fremdsprache kann als sprachliche Assoziation angesprochen werden. Der Lernvorgang nach diesem Typ kann gefördert werden, wenn entsprechende Bilder dabei vorgestellt werden. Hierdurch wird neben der sprachlichen auch eine ikonische Assoziation (siehe 3.2) aufgebaut.

Im Mathematikunterricht spielt diese Lernform beim Lernen von Begriffen (Addition, Subtraktion, Multiplikation, Division, Teiler, Vielfache, Meter, Kilometer, Millimeter usw.), aber auch beim Lernen von Lehrsätzen eine Rolle.

Beispiel:

(3. Klasse, Lehrplaninhalt: Größen – Kommaschreibweise bei Euro und Cent)

Im Mathematikunterricht der Grundschule gibt es nur ganz wenige Sätze und Regeln, die der Schüler beherrschen muss, die also durch sprachliche Assoziation gelernt werden. Dazu gehören Sätze wie:

„Komma trennt Euro und Cent!"

Die Kinder wissen, dass 100 Cent 1 € sind. Nach dem Komma müssen also immer 2 Stellen erscheinen. Geldbeträge wie 2 € 5 ct werden als 2,05 € geschrieben. Eine Schreibweise wie 2,5 € für 2 € 50 ct ist in der Grundschule ausgeschlossen. Vielmehr muss es immer heißen 2,50 €.

5. *Diskriminationslernen:*

Bei den bisherigen Lernformen wurden die zu lernenden Einheiten zeitlich und inhaltlich deutlich voneinander unterschieden. Häufig sind aber auch Inhalte zu lernen, die sich nur wenig voneinander unterscheiden. Gagné führt hier als Beispiel Kinder an, die lernen, Autotypen zu unterscheiden, auch wenn sich diese nur in ganz wenigen Einzelheiten (Kühlergrill, Scheinwerferform usw.) unterscheiden. Das Problem dabei ist, dass früher gelernte Ketten mit anderen interferieren, d.h. sich überlagern. Beim Diskriminationslernen müssen gerade die geringen Unterschiede zwischen den Einzelheiten durch Vergleich analysiert und gelernt werden.

In der Mathematik tauchen häufig sehr ähnliche Objekte oder Vorgänge auf. Typisch dafür sind z.B. die Definitionen geometrischer Formen. Das Kind muss lernen, dass ein Quadrat ein Rechteck ist, aber ein ganz spezielles, nämlich eins, bei dem alle Seiten gleich lang sind. Auch das folgende Beispiel kann durch Diskrimination gelernt werden:

Beispiel:

(3. Klasse, Lehrplaninhalt: Arithmetik – schriftliche Addition und Subtraktion)

Bei der schriftlichen Subtraktion wird die Differenz zwischen Minuend und Subtrahend durch Ergänzen gebildet. Das bedingt eine Plus-Sprechweise:

$$
\begin{array}{r}
7\,5\,5 \\
-\,2\,4\,3 \\
\hline
5\,1\,2
\end{array}
$$

Die Sprechweise lautet also: 3 plus **2** gleich 5

4 plus **1** gleich 5

2 plus **5** gleich 7

Bei der Lösung der entsprechenden Additionsaufgabe wird die gleiche Sprechweise angewandt, lediglich mit dem Unterschied, dass die zweiten Zahlen nicht betont werden.

```
  7 5 5
+ 2 4 3
─────────
  9 9 8
```

Die Sprechweise lautet hier: 3 plus 5 gleich 8
                             4 plus 5 gleich 9
                             2 plus 7 gleich 9

Die gleiche Sprechweise führt oftmals bei schwächeren Schülern zu Verwechselungen des Verfahrens und damit zu falschen Ergebnissen (siehe Gerster, 1982, S. 31).

6. Begriffslernen:

Eine hochentwickelte menschliche Fähigkeit ist die Bildung von Begriffen. Begriffe entstehen durch Abstraktionsprozesse, wobei die meisten Eigenschaften der konkreten Gegenstände außer Acht gelassen werden bis auf wenige. Solche Begriffe sind z. B. „Farbe" oder „Baum", womit dann keine bestimmte Farbe oder kein bestimmter Baum gemeint ist, sondern die Kategorie. Auch die mathematischen Objekte sind Begriffe. So ist unter „Dreieck" kein bestimmtes gezeichnetes Liniendreieck oder ein dreieckiges Plättchen gemeint, sondern das allgemeine Dreieck, das nur als gedachte Idealisierung existiert. Als solche kommen ihm aber genau die Eigenschaften zu, durch die „Dreieck" bestimmt ist: 3 Ecken, 3 Seiten, 3 Winkel, deren Winkelsumme zusammen 180 Grad ergibt, 3 Mittelsenkrechten usw.
Auch Lagebeziehungen wie „rechts", „links", „oben", „unten", „außen", „innen" usw. sind Begriffe, die durch Abstraktion entstanden sind.
Der Nutzen der Begriffsbildung ist evident (nach Wittmann, 1974, S. 78):
Durch Begriffsbildung gelingt es dem Menschen, seine Umgebung, die aus unzählig vielen Erscheinungen besteht, überschaubar zu machen. Er reduziert die Komplexität der Wirklichkeit. So wird z. B. die riesige Zahl der Baumformen durch den Begriff „Baum" auf einen Begriff zusammengezogen.
Mit Begriffen gelingt es, neue Erscheinungen einzuordnen. Wenn das Kind zum erstenmal eine Palme sieht, ordnet es ihr den Begriff „Baum" zu, weil es diesen bereits gebildet hat. Mit Begriffen gelingt es, allgemeine Aussagen über die Wirklichkeit zu machen und diese dadurch überschaubar zu machen. „Bäume sind Pflanzen" ist eine Aussage, die einen unübersehbaren Ausschnitt der Wirklichkeit beschreibt.
Begriffe und Regeln erhöhen die Effektivität des Lernens, weil nicht mehr nur Einzelerscheinungen registriert werden, sondern weil sie Aussagen höherer Allgemeingültigkeit erlauben: Der Satz: „Ein Onkel ist ein Bruder von Vater oder Mutter" ist einfacher zu lernen als die Verwandtschaftsbeziehungen aller beteiligter Personen.
Im Mathematikunterricht kommt es ständig zu Begriffsbildungen. Menge, natürliche Zahl, Funktion, Addition, Subtraktion, Multiplikation, Division, Dreieck, Viereck, Quadrat, Winkel, parallel, senkrecht usw. sind Begriffe, die alle durch Abstraktionsprozesse entstanden sind. Besonders deutlich wird das an den recht abstrakten Begriffen Punkt, Strecke, Fläche. Im Un-

terricht werden diese Begriffe z. B. dadurch abgeleitet, dass man von einem Würfel ausgeht. Die Ecken kann man durch Betasten mit dem Finger sinnlich spüren. Man fühlt die Spitze und erfährt, dass ein Eckpunkt fast keine Ausdehnung hat. Schließlich entwickelt sich daraus die Vorstellung eines Punktes, der, wie Euklid sagt, „keine Teile hat". In ähnlicher Weise wird der Begriff der Strecke abstrahiert, indem man mit dem Finger an der Würfelkante entlangstreicht.

Beispiel:

(4. Klasse, Lehrplaninhalt: Geometrie – Vierecksformen)

„Begriff" ist nicht identisch mit dem Terminus, der Bezeichnung für diesen Begriff. Im Unterricht der Grundschule ist nicht die Bezeichnung wichtig, sondern die inhaltliche Vorstellung.

Die Lehrerin legt den Kindern eine Anzahl von Vierecksfiguren vor mit der Bemerkung: Diese Figuren sind Ulks, wobei Ulk ein Phantasiename ist.

Bei einer anderen Zusammenstellung von Vierecksformen erklärt sie: Das sind keine Ulks.

Bei einer weiteren Zusammenstellung von Vierecksformen fragt sie: Welche dieser Figuren sind Ulks?

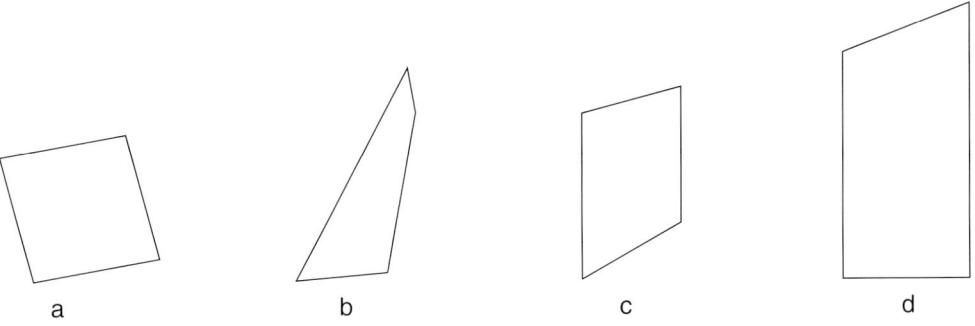

a   b   c   d

Durch die erste und die zweite Zusammenstellung bildet der Schüler den Begriff: Ulks sind Vierecke, bei denen mindestens zwei gegenüberliegende Seiten parallel sind. (In der Fachsprache der Mathematik heißen Ulks Trapeze, aber dieser Terminus ist unwichtig für die Begriffsbildung.) Gleichzeitig wird an diesem Beispiel das für die Grundschule typische induktive Vorgehen deutlich, Begriffe werden in der Grundschule nicht durch die Formulierung einer Definition gegeben, sondern durch vielfältige konkrete Erfahrung, von denen das Kind abstrahiert.

7. Regellernen:

Regeln sind Beziehungen zwischen Begriffen. Die Begriffe müssen früher gelernt sein. Man kann also das Regellernen als Kettenlernen bei Begriffen verstehen. Weil sie sich nicht auf Einzelaussagen beziehen, sondern auf abstrakte Begriffe, haben sie einen hohen Grad von Allgemeingültigkeit. Regeln sind im Allgemeinen sprachlich formuliert, z. B. „Eine natürliche Zahl ist genau dann durch 3 teilbar, wenn ihre Quersumme durch 3 teilbar ist." Gagné. (1973, S. 53) macht auf die Gefahr aufmerksam, dass anstelle begrifflicher Ketten rein verbale Ketten gelernt werden, eine Erscheinung, die jede Lehrerin und jeder Lehrer kennt. Kinder glauben richtig gelernt zu haben, wenn sie einen Satz oder eine Regel dem Wortlaut nach hersagen können ohne den semantischen Zusammenhang zwischen den Begriffen zu kennen.

Beispiel:

(3. Klasse, Lehrplaninhalt: Arithmetik – Multiplikation)

Jede erfahrene Lehrerin weiß, dass die Kommutativität der Multiplikation, also die Vertauschbarkeit der Faktoren, für Schüler nicht selbstverständlich ist. Die Fehlerraten beim Einmaleins sind bei vertauschten Faktoren sehr unterschiedlich. So wies Brenner (1980, S. 11) beispielsweise nach, dass bei den Aufgaben

$7 \cdot n$ 17 % der Fehler beim Einmaleins, bei Aufgaben $n \cdot 7$ jedoch nur 9 % aller Fehler gemacht wurden.

Das Kommutativgesetz der Multiplikation (in der Grundschule nur als Regel etwa in der folgenden Art formuliert: Bei der Multiplikation kann man die Zahlen vertauschen) muss daher systematisch behandelt werden:

Zunächst eine Folge von Einmaleinsaussagen:

$$3 \cdot 6 = 18 \qquad 6 \cdot 3 = 18$$
$$4 \cdot 7 = 28 \qquad 7 \cdot 4 = 28$$
$$\overline{ 5 \cdot 6 = 6 \cdot 5 }$$
$$3 \cdot 8 = 8 \cdot 3$$

Setze Zahlen ein:

$$\square \cdot 7 = 7 \cdot \square$$

Die Schüler stellen fest, dass jede beliebige Zahl in die Kästchen eingesetzt werden kann. Der nächste Schritt besteht darin, dass auch für die noch verbleibende Stelle ein Platzhalter gesetzt wird. Damit ergibt sich folgende Gleichung, in die nach Belieben Zahlen eingesetzt werden können, allerdings für Quadrat bzw. Dreieck nur gleiche Zahlen:

$$\square \cdot \triangle = \triangle \cdot \square$$

8. Problemlösen:

Mit erlernten Regeln ist der Mensch in der Lage neue Regeln höherer Ordnung durch Kombination von Regeln zu finden. Damit kann er Probleme lösen, die neu für ihn sind. Problemlösen heißt also (nach Gagné, 1973, S. 54) das Ausdenken einer neuen Regel durch Kombination vorher erlernter Regeln. Als Bedingungen für das Problemlösen müssen also (nach Wittmann, 1974, S. 81) gegeben sein:

1. Innere Lernbedingungen, etwa die Kenntnis der zu kombinierenden Regeln,
2. Äußere Lernbedingungen, z. B. Hilfen der Lehrerin durch Erinnern an Regeln,

   Analyse und Begründung der Lösung und Formulierung der Regel.

Beispiel:

(4. Klasse, Lehrplaninhalt: Geometrie – Spiegelung)

Die Lehrerin stellt den Schülern folgendes Problem: Ein Cowboy im Wilden Westen will von seinem Nachtlager (C = camp) zum Dorf (V = village), muss aber vorher noch an den Fluss (R = river) um sein Pferd zu tränken. Wo geht er am besten zum Fluss, wenn der Weg von C nach V möglichst kurz sein soll?

Bei der Lösung müssen Regeln bekannt sein und kombiniert werden, z. B.
– Die Gerade ist die kürzeste Verbindung zwischen zwei Punkten,
– Bei der Achsenspiegelung bleiben die Streckenlängen gleich,
– Konstruktionsverfahren von Spiegelung von Punkten.

Damit ergibt sich folgende Lösung:

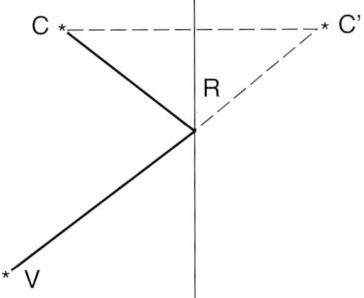

III. Allgemeine Lernziele des Mathematikunterrichts

1. Curriculumtheorie

1.1 Grundlagen

Schule ist von ihrem Selbstverständnis her ein Teil der Gesellschaft, die sich in der jeweiligen politischen Staatsform konkretisiert. Grundschule in der Bundesrepublik Deutschland ist folglich Teil eines freiheitlichen Rechtsstaats und als solcher den Prinzipien dieser Staatsform verpflichtet. Die Gesellschaft erteilt der Schule, also auch der Grundschule, Aufträge, die diese dann als Ziele zu erfüllen hat.

So führt z. B. der Lehrplan für die Grundschule in Baden-Württemberg (Ministerium für Kultus und Sport Baden-Württemberg, 1984 und 1994) im sog. Schulartpapier die folgenden Aufträge an:

- Förderung der verschiedenen Begabungen der Kinder in einem gemeinsamen, vierjährigen Bildungsgang,
- Entfaltung verborgener und nicht entwickelter Fähigkeiten oder Eigenschaften durch stützende, fördernde und ermutigende Hilfen,
- Weckung der sittlichen, religiösen, sozialen und freiheitlichdemokratischen Gesinnung, auf der das Zusammenleben gründet,
- Einübung von Verhaltensweisen und Umgangsformen, die für das Zusammenleben – im Besonderen in der Schule – gelten,
- allmähliche Hinführung der Kinder von den Formen spielerischen zu den systematisierten Formen schulischen Lernens und Arbeitens,
- Fortführung und systematischer Ausbau der im vorschulischen Alter begonnenen vielfältigen Lernprozesse,
- Förderung der Kräfte des eigenen Gestaltens und schöpferischen Ausdrucks,
- Erwerb gesicherter Kenntnisse und Einüben von Fertigkeiten, die für die Lebensbewältigung wichtig und für die Schularbeit grundlegend sind.

Diese Aufträge gelten selbstverständlich auch für den Mathematikunterricht, der ja ein wichtiger konstitutiver Teil des gesamten Grundschulunterrichts ist.

Aus der Formulierung dieser Aufträge als allgemeine Ziele auch des Mathematikunterrichts folgt eindeutig, dass der Mathematikunterricht kognitive, aber auch soziale und affektive Ziele verfolgen muss. Der Mathematikunterricht kann sich z. B. nicht bei der Weckung sozialer Gesinnung aus der Verantwortung entlassen, ebenso wenig aus der Förderung der Kräfte des eigenen Gestaltens und des schöpferischen Ausdrucks. Eine Aufteilung der gestellten Erziehungsaufträge auf verschiedene Fächer wäre aber auch von der kindlichen Psyche her unangebracht (ganzheitliches Auffassungsvermögen des Kindes).

Zur Umsetzung dieser Erziehungsaufträge in konkrete Lehrpläne wurde nun die sog. *Curriculumtheorie* herangezogen, die sich als umfassendes Planungssystem für Unterricht darstellt. Sie wurde Ende der 60er Jahre in den USA entwickelt und umfasst die vier Teilbereiche

– Lernziele,
– Lerninhalte,
– Lernprozesse und
– Lernorganisation.

Ein Curriculum stellt also ein zusammenhängendes Lernsystem dar, in dem die oben genannten Komponenten enthalten und aufeinander abgestimmt sind. Im Unterschied zum klassischen Lehrplan, bei dem fast ausschließlich die Inhalte im Mittelpunkt des Interesses standen, geht das Curriculum vor allem von den Zielen aus, die man mit dem Unterricht erreichen will. Inhalte, Methoden und Medien werden diesen Zielen untergeordnet.

Wenn auch die Curriculumtheorie in der Bundesrepublik Deutschland nicht mit solcher Intensität verfolgt wurde wie in den USA, wo man glaubte, durch ein „teacherproof curriculum" den Unterricht so objektivieren zu können, dass die Person des Lehrers im Unterrichtsprozess zu vernachlässigen sei, so hat doch zumindest die Besinnung auf die Ziele des Unterrichts die didaktische Diskussion belebt.

Dies gilt für jedes einzelne Fach, speziell also auch für das Fach Mathematik. Auch hier wird der allgemeine Bildungs- und Erziehungsauftrag von der Gesellschaft, institutionalisiert von den demokratischen Institutionen des Bundes und der Länder, formuliert, der dann in Lernziele umgesetzt werden muss. So gibt z. B. der Lehrplan für den Mathematikunterricht in der Grundschule in Baden-Württemberg folgende Ziele an (Ministerium für Kultus und Sport Baden-Württemberg, 1994):

– Sachverhalte der Umwelt mathematisch erfassen und beschreiben
– Elementare mathematische Fertigkeiten erwerben
– Fähigkeiten zur Lösung mathematischer Probleme entwickeln
– Kenntnisse über Größen in vielfältigen Situationen anwenden
– Geometrische Grundformen kennen, herstellen und beschreiben
– Raum- und Lagebeziehungen erkennen und zur Orientierung verwenden
– Einsichten in den Zahlbegriff, in Zahlverknüpfungen und in Zahlbeziehungen gewinnen
– Räumliche Vorstellungen aufbauen
– Eine positive Einstellung zur Mathematik aufbauen

Diese Zusammenstellung beschreibt zwar wichtige konkrete Ziele des Mathematikunterrichts in der Grundschule, ihr haftet jedoch der Zug des Eklektischen und Unzusammenhängenden an. Deshalb sei im Folgenden genauer auf die Problematik der „Allgemeinen Lernziele" des Mathematikunterrichts eingegangen, wobei zunächst die Typologien der Lernziele analysiert werden sollen.

1.2 Elemente der Lernzieltheorie

Lernziele sind (Mager, 1965, S. 3) Beschreibungen des Verhaltens, das der Lernende nach erfolgreicher Lernerfahrung erworben hat. Lernen wird also hier als Verhaltensänderung des Lernenden betrachtet, eine Definition, die zwar aus dem Behaviorismus stammt, der ja bekanntlich nur bedingt auf das menschliche Lernen angewendet werden kann, hier aber bis zur genaueren Konkretisierung einmal verwendet werden soll.

Damit die Verhaltensänderung überhaupt festgestellt werden kann, muss das Lernziel operationalisiert werden. Nach Möller (1973, S. 82) ist die Operationalisierung, die zum Zwecke der Kommunikation und Leistungsmessung erfolgen muss, dann richtig durchgeführt worden, wenn „bei verschiedenen Lesern desselben Lernziels klare Übereinstimmung bezüglich des Endverhaltens, das der Lerner nach erfolgreichem Lernen zeigen soll, herrscht".

Beispiel:

(2. Klasse, Lehrplaninhalt: Einmaleins)

Der Schüler soll alle Einmaleinsaussagen der Einmaleinsreihen von 2, 3, 4, 5 und 10 fehlerfrei in der Form „3 mal 2 gleich 6" usw. sagen können.

Wenn also der Schüler die Einmaleinsreihen gelernt hat, dann hat sich sein Verhalten insofern geändert, als er jetzt nur richtige Aussagen macht, wohingegen er vorher keine oder nicht alle Aussagen richtig äußerte.

Diesen Prozess der Präzisierung des Lernziels nennt man Operationalisierung. Er beschreibt also das erwartete Schülerverhalten, wenn dieser das Lernziel erreicht hat.

Jedes operationalisierte Lernziel muss drei Angaben enthalten:

1. Das Endverhalten muss beschrieben werden. Im o. g. Beispiel wird verlangt, dass der Schüler *alle* Einmaleinsaussagen der betreffenden Einmaleinsreihen *fehlerfrei sagen* muss. Es ist selbstverständlich, dass das Verhalten präzis beschrieben werden muss. Formulierungen wie „kennen" oder „gelernt haben" genügen nicht den Ansprüchen einer exakten Lernzieloperationalisierung, weil ein solches Verhalten nicht zu kontrollieren ist.

2. Die näheren Bedingungen der Lernsituation müssen angegeben werden, in der die Leistung erbracht werden muss. In diesem Fall ist dies gegeben durch die Angabe der Klasse, die sich der Leser als eine konkrete Klasse vorstellen kann.

3. Das operationalisierte Lernziel muss – implizit oder explizit – einen Beurteilungsmaßstab enthalten, der angibt, wann das Ziel als positiv im Sinn der gesetzten Norm angesehen werden kann. Im obigen Beispiel ist

– implizit – die Norm durch den Lehrplan der 2. Klasse der Grundschule gegeben und eine Leistung im Sinne der Erfüllung des Lernziels als „gut" zu bezeichnen.

Das obige Beispiel bezieht sich direkt auf den konkreten Unterricht und nur deshalb kann die Operationalisierung so eindeutig erfolgen. Die Lernziele, wie sie im Kapitel 1.1 angeführt sind, sind dagegen nicht so leicht zu operationalisieren, weil sie sich durch eine größere Allgemeinheit auszeichnen. Wie will man z. B. das Ziel „Rechnen können" operationalisieren? Wie soll man das Endverhalten des Schülers beschreiben, wenn er „Rechnen" gelernt hat? Hier wird deutlich, dass es Lernziele unterschiedlichen Allgemeinheitsgrads und Abstraktionsniveaus gibt. Möller (1973, S. 73) unterscheidet drei verschiedene Abstraktionsstufen:

1. *Feinziele.* Das sind Lernziele, die den höchsten Grad an Eindeutigkeit und Präzision aufweisen. Dadurch werden Alternativen in der Realisation ausgeschlossen. Sie weisen eindeutig die o. g. Merkmale operationalisierter Lernziele auf.

   Mit Feinzielen ist das Niveau der einzelnen Unterrichtsstunde angesprochen. Ihre Festlegung geht der konkreten Stundenplanung voraus. Jeder Lehrer hat sich vor der Planung einer Stunde zu fragen was die Schüler in dieser Stunde erreichen sollen und wie er den Lernerfolg konstatiert.

   Beispiel:

   (4. Klasse, Lehrplaninhalt: Geometrie)

   Die Schüler sollen aus bereitgestellten, nicht in der Länge festgelegten Strohhalmen und aus Plastilinkügelchen das Kantenmodell eines Würfels herstellen.

   Der Unterricht, in dem dieses Lernziel angestrebt wird, muss also zunächst die Gesetzmäßigkeiten bezüglich der Kanten klären: 12 gleich lange Kanten, jeweils 3 aufeinander senkrecht stehende Kanten bilden die Ecken. Der Würfel hat 8 Ecken. Erarbeitung und Realisierung füllen etwa eine Unterrichtsstunde aus.

   An diesem Beispiel wird deutlich, wie konkret Feinziele sind. Eine Aufgliederung in weitere Einzelschritte ist nicht sinnvoll. Bei einer Strukturierung einer Unterrichtsstunde in zahlreiche Fein- und Feinstlernziele (– der Autor hat Stundenentwürfe gesehen, die 10 und mehr einzelne Ziele für eine Stunde ausbrachten –) wird der Unterricht starr und stereotyp. Der Lehrer ist dann nur darauf bedacht, ein (Feinst-)Lernziel nach dem anderen zu realsisieren und abzuhaken. Für Alternativen im Unterrichtsgeschehen, wie sie auch häufig von den Schülern selbst angeboten und angestoßen werden, verliert er jedes Gespür. Als Faustregel für die konkrete Unterrichtsplanung mag gelten nicht mehr als 4 Lernziele pro Stunde zu formulieren.

2. *Grobziele.* Damit bezeichnet Möller Lernziele eines höheren Abstraktionsniveaus, die einen mittleren Grad an Eindeutigkeit und Präzision aufweisen, Alternativen in der unterrichtlichen Realisierung ermöglichen und eine vage Endverhaltensbeschreibung ohne Beurteilungsmaß-

stab aufweisen. Von den Feinzielen unterscheiden sich die Grobziele dadurch, dass sie die Merkmale der Operationalisierung nicht vollständig besitzen. Von den noch zu behandelnden Richtzielen unterscheiden sie sich dadurch, dass sie Aussagen über den Inhalt machen.

Grobziele können auf der Ebene des Lehrplans angesiedelt werden. Auch dort fehlt ja der Bewertungsmaßstab.

Beispiel:

(2. Klasse, Lehrplaninhalt: Arithmetik)

Zahlen bis 100 additiv aufbauen und zerlegen.

In dieser Angabe ist weder eine Aussage darüber gemacht, mit wie vielen Summanden Aufbau und Zerlegung erfolgen sollen, ob die Ergebnisse schriftlich zu fixieren sind oder nur mündlich genannt werden sollen, geschweige denn, wie viele dieser Rechenoperationen und mit welcher Erfolgsrate der Schüler durchführen soll. Natürlich fehlt auch jeder Bewertungsmaßstab.

3. *Richtziele oder Allgemeine Lernziele* sind Ziele mit höchstem Abstraktionsniveau und höchster Allgemeingültigkeit, die aber infolgedessen natürlich auch den geringsten Grad an Eindeutigkeit und Präzision aufweisen. In der Regel sind dabei nicht einmal inhaltliche Festlegungen getroffen. Sie werden aber durch spezielle Grobziele und schließlich Feinziele präzisiert. Richtziele sollen und können den intentionalen Hintergrund für jede Unterrichtsstunde bilden. Allerdings muss ein Richtziel einen Hinweis darauf enthalten, in welcher Richtung das Lernen erfolgen soll.

Beispiel:

(nach dem Lehrplan für den Mathematikunterricht in der Grundschule, Baden-Württemberg)

Schlussfolgerndes Denken entwickeln.

Hier sind weder Endverhalten noch Bedingungen, unter denen das Erreichen dieses Lernziels erfolgen soll, angegeben. Ebenso fehlt ein Bewertungsmaßstab, ja es wurde nicht einmal eine inhaltliche Festlegung getroffen. Trotzdem wird eine Intention angegeben, unter der das Lernen zu erfolgen hat. So würde z. B. ein Unterricht, der schwerpunktmäßig aus Auswendiglernen besteht, diesem Richtziel nicht entsprechen.

Daraus wird klar, dass die Richtziele, auch oder gerade weil sie die geringste Präzisierung aufweisen, für den Unterricht die größte Bedeutung haben.

Die Mathematikdidaktik hat sich in den letzten Jahrzehnten stärker mit den allgemeinen Lernzielen des Mathematikunterrichts beschäftigt. Sie wurde dazu veranlasst nicht zuletzt durch die allgemeine bildungspolitische Diskussion der letzten Jahrzehnte. Schließlich konkretisiert sich diese Diskussion auch immer in der Frage, ob es gerechtfertigt ist, dem Mathematikunterricht eine solch dominante Stellung (neben dem Fach Deutsch) in der Grundschule einzuräumen, wie er jetzt besitzt. Jeder Mathematiklehrer muss sich ständig darüber Rechenschaft geben, ob sein konkreter Unterricht, so wie er ihn durchführt, den Erwartungen entspricht, die die Gesellschaft an ihn stellt.

2 Lernzieltaxonomie von Bloom

2.1 Vorbemerkungen

Bereits im Jahre 1956 erschien in den USA das Werk von Benjamin S. Bloom mit dem Titel „Taxonomy of Educational Objektives", das dann 1972 in deutscher Übersetzung mit dem Titel „Taxonomie von Lernzielen im kognitiven Bereich" erschien. In diesem Buch wird ein umfangreiches Klassifikationssystem (Taxonomie) für Lernziele des kognitiven Bereichs vorgestellt, das folgende Hauptklassen umfasst:

1. Wissen
2. Verstehen
3. Anwendung
4. Analyse
5. Synthese
6. Bewertung

Zu den einzelnen Hauptklassen werden weitere Unterklassen formuliert. Nach Ansicht des Autors repräsentiert diese Anordnung auch ein hierarchisches System, dergestalt, dass die Ziele einer Klasse auf den Zielen der vorhergehenden Klasse aufgebaut sind.

Bloom gibt zu, dass eine vollständige Taxonomie eigentlich drei Teile enthalten müsste, in denen neben dem kognitiven auch der affektive und der psychomotorische Bereich behandelt sein müsste. Dabei schließt der affektive Bereich „Lernziele ein, die Veränderungen von Interesse, Einstellungen und Werten und die Entwicklung von Wertschätzungen und geeignetem Anpassungsvermögen" (Bloom, 1972, S. 21) beschreiben. Er gibt allerdings zu, dass diese schwierige Aufgabe noch nicht gelöst ist. Sie ist auch bis heute nicht zufriedenstellend gelöst. Auch über den dritten Bereich, die manipulativen und motorischen Fertigkeiten, macht Bloom keine Angaben.

Im nächsten Kapitel soll versucht werden, die einzelnen kognitiven Taxonomieklassen vorzustellen und mit Beispielen aus der Grundschulmathematik zu belegen.

2.2 Die Taxonomiegruppen

2.2.1 Wissen

Das häufigste, aber nicht unbedingt das wichtigste Lernziel in der Erziehung ist wahrscheinlich das Wissen. Alle weiteren Taxonomiestufen setzen Wissen voraus. Weder Verstehen noch Anwendung, Analyse, Synthese oder Bewertung sind ohne konkretes Wissen denkbar. Wissen betont das Erinnern des Schülers an Fakten oder Ideen. Man erwartet, dass er gewisse Informationen in seinem Gedächtnis speichert und verlangt, dass er sich an diese Informationen erinnert.

Bloom unterscheidet

a) Wissen von einzelnen Fakten
b) Wissen von Methoden, mit den Fakten umzugehen, und
c) Wissen von Gesetzmäßigkeiten

Zu a) Wissen von einzelnen Fakten. Das Wissen von Fakten und ihre Wiedererkennung gehört zu den Grundlagen und Grundfertigkeiten eines jeden Fachgebiets. Auch im Fach Mathematik gibt es einen Grundbestand an Fakten, der beherrscht werden muss, um überhaupt sinnvoll Mathematik treiben zu können. Dazu gehören vor allem Schreib-, Notations- und Sprechweisen.

Beispiel:

(1. Klasse, Lehrplaninhalt: Arithmetik)

Die Schreibweise der Ziffern 1, 2, 3, ... 9, 0 ist nicht beliebig, vielmehr hängt von einer korrekten Schreibweise die Erkennbarkeit und damit der störungsfreie Gebrauch der Ziffern ab. Deshalb haben sich Anweisungen für die Linienführung beim Schreiben von Ziffern eingebürgert, nach denen das Kind die Ziffern schreiben lernt.

Zu b) Wissen von Methoden, mit den Fakten umzugehen. Dieses Ziel ist von höherer Wertigkeit, weil die Methoden die Verbindung zwischen einzelnen Fakten bilden, die Kenntnisse der Fakten also vorausgesetzt werden.

Beispiel:

(3. Klasse, Lehrplaninhalt: Schriftliche Addition)

Das Normverfahren der schriftlichen Addition wird zwar in durchdachten methodischen Schritten eingeführt, muss dann aber vom Schüler mechanisch beherrscht werden. Dieses mechanische Beherrschen ist das Wissen einer Methode, die dann nicht weiter analysiert wird. Das Wissen besteht also in der Kenntnis des Einsundeins und des Verfahrens der Addition (von rechts beginnen, stellenweise von unten nach oben addieren, bei Zehnerübergang Übertrag an der nächsten Stelle des Summanden notieren usw.).

Zu c) Wissen von Gesetzmäßigkeiten. Es ist Wesen wissenschaftlicher Arbeitsweise, durch Verallgemeinerungen und Abstraktionen zu Zusammenfassungen und Gesetzmäßigkeiten zu kommen, die dann beim Lösen spezieller Probleme wiederum angewendet werden können. Wenn der Schüler solche Gesetzmäßigkeiten weiß, kann er damit große Teile des Stoffes verknüpfen, organisieren und auch anwenden.

Beispiel:

(4. Klasse, Lehrplaninhalt: Mündliche Multiplikation mit zweistelligen Zahlen)

Die arithmetischen Gesetze, z. B. das Kommutativgesetz oder das Assoziativgesetz der Addition, das Distributivgesetz, die Gesetze der dekadischen Analogie usw. (Lauter, 1989, S. 74) ermöglichen es, vorteilhaft zu rechnen. Ihre Kenntnis – damit ist natürlich nicht die Beherrschung der genannten Termini gemeint, sondern nur die Möglichkeiten ihrer Anwendung – verhilft dem Schüler zu flexiblen und überprüfbaren Rechentechniken.

$12 \cdot 8 = (10 + 2) \cdot 8 = 10 \cdot 8 + 2 \cdot 8 = 80 + 16 = 96$
$12 \cdot 8 = \ \ (6 + 6) \cdot 8 = \ \ 6 \cdot 8 + 6 \cdot 8 = 48 + 48 = 96$
$12 \cdot 8 = 12 \cdot (10 - 2) = 12 \cdot 10 - 12 \cdot 2 = 120 - 24 = 96$

2.2.2 Verstehen

Verstehen besteht nach Bloom darin, die in einer übermittelten Information enthaltenen Ideen zu erfassen und davon Gebrauch zu machen. Die Information kann in mündlicher, schriftlicher oder bildlicher Form vorgegeben sein.

Der Begriff des Verstehens kann aufgegliedert werden in die Bereiche

a) Übertragung
b) Interpretation
c) Extrapolation

Zu a) Übertragung. Hierbei handelt es sich vom Übergang von einer Darstellungsart in eine andere. Dazu ist die Kenntnis der beiden Darstellungsarten erforderlich, außerdem muss die mit der alten und neuen Darstellungsart verbundene Idee bewusst sein.

Beispiel:

(2. Klasse, Lehrplaninhalt: Arithmetik – Zahlenraum bis 100)

Die Kinder haben die Zahlen bis 100 im Zahlenhaus kennengelernt, also in der Form

1	2	3	4	5	6	7	8	9	10
11	12	13	14	15	16	17	18	19	20
21	22	23	24	25	26	27	28	29	30
31	32	33	34	35	36	37	38	39	40
41	42	43	44	45	46	47	48	49	50
51	52	53	54	55	56	57	58	59	60
61	62	63	64	65	66	67	68	69	70
71	72	73	74	75	76	77	78	79	80
81	82	83	84	85	86	87	88	89	90
91	92	93	94	95	96	97	98	99	100

Sie sollen nun nach Diktat Zahlen in diesem Zahlenhaus durchstreichen und sie auf einem Zahlenstrahl markieren.

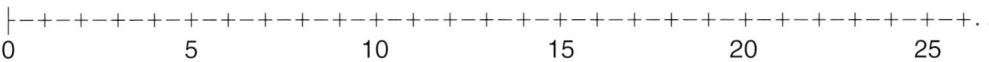

Zu b) Interpretation. Zur Interpretation eines Sachverhalts gehört zunächst einmal die Erfassung seiner Teile, aber auch der Beziehungen zwischen den Teilen und der Gewichtung, mit der diese Teile zur Bedeutung des Ganzen beitragen. Damit rückt die Interpretation schon in die Nähe der Analyse.

41

Beispiel:

(3. Klasse, Lehrplaninhalt: Relationen)

Den Kindern wird folgendes Pfeilbild vorgelegt:

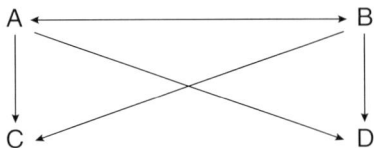

Ein Pfeil bedeutet: „... ist Schwester von ..."
Die Kinder nennen für A, B, C und D mögliche
Namen und klären die Verwandtschaftbeziehungen.

Zu c) Extrapolation. Bei der Weitergabe von Information kommt es nicht nur darauf an, den Sachverhalt darzulegen. Vielmehr will man auch Schlüsse daraus ziehen. Dies erfolgt durch Extrapolation, nämlich durch die Weiterführung von angedeuteten Entwicklungen. Dazu muss zunächst einmal der Sachverhalt völlig erfasst sein, die zugrunde liegenden Ideen müssen dann aber auch auf mögliche Weiterentwicklungen angewandt werden. Im mathematischen Bereich ist hier speziell der Funktionsbegriff angesprochen.

Beispiel:

(4. Klasse, Lehrplaninhalt: Sachrechnen)

Unter dem Titel: Darstellung von Zahlen werden Schaubilder besprochen. Dazu bringt die Lehrerin die Darstellung des Temperaturverlaufs an einem bestimmten Sommertag mit. Nach der Interpretation der Kurve (Temperatur um 10 Uhr, um 12 Uhr, um 14 Uhr usw., Höchsttemperatur, Tiefsttemperatur, Zeiten steigender/fallender Temperatur) werden mögliche Temperaturverläufe an anderen Tagen besprochen, z. B. an einem klaren Wintertag mit strengem Frost, an einem bedeckten Herbsttag mit geringen Temperaturschwankungen, Temperatursturz bei einem mittäglichen Gewitter usw.

2.2.3 Anwendung

Die Anwendung besteht darin, die beim Verstehen eingesehenen Fakten und Prinzipien in konkreten Situationen einzusetzen. Beim Verstehen weiß der Schüler, dass er sie anwenden kann, beim Anwenden benutzt er sie, ohne dass er direkt dazu aufgefordert wird. Die Anwendung ist deshalb die logische Fortsetzung des Verstehens.

Im Mathematikunterricht ist das Sachrechnen das Gebiet, in dem die gelernten mathematischen Sachverhalte und Methoden angewendet werden (siehe Kap. XI. 5).

Beispiel:

(4. Klasse, Lehrplaninhalt: Sachrechnen)

Die Schüler sollen folgende Aufgabe lösen: Bauer Schmidt will seine rechteckige Wiese mit einem Drahtzaun umgeben. Die Wiese ist 60 m lang und 40 m breit. An einer Seite will er ein Holztor von 2,50 m Breite anbringen. Wie lang muss sein Zaun sein?
Bei der Lösung dieser Aufgabe muss der Schüler wissen, was ein Rechteck ist. Er fertigt eine Zeichnung an, wie die folgende

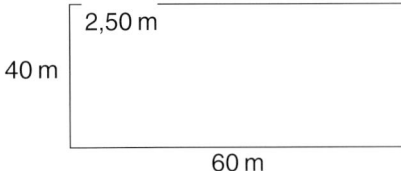

oder löst die Aufgabe mit Hilfe eines anschaulichen Verfahrens der Umfangsberechnung, das er kennen und verstanden haben muss, z. B.:

U = 2 · 60 m + 2 · 40 m = 200 m

Länge des Zauns:
Z = 200 m − 2,50 m = 197,50 m

2.2.4 Analyse

Analyse besteht in der Auflösung des Materials in seine wesentlichen Bestandteile, wobei die Beziehung zwischen den Teilen und die Art und Weise, wie ihr Zusammenhang organisiert ist, eine große Rolle spielt.
Bloom unterscheidet folgende Bereiche:

a) Analyse von Elementen,
b) Analyse von Beziehungen,
c) Analyse von ordnenden Prinzipien.

Zu a) Analyse von Elementen. Eine zu lernende Information ist aus einer gewissen Anzahl von Elementen aufgebaut. Der Schüler soll die Elemente erkennen und klassifizieren, wobei er auch die Beziehung der Elemente untereinander erkennen muss.

Beispiel:

(4. Klasse, Lehrplaninhalt: Geometrie)
Die Würfelform wird am Vollmodell (Spielwürfel oder aus einer Kartoffel geschnitzt) vorgestellt. Dabei wird vorbereitet diese Form am Kantenmodell zu vertiefen. Die Elemente Seiten, Ecken und Kanten werden aufgewiesen und benannt. Folgende Beziehungen werden analysiert:

Der Würfel hat:
  6 Seiten
  8 Ecken
12 Kanten

Zu jeder Seite gehören 4 Kanten und 4 Ecken.
Zu jeder Ecke gehören 3 Kanten und 3 Seiten.
Zu jeder Kante gehören 2 Ecken und 2 Seiten.

Beispiel:

(4. Klasse, Lehrplaninhalt: Häufigkeiten)
Es wird mit 2 Würfeln, einem roten und einem blauen, gewürfelt. Dabei wird bei jedem Wurf die Augensumme gebildet und notiert. Die Schüler stellen fest, dass die Augensumme 8 öfter erscheint als die Augensumme 2.

Die Analyse ergibt, dass die Augensumme 2 nur dann erscheint, wenn sowohl der rote als auch der blaue Würfel 1 zeigen. Die Augensumme 8 kann sich dagegen in folgenden Fällen ergeben:

roter Würfel	blauer Würfel
2	6
3	5
4	4
5	3
6	2

Zu b) Analyse von Beziehungen. In einer komplexen Lernstruktur sind häufig weniger die Bestandteile selbst, als ihre Beziehungen zueinander von entscheidender Bedeutung. Der Schüler muss also neben den Elementen gerade diese Beziehungen erkennen und analysieren.

Beispiel:

(2. Klasse, Lehrplaninhalt: Multiplikation)

Die Analyse von Beziehungen wird an folgendem Beispiel deutlich. In der neueren Didaktik ist das Operatormodell eine gebräuchliche Vorstellung, weil dadurch der mathematische Funktionsbegriff in sachgerechter Weise wiedergegeben werden kann. In der 2. Klasse erscheint das Operatormodell als Maschine, die die Teile „Eingabe", „Ausgabe" und Maschinenfunktion hat. So wird z. B. die Maschine zur Darstellung der Multiplikation mit 3 durch einen Pappkasten gebildet, bei dem Eingabe und Ausgabe durch Öffnungen gegeben sind. Außerdem hat die Rückwand eine Öffnung, durch die die Elemente entnommen werden und andere hineingelegt werden können. Ein Schüler legt eine Anzahl von Spielmarken in die Eingabe hinein, der zweite Schüler nimmt sie durch die rückwärtige Öffnung heraus und legt für jede herausgenommene Marke 3 andersfarbige neue hinein. Diese kommen bei der Ausgabe heraus und ihre Anzahl wird notiert.

Werden z. B. 4 Marken eingegeben und jede durch 3 ersetzt, so werden 12 Marken ausgegeben entsprechend der Multiplikationsaufgabe (bezüglich der Stellung des Operators siehe Lauter, 1989, S. 96)

$$4 \cdot 3 = 12$$

Man kann aber auch fragen, wie viele eingegeben wurden, wenn etwa 15 herauskommen. Das ist die Frage nach folgender Aufgabe:

$$\Box \cdot 3 = 15$$

Die Lösung ist die Divisionsaufgabe

$$15 : 3 = 5$$

Schließlich kann man auch nach der Wirkungsweise der Maschine fragen, wenn bei einer Eingabe von 6 Marken 24 ausgegeben werden.

$$6 \cdot \Box = 24$$

Die Lösung ist wiederum eine Divisionsaufgabe, nämlich

$$24 : 6 = 4$$

Zum völligen Durchdringen der Multiplikationsvorstellung ist die Analyse der Beziehungen dieser drei zusammenhängenden Aufgaben wichtig.

Zu c) Analyse von ordnenden Prinzipien. Übergreifender als die Analyse von Beziehungen ist die Analyse von ordnenden Prinzipien. Diese werden im Gegensatz zu den Beziehungen von außen vorgegeben und dienen zur Organisation des Sachverhalts.

Beispiel:

(4. Klasse, Lehrplaninhalt: Symmetrie – Vierecksformen)

Verschiedene Vierecksformen werden auf Symmetrieeigenschaften untersucht (das kann auch schon in der Grundschule geschehen, wenn man es mit einem konkreten Spiegel erarbeitet). Dabei stellt man fest, dass es Vierecke mit einer, mit zwei oder mit vier Spiegelachsen gibt.

1 Spiegelachse:

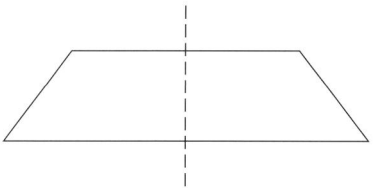 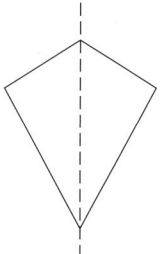

2 Spiegelachsen:

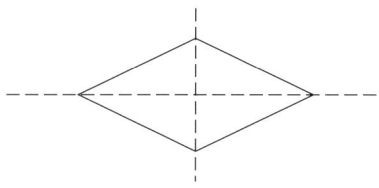 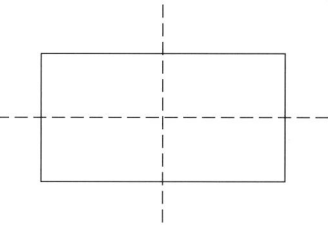

4 Spiegelachsen:

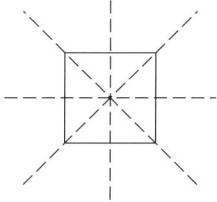

2.2.5 Synthese

Synthese ist das Zusammenfügen von Teilen zu einem Ganzen. Die Elemente werden dann nach einem Strukturplan zusammengesetzt, der vorher vom Lerner erfunden und bedacht sein muss. Offensichtlich ist Kreativität im Spiel, allerdings macht Bloom darauf aufmerksam, dass die Schüler an die Grenzen gebunden sind, die das spezielle Problem vorgibt. Ein wichtiges nichtmathematisches Beispiel für eine Synthese ist das Verfassen eines Aufsatzes, aber auch im mathematischen Bereich lassen sich Beispiele für synthetisches Arbeiten finden, man denke nur speziell an die Erfindung einer geometrischen Konstruktion, z. B. einer Dreieckskonstruktion.

Die Synthese kann in weitere Teilbereiche aufgegliedert werden:
a) Produktion einer Nachricht,
b) Produktion eines Planes,
c) Ableitung abstrakter Beziehungen.

Zu a) Produktion einer Nachricht. Hierbei liegt das Schwergewicht auf der zu formulierenden Information, die dem Gesprächsteilnehmer vermittelt werden soll. Im mathematikdidaktischen Bereich ist hierbei an Mitteilungen über Rechenverfahren, Konstruktionsverfahren o. Ä. zu denken.

Beispiel:

(2. Klasse, Lehrplaninhalt: Arithmetik – Addition im Zahlenraum bis 100)

Es werden mündlich Additionsaufgaben gerechnet. Die Lehrerin fragt nicht nur nach dem Resultat, sondern auch danach, wie gerechnet wurde.

49 + 27 = 76

Markus: „Ich habe zu 49 20 addiert, das ergibt 69. Dann habe ich noch 7 dazugezählt. Das sind 76"

Tanja: „Ich habe 40 und 20 addiert, das sind 60. Dann habe ich 9 und 7 addiert, das sind 16, 60 + 16 sind 76."

Matthias: „Ich habe 50 und 27 addiert, das gibt 77. Dann habe ich 1 abgezogen, weil ich ja 49 addieren sollte. Also ist das Ergebnis 76."

Zu b) Produktion eines Planes. Zur Lösung komplexer Aufgaben wird vorher ein Plan erstellt und formuliert, der alle Teile des Lösungsgangs beschreiben muss. Im Bereich der Mathematik ist hier der Begriff des Algorithmus als eindeutige und vollständige Handlungsanweisung angesprochen.

Beispiel:

(4. Klasse, Lehrplaninhalt: Sachrechnen)

„In einer Anzeige werden Lebkuchen angeboten, ein Beutel mit 8 Stück für 2,38 € und ein Beutel mit 24 Stück für 6,70 €. Frau Franke überlegt, wie viel ein 24-Stück-Beutel billiger ist als drei 8-Stück-Beutel." Die Kinder füllen dazu dieses Lösungsschema aus oder erstellen es selbst:

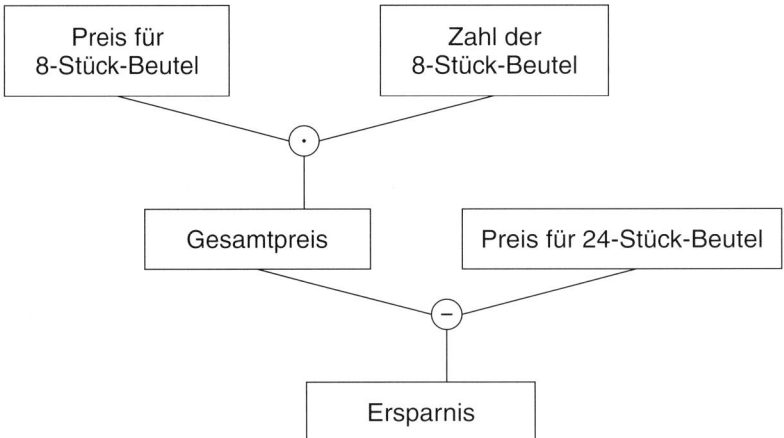

Letzteres ist für die Kinder keine leichte Aufgabe und nur zu bewältigen, wenn bereits vorher solche Lösungsschemata aufgestellt wurden.

Zu c) Ableitung abstrakter Beziehungen. Dies ist eine recht schwierige Aufgabe und in der Grundschule in der Regel nicht leistbar. Nur andeutungsweise kann sie in folgendem Beispiel beschrieben werden:

Beispiel:

(2. Klasse, Lehrplaninhalt: Multiplikation)

Die kombinatorische Vorstellung der Multiplikation, also das sog. kombinatorische Modell, ist für Erwachsene ungewöhnlich, kann aber von Kindern selbstständig entdeckt werden.

Etwa mit der bekannten Aufgabenstellung: „Doris hat 4 Röcke und 3 Blusen. Wie viele Kombinationen kann sie anziehen?" Hilfsmittel dabei ist die Tabelle:

B＼R	rot	blau	grün	weiß
rot	×	×	×	×
blau	×	×	×	×
gelb	×	×	×	×

Dies entspricht 4 mal 3 = 12 Kombinationen. Damit ist geklärt, dass solche Kombinationsaufgaben durch die für die Kinder abstrakte Verknüpfung der Multiplikation berechnet werden können.

2.2.6 Bewertung

Mit Bewertung ist die Beurteilung von Aussagen, Ideen, Lösungen oder Materialien gemeint. Zu den bisher besprochenen Taxonomieklassen kommt bei der Bewertung ein von außen kommendes Kriteriensystem, nach dem die Urteile gebildet werden sollen. Diese Urteile können qualitativer oder auch quantitativer Art sein. Das Problem bei der Bewertung ist häufig, dass der Bewertungsmaßstab subjektiv ist, etwa die Nützlichkeit einer Arbeit hinsichtlich der eigenen Person des Schülers. Auch die Ausprägung der Urteile als Meinungen, also durch nicht präzise Untersuchungen nachgeprüft, erschwert die Objektivität einer Bewertung.

Bloom unterscheidet
a) Bewertungen auf Grund innerer Kriterien und
b) Bewertungen auf Grund äußerer Kriterien.

Zu a) Bewertungen auf Grund innerer Kriterien. Im Mathematikunterricht handelt es sich hierbei meist um ein Urteil mit dem Bewertungsmaßstab der logischen Korrektheit, also um die logische Bewertung eines Beweises oder einer Begründung. Da in der Grundschule noch keine formalen Beweise durchgeführt werden können, geht es hier im Wesentlichen um die Überprüfung von Schüleräußerungen. Dies ist aber schon ab der 1. Klasse möglich.

Beispiel:
(1. Klasse, Lehrplaninhalt: Eigenschaften von Gegenständen)
Die folgende Figur ist an den mit Punkten markierten Stellen mit logischen Blöcken zu belegen, wobei die Anzahl der Verbindungslinien die Anzahl der Unterschiede zwischen den einzelnen Klötzen angibt.

Ein Kind legt einen falschen Klotz hin an eine Stelle, sodass die Anzahl der Unterschiede nicht stimmt. Ein anderes Kind der Gruppe nimmt diesen Klotz wieder weg und legt einen richtigen hin.

Zu b) Bewertungen auf Grund äußerer Kriterien. Dies erfordert Kenntnisse auch außerhalb des zur Debatte stehenden Gebietes. Aber gerade für den Mathematikunterricht ist diese Bewertungsart wichtig, weil in vielen Fällen das mathematisch bestimmte Ergebnis einer Aufgabe auf Grund der äußeren Gegebenheiten evaluiert werden muss.

Beispiel:

(4. Klasse, Lehrplaninhalt: Größen – Sachrechnen, nach Bender, 1985/2)

Durch einen repräsentativen Test mit Auswahlantworten wurde festgestellt, dass die Kinder zum Ende der Grundschulzeit teilweise zwar gute Fähigkeiten beim Lösen von Sachaufgaben haben, dass aber Kenntnisse normaler Sachverhalte zu wünschen übrig lassen. So geben 23 % der Schüler die Höhe eines Zimmers mit 1,60 m und kleiner an. 20 % geben die Einwohnerzahl der Bundesrepublik Deutschland mit 1 Milliarde an, 21 % mit 16 Millionen. Bei der Aufgabe „Petra wurde im Jahre 1973 geboren und Karin wurde im Jahre 1974 geboren", behaupteten 36 %, dass Karin genau 12 Monate jünger ist als Petra.

Aus diesem Beispiel wird deutlich, dass es nicht genügt, die mathematischen Schulaufgaben richtig zu lösen. Der Mathematikunterricht muss vielmehr ständig auch mit außermathematischen Kriterien gemessen und bewertet werden. So verbindet die Kategorie „Bewertung" die Mathematik mit den anderen Schulfächern und vor allem mit den Bedürfnissen des täglichen Lebens und verhindert, dass der Mathematikunterricht in einem Wolkenkuckucksheim stattfindet.

3 Allgemeine Lernziele nach Winter

3.1 Vorbemerkungen

Aus den zahlreichen Vorschlägen für Lernzielkataloge und Taxonomien hat einer für den Mathematikunterricht besondere Bedeutung erlangt, nämlich die Zusammenstellung der „Allgemeinen Lernziele für den Mathematikunterricht" von Winter (1972). Er wurde also, im Gegensatz zu vielen anderen Lernzielkatalogen, speziell für den Mathematikunterricht formuliert. Außerdem weist er folgende Eigenschaften auf, die ihn vor vielen ähnlichen Katalogen besonders auszeichnet:

– Er beschränkt sich nicht nur auf kognitive Ziele, sondern beinhaltet implizit auch soziale und affektive Ziele.
– Die allgemeinen mathematischen Lernziele werden einerseits fachmathematisch, andererseits anthropologisch, nämlich durch allgemeinmenschliche Fähigkeiten und Haltungen, also durch Aspekte des Menschen begründet.

Damit ist auch der genaue Ort der Mathematikdidaktik charakterisiert, die sich natürlich einerseits auf ihre Bezugswissenschaft Mathematik beruft, andererseits ihre Objekte auf den Schüler als Menschen ausrichten muss, der ja eine allgemein bildende Schule besucht und nicht in jedem Fall zum Fachmathematiker ausgebildet werden soll.

Ein weiterer Grund für die ausführliche Würdigung der „Allgemeinen Lernziele des Mathematikunterrichts" von Winter ist ihre Verwandtschaft zu der Taxonomie von Bloom, die ja in Kap. 2 bereits für den Mathematikunterricht konkretisiert wurde und auf die sich Winter explizit beruft (1972, S. 71).

Schließlich sei den „Allgemeinen Lernzielen" auch deshalb besondere Beachtung geschenkt, weil sie in zahlreichen Lehrplänen der Bundesrepublik Deutschland explizit oder implizit aufgenommen wurden.

Die Winter'schen Lernziele sind zwar auf den Mathematikunterricht bezogen, hier aber nicht an spezielle Unterrichtsinhalte gebunden. Wenn im Folgenden trotzdem Beispiele angegeben werden, so sind diese als Grob- oder Feinlernziele nur zur Verdeutlichung der allgemeinen Tendenz zu verstehen, die die „Allgemeinen Ziele" angeben. Die Zahl der Beispiele ließe sich beliebig vergrößern, ja eigentlich sollten bei der Behandlung jedes Themas des Mathematikunterrichts diese Ziele angestrebt werden. Ja, Winter fordert sogar, die Auswahl der Inhalte des Unterrichts danach vorzunehmen, inwieweit der Stoff dazu geeignet ist, möglichst vielen der „Allgemeinen Lernziele" gerecht zu werden (1972, S. 84).

3.2 Die Lernziele

3.2.1 Argumentieren

Als erstes und wichtigstes allgemeines Lernziel des Mathematikunterrichts nennt Winter das *Argumentieren,* das auch mit Dialogfähigkeit und Dialogwilligkeit umschrieben werden kann. Gemeint ist damit die Fähigkeit, sich vernünftig mit dem Anderen zu verständigen. Natürlich kommt hier sofort die Frage, ob dieses Lernziel nicht besser von anderen Fächern erreicht werden kann, ja, ob dieses Lernziel überhaupt zum Mathematikunterricht gehört. Hier wie auch bei den folgenden Zielen sei dazu bemerkt, dass natürlich diese Ziele nicht allein auf das Fach Mathematik bezogen sein müssen und auch in den meisten anderen Fächern gelten, dass sie aber im Mathematikunterricht eine besondere Ausprägung erfahren, die hier näher beschrieben sein soll. Argumentieren im Mathematikunterricht ist letztlich nichts anderes, als mit *Begründen* oder *Beweisen* gemeint ist.

Zu einem sachlichen Gespräch gehört zunächst einmal, dass sich die beiden Gesprächspartner über den Gesprächsgegenstand einig sind, dass sie das Thema eingrenzen und die gemeinsamen Gesprächsvoraussetzungen so klar wie möglich formulieren.

Ferner müssen die Gesprächsteilnehmer (wagen) Aussagen (zu) machen, d. h. sich festzulegen. Diese Aussagen müssen gegebenenfalls verdeutlicht und erläutert werden, eventuell durch Beispiele oder durch Gegenbeispiele. Die Aussagen müssen zu neuen Aussagen verknüpft werden, d. h. es müssen logische Folgerungen gezogen werden.

Der jeweils andere Gesprächspartner nimmt die Aussagen auf, überprüft sie (rechnet nach, kontrolliert sie), akzeptiert sie gegebenenfalls oder versucht sie zu widerlegen, wenn er sie als falsch erkannt hat.

Schon aus dieser Zusammenstellung wird deutlich, dass es sich bei der Argumentationsfähigkeit nicht nur um ein kognitives Lernziel handelt. Besonders deutlich ist die soziale Funktion. Argumentiert werden kann nur in sozialen Situationen, wobei die Anerkennung und Würdigung der Äußerungen des Gesprächspartners unabdingbare Voraussetzungen für eine gelungene Kommunikation sind. Aber auch affektive Ziele sind angesprochen. Es gehört Mut dazu, seine Meinung zu äußern, es gehört Mut dazu, die Aussage eines Gesprächspartners anzugreifen und es gehört noch mehr Mut dazu, zuzugeben, dass man sich geirrt hat und seine Meinung ändert.

Die Mathematik ist speziell in der Grundschule für dieses Lernziel prädestiniert, weil im Mathematikunterricht sehr eng begrenzte und eindeutige Voraussetzungen als Argumentationshintergrund zu formulieren sind.

Beispiel:

(1. Klasse, Lehrplaninhalt: Eigenschaften von Gegenständen)

Die Kinder legen mit den logischen Blöcken, die ja 4 Merkmalstypen – Farbe, Größe, Dicke und Form – aufweisen, Unterschiedsfolgen mit je einem Unterschied zwischen benachbarten Blöcken. Wenn ein Kind einen Block hinlegt, macht es damit eine Aussage, die die Regel: „Ein Unterschied" zur Voraussetzung hat, auch wenn der ganze Vorgang averbal vor sich geht. Sein Nachbar kontrolliert die „Aussage", akzeptiert sie und legt den nächsten Block.

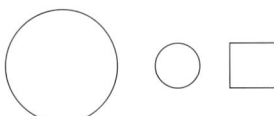

Möglicherweise hat ein Kind auch einmal einen Block gelegt, bei dem die Regel – ein Unterschied – nicht stimmt. Der Nachbar korrigiert dann die Aussage, indem er den Block wegnimmt und einen anderen hinlegt, der der Spielregel entspricht. Das erste Kind sieht ein, dass sein ursprünglicher Versuch falsch war und revidiert seine Meinung.

Bei diesem Vorgang wurden also „Aussagen" gemacht, Aussagen kontrolliert, Aussagen widerlegt und eventuell die eigene Meinung korrigiert, alles Eigenschaften, die zu einer rationalen Argumentation gehören.

Beispiel:

(4. Klasse, Lehrplaninhalt: Multiplikation mit zweistelligen Zahlen)

Die Lehrerin stellt Multiplikationsaufgaben, etwa

$$12 \cdot 8 = \boxed{}$$

Sie fordert die Schüler auf nicht nur zu rechnen, sondern auch ihren Rechenweg zu schildern. Folgende Möglichkeiten werden von den Schüler genannt:

Markus:	Ich habe gerechnet:
	$10 \cdot 8 + 2 \cdot 8 = 80 + 16 = 96$
Erika:	$6 \cdot 8 + 6 \cdot 8 = 48 + 48 = 96$
Frank:	Ich habe zuerst die Zahlen vertauscht, also $8 \cdot 12$. Dann hab' ich gerechnet $10 \cdot 12 = 120$ und habe $2 \cdot 12 = 24$ abgezogen, das ergibt 96.

Die Lehrerin gibt ständig Impulse: Kannst du wiederholen, wie Erika gerechnet hat? Gibt es noch weitere Möglichkeiten?

Aus diesem Lernziel ergeben sich folgende Regeln für die praktische Unterrichtsgestaltung (in Anlehnung an Stampe, 1984):
Gesprächsvoraussetzungen klären, Begriffe inhaltlich verdeutlichen und gegeneinander abgrenzen, Lösungen analysieren und kontrollieren, genau und präzis formulieren, zum Fragen auffordern, Aussagen überprüfen, Beispiele angeben, Veranschaulichungen als Argumentationshilfen einsetzen usw.

Das Lernziel „Argumentieren" kann als das mathematische „Beweisen" interpretiert werden. Zwar kann man in der Grundschule noch keinen streng formalen Beweis durchführen, jedoch kann man als Vorstufe dazu das „Begründen" ansehen. Damit nimmt man Bezug auf die Mathematik als deduktive Wissenschaft, d. h. als Wissenschaft, die von übergeordneten Axiomen ausgeht und von dort deduktiv Folgerungen zieht, also Sätze aufstellt und beweist. Die Aussagen jeder mathematischen Teildisziplin (z.B. Geometrie, Arithmetik, Wahrscheinlichkeitsrechnung usw.) leiten sich von einem entsprechenden Axiomensystem ab, das vollständig und widerspruchsfrei sein muss.

Indem nun vor einer mathematischen Aufgabenstellung die Voraussetzungen genau präzisiert und formuliert werden, von denen man ausgeht, wird diese deduktive Argumentationsweise der Mathematik nachgebildet. So kann etwa im ersten Beispiel die Situation – Logische Blöcke mit vier Unterschiedsklassen, Blockfolge mit je einem Unterschied zwischen den Plättchen – als axiomatische Ausgangssituation angesehen werden, auf deren Basis man Folgerungen in Form von konkreten Plättchenfolgen zieht.

Auf der anderen Seite entspricht das Ziel „Argumentationsfähigkeit" der allgemeinmenschlichen Fähigkeit der Dialogfähigkeit. Der Mensch als erkennendes und sprechendes Wesen kann sich „vernünftig" mit anderen Menschen unterhalten, wobei gewisse Gesprächsregeln – Aussagen machen, Aussagen überprüfen, den Anderen ausreden lassen, evtl. Gegenargumente vorbringen usw. – eingehalten werden müssen.

Die Dialogfähigkeit und Kommunikationsfähigkeit des Menschen ist anthropologisch von überragender Bedeutung. Sie ist eng mit der „Selbstverwirklichung" des Menschen, aber auch mit der Fähigkeit der Selbstbehauptung in dieser Welt verknüpft. Ja, für jede menschliche Gemeinschaft ist das vernünftige Reden der Menschen miteinander unabdingbare Voraussetzung für das Bestehen dieser Gemeinschaft überhaupt.

3.2.2 Kreativität

Als nicht minder wichtiges Ziel des Mathematikunterrichts nennt Winter (1972) die Kreativität. Auch dieses Ziel ist selbstverständlich nicht nur im Mathematikunterricht anzustreben, jedoch ist auch hier die Mathematikdidaktik in der Lage ganz spezielle einfache und kindgemäße Situationen anzubieten, in denen dieses Ziel realisiert werden kann.

Zur Kreativität gehört vor allem, bereit sein sich mit einer Aufgabe zu befassen, Lösungswege zu suchen und durchzudenken, Situationen zu variieren, fortzusetzen und zu übertragen. Zur Kreativität gehört es aber auch, die Ausdauer zu besitzen einen geplanten Lösungsweg beizubehalten, bis sich herausgestellt hat, ob er zum Ziel führt oder nicht. Auch dann darf der Schüler nicht den Mut verlieren und die „Flinte ins Korn werfen". Er muss den Mut haben, neu anzufangen und neue Lösungswege zu suchen.

Auch bei diesem Ziel ist deutlich, dass es sich keineswegs nur um kognitive Eigenschaften handelt, die hier gefordert sind. Mut haben mit einer Aufgabe zu beginnen oder neu zu beginnen, das sind sicherlich im hohen Maße affektive Ziele.

Das Ziel der Kreativität kommt wiederum der Situation der Grundschulkinder entgegen. Sie sind ja aufgeschlossen und spontan, freuen sich, wenn sie vor neue Situationen gestellt werden, probieren und phantasieren gerne.

Beispiel:

(2. Klasse, Lehrplaninhalt: Geldwerte)

Die Lehrerin stellt die Aufgabe, die Schüler sollen 8 Cent mit 1-ct-, 2-ct- und 5-ct-Stücken darstellen, wobei eine, zwei oder alle drei Münzsorten verwendet werden dürfen. Es kommt darauf an, möglichst viele, wenn möglich alle, Kombinationen zu finden.

Diese Aufgabe wurde noch niemals von den Kindern durchgeführt, natürlich können sie auch kein gelerntes Verfahren zur Lösung dieser Aufgabe anwenden, sondern sind nur auf ihre eigene Intuition angewiesen.

Sebastian macht sich folgendes Schema:

	8 ct	8 ct	8 ct	8 ct	8 ct	8 ct	8 ct
1-ct-Münzen	8	6	4	2	0	3	1
2-ct-Münzen	0	1	2	3	4	0	1
5-ct-Münzen	0	0	0	0	0	1	1

Das Prinzip ist klar: Zuerst werden 8 Cent nur mit 1-ct-Münzen gebildet und dann sukzessive zwei 1-ct-Stücke durch ein 2-ct-Stück ersetzt. Wenn alle Möglichkeiten ausgeschöpft sind, kommt noch das 5-ct-Stück ins Spiel. Die restlichen 3 Cent werden zunächst durch drei 1-ct-Stücke dargestellt, dann wieder zwei 1-ct-Stücke durch ein 2-ct-Stück ersetzt. Insgesamt ergeben sich so 7 Möglichkeiten.

Die Regeln für die praktische Unterrichtsgestaltung, die sich aus diesem Ziel ergeben, können so beschrieben werden: Die Schüler sollen bewusst nach Gesetzmäßigkeiten, Regeln, Ordnungsschemata, Symmetrien usw. suchen. Sie sollen entwerfen und verwerfen, variieren und kombinieren, zusammensetzen und zerlegen. Dazu bedarf es problemhaltiger Ausgangssituationen und eines reichhaltigen Angebotes von Lernmaterialien („Freie Arbeit", siehe Kap. VI. 4.4.4). Auch der Unterrichtsstil der Lehrerin muss derartige Haltungen wecken: „Was fällt auf?", „Kennt ihr ähnliche Beispiele?", „Was wäre, wenn … ?", usw.

Der Aspekt der Mathematik, der mit diesem allgemeinen Lernziel der Kreativität korrespondiert, ist der: Die Mathematik ist eine Schöpfung des menschlichen Geistes. Für Nikolaus von Kues war der Mensch deshalb Gottes Ebenbild und hatte Teil am Schöpfungswerk Gottes, weil er die Mathematik selbst erschafft. Dieser hohe Anspruch an die Mathematik muss auch im Unterricht realisiert werden. Auch hier erweist sich der Mathematikunterricht als Möglichkeit einen Beitrag zur christlich-abendländischen Kultur zu leisten.

Das anthropologische Pendant dazu ist der Aspekt des Menschen als schöpferisches Wesen. Winter (1972, S. 76) formuliert so: „Je mehr ein Mensch sich aus Routineverhalten heraus entwickeln kann, je mehr er selbst gestaltet, um so mehr ist er Mensch."

3.2.3 Mathematisieren

Das dritte allgemeine Lernziel dieser Bedeutung ist das Mathematisieren. Im Gegensatz zu den beiden ersten ist dieses Ziel spezifisch für das Fach Mathematik. Mit Mathematisieren ist hier die Verwendung mathematischer Mittel und Möglichkeiten zur Welterfassung gemeint. Dazu gehört vor allem das Gewinnen von mathematisch verwertbaren Daten durch Zählen, Messen, Schätzen und Ablesen, das Darstellen von Daten in Tabellen, Schaubildern, Listen usw. und das Verarbeiten von Daten durch Rechnen, das Suchen und Auswählen von Lösungsverfahren, das Interpretieren von Lösungen.

Beispiel:

(2. Klasse, Lehrplaninhalt: Multiplikation)

Folgende Aufgabe wird besprochen: Familie Heller will eine Wanderung vom Ort A zum Ort B und wieder zurück machen. Die Orte sind durch 4 Wege verbunden. Man beschließt nicht auf dem gleichen Weg zurückzugehen, auf dem man hingegangen ist. Wie viele Möglichkeiten für einen „Rundweg" gibt es?

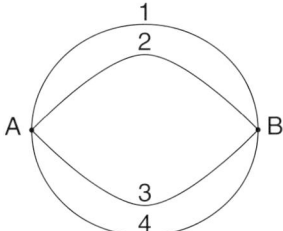

Monika macht folgende Überlegung: Für den Hinweg von A nach B gibt es 4 Möglichkeiten. Bei jedem der 4 Hinwege hat man dann 3 Möglichkeiten für den Rückweg.

Darstellung im Baumdiagramm:

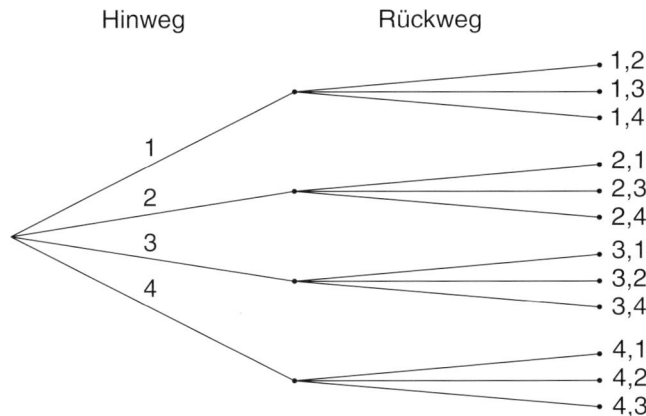

Beispiel:

(4. Klasse, Lehrplaninhalt: Zahlenraum bis 1 000 000)

Die Lehrerin bringt ein Glas mit, das mit trockenen Bohnen gefüllt ist. Die Klasse versucht die Anzahl zu schätzen. Danach werden die Bohnen auf ein Papier ausgeleert und in Quadratform zusammengelegt. Wieder erfolgt eine Schätzung. Schließlich wird das Quadrat in 5 x 5 kleine Quadrate unterteilt und die Bohnen in einem solchen kleinen Quadrat gezählt. Das Ergebnis wird mit 25 malgenommen und mit den früheren Schätzungen verglichen.

Daraus ergeben sich folgende Konsequenzen für die Unterrichtsgestaltung: planmäßiges Beobachten von Sachsituationen, Sammeln, Ordnen und Darstellen mathematisch relevanter Daten, Verwenden von vielseitigen Mess- und Schätzverfahren, Durchführung und Übung von wichtigen Lösungsverfahren, z.B. schriftliche Rechenverfahren, Deuten und Interpretieren von Lösungen.

Mit diesem Lernziel ist angesprochen, dass die Mathematik ein Mittel zur Welterfassung darstellt. Die Mathematik ermöglicht es, Situationen mit mathematischen Mitteln zu erfassen und daraus Folgerungen zu ziehen. Dies kann quantitativ oder mit anderen von der Mathematik bereitgestellten Ordnungsschemata erfolgen.

Der anthropologische Aspekt des Mathematisierens besteht darin, die Nutzung der Mathematik zur Weltbeschreibung und Weltgestaltung aufzuzeigen. Der Mensch als gestaltendes und wirtschaftendes Wesen kann mit der Mathematik Aspekte der Wirklichkeit beschreiben und daraus Konsequenzen ziehen, er kann sich ökonomisch sinnvoll verhalten. Es muss aber auch zum Ausdruck kommen, dass mit einer mathematischen Erfassung keineswegs die ganze Wirklichkeit beschrieben werden kann. Zu einem verantwortungsvollen Mathematikunterricht gehört aber auch, die Grenzen einer mathematischen Erfassung aufzuzeigen. Der Schüler muss erkennen, dass insbesondere der Mensch als Person nicht hinreichend mit mathematisch-naturwissenschaftlich-technischen Mitteln erfasst werden kann, wenn auch bestimmte menschliche Verhaltensweisen durchaus einer mathematischen (z.B. statistischen) Erfassung zugänglich sind.

3.2.4 Geistige Grundtechniken

Neben den besprochenen allgemeinen Haltungen und Fähigkeiten des Argumentierens, des kreativen Verhaltens und des Mathematisierens formuliert Winter geistige Grundtechniken, die wiederum zunächst als Grundtechniken der Fachmathematik zu verstehen sind, dann aber auch als Grundfertigkeiten Lernziele für den Mathematikunterricht darstellen.

Diese Grundtechniken sind:
- Klassifizieren,
- Ordnen,
- Generalisieren und Konkretisieren,
- Analogisieren und
- Formalisieren.

Das *Klassifizieren* besteht darin, Objekte nach Vorschrift zu sortieren und nach vorgegebenen Eigenschaften der Objekte Klassen zu bilden. Klassifizieren ist allgemein eine wissenschaftliche Grundtechnik. In zahlreichen Wissenschaften werden Klassifikationssysteme aufgestellt. So sind z. B. die Tierkreise (Wirbeltiere, Insekten, Weichtiere usw.) also Klassen, die auf Grund gemeinsamer Eigenschaften der einzelnen Tierarten gebildet wurden. Klassenbildung ist ein Abstraktionsvorgang. Man verliert zwar Information über einzelne Objekte, gewinnt aber größeren Überblick über gemeinsame Eigenschaften aller Objekte einer Klasse.

Beispiel:

(1. Klasse, Lehrplaninhalt: Eigenschaften von Gegenständen)

Die Kinder bringen von zu Hause Spielsachen mit und sortieren sie in Kästen, z. B. die Autos, die Buntstifte, die Puppen, die Bauklötze usw.

Beispiel:

(4. Klasse, Lehrplaninhalt: Räumliche Gebilde)

In der 4. Klasse werden die Eigenschaften räumlicher geometrischer Grundformen, also Würfel, Quader, Pyramide, Walze und Kegel behandelt. Hierbei müssen zunächst Einteilungskriterien gefunden werden. Sinnvolle Eigenschaften dazu sind: „... rollt" bzw. „... rollt nicht" und „... hat eine Spitze" bzw. „...hat keine Spitze". Nach diesen Merkmalen werden die Grundformen, die in konkreten Gegenständen (Verpackungen usw.) zu erkennen sind, in ein Kastendiagramm eingeordnet und zwar in folgender Weise:

	nicht spitz	spitz
rollt nicht	Quader Würfel	Pyramide
rollt	Walze	Kegel

Diese Einteilung ist sinnvoll, wenn man bedenkt, dass bei der später wieder aufgenommenen Behandlung der räumlichen Grundformen in der Hauptschule auch die Volumenformel besprochen werden muss. Die Grundidee dieser Formel ist „Grundfläche mal Höhe". Ist der Körper spitz, so erscheint in der Volumenformel der Faktor $\frac{1}{3}$, rollt er, so erscheint der Faktor π.

Mathematisch erfolgt das Klassifizieren auf Grund von Äquivalenzrelationen. Jeder Klasseneinteilung liegt eine Äquivalenzrelation zugrunde. Bei gleichfarbigen Gegenständen gilt z. B. die Relation: „... hat dieselbe Farbe wie ..."

Das *Ordnen* ist ebenfalls eine mathematische Grundtechnik, der Ordnungsrelationen zugrunde liegen. Bei diesem Lernziel sollen die Kinder Objekte nach Vorschrift anordnen, etwa linear oder zyklisch. Umgekehrt soll in einer gegebenen Anordnung die Ordnungsvorschrift gefunden werden. Geordnet wird nach Länge, Gewicht, Dauer, Flächeninhalt usw. Dadurch lernen die Kinder beobachten und unterscheiden.

Beispiel:

(1. Klasse, Lehrplaninhalt: Arithmetik)

Ordne die folgenden Zahlen der Größe nach: 5, 8, 3, 6, 2, 9, 1, 4, 7. Als Unterrichts-situation empfiehlt sich an 9 Kinder Zahlkärtchen auszuteilen und die Kinder sich nach der Größe der Zahl aufstellen zu lassen.

Das *Generalisieren* besteht darin, aus Einzelaussagen übergeordnete Regeln zu finden. Hinter diesem Lernziel steht die Tatsache, dass mathematische Sätze allgemein gültige Aussagen bilden. Jede Formel, jeder Satz gilt für unendlich viele Einzelfälle. Durch Generalisieren werden Aussagen verallgemeinert. Um die Gültigkeit einer vermuteten Regel zu überprüfen, müssen die Situationen sinnvoll abgeändert werden. Der umgekehrte Vorgang ist das *Konkretisieren*. Hierbei werden allgemeingültige Aussagen, Sätze oder Regeln, an Einzelbeispielen verifiziert. Beide Vorgänge verlaufen ineinander. Wird eine übergeordnete Gesetzmäßigkeit durch Generalisieren vermutet, so muss sie zur Überprüfung konkretisiert werden.

Beispiel:

(2. Klasse, Lehrplaninhalt: Arithmetik)

Zahlenfolgen sollen fortgesetzt werden, etwa
1 2 4 7 11 16 ....
2 3 5 7 11 13 ....

Das *Analogisieren* besteht darin, Entsprechungen zwischen Erscheinungen und Objekten zu suchen und zu finden. Dies geschieht durch Zuordnen. In der Mathematik wird ständig von diesen Zuordnungen Gebrauch gemacht, etwa wenn Zahlen den Punkten auf dem Zahlenstrahl zugeordnet werden und umgekehrt. Durch solche Vergleiche erhellen sich die Erscheinungen gegenseitig.

Beispiel:

(2. Klasse, Lehrplaninhalt: Arithmetik)

Additions- und Subtraktionsaufgaben im Zahlenraum bis 100 werden oft mit Hilfe der sog. dekadischen Analogie gelöst, die für die Kinder etwa so formuliert werden kann: Das Rechnen ist in allen Zehnern gleich.
72 + 6 = 78, weil 2 + 6 = 8
89 − 3 = 86, weil 9 − 3 = 6 usw.

Das *Formalisieren* besteht darin, Informationen in ein geeignetes Zeichensystem zu übertragen. In der Regel ist das die formale Sprache der Mathematik. Der Erfolg mathematischer Tätigkeit besteht ja darin, durch Übertragung eines Sachverhalt in ein formales Zeichensystem und durch Umformungen in diesem Zeichensystem besser zu Folgerungen zu kommen als in der konkreten Situation. Die uns gebräuchlichen Rechenverfahren sind in der Regel durch Formalisierung konkreter Vorgänge entstanden, etwa die schriftlichen Rechenverfahren, die aus Manipulationen mit konkretem Material abgeleitet werden können. Umgekehrt kann aus formal errechneten Ergebnissen konkrete Information erschlossen werden.

Beispiel:

(1. Klasse, Lehrplaninhalt: Arithmetik)

Das <-Zeichen kann durch folgenden Formalisierungsprozess abgeleitet werden: Aus Steckwürfeln werden zwei verschiedene Türme gebaut und miteinander verglichen.

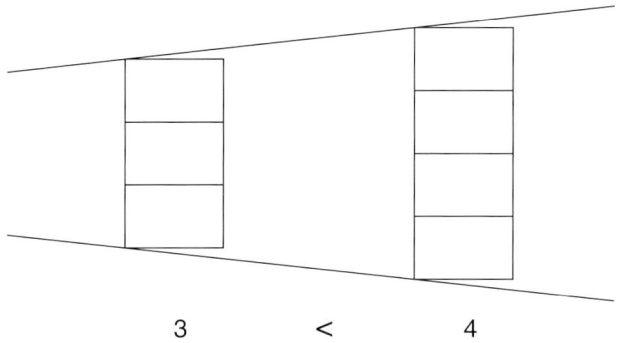

3   <   4

IV. Didaktische Prinzipien

1 Grundlagen

Die Didaktik des Mathematikunterrichts kann wissenschaftlich begründet werden. Grundlage dafür sind psychologische und allgemeine Lerntheorien, aber auch eigenständige mathematikdidaktische Theorien, die als Hypothesen formuliert wurden und durch Experimente und Erfahrung bestätigt und verifiziert wurden.

Die sich aus diesen Theorien ergebenden konkreten Folgerungen für die Unterrichtspraxis wurden in sog. didaktischen Prinzipien formuliert und verdichtet.

Didaktische Prinzipien sind (nach Winter, 1984, S. 124) nicht hinreichend als Zusammenfassungen und Verallgemeinerungen von Praktikerwissen definierbar. Sie sind vielmehr Regeln zur Planung und Durchführung von Unterricht, die wissenschaftlich begründet oder zu begründen sind. Sie sind allerdings nicht absolut, d. h. für jede denkbare Unterrichtssituation gültig, sondern müssen in jeder konkreten Situation neu bewertet und hinterfragt werden. Didaktische Prinzipien prägen den persönlichen Unterrichtsstil des Lehrers, sind aber nicht dazu geeignet, einzelne methodische Entscheidungen zu provozieren oder zu begründen.

Dennoch sind die didaktischen Prinzipien ein hervorragendes Mittel bei Planung und Gestaltung des konkreten Unterrichts. Ein Lehrer, der sich bei der Unterrichtsvorbereitung an didaktischen Prinzipien orientiert, hat einen Leitfaden zur Hand, der begründet ist und sich vielfach in konkreten Situationen bewährt hat.

Eine Klassifikation der didaktischen Prinzipien ist schwierig. So gibt z. B. Dollase (1979, nach Stampe, 1984, S. 100) eine Klasseneinteilung didaktischer Prinzipien an, die sich an der zu Grunde liegenden Lebenssituation orientiert, nämlich:

a) die Orientierung an zukünftigen Lebens- und Berufssituationen,
b) die Orientierung an gegenwärtigen oder kurz bevorstehenden Lebenssituationen und
c) die Orientierung an Erziehungssituationen.

Hier sei allerdings eine andere Einteilung vorgenommen, und zwar in solche didaktischen Prinzipien, die im Prinzip in allen Schulfächern, natürlich auch in Mathematik, Geltung haben, und solche, die speziell auf den Mathematikunterricht zugeschnitten sind. Im Folgenden werden also aus der großen Zahl der didaktischen Prinzipien einige allgemeine und einige speziell mathematikdidaktische Prinzipien mit Beispielen vorgestellt.

2 Allgemein-didaktische Prinzipien

2.1 Spiralprinzip

Bei dem sog. Spiralprinzip handelt es sich um ein Prinzip, das auf J. S. Bruner (1972) zurückgeht. Man versteht darunter die spiralige, besser schraubenlinienförmige Anordnung des Lehrstoffs über längere Zeiten hinweg. Das Kind kann in einem gewissen Alter den gesamten Inhalt eines mathematischen Problemkreises nicht fassen, obwohl es mit einzelnen Elementen dieses Inhalts sehr gut umzugehen versteht. Es ist deshalb angezeigt, ein mathematisches Thema nur bis zu einem bestimmten Vollständigkeitsgrad zu behandeln, es aber dann später wieder aufzunehmen und bis zu einer höheren Stufe weiterzuführen.

Insofern ist das Spiralprinzip zunächst für die weiträumige Unterrichtsplanung interessant, also für die Lehrplanebene. Mathematische Themenbereiche werden in einer früheren Klasse aufgegriffen, dort aber nur bis zu einem vorläufigen Abschluss gebracht um in einer späteren Klasse wieder aufgegriffen und zu einem höheren Abstraktionsniveau geführt zu werden.

Beispiel:

(1. bis 4. Klasse, Lehrplaninhalt: Arithmetik, nach dem Lehrplan für die Grundschule, Ministerium für Kultus und Sport, 1994)

Die natürlichen Zahlen und die Rechenoperationen mit ihnen werden in der Grundschule in sog. Zahlenräumen erarbeitet, die jeweils durch eine Zehnerpotenz nach oben begrenzt werden, nämlich

1. Klasse: Zahlen bis 20 und Zehnerzahlen bis 100
2. Klasse: Zahlen bis 100
3. Klasse: Zahlen bis 1 000
4. Klasse: Zahlen bis 1 000 000

Im jeweiligen Zahlenraum werden die Zahlen in den verschiedenen mathematikdidaktischen Modellen (z.B. als Kardinalzahlen, Ordinalzahlen usw.) und mit verschiedenen Veranschaulichungsmöglichkeiten dargestellt, ebenso die Relationen zwischen Zahlen (<-, >-Beziehung, Vorgänger, Nachfolger usw.) sowie die Grundrechenarten (Addition, Subtraktion, Multiplikation und Division) in mündlicher und ab Klasse 3 in schriftlicher Form.

Beispiel:

(2. bis 4. Klasse, Lehrplaninhalt: Größen: Zeit, nach dem Lehrplan für die Grundschule, Ministerium für Kultus und Sport, 1994)

Ein ähnliches Beispiel für das Spiralprinzip ist die Behandlung der Zeiten (Zeitpunkte und Zeitspannen) in der Grundschule.

In Klasse 2 werden Zeitpunkte und Einheiten für Zeitspannen (Sekunde, Minute, Stunde usw.) besprochen und Ableseübungen an Uhren vorgenommen.

In Klasse 3 werden Umrechnungen zwischen Zeitspannen durchgeführt sowie Zeitspannen aus Zeitpunkten berechnet.

In Klasse 4 werden kompliziertere Berechnungen von Zeitspannen, z.B. an Fahrplänen, vorgenommen.

Aber auch der Grundschullehrer sollte das Vorgehen nach dem Spiralprinzip kennen, und zwar aus folgenden Gründen:

– Er sollte wissen, nach welchem Prinzip der Lehrplan aufgebaut ist, damit die Behandlung eines mathematischen Teilgebiets nur bis zu einer gewissen, für die Kinder in dieser Altersstufe angemessenen, Tiefe erfolgt,
– Auch innerhalb der Inhalte eines Jahres ist häufig ein Aufbau nach dem Spiralprinzip erforderlich, um die Schüler nicht durch eine umfangreiche zusammenhängende Behandlung des Stoffes zu überfordern.

Beispiel:

(1. Klasse, Lehrplaninhalt: Arithmetik)

Die Einführung der natürlichen Zahlen im 1. Schuljahr erfolgt nicht in einem Durchgang, sondern in einzelnen Abschnitten. So beginnt man nach einem pränumerischen Teil zunächst mit den Zahlen 1 bis 5 in der Reihenfolge 2, 4, 3, 5, 1. Nach der operativen Durcharbeitung der Zahlen, wobei auch additive Zerlegungen und Relationen behandelt werden, wird dann nach wenigen Wochen der Zahlenraum auf die Zahlen bis 10 ausgedehnt. Wiederum nach einer gewissen Zeit wird schließlich der Zahlenraum auf die Zahlen bis 20 erweitert, wobei auch hier die Durcharbeitung auch mit den Rechenoperationen mündlicher Addition und Subtraktion erfolgt.

Das Spiralprinzip hat auch Einfluss auf die Auswahl von Inhalten für den Unterricht. Danach sind insbesondere solche Inhalte für den Unterricht geeignet, die sich auf höherem Niveau fortsetzen lassen. Im Umkehrschluss sind Themen als nicht geeignet einzustufen, bei denen eine solche Fortsetzung nicht oder nur schwer möglich ist.

Beispiel:

(Topologie)

In den Lehrplänen, die auf Grund der Rahmenrichtlinien für die Reform des Mathematikunterrichts nach 1968 entstanden, war häufig das Thema „Topologie" anzutreffen. Es handelte sich dabei um Probleme wie das Färben von Flächen mit möglichst wenig Farben, um Kurvenzüge mit Bögen und Knoten, die in einem Zug durchlaufen werden sollten u. Ä. Diese Themen sind heute fast völlig aus den Lehrplänen und Schulbüchern verschwunden, wohl vor allem auch deshalb, weil sie nicht in geeigneter Weise in der Schule auf einem höheren Niveau fortgesetzt werden konnten.

Das Spiralprinzip steht in engem Zusammenhang mit weiteren didaktischen Prinzipien (siehe Wittmann, 1974), von denen hier das Prinzip des vorwegnehmenden Lernens und das Prinzip der Fortsetzbarkeit genannt werden sollen.

Das *Prinzip des vorwegnehmenden Lernens* besagt, dass mit der Behandlung eines Themas nicht unbedingt zu warten ist, bis eine abschließende Bearbeitung möglich ist. Vielmehr kann man wesentliche Elemente schon in einer vorgezogenen (propädeutischen) Behandlung vorwegnehmen. Dieses Prinzip kann besonders zur Begründung des propädeutischen Geometrieunterrichts in der Grundschule herangezogen werden.

Beispiel:

(2. Klasse, Lehrplaninhalt: Geometrie)

Mit konkretem Material, z. B. kleinen Quadraten oder Dreiecken, werden vorgezeichnete Figuren ausgelegt. Dies geschieht vor allem, um die Flächeninhalte der Figuren zu vergleichen. Hier wird die Bestimmung und Berechnung des Flächeninhalts (Klasse 5) vorbereitet ohne natürlich auf die Ableitung der Formel des Flächeninhalts eines Rechtecks oder auch nur auf Systematisierung einzugehen.

Ähnliches ist auch mit dem Winkelbegriff möglich, der ja erst in der 6. Klasse thematisiert wird. Mit konkretem Material, z. B. den Plättchen des „Formenspiels" (Bauersfeld) soll ein großes gleichseitiges Dreieck ausgelegt werden. Dies ist mit kleinen gleichseitigen Dreiecken möglich, nicht aber mit kleinen rechtwinklig-gleichschenkligen Dreiecken. Die Winkel eines gleichseitigen Dreiecks betragen alle 60 Grad, ein rechtwinklig-gleichschenkliges Dreieck besitzt aber die Winkel 45 Grad und 90 Grad. Damit ist es unmöglich, einen Winkel von 60 Grad zu bilden. Deshalb kann ein großes gleichschenkliges Dreieck niemals mit rechtwinklig-gleichschenkligen Dreiecken ausgelegt werden.

Diese Betrachtung ist natürlich nicht für die Kinder bestimmt. Diese stellen nur die Unmöglichkeit durch eigene Versuche fest.

Das *Prinzip der Fortsetzbarkeit* besagt, dass bevorzugt Inhalte in den Unterricht aufzunehmen sind, die auf höherem Niveau fortgesetzt werden können. Auch zu diesem Prinzip sind geeignete Beispiele in der Geometrie zu finden.

Beispiel:

(4. Klasse, Lehrplaninhalt: Geometrie)

In Klasse 4, teilweise schon in Klasse 3, werden geometrische Figuren auf Gitterpapier gezeichnet und so ihr Flächeninhalt bestimmt. Dieses Vorgehen kann in zwei Richtungen fortgesetzt werden, einmal, wie bereits besprochen, in Richtung auf die Flächeninhaltsberechnung, zum andern aber auch auf die Verwendung des kartesischen Koordinatensystems hin, indem die Koordinaten der Gitterlinien mit Buchstaben und Zahlen benannt werden und die Eckpunkte der Figur so mit den Koordinaten angegeben werden.

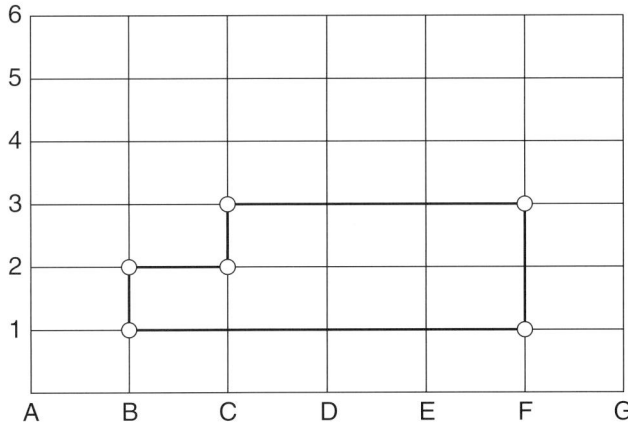

Figur: B1 – B2 – C2 – C3 – F3 – F1 – B1

2.2   Prinzip der Deutlichkeit

Wittmann (1974, S. 65) fasst unter diesem Namen elementare Regeln des Unterrichtens zusammen, die sich aus dem kybernetischen Modell des Nachrichtenkanals ergeben. Dies ist ein Schema, in dem sich jede Kommunikation, also auch die zwischenmenschliche des Unterrichtsgeschehens, darstellen lässt.

Eine Nachricht, die von einem Sender ausgesandt wird, wird in Zeichen cincs gccigncten Zeichenrepertoires codiert, über einen Nachrichtenkanal weitergeleitet und vom Empfänger empfangen, wo sie decodiert und als Information aufgenommen wird. Im Kanal kann es durch irgendwelche Einflüsse von außen zu Störungen kommen.

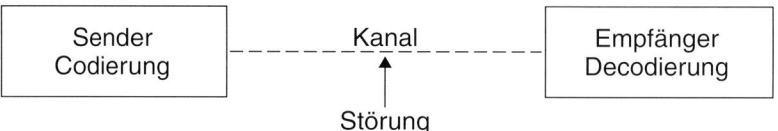

Dieses Schema kann einerseits auf eine technische Kommunikationseinrichtung, wie etwa das Telefon, angewandt werden, wobei der Sender der Telefonapparat ist, der die Sprache in elektrische Schwingungen codiert. Der Kanal ist die Leitungsstrecke, die durch Rauschen gestört sein kann. Der Empfänger wird durch den Hörer des Telefons gebildet, der die elektrischen Schwingungen wieder in Schall (gesprochene Sprache) umsetzt. Selbstverständlich müssen Sender und Empfänger die Sprache verstehen, in der die Kommunikation stattfindet.

Andererseits wird dieses Schema auch auf den Unterricht angewandt, wobei z. B. der Lehrer den Sender bildet, der Schüler den Empfänger. Voraussetzungen für eine gelungene Kommunikation ist ein gemeinsames Sprachrepertoir. Dies liegt z. B. nicht vor, wenn der Lehrer extrem die *Fachsprache* der Mathematik benutzt, die der Schüler noch nicht kennt. Hier sind im Zusammenhang mit der sog. „Mengenlehre" Fehler gemacht worden, wenn die Kinder Sätze wie den folgenden sagen sollten: „Die Menge der kleinen roten Quadrate ist eine Teilmenge der Menge der kleinen Quadrate, weil jedes kleine rote Quadrat ein kleines Quadrat ist." Vielmehr könnte folgende Aussage vom Lehrer gemacht und auch von den Schüler verstanden werden:

Beispiel:

(1. Klasse, Lehrplaninhalt: Eigenschaften von Gegenständen)

Alle kleinen roten Quadrate gehören zu den kleinen Quadraten, denn sie sind ja klein."

Zwar erfordert Mathematik ein klares Erfassen und Vermitteln von Sachverhalten, was durch die mathematische Fachsprache gewährleistet ist, jedoch kann die fachgerechte mathematische Sprechweise nur langsam bei den Kindern entwickelt werden. Wesentlicher als die Fachtermini ist das Verständnis des Sachverhaltes selbst.

Beispiel:

(3. Klasse, Lehrplaninhalt: Arithmetik)

Vorteilhaftes Rechnen erfolgt durch die ständige Verwendung der arithmetischen Gesetze, etwa durch das Kommutativgesetz, das Assoziativgesetz und das Distributivgesetz. Allerdings sollten diese Termini nicht vom Kind benutzt werden, vielmehr soll es mit eigenen Worten die Verwendung der Gesetze ausdrücken können. Z. B.

8 + 271: Ich vertausche die Zahlen, weil ich dann besser rechnen kann:
271 + 8 = 279

384 + 53: Ich rechne zunächst 384 + 16 = 400. Es bleiben noch 37. 400 + 37 = 437

12 · 8: Ich rechne zuerst die Zehner: 10 · 8 = 80, dann die Einer: 2 · 8 = 16, zusammen: 80 + 16 = 96

Zum Prinzip der Deutlichkeit gehört auch, dass Lehrersprache, oder besser die Lehreräußerungen, für die Kinder verständlich sein müssen. Ein typischer Anfängerfehler beim Unterrichten ist es, alle Anweisungen, etwa für das Lösen von Aufgaben oder Spielanweisungen, verbal geben zu wollen. Meist sind dann die Sätze auch noch stark mit Nebensatzkonstruktionen verschachtelt, die ein Kind gar nicht verstehen kann. Besser ist immer das Vormachen.

Beispiel:

(3. Klasse, Lehrplaninhalt: Größen – Gewichte)
Zur Gewichtsumrechnung werden drei verschiedene Schreibweisen für jeweils dieselbe Größe auf drei zusammengehörende Karten geschrieben, etwa

1,020 kg	1020 g	1 kg 20 g

Mit etwa 10 solcher Kartensätze wird Memory gespielt, wobei die Karten umgedreht auf den Tisch gelegt werden. Jeweils 3 Karten können umgedreht werden. Gehören sie zusammen, können sie behalten werden. Gehören sie zu verschiedenen Sätzen, so müssen sie wieder umgedreht hingelegt werden.
Dieses Spiel kann den Kindern nur schwer verbal erklärt werden, besser ist es, das Spiel im Sitzkreis wenige Male durchzuspielen, sodass die Kinder den Verlauf verfolgen können.

Auch die Kontrolle der Aufgabenlösungen mit einer Folie am Arbeitsprojektor ist sinnvoller als das laute Vorlesen der Ergebnisse.

Die Sprechweise des Lehrers soll:
– klar und deutlich sein,
– modulationsreich sein (Wechsel zwischen verschiedenen Lautstärken),
– wenig Nebensätze benutzen,
– keine für die Kinder unverständlichen Fremdwörter benutzen.

Hier sei auch das Problem des *Dialekts* angesprochen, das besonders in den süddeutschen Bundesländern eine Rolle spielt. Der Lehrer ist natürlich gehalten, in der Hochsprache zu unterrichten. Die Pflege der Hochsprache gehört zu den zentralen Anliegen der Schule, auch der Grundschule.
Allerdings kann es Situationen geben, wo Teile der Kommunikation durchaus im örtlichen Dialekt geführt werden können, wenn Schüler und Lehrer ihn beherrschen. Dadurch entsteht insbesondere für kleinere Kinder, etwa Erstklässler, eine vertraute Atmosphäre, die der des Elternhauses ähnlich ist, was zum Abbau von Ängsten und Spannungen führen kann.
Im Zusammenhang mit dem Prinzip der Deutlichkeit muss auch die Frage der akustischen *Unruhe in der Klasse* besprochen werden. Im Bild des Nachrichtenkanals handelt es sich dabei um eine Störung, die die Kommunikation behindert. Insofern ist Unruhe, etwa durch nicht sachbezogene gegenseitige Unterhaltung der Kinder, zu vermeiden. Die Lehrerin muss aller-

dings unterscheiden, ob die Unruhe in der Klasse „unterrichtsbezogen" ist oder nicht. Angeregte, oft sogar laute Unterhaltung zwischen den Schülern kann auch ein Zeichen von deren Interesse an dem Thema sein. Ebenso lassen sich Unruhe und Geräusch nicht vermeiden, wenn konkretes Material, etwa Cuisenaire-Stäbe, benutzt werden.

2.3 Prinzip der Schülerorientierung

Aus der Psychologie von Piaget ist das Prinzip der Schülerorientierung abzuleiten. Wittmann (1974, S. 59) formuliert so: „Der Unterricht hat an der vorliegenden kognitiven Struktur des Lernenden anzusetzen. Aktive Assimilations- und Akkomodationsversuche des Schülers sind unverzichtbare Lernbedingungen und müssen während des Unterrichts in geeignet organisierten Lernsituationen breiten Raum erhalten."
Piaget hat gezeigt, dass die psychologische und damit die kognitive Entwicklung des Kindes in Stufen vor sich geht (siehe Kap. II. 2.2). So ist das Vorschulkind im sog. präoperativen Stadium, während das Grundschulkind sich im Stadium des konkret operativen Denkens befindet, das durch die Ausbildung von logischen Gruppierungen gekennzeichnet ist, wenn sie konkret (also z. B. mit Material) dargestellt werden können.
Wenn nun nach dem Prinzip der Schülerorientierung beim Unterricht an der vorliegenden kognitiven Struktur des Schülers anzusetzen ist, so bedingt dies, dass in der Grundschule unbedingt die konkret-logische Denkweise der Schüler berücksichtigt werden muss. Die direkte Konsequenz daraus ist die Verwendung von Arbeitsmaterial für die Hand des Schülers. So allgemein diese Forderung bei Psychologen und Didaktikern anerkannt ist, so ist doch zu beklagen, dass im konkreten Unterricht diese Notwendigkeit oft vernachlässigt wird. Hier dürfen keine Mühen und Aufwendungen gescheut werden, wenn es darum geht, dem Schüler optimale konkrete Erfahrungsmöglichkeiten zu verschaffen.

Beispiel:
(1. Klasse, Lehrplaninhalt: Arithmetik – Größer/Kleiner-Beziehung)
Statt entsprechend der Größer-Beziehung Pfeile zwischen den auf dem Arbeitsblatt notierten Zahlen zu zeichnen, erhalten 3 oder 4 Kinder Kärtchen, auf denen die Zahlen notiert sind. Sie stellen sich im Kreis auf und dürfen entsprechend der Größer-Beziehung aufeinander zeigen.
Karin hat die 17. Sie zeigt auf Markus, der die 12 hat und spricht dazu. Ich (die 17) bin größer als du (die 12) usw.
Um diese Situation festzuhalten, werden die Kinder auf einen Bogen Packpapier gestellt und entsprechen der Zeigerichtung Pfeile auf das Papier gezeichnet.

Das Prinzip der Schülerorientierung kann auch als Grundlage der Bemühungen um Fehleranalyse gesehen werden, für die die Grundschullehrer erfreulicherweise sensibilisiert werden konnten (siehe auch Kap. XIII. 3). Radatz (1980, S. 72) bemerkt dazu: „Schülerfehler sind Bilder individueller Schwierigkeiten; sie zeigen, dass der Schüler bestimmte Begriffe, Techniken, Probleme usw. nicht ‚wissenschaftlich' oder ‚erwachsenengemäß' verstanden hat. Insofern sind Fehlstrategien Anzeichen für die Art, in der ein Schüler mathematische Probleme löst bzw. dafür, wie und was er denkt."

Auf Fehleranalysen kann hier nicht im Einzelnen eingegangen werden. Wir verweisen auf Radatz (1980) und Gerster (1982). Um das Anliegen zu demonstrieren, hier folgendes Beispiel:

Beispiel:

(2. Klasse, Lehrplaninhalt: Arithmetik – mündliche Addition und Subtraktion)

Typische Schülerfehler sind:

72 + 6 = 77   95 − 7 = 89

Hierbei handelt es sich um sog. Nähefehler, die durch falsche Zählstrategie des Schülers entsteht:

72 73 74 75 76 77   (6 Zahlen)
95 94 93 92 91 90 89   (7 Zahlen)

Nach dem Prinzip der Schülerorientierung ist die Lehrerin gehalten, sich mit der Denkweise des Schülers auseinanderzusetzen und hier den Hebel der Korrektur anzusetzen.

2.4   Integrationsprinzip

Als besonders aussagekräftig für das kindliche Lernen wird immer mehr das Integrationsprinzip angesehen. Es besagt, dass neu zu lernende Inhalte bewusst mit bereits gelernten und beherrschten Denkstrukturen in Verbindung zu setzen, zu integrieren sind. Dadurch entsteht ein Beziehungsnetz, das im Laufe des Lernprozesses immer dichter wird und dadurch den einzelnen Inhalt immer mehr verankert. Dadurch bleibt Wissen nicht isoliert, sondern kann von allen Seiten abgesichert und gestützt werden. Dieses Prinzip korrespondiert mit dem noch zu behandelnden operativen Prinzip (siehe Kap. 3.2), das die gemeinsamen Aussagen von der mathematikdidaktischen Seite beleuchtet.

Beispiel:

(1. Klasse, Lehrplaninhalt: Arithmetik)

Die Arbeiten zur sog. operativen Methode (Fricke, 1970) haben gelehrt, dass die Vorstellung einer einzelnen Zahl erst durch den Zusammenhang mit anderen Zahlen deutlich wird.

So ist z. B. die Zahl 8 bei den Kindern als solche erst gefestigt, wenn sie im Beziehungsnetz mit anderen Zahlen erscheint:

$7 + 1, \ 4 + 4, \ 10 - 2, \ 2 \cdot 4, \ 3 \cdot 3 - 1$ usw.

Dieses Prinzip steht, wie Wittmann (1974) mit Recht bemerkt, in gewissem Widerspruch zu einigen konventionellen Prinzipien, wie dem Prinzip des „Lernens in kleinsten Schritten" und dem Prinzip der „Isolierung von Schwierigkeiten". Das kann aber nicht heißen, dass diese Grundsätze heute bedeutungslos sind. Vielmehr wird dadurch die Relativität didaktischer Prinzipien deutlich, die immer in Abhängigkeit von der gegebenen Unterrichtssituation bewertet werden müssen.

2.5 Das exemplarische Prinzip

„Je tiefer man sich eindringlich und inständig in die Klärung eines geeigneten Einzelproblems eines Faches versenkt, desto mehr gewinnt man von selbst das Ganze des Faches" (zitiert nach Stampe 1984, S. 104) begründet Wagenschein sein mit seinem Namen verbundene „exemplarisches Prinzip", das geeignet erscheint, der Stofffülle, wie sie in vielen Lehrplänen vorherrscht, begegnen zu können. Es handelt sich also um die Behandlung eines einzelnen Problems als Repräsentant für eine Klasse von Problemen, also ein durchaus mathematisch begründetes Verfahren. Bekannt sind die Beispiele exemplarischen Lernens in anderen Fachgebieten, z. B. die Behandlung der Tulpe als Beispiel für eine Zwiebelpflanze oder in Geographie die Behandlung der Schwäbischen Alb als Beispiel für eine Karstlandschaft.

Folgende Eigenschaften werden als konstituierend für exemplarisches Vorgehen genannt:
– Gründlichkeit als ein „Sich-Versenken" in das Problem,
– Selbsttätigkeit als aktives „Sich-Aneignen" der Erkenntnisse,
– Spontaneität als freudiges Ergreifen der gebotenen Lerngelegenheit,
– genetisches Vorgehen als Erfahrung der Erkenntnis als etwas Gewordenes und
– Aufmerksamkeit als Erwartung der späteren Erkenntnis.

Beim exemplarischen Lernen spielt das Thema nur insofern eine Rolle, als es für dieses Lernen überhaupt geeignet ist. Damit kommt es aber in gewisser Weise zu einem Konflikt mit dem hierarchischen Aufbau der Mathematik. Die Inhalte der Mathematik, auch der Grundschulmathematik, bauen systematisch aufeinander auf, sodass bei einem nur exemplarischen Vorgehen im Aufbau der elementaren mathematischen Fähigkeiten und Fertigkeiten Lücken entstehen, die sich später verhängnisvoll auswirken könnten.

Trotzdem sind die oben erwähnten Eigenschaften exemplarischen Vorgehens so bedeutsam, dass man auch im Mathematikunterricht der Grundschule darauf nicht verzichten will. Möglichkeiten zum exemplarischen Vorgehen bieten sich vor allem bei Sachproblemen.

Beispiel:
(3. Klasse, Lehrplaninhalt: Sachrechnen, nach Wilimsky, 1987)
Der Klasse wird folgendes Problem vorgestellt: Eine Schnecke kriecht eine 1 m 10 cm hohe Mauer hinauf. An jedem Tag schafft sie bis zum Abend 30 cm. In der darauffolgenden Nacht rutscht sie aber 10 cm nach unten.

Die Schüler formulieren Fragen, z. B. „Wie viele Tage braucht die Schnecke, bis sie oben ankommt?" oder „Wann kriecht die Schnecke über die Mauer?"

In Gruppenarbeit werden Lösungswege gesucht:

Am ersten Tag ist die Schnecke	30 cm − 10 cm = 20 cm hoch
Am zweiten Tag ist sie	50 cm − 10 cm = 40 cm hoch
Am dritten Tag ist sie	70 cm − 10 cm = 60 cm hoch

| Am vierten Tag ist sie | 90 cm − 10 cm = 80 cm hoch |
| Am fünften Tag ist sie | 1 m 10 cm hoch |

oder

An einem Tag kriecht die Schnecke 30 cm nach oben und rutscht 10 cm nach unten. Das macht sie fünfmal. Sie ist dann bei einem Meter. Noch 10 cm muss sie kriechen, also braucht sie 5½ Tage.

Diese Lösungsversuche werden durch praktisches Handeln an einer mit Backsteinen gebauten Wand bestätigt.

Ein weiterer Schritt ist die Darstellung im Schaubild:

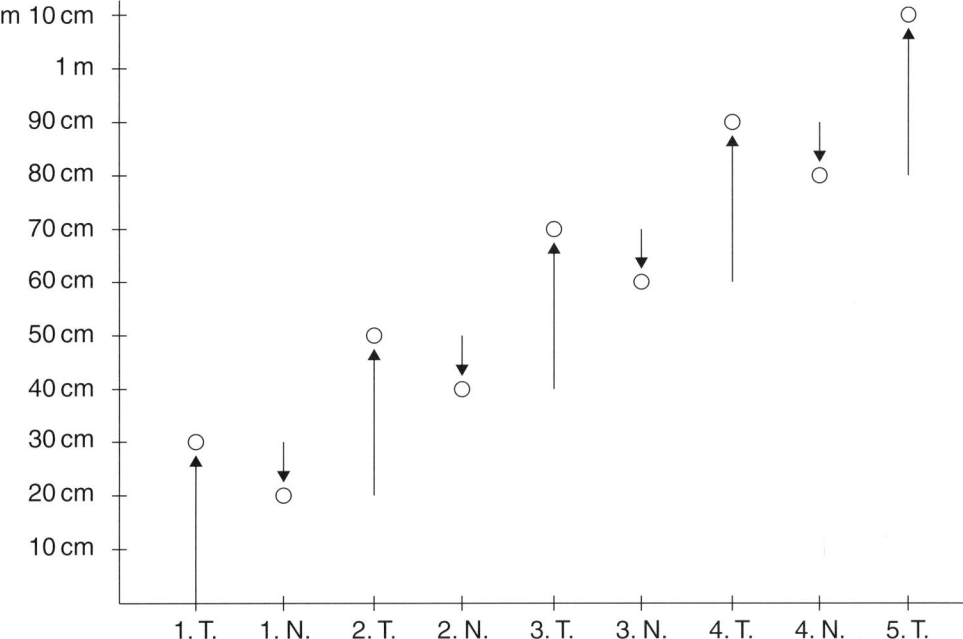

Schließlich wird das Problem ausgeweitet, indem sowohl die Mauerhöhe, die jeweilige Tagesstrecke und der jeweilige „Nachtrutsch" variiert werden.

An diesem Beispiel wird exemplarisches Lernen deutlich, wie es durch obige Eigenschaften Gründlichkeit, Selbsttätigkeit, Spontaneität, genetisches Vorgehen und Aufmerksamkeit ausgezeichnet ist.

3 Mathematikdidaktische Prinzipien

3.1 Vorbemerkungen

Eine Reihe didaktischer Prinzipien sind speziell auf den Mathematikunterricht ausgerichtet, teils weil sie auf psychologischen Untersuchungen zum Mathematiklernen, teils weil sie direkt aus mathematikdidaktischen Überlegungen entstanden sind. Dennoch ist es durchaus denkbar, dass sich diese Prinzipien auch auf andere Unterrichtsfächer übertragen lassen.

Bei diesen Prinzipien ist es wie mit den vorher besprochenen auch, dass sie nicht obligatorische Regeln zur Unterrichtsplanung und -durchführung sind. Sie sind vielmehr als bewährte Vorschläge für die Gestaltung des Unterrichts anzusehen. Die Lehrerin muss in jeder neuen Situation abwägen, ob dieses oder jenes Prinzip zum Einsatz kommt.

3.2 Operatives Prinzip

Grundlage für das Operative Prinzip ist die Psychologie von Piaget, in der der Begriff der Operation eine entscheidende Rolle spielt (Siehe Kap. II. 2). Aebli (1978) nahm diese Ergebnisse zur Grundlage für seine operative Didaktik, die wiederum Fricke in seiner operativen Methode für den Mathematikunterricht erschloss.

Zentraler Begriff ist der der Operation. Hier soll der Begriff Operation vereinfacht als *verinnerlichte Handlung* verstanden werden.

Also: Operationen sind nicht identisch mit Handlungen, sie sind nach Piaget *Abkömmlinge von Handlungen*. Sie gehen aus Handlungen hervor, indem sie (nach Aebli, 1978, S. 170)

– nicht immer effektiv an konkreten Gegenständen vollzogen sein müssen, sondern auch innerlich ablaufen können,
– sich zu ganzen Operationssystemen verknüpfen,
– innerlich beweglich werden,
– in ihren systematischen Zusammenhängen durchsichtig werden und
– anwendungsfähig werden.

Die charakteristischen Eigenschaften der Operation sind

1. Kompositionsfähigkeit, d.h. Operationen lassen sich zu ganzen Operationssystemen, so genannten Gruppierungen, zusammensetzen,
2. Assoziativität, d.h. bei der Zusammensetzung von Operationen kommt es nicht auf die Reihenfolge an, und
3. Reversibilität, d.h. eine Operation lässt sich umkehren. Zu jeder Operation gibt es eine entgegengesetzte Operation. Dies ist die Eigenschaft, die am leichtesten zur Identifizierung von Operationen beiträgt.

Nicht jede Handlung ist eine Operation. Ein Beispiel mag das verdeutlichen. Das Zubinden der Schuhriemen ist keine Operation. Zwar kann ich die konkrete Handlung auch innerlich, also ohne konkrete Schuhriemen ablaufen lassen. Ich kann sie mir aber nicht reversibel, also in umgekehrter Form vorstellen. Das Auflösen des Schuhriemens erfolgt eben nicht, indem ich das Zubinden umkehre.

Viele Handlungen sind keine Operationen und lassen sich nicht zu Operationen abstrahieren, z.B. das Anfahren mit dem Auto, das Hersagen eines Gedichts usw. Operationen beruhen dagegen auf Handlungen, die die oben angeführten Eigenschaften aufweisen. So ist etwa folgende Handlung als Operation zu verinnerlichen. Ich habe vor mir fünf 1-€-Münzen liegen. Drei davon lege ich zur Seite. Die Eigenschaften der Operation sind hier zu erkennen: Ich kann mir die Handlung so aufgegliedert denken, dass ich zunächst zwei und dann eine Münze zur Seite lege (Kompositionsfähigkeit). Ich kann zunächst zwei und dann eine Münze zur Seite legen oder zunächst eine und dann zwei, das Ergebnis ist dasselbe (Assoziativität). Schließlich kann ich das Zur-Seite-Legen durch das Zurücklegen rückgängig machen (Reversibilität).

Durch die Verinnerlichung und speziell auch durch die Reversibilität werden die Operationen beweglich. So kann man in Gedanken Operationen durchführen und auch rückgängig machen, die man so in der Realität niemals ausführen kann.

Auf dem zentralen Gedanken Piagets, dass Denken aus Handlungen hervorgeht, begründet sich das operative Prinzip. Aebli formuliert sieben Elemente des operativen Prinzips (Aebli, 1985, hier leicht verändert):

1. Anlässe des Denkens und Lernens sind Probleme, die sich aus Bedürfnissituationen und aus Vornahmen des Handelns, Wahrnehmens und Deutens ergeben. Jeder Lernprozess geht danach aus einem Plan, den wir in Handlungen umsetzen können, hervor.
2. Die Produkte des Denkens und Lernens müssen auf die konkreten Situationen und die mit ihnen geplanten Handlungsvornahmen angewendet werden.
3. Praktische Handlungen und konkrete Wahrnehmungen werden schrittweise zu Vorstellungen verinnerlicht. Dies geschieht in der Regel mit Hilfe der Sprache.
4. Operationen kann man gewinnen, indem man entsprechende praktische Handlungen abstrakt betrachtet.
5. Im Zug der Abstraktion von Handlungen zu Operationen müssen diese mit begrifflichen Mitteln, über die der Schüler verfügt, geklärt und durchsichtig rekonstruiert werden.
6. Operationen können beweglich werden, wenn sie unter verschiedenen Gesichtspunkten durchgearbeitet werden.

Diese Elemente sind als Regeln aufzufassen, nach denen schulische Lernprozesse zu organisieren sind. Lernprozesse, die nach dem operativen Prinzip organisiert sind, gehen also von konkreten Handlungen und Situationen aus (1), werden schrittweise, auch mit Hilfe der Sprache, verinnerlicht (3), zu Operationen abstrahiert (4), mit begrifflichen Mitteln des Schülers rekonstruiert (5), durchgearbeitet (6) und wieder im konkreten Bereich angewendet (2).

Als Konsequenzen für einen Unterricht nach der operativen Methode sieht Fricke (1970, S.90) folgende Punkte, die hier jeweils mit Beispielen belegt werden sollen:

1. Gesamtbehandlung. Statt einen Lehrinhalt in Elemente zu zergliedern, wird eine Gesamtbehandlung der zusammengehörenden mathematischen Einheit angestrebt. Der mathematische Sachverhalt wird als Ganzes gesehen und so operativ aufgearbeitet, d.h. der Unterricht muss

ständig Umwege und Rückwege, Kontrollen und Vergleiche zulassen und sogar provozieren. Dieser Auffassung wird z. B. nicht entsprochen, wenn beim Einmaleins einzelne Reihen gelernt werden, ohne auf deren innere Beziehungen einzugehen. Hier ein anderes

Beispiel:

(1. Klasse, Lehrplaninhalt: Arithmetik – Addition und Subtraktion)

Operative Gesamtbehandlung bedingt, dass Addition und Subtraktion nicht mehr als getrennte Operationen gesehen werden, sondern als Umkehrungen voneinander. Dies ist ja auch gerechtfertigt, wenn man diese Operationen über das Hinzulegen bzw. Weglegen von Elementen konkretisiert. Nimmt man noch die Kommutativität der Addition dazu, so entsteht ein Aufgabenkomplex von 4 Aufgaben, etwa:

$$5 + 2 = 7 \text{ ———— } 7 - 2 = 5$$
$$|\qquad\qquad\qquad |$$
$$2 + 5 = 7 \text{ ———— } 7 - 5 = 2$$

Diesen Sachverhalt kann man auch in eine Sachsituation einkleiden, etwa:
Matthias spielt mit einer Eisenbahn. Zuerst hängt er 5 Personenwagen und dann 2 Güterwagen an die Lokomotive. Jetzt hat er einen Zug mit 7 Wagen.
Dann hängt er die 2 Güterwagen wieder ab. Es bleiben die 5 Personenwagen.
Er kann aber auch zunächst die 2 Güterwagen an die Lokomotive hängen und dann die 5 Personenwagen. Jetzt hat er auch 7 Wagen.
Wenn er die 5 Personenwagen wieder abhängt, dann bleiben die 2 Güterwagen.

Das operative Prinzip steht damit im Widerspruch zu vielen herkömmlichen Prinzipien wie etwa dem der Isolierung von Schwierigkeiten oder dem Vorgehen in kleinsten Schritten. Allerdings sind diese Prinzipien damit nicht ungültig. Vielmehr wird hier noch einmal deutlich, was bereits in Abschnitt 1 gesagt wurde: Didaktische Prinzipien sind nicht für jede denkbare Unterrichtssituation gültig, sondern müssen in jeder konkreten Situation neu bewertet und hinterfragt werden.

2. Operative Durcharbeitung. Wenn in der Gesamtbehandlung der grundsätzliche Zusammenhang erkannt wurde, dann müssen die Operationen beweglich gemacht werden. Es muss also mit dem Bewusstsein der Gesamtbehandlung die Eigenschaften und die innere Struktur durch eine intensive Durcharbeitung bewusst werden. Der Blick gilt hier also weniger der konkreten Rechnung als dem inneren Zusammenhang der Rechnungen untereinander. Die operative Durcharbeitung steht damit noch vor den Fertigkeitsübungen, die ja schon zur Mechanisierung drängen. Operative Durcharbeitung will vielmehr eine Vertiefung des Verständnisses der inneren mathematischen Zusammenhänge, bevor das Kind mit reinen Fertigkeitsübungen beschäftigt ist.

Beispiel:

(1. Klasse, Lehrplaninhalt: Arithmetik)

Die Kinder rechnen einige Additions- und Subtraktionsaufgaben, aber in folgender Zusammenstellung:

$$5 + 4 = 9$$
$$4 + 5 = 9$$
$$3 + 6 = 9$$
$$2 + 7 = 9$$
$$1 + 8 = 9$$

Was fällt auf? Das Ergebnis ist immer 9, klar, aber wie kommt das? Aha! Die erste Zahl wird immer um 1 kleiner, dafür die zweite um 1 größer. Das Ergebnis bleibt gleich. Ist das auch so bei Subtraktionsaufgaben? Probieren wir es aus!

$$9 - 2 = 7$$
$$8 - 3 = 5\,!$$

Hier geht es also nicht. Aber gibt es vielleicht eine ähnliche Regel auch für die Subtraktion? Wir probieren mit Cuisenaire-Stäben. Die Subtraktion wird ja dargestellt, indem der den Subtrahend repräsentierende Stab auf den des Minuenden gelegt wird.

$$8 - 6 = 2$$

Dieselbe Differenz ergibt sich aber, wenn ich Minuend und Subtrahend um 1 vergrößere, also

$$9 - 7 = 2$$

usw.

$$10 - 8 = 2$$

Damit ergibt sich: Das Ergebnis einer Minus-Aufgabe bleibt gleich, wenn ich beide Zahlen um 1 vergrößere.

3. Heuristisch-forschende Erarbeitung. Nach dem operativen Prinzip steht am Anfang ein echtes mathematisches Problem, das der Schüler in einer Phase des spielerischen Umgangs und des experimentierenden Erprobens erforscht. Damit will man vor allem das Denken des Schülers beweglich machen und ihn vor erstarrender Routine bewahren.

Beispiel:

(2. Klasse, Lehrplaninhalt: Arithmetik, nach Wittmann, 1985, S. 7)

Dreigliedrige Arithmogons sind Dreiecke, deren Ecken mit kreisförmigen Feldern und deren Seiten mit viereckigen Feldern versehen sind. Die viereckigen Felder enthalten Zahlen, die als Rechenergebnisse (Summe, Differenz, Produkt, Quotient) von gesuchten Zahlen in den Kreisen der zugehörigen Eckpunkte zu verstehen sind.

z.B.

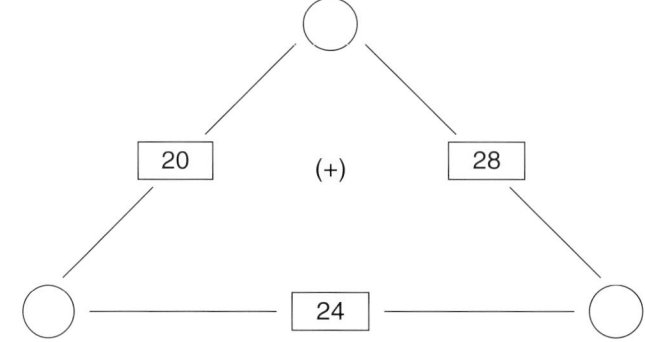

Das Ergebnis kann zunächst mit Plättchen erarbeitet werden, wird dann aber mit Zahlen notiert.

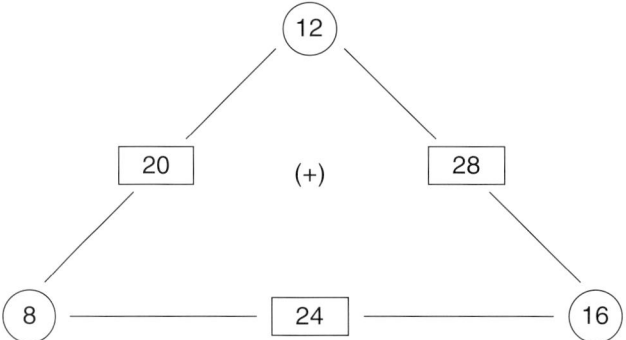

Bei Subtraktion und Division muss die Rechenrichtung durch Pfeile angegeben werden.

Zum operativen Prinzip gehören selbstverständlich auch operatorische Übungen, die aber in Kap. IX. 3.1 vorgestellt werden.

3.3 Aufbauprinzip

Das sog. Aufbauprinzip oder das Prinzip vom konstruktiven Denken (Dienes, 1970, S. 47) orientiert sich ganz am Lernen der Kinder in der Grundschule. Dabei kommt eine grundsätzliche Problematik des Mathematiklernens zum Ausdruck.

Mathematik ist, so wie sie heute allgemein aufgefasst wird, deduktiv konstruiert, d. h. mathematische Tätigkeit geht heute in der Regel vom Allgemeinen aus und leitet daraus spezielle Folgerungen ab. Spezielle mathematische Aussagen werden also von übergeordneten Axiomen, Definitionen und Sätzen abgeleitet. So kennt jeder Leser z. B. das Vorgehen in der Geometrie der weiterführenden Schulen, wo zunächst etwa die Kongruenzsätze oder die Spiegelungsaxiome entwickelt und damit dann praktische konkrete Konstruktionsaufgaben gelöst werden.

Auch das Denken der Erwachsenen verläuft häufig deduktiv. Sie neigen dazu, eine allgemeine komplexe Struktur zu analysieren und daraus dann Folgerungen für konkrete Fälle zu ziehen. Man denke nur an wissenschaftliche Argumentationen, wo zumeist eine Definition oder Begriffsklärung am Anfang steht, von der aus dann konkrete Anwendungsfälle abgeleitet werden. Typisch dafür sind etwa juristische oder philosophische Argumentationen. Anders das Denken der Kinder. Nach Dienes tendieren sie dazu, übergreifende Strukturen aus getrennten Komponenten *aufzubauen,* wobei sie stets eine intuitive Vorstellung oder ein „Gefühl" für das von ihnen erstrebte Endziel haben. Sie gehen also von Einzelerfahrungen aus und kommen schließlich, durchaus im Trial-and-error-Verfahren, zur übergreifenden Gesetzmäßigkeit oder zur übergeordneten Regel.

Dies ist auch der Grund für grundsätzliche Verständigungsschwierigkeiten zwischen Lehrern und Schülern, speziell zwischen Lehrerstudenten und Schülern.

So ist es auch kein grundschulgemäßes Vorgehen, zu Beginn einer Stunde das Thema an die Tafel zu schreiben und die Stunde mit der Formulierung einer allgemeinen Regel oder eines allgemeinen Satzes zu beginnen. Es sollten vielmehr am Anfang einer Stunde inhaltsreiche Lernsituationen bereitgestellt werden, an denen die Schüler Erfahrung sammeln können. Hier sollte sich der Lehrer weniger als Wissensvermittler denn als Organisator von Lernsituationen verstehen.

Das Aufbauprinzip korrespondiert mit dem sog. entdeckenden Lernen, das in Kap. IX. 2.1 noch eingehender besprochen werden wird.

Beispiel:

(4. Klasse, Lehrplaninhalt: Arithmetik – Gleichungen und Ungleichungen mit Platzhalter)

Wenn auf dieser Klassenstufe Gleichungen und Ungleichungen behandelt werden, dann kann es sich in keinem Fall darum handeln, algebraische Umformungen vorzunehmen, vielmehr soll hier das Probierverfahren angewendet werden. Die Schüler setzen einzelne Werte ein und überprüfen die Aussage. So kann durch sinnvolles Probieren schließlich die ganze Lösungsmenge entdeckt werden:

$$27 + \boxed{} < 45$$

Die Schüler sehen sofort, dass „kleine" Zahlen die Ungleichung erfüllen: 1, 2, 3 … Die Frage ist, bis zu welcher Zahl man gehen kann. Bis zur Summe 50 könnte man noch 23 ergänzen. Wir dürfen aber nur bis 44 gehen, also 6 weniger als 23, demnach 17.

Die Lösungsmenge ist also {1, 2, 3, … 15, 16, 17}.

3.4 Dynamisches Prinzip

Ein weiteres didaktisches Prinzip, das durch die Psychologie von Piaget begründet werden kann und ebenfalls auf Dienes (1969, S. 44) zurückgeht, ist das Dynamische Prinzip. Ebenfalls steht es in engem Zusammenhang mit dem vorher besprochenen Aufbauprinzip und stellt sozusagen dessen unterrichtsorganisatorische Konsequenz dar.

Nach diesem Prinzip kann kindliches Lernen in 3 Phasen erfolgen:
1. eine vorbereitende Spielphase,

2. die Phase des Bewusstwerdens der Struktur,
3. Formulierung der Gesetzmäßigkeit, Vertiefungs- und Übungsphase.

Grundidee dieses Prinzips ist es, den Schüler nicht zu belehren, sondern ihn in unmittelbare direkte Auseinandersetzung mit dem mathematischen Sachverhalt zu bringen. Hier kann er seine Erfahrungen selbst machen. In der Spielphase werden alle Komponenten des Sachverhalts vorgestellt, ohne dass die mathematische Struktur erläutert wird. Nach mehrmaligem Durchspielen der Situation, wobei zahlreiche Varianten auftauchen, versteht der Schüler allmählich die zugrunde liegende Struktur und Gesetzmäßigkeit, indem er nach den Ursachen für bestimmte Erscheinungen fragt. Schließlich ist er auch dazu fähig und bereit, seine Erkenntnis in Worte zu fassen.

Beispiel:
(2. Klasse, Lehrplaninhalt: Arithmetik – Wahrscheinlichkeit)
Die Lehrerin stellt den Kindern folgendes Würfelspiel vor (AZ = Augenzahl):

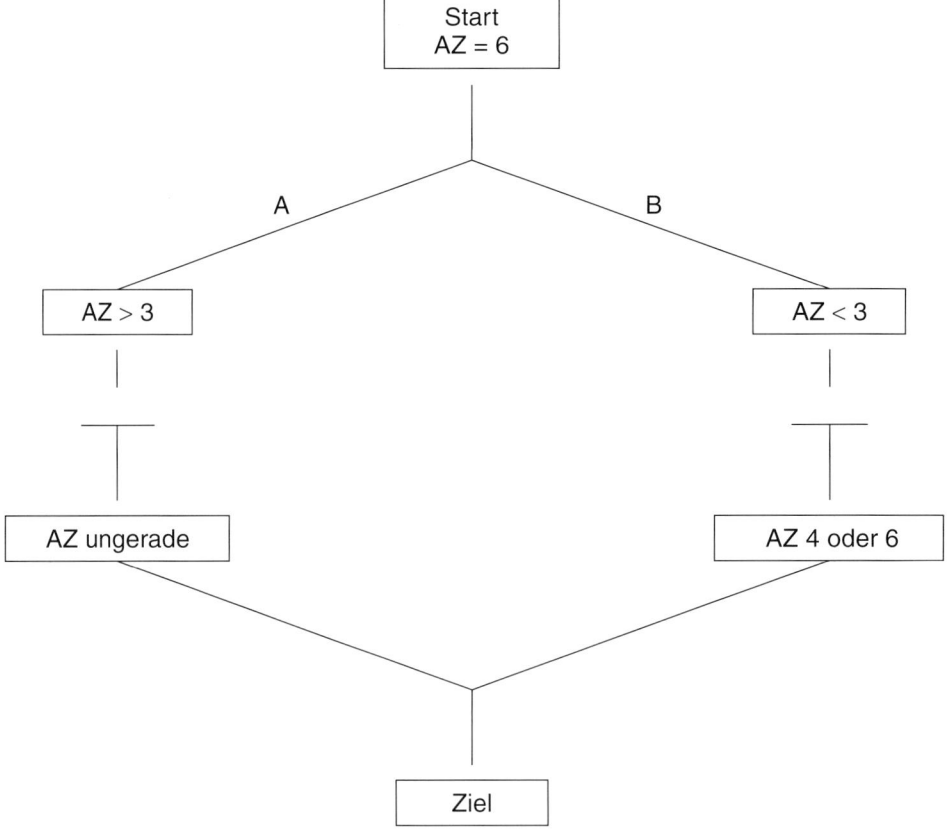

Der Start kann nur bei einer gewürfelten 6 erfolgen. Dann können die Kinder wählen, ob sie den Weg A oder den Weg B gehen wollen. Haben sie die genannte Bedingung gewürfelt, so können sie vorrücken bis zum Querstrich. Die nächste Bedingung muss wieder erfüllt sein, bis die Schüler zum Ziel vorrücken können.

Das Spiel wird zunächst mehrmals gespielt (Spielphase). Dabei stellen die Schüler fest, dass man auf dem Weg A häufiger gewinnt (Phase des Bewusstwerdens der Struktur). Schließlich überlegt man, warum das so ist. Beim Zusammenstellen der Chancen entdeckt man, dass AZ > 3 auf die Zahlen 4, 5 und 6 zutrifft, während AZ < 3 nur für die Zahlen 1 und 2 gilt. Ebenso bei den nächsten Sperren: AZ ungerade gilt für die Zahlen 1, 3 und 5, während die andere Sperre nur bei den Zahlen 4 und 6 passiert werden darf. Der Weg A ist also um 2 Chancen günstiger als der Weg B. Dies wird durch erneute Durchgänge bestätigt. (Formulierung der Gesetzmäßigkeit, Vertiefungs- und Übungsphase).

Beispiel:

(1. Klasse, Lehrplaninhalt: Arithmetik)

Ein weiteres Beispiel bezieht sich auf die Addition und Subtraktion im zweiten Zehner. Wieder geht man von einem Würfelspiel aus. Die Figuren sind vom Start zum Ziel entsprechend den gewürfelten Zahlen zu bewegen, wobei hier die Rechnungen tatsächlich ausgeführt werden sollen und nicht durch Weiterzählen die Bewegung ausgeführt wird.

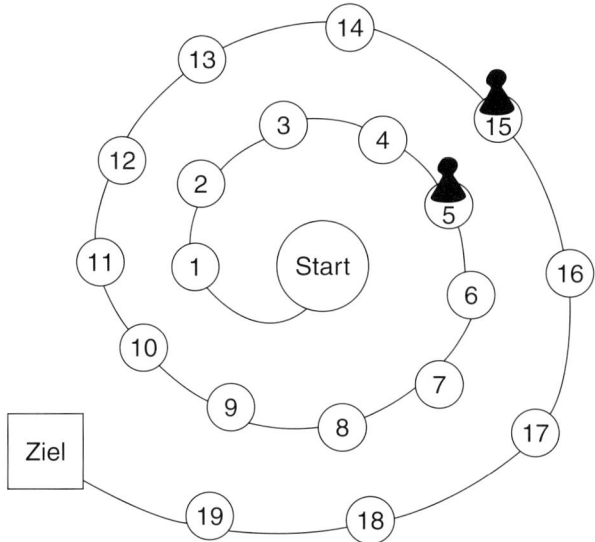

Vor der Erkenntnis der Gesetzmäßigkeit steht die Spielphase, in der das Kind die Rechnungen im Bereich unter 10 ausführt. Über 10 sind die Rechnungen noch nicht geläufig. Aber es erkennt, dass man z. B. die Aufgabe 12 + 4 lösen kann, indem man sie auf die Aufgabe 2 + 4 = 6 zurückführt (Phase des Bewusstwerdens der Struktur). Damit hat das Kind das entdeckt, was man in der Didaktik „dekadische Analogie" nennt. Das Kind kann etwa formulieren: „Wie man im ersten Zehner rechnet, so kann man auch im zweiten Zehner rechnen." (Formulierung der Gesetzmäßigkeit, Vertiefungs- und Übungsphase).

3.5   Enaktiv – ikonisch – symbolisch

Wohl das für die Praxis wichtigste didaktische Prinzip ist das der Darstellungsformen (Repräsentationsmodi) *enaktiv – ikonisch – symbolisch*. Es geht auf J. Bruner (siehe Kap. II. 3) zurück, der mit seiner provozierenden Hypothese: Jedes Kind kann auf jeder Entwicklungsstufe jeder Lehrgegenstand in einer intellektuell ehrlichen Form erfolgreich gelehrt werden" (Bruner, 1972, S. 44) erst die Türen für eine der kindlichen Entwicklung angemessene Didaktik aufgestoßen hat. Dieses Aussage ist nicht etwa das Resultat didaktischer Forschungen, sondern nach Wittmann (1974, S. 66) ist der Satz so zu interpretieren:

- Der Mathematikunterricht aller Stufen, also auch in der Grundschule, ist in erster Linie nach den Grundideen der Mathematik auszurichten. Es ist also nicht erlaubt unsachgemäße, aber scheinbar kindliche Darstellungsformen in den Unterricht zu übernehmen.
- Eben diese Grundideen können jedem Kind, unabhängig vom Entwicklungsstand und sozialer Herkunft, so nahe gebracht werden, dass es sie versteht.

Auf Grund dieses Anspruchs und den Ergebnissen von Piaget (siehe Kap. II. 2) formuliert Bruner drei Darstellungsformen, die prinzipiell mathematisch gleichwertig sind, die aber sich an der geistigen Entwicklung des Kindes orientieren. Dies sind

a) die enaktive (handelnde) Darstellung,
b) die ikonische (bildliche) Darstellung und
c) die symbolische Darstellung, wozu auch die Versprachlichung gehört.

Zu a): Die Untersuchungen von Piaget haben die Bedeutung der konkreten Handlungen für die Bildung der Operationen herausgestellt. Geistige Operationen, die kompositionsfähig, assoziativ und reversibel sind, bilden sich ausgehend von konkreten Handlungen. Folglich ist es wichtig, im Mathematikunterricht der Grundschule, wo man es ja mit Kindern zu tun hat, die sich im konkretoperatorischen Entwicklungsstadium befinden, immer von einer enaktiven (handelnden) Darstellungsform auszugehen, die dem Kind ja besonders nahe liegt. Das Problem, das sich dem Mathematiklehrer stellt, ist, an den mathematischen Sachverhalten orientierte und mit ihnen übereinstimmende enaktive Repräsentationsformen zu finden. Hier ist in jedem einzelnen Fall Phantasie und Ideenreichtum vom Lehrer gefordert und gerade hier zeigt sich die Qualität einer guten Grundschullehrerin. Zur enaktiven Darstellung dient auch das didaktische Material (z. B. Cuisenaire-Stäbe, Steckwürfel usw.), das in den letzten Jahrzehnten in vielen Variationen und Spielarten entwickelt wurde, aber auch vom Lehrer selbstgefertigtes Material (siehe Kap. VIII.).

Zu b): Diese Darstellungsform ist schon abstrakter als die enaktive. Man geht von konkreten Handlungsabläufen aus und stellt diese in mehr oder weniger schematisierter Form graphisch dar. Das reicht von einfachen kindgemäßen Situationsskizzen bis hin zu hochabstrakten Darstellungen wie Pfeildiagramme oder Baumdiagramme. Damit sind aber auch schon die Probleme dieser Darstellungsform angesprochen. Sie liegen einmal in der unterschiedlichen Abstraktheit der möglichen Darstellungen, zum anderen aber vor allem darin, dass eine ikonische Darstellung zeitlich unterschiedliche Zustände des konkreten Handlungsablaufs darstellen muss, in der Regel Anfangs- und Endzustand. Dies mag verdeutlicht werden an der üblichen Darstellung für die Addition, wie sie sich in zahlreichen Schulbüchern findet:

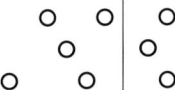

Dies ist die Darstellung für die Additionsaufgabe 5 + 3 = 8. Im Gegensatz zur enaktiven Form, wo ich zu 5 Äpfeln 3 dazulege und den Endzustand 8 erhalte, muss ich in dieser ikonischen Darstellung 2 Zustände, nämlich zunächst die Teilmengen mit 5 und 3 Elementen und dann die Gesamtmenge mit insgesamt 8 Elementen sehen. Auch andere ikonische Darstellungsformen der Addition enthalten die gleiche Problematik. Es ist prinzipiell nicht möglich, konkret ablaufende Handlungen in einer bildlichen Veranschaulichung darzustellen. Für die Lehrerin heißt das die ikonische Darstellungsform nicht unvermittelt einzusetzen, sie in jedem Fall durch Handlungen vorzubereiten und genau mit den Schülern zu besprechen. Auch können schwache Schüler durch vielfältige graphische Darstellungen eher verwirrt werden. Deshalb empfiehlt es sich, im Unterricht nicht zu viele verschiedene ikonische Darstellungen für denselben mathematischen Sachverhalt zu benutzen.

Dennoch ist es reizvoll, die Schüler zu beauftragen Rechenoperationen mit ihren eigenen Mitteln darzustellen. Als Beispiel sei hier eine Seite aus einer Arbeit von Radatz (1990) angeführt. Es bleibt dem Leser überlassen, die Rechenoperation zu diesen Darstellungen zu finden.

Zu c): Symbolische Darstellung. In dieser Darstellungsform werden vom Menschen geschaffene abstrakte Zeichensysteme verwendet, etwa die formale Sprache der Arithmetik (Ziffern, Operationszeichen) und der Algebra (Variable, Operationszeichen), aber auch die Versprachlichung eines mathematischen Sachverhalts mit Hilfe der natürlichen Sprache muss als symbolische Darstellungsform angesprochen werden. Durch ihren hohen Abstraktionsgrad ist die symbolische Darstellungsform die schwierigste, aber auch die leistungsfähigste. Es muss aber hier noch einmal betont werden, dass die symbolische Form zumindest in der Grundschule gleichberechtigt neben den beiden schon genannten Formen steht, also für die Kinder nicht von höherer Wertigkeit beim Verständnis des mathematischen Sachverhalts ist. Der Lehrer muss sich immer darüber Rechenschaft geben, dass ein formales Zeichensystem, wie die Ziffern- und Symbolsprache der Mathematik, für die Kinder eine zunächst unverständliche Zusammenstellung von wenig bekannten Zeichen ist. Dass oftmals die mathematische Schreibweise von Schülern nicht verstanden wird, sieht man an vielen Beispielen, etwa dem bekannten Missbrauch des Gleichheitszeichens:

$$17 + 5 = 22 + 6 = 28 + 4 = 32 \,!$$

Solche bei Schülern beliebte und häufig anzutreffende Notation deutet darauf hin, dass das Gleichheitszeichen nicht mathematisch korrekt als „... ist dasselbe wie ..." verstanden wird, sondern als „... ergibt ..." was natürlich von der enaktiven Herleitung über die Darstellung der Addition als Zufügbehandlung verständlich, aber falsch ist.

Zur symbolischen Darstellung gehört auch die natürliche Sprache und auch für diese gilt, dass sie für den Schüler eine abstrakte Darstellungsform ist. Dies gilt auch, weil die Lehrersprache oftmals anders ist als die Schülersprache. Der Lehrer benutzt unreflektiert Worte, die der Schüler nicht oder noch nicht voll versteht. Die Lehrersprache ist in der Regel auch grammatikalisch komplizierter als die Schülersprache (z. B. durch Verwendung von Nebensatzkonstruktionen). Oftmals ist es darum wesentlich effektiver in der Kommunikation mit dem Schüler die beiden anderen Repräsentationsformen zu benutzen, also die Handlung, etwa bei einem Spiel, konkret durchzuführen oder sich mit dem Schüler über eine Zeichnung, z. B. auf einer Folie am Tageslichtprojektor, zu verständigen. Besonders Anfänger im Unterrichten, also Studenten, machen häufig den Fehler, dass sie zu viel den Schülern verbal erklären. Vormachen ist in jedem Fall besser.

Mit den drei Darstellungsformen enaktiv – ikonisch – symbolisch ist fast selbstverständlich auch eine Strukturierung der Unterrichtsstunde nach Sozialformen gegeben. So bietet sich für die enaktive Stufe beispielsweise die Arbeit in der Großgruppe, also im Sitzkreis an, wobei möglichst viele Schüler Gelegenheit haben sollen und können mit dem vorliegenden Material zu arbeiten. Die ikonische Form kann etwa in Stillarbeit, also in Einzelarbeit auf dem Platz erfolgen, wo die Zeichnung oder Skizze angefertigt oder bearbeitet wird. Für die symbolische Form bietet sich dann z. B. der Frontalunterricht mit Arbeit an der Wandtafel an. Damit erhält die Stunde eine willkommene Gliederung, die die für Grundschulkinder oft sehr langen 45 Minuten einer Unterrichtsstunde aufbrechen. Die Kopplung zwischen Darstellungsform und Sozialform braucht natürlich nicht genau so zu sein, wie eben beschrieben. Wichtig und richtig ist nur, dass bei Wechsel der Darstellungsform auch die Sozialform gewechselt wird.

Beispiel:

(1. Klasse, Lehrplaninhalt: Arithmetik)

Bei der Erweiterung des Zahlenraums von 10 auf 20 wird zunächst mit konkreten Gegenständen gearbeitet. Jeweils 10 werden verpackt, die restlichen bleiben unverpackt.

Die Lehrerin legt etwa den Kindern 17 Eier (dargestellt mit Steckwürfeln) vor, die die Kinder aber nicht zählen sollen. 10 werden in einer Eierschachtel verpackt, 7 bleiben übrig. Dieses Vorgehen wird mehrmals wiederholt.

Als nächstes bündeln die Kinder zeichnerisch im Heft oder auf dem Arbeitsblatt, wobei eine Anzahl von Kringel vorgegeben ist, und die Kinder sollen 10 davon umranden.

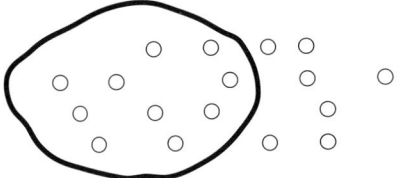

Schließlich erfolgt dann an der Tafel die Erklärung der Notation im Stellenwertordner:

Z	E
1	7

Beispiel:

(2. Klasse, Lehrplaninhalt: Arithmetik – Multiplikation)

Für eine enaktive (handelnde) Darstellung für die Multiplikation eignet sich etwa folgende Situation: Jens geht 4-mal in den Keller und holt jedes Mal 2 Flaschen herauf. Dies kann als Rollenspiel vor der Klasse in mehreren Varianten (Zahlbeispielen) durchgespielt werden. Als nächstes zeichnen die Schüler in Einzelarbeit einige entsprechende Situationen, stellen also auf der ikonischen Ebene dar:

„In einem Café stehen jeweils 4 Stühle an 5 Tischen."

„Vater pflanzt jeweils 6 Bäume in 4 Reihen."

„Markus kann jeweils 4 PKW auf einen Transporter setzen. Er hat 3 Transporter." usw.

In der 3. Phase werden dazu zunächst die formalen Einmaleinsaufgaben entwickelt, die dann die Schüler zu allen Beipielen notieren.

Eine Besonderheit im Zusammenhang mit dem Prinzip enaktiv – ikonisch – symbolisch stellt das dar, was Bauersfeld (1972, S. 244) *intermodalen Transfer* nennt. Er versteht darunter die Übertragung ein und desselben mathematischen Inhalts von einer Repräsentationsstufe in eine andere. Es kommt nicht nur darauf an, die drei Repräsentationsstufen nebeneinander zu stellen, vielmehr müssen sie auch inhaltlich aufeinander bezogen sein.

Beispiel:

(2. Klasse, Lehrplaninhalt: Darstellung von Relationen im Pfeildiagramm)

Zur Vorbereitung der Größer-Kleiner-Relationen zwischen natürlichen Zahlen und ihrer Darstellung im Pfeildiagramm kann man auf die Größe der Kinder zurückgreifen. Man stellt drei oder vier Kinder vor die Klasse. Sie sollen aufeinander mit dem ausgestreckten Arm zeigen, wenn sie sagen können: „Ich bin größer als du" (enaktive Phase). Wichtig ist dabei, dass der Satz mit „ich" beginnt, sonst ergibt sich eine falsche Pfeilrichtung. Die Kinder, sagen wir Erika, Helga, Markus und Martin, stellt man dann auf einen großen Bogen Papier und zeichnet die Zeigerichtung entsprechend der Relationsvorschrift „… ist größer als …" auf das Papier (ikonische Phase). An den Stellen, wo die Kinder stehen, notieren wir deren Namen. Das Papier kann dann an die Tafel geheftet werden, sodass sich folgende Darstellung ergibt:

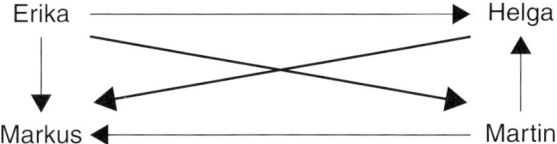

In einer späteren Stunde können die Namen auch durch Zahlen ersetzt werden. Damit ergibt sich etwa folgendes Bild:

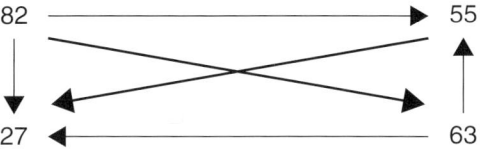

Schließlich kann man zwischen die Zahlen die schon bekannten Relationszeichen einsetzen (symbolische Phase):

82 > 55	63 > 55
82 > 27	63 > 27
82 > 63	55 > 27

Nicht immer begegnet dem Schüler zunächst die für ihn am leichtesten zu verstehende enaktive Darstellung. Bei Sachaufgaben z. B. wird er in der Regel mit der für ihn schwierigsten Repräsentationsform, der symbolischen (sprachlichen Form) konfrontiert. So sind auch die besonderen Schwierigkeiten zu begründen, die insbesondere schwache Schüler mit den Sachaufgaben haben. Als Lösungshilfe bietet sich nach den oben entwickelten Vorstellungen an die Sachsituation in eine konkrete enaktive Form (z. B. Rollenspiel, Verwendung von Material) oder zumindest in eine ikonische Form (Skizze, Zeichnung) zu übertragen.

3.6 Mathematisches Variationsprinzip

Das mathematische Variationsprinzip bezieht sich darauf, dass mathematische Begriffsbildungen in aller Regel komplex sind und mehrere Variablen enthalten. So hat die allgemeine Form der Additionsaufgabe drei Variablen: a, b und c.

$$a + b = c$$

Auch das Maschinenmodell hat drei Variablen: Eingabe, Maschinenbefehl, Ausgabe.

Die Schreibweise der Zahlen im Stellenwertsystem, also z. B.

1991 $= 1 \cdot 1000 + 9 \cdot 100 + 9 \cdot 10 + 1 \cdot 1$
oder $= 1 \cdot 10^3 + 9 \cdot 10^2 + 9 \cdot 10^1 + 1 \cdot 10^0$
allgemein: $Z = \sum a \cdot b^c$

besitzt ebenfalls drei Variablen: die Ziffer a, die Basis b (meist 10) und den Exponenten c, der den sog. Zahlenraum bestimmt.

Um nun die mathematische Struktur ganz zu verstehen ist es nötig, möglichst viele, wenn nicht alle der vorkommenden Variablen tatsächlich zu variieren. Erst dadurch, so Dienes (1970, S. 46), der dieses Prinzip formulierte, kann das Kind ein umfassendes Verständnis des mathematischen Begriffs gewinnen.

Beispiel:

(2. Klasse, Lehrplaninhalt: Arithmetik – Multiplikation)
Multiplikationsaufgaben sollten nicht nur in der Form

$$a \cdot b = x, \text{ also } 7 \cdot 8 = x,$$

sondern auch in den Formen

$$a \cdot x = c, \text{ also } 7 \cdot x = 56,$$
$$x \cdot b = c, \text{ also } x \cdot 8 = 56,$$

gestellt werden.

Das mathematische Variationsprinzip ist auch die Begründung für die Hereinnahme von nichtdekadischen Stellenwertsystemen in den Grundschulunterricht. So wurden vor einigen Jahrzehnten auch das Vierersystem oder das Dreiersystem im Mathematikunterricht der Grundschule behandelt. Diese Systeme haben im Gegensatz zum Zehnersystem den Vorteil, dass man die jeweils zu bündelnden 4 oder 3 Elemente simultan überschauen kann und nicht bis 10 abzuzählen hat. Leider ist die Behandlung nichtdekadischer Stellenwertsysteme von der Öffentlichkeit falsch verstanden worden. Es ging niemals darum, das Arbeiten in diesen Systemen zum materiellen Inhalt des Mathematikunterrichts in der Grundschule zu erklären. Vielmehr hatte die Behandlung des Vierer- oder des Dreiersystems nur den methodischen Zweck, entsprechend dem Prinzip der mathematischen Variation das Schema des Stellenwertsystems voll verständlich zu machen.

Es ist dem aufmerksamen Leser sicher nicht entgangen, dass das mathematische Variationsprinzip enge Verwandschaft zum operativen Prinzip (Kap. 3.2) aufweist. Allerdings liegt die Begründung hier mehr auf innermathematischen Argumenten, während das operative Prinzip mehr die Psychologie des Kindes berücksichtigt.

3.7   Variation der Veranschaulichung

Ebenfalls von Dienes stammt das Prinzip der Variation der Veranschaulichung, auch Mehrmodellmethode genannt. Während das Prinzip enaktiv – ikonisch – symbolisch sich auf den Wechsel der Repräsentationsebenen bezieht, richtet sich das Prinzip der Variation der Veranschaulichung auf verschiedene Darstellungen desselben mathematischen Sachverhalts innerhalb einer Repräsentationsebene, speziell der enaktiven oder der ikonischen.

Hintergrund dieses Prinzips ist die Tatsache, dass mathematische Objekte und Begriffe ihrem Wesen nach abstrakt sind. Diese Abstraktheit ist es ja gerade, auf die die universelle Anwendbarkeit mathematischer Vorstellungen zurückzuführen ist.

Auch der Schüler muss mit der Zeit die mathematischen Objekte und Begriffe in ihrer vollen Allgemeinheit und Abstraktheit erkennen und darf nicht ständig spezielle Vorstellungen damit verbinden. Solche speziellen Vorstellungen der Addition sind z. B. das Weiterzählen an den Fingern, das Weiterspringen am Zahlenstrahl, das Hinzufügen von Elementen, das Zusammenlegen von Cuisenaire-Stäben usw. All dies sind mögliche und gute Veranschaulichungen der Addition, aber jede für sich allein ist unzureichend.

Das Prinzip der Variation der Veranschaulichung will nun gerade durch die Vorstellung mehrerer Veranschaulichungen eine einseitige Identifizierung des abstrakten mathematischen Begriffs mit einer konkreten Veranschaulichung (oder wie man in der Mathematik sagt, mit einem speziellen Modell) vermeiden. Die Theorie dieses Prinzips besagt also, dass die abstrakte mathematische Vorstellung umso schneller erreicht wird, wenn sie durch verschiedene Veranschaulichungen konkretisiert wird.

Beispiel:

(1. Klasse, Lehrplaninhalt: Arithmetik – Zahldarstellung)

Die natürlichen Zahlen sind abstrakte Objekte, die durch verschiedene Modelle veranschaulicht werden können, z. B. durch Mengen (kardinal), durch eine Stelle am Zahlenstrahl (ordinal), durch Längen (Größen) usw.

In der 1. Klasse können schon mehrere dieser Vorstellungen zur Zahldarstellung herangezogen werden, wie hier bei der Zahl 6, etwa

Steckwürfel als kardinales Modell:

Mit Cuisenaire-Stäben als Größenmodell:

Am Zahlenstrahl als ordinales Modell:

Ähnlich lassen sich in allen Modellen natürlich die anderen Zahlen, die Kleiner- und Größer-Beziehung zwischen ihnen sowie die Operationen Addition und Subtraktion darstellen.

Insgesamt ergeben sich (nach Hole, 1973, S. 66) aus dem Prinzip der Variation der Veranschaulichung folgende Aspekte:

1. Die mathematische Grundidee wird nicht zu eng mit einer speziellen Veranschaulichung verbunden. Dadurch wird die Abstraktion erleichtert.

2. Mit der Variation der Veranschaulichung kann den individuellen Unterschieden der Schüler in Lerntempo, Auffassungsvermögen, Ausdauer usw. Rechnung getragen werden.
3. Das Transferdenken bei Übergang von einem Modell zum andern wird gefördert.
4. Auf das längerfristige Behalten wirkt sich die Variation der Veranschaulichung positiv aus.

Der Schwerpunkt der Verwendung des Prinzips der Variation der Veranschaulichung liegt im enaktiven Bereich. Dazu wurden vor allem die unterschiedlichen Arbeitsmaterialien für die Hand des Schülers geschaffen, aber auch zahlreiche methodische Vorschläge, die nicht ausschließlich, sondern meist zusammen Anwendung finden.

Beispiel:

(2. Klasse, Lehrplaninhalt: Arithmetik – Multiplikation)

Die Grundvorstellungen der Multiplikation können durch verschiedene Modelle bewusst gemacht werden, etwa durch

a) die sog. zeitlich-sukzessive Vorstellung: „Peter geht dreimal in den Keller und holt jedes Mal 4 Flaschen herauf",
b) die räumlich-simultane Vorstellung: „In einem Café stehen drei Tische mit je 4 Stühlen",
c) die Operatorvorstellung: In die „Für-1-gib-4-Maschine" werden 3 Spielmarken eingegeben,

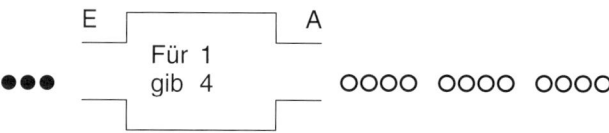

d) die kombinatorische Vorstellung: „Monika hat 3 Röcke und 4 Blusen. Wie viele Kombinationen aus Rock und Bluse kann sie anziehen?"

Das Prinzip der Variation der Veranschaulichung ist ein wichtiges Prinzip des Mathematiklernens, nicht nur in der Grundschule. Es darf aber nicht verschwiegen werden, dass bei schwächeren Kindern auch Probleme mit diesem Prinzip auftauchen. Wenn mehrere Modellvorstellungen in ein und derselben Unterrichtsstunde verwendet werden, können die Kinder verunsichert und verwirrt werden. Sie halten sich ja vielmehr an das konkret Anschauliche und tun sich schwer den dahinterstehenden abstrakten Inhalt zu erkennen. Ideal wäre hier ein differenziertes Vorgehen, indem schwächere Kinder nur ein oder wenige Modelle (in einer Stunde) erleben, während die leistungsfähigeren Kinder mit mehreren Vorstellungen arbeiten. Hier muss an das pädagogische Einfühlungsvermögen der Lehrerin appelliert werden, die ihre Klasse kennt und die richtigen Wege finden wird.

V. Motivation

1 Motivation in der mathematikdidaktischen Theorie

In der pädagogischen Diskussion wird bei Erörterung des Problems Motivation zunächst einmal unterschieden zwischen Motivation und Motiv. Diese Betrachtungsweise stammt von Heckhausen (1974), der Motive als „hochgeneralisierte Wertungsdispositionen" deutet, die in der menschlichen Existenzweise begründet sind. Sie entsprechen dem, was man gemeinhin als elementare menschliche Triebe bezeichnet und ohne die menschliche Existenz nicht vorstellbar ist. Konkret kann man (nach Zech, 1977, S. 133) u. a. folgende Motive (Triebe) unterscheiden:

a) das kognitive Motiv, das im Individuum den Wunsch nach Wissen und Erkennen wachhält,
b) das Lebenszweckmotiv als Ausdruck des Wunsches nach Fähigkeiten zur besseren Lebensbewältigung,
c) das Leistungsmotiv, das sich im Individuum durch den Wunsch nach Steigerung der eigenen Leistungsfähigkeit äußert,
d) das Machtmotiv, das das Wollen nach Beherrschung des anderen ausdrückt,
e) das Anschlussmotiv, das sich im Anschlussbedürfnis an eine Gruppe, in Geselligkeitsbedürfnis, Hilfsbereitschaft, aber auch im Geltungsbedürfnis ausdrückt.

Von allen diesen Motiven kann angenommen werden, dass sie bei jedem Schüler mehr oder weniger ausgeprägt vorliegen, sodass man sie auch im Mathematikunterricht voraussetzen und auf sie zurückgreifen kann.
Die Kompetenz des Schülers beim Umgang mit Größen und die Fähigkeit, z.B. Längen mit dem Meterstab messen zu können, kann zum Beispiel am Lebenszweckmotiv festgemacht werden, da die Beherrschung dieser Fähigkeiten in einigen von den Schülern erwünschten Berufsvorstellungen unbedingt erforderlich ist. Ein Mannschaftsspiel mit mathematischem Inhalt greift letztlich auf das Anschlussmotiv zurück, weil sich sowohl der Gewinner als auch der Verlierer in der Gruppe geborgen fühlen kann.
Von besonderer Wichtigkeit ist das Leistungsmotiv, weil sich hierauf der große Komplex der Leistungsmotivationen gründet.
Motivationen sind demgegenüber situationsabhängige Faktoren, die auf den lang andauernden Motiven beruhen, aber auf Grund situativ gegebener Anregungsbedingungen zu Handlungen, speziell Lernhandlungen führen und diese in Gang halten. Motivationen benötigen also zu den permanent bei Schülern vorhandenen Motiven spezielle Anregungssituationen um überhaupt realisiert zu werden.

Wenn also der Lehrer eine Sachaufgabe zur Bestimmung von Abmessungen und Gewicht eines Werkstückes stellt, dann schafft er dadurch eine situative Bedingung, die das Lebenszweckmotiv aktiviert. Ebenso wird durch die Vorgabe eines Mannschaftsspiels und der Anreiz des Gewinnens, eventuell sogar noch verstärkt durch eine Belohnung der Gewinnergruppe, das Anschlussmotiv aktiviert.

Das Fach Mathematik kann mehr oder weniger auf alle oben genannten Motive zurückgreifen. Auch dadurch wird die zentrale Stellung des Faches Mathematik im Fächerkanon der Grundschule deutlich.

Das *kognitive Motiv* ist vielleicht das nachhaltigste Motiv. Es ist der Wunsch nach Wissen als Selbstzweck, auf dem letztlich jede wissenschaftliche Betätigung beruht. (Wissenschaftliche Forschung ist nämlich dann am fruchtbarsten, wenn es sich um reine Grundlagenforschung handelt, die nur vom Drang nach Erkenntnis geleitet wird, also nicht unbedingt der Wunsch nach Anwendung die Triebfeder der Forschungstätigkeit ist.) Wenn dies Motiv im Mathematikunterricht angesprochen wird, dann ist der Unterricht der wissenschaftlichen Mathematikbetätigung am ähnlichsten. Zahlreiche, ja vielleicht die meisten mathematischen Inhalte wurden entdeckt und erforscht ohne gleich nach Anwendungen Ausschau zu halten. Man denke nur an die Zahlentheorie, die seit der Antike Gegenstand mathematischer Forschung war, ohne je eine praktische Anwendung zu haben. (Erst in jüngster Zeit kann diese mathematische Disziplin in Fragen der Ver- und Entschlüsselung von Nachrichten mit Erfolg angewandt werden.) Das kognitive Motiv sollte im Mathematikunterricht der Grundschule stärker angesprochen werden. Der Schüler muss erfahren, dass es schön ist, etwas zu wissen und noch schöner, etwas selbst entdeckt zu haben.

Das *Lebenszweckmotiv* wird im Mathematikunterricht immer dann zur Begründung herangezogen, wenn es sich um die Bewältigung praktischer Aufgaben, etwa Sachaufgaben, handelt. Beim Schüler ist dieses Motiv so vorherrschend, dass er ständig nach Anwendungsmöglichkeiten des Gelernten fragt. Auch im öffentlichen Bewusstsein ist das Lebenszweckmotiv so dominant, dass es häufig nur als einziger Lernzweck akzeptiert wird. So werden auch die klassischen Inhalte der Grundschulmathematik Kopfrechnen, Einmaleins, schriftliche Rechenverfahren häufig infolge einer gewissen Ausschließlichkeit des Lebenszweckmotivs überbetont im Verhältnis zu Themen, die nicht unmittelbar Anwendung im täglichen Leben finden, wie etwa die Geometrie. Im Interesse eines ausgeglichenen Mathematikunterrichts darf daher der Mathematiklehrer das Lebenszweckmotiv zugunsten des kognitiven Motivs nicht überbewerten.

Das *Leistungsmotiv* als Ausdruck der Beibehaltung und Steigerung der eigenen Leistungsfähigkeit ist ein soziales Motiv, mit dem das Individuum seine Leistungen ins Verhältnis zu der anderer Individuen stellt und bewertet. Von Bedeutung ist immer der jeweilige Wertemaßstab für die Leistung, der sich im konkreten Fall an dem der Klassenkameraden, der Erwartungshaltung des Lehrers oder der Eltern oder der eigenen Erwartungshaltung orientiert. Für den Mathematikunterricht der Grundschule wirkt sich das Leistungsmotiv einmal rein fachlich aus, weil das Kind Zahlen kennen und damit rechnen will, zum anderen kann das Leistungsmotiv auch als Hintergrund zu Wettbewerbspielen (Kap. X. 4.2) gesehen werden, denn das Gewinnen beim Spiel ist für das Kind Ausdruck der eigenen Leistungsfähigkeit im Vergleich mit seinen Klassenkameraden.

Das *Machtmotiv,* also der Trieb andere zu dominieren, ist in dieser reinen Form im Mathematikunterricht nicht so ausgeprägt wie zum Beispiel im Sportunterricht, eher wird es hier vom Leistungsmotiv überlagert. Dennoch ist es latent sicher bei einigen Schülern vorhanden und kann etwa durch Rechenspiele aktiviert werden.

Von großer Bedeutung im Mathematikunterricht der Grundschule ist das *Anschlussmotiv,* das sich einerseits auf bestimmte Personen, die als Vorbild angesehen werden, zum Beispiel die Lehrerin oder der Lehrer, andererseits auf Gruppen, etwa die Klassengemeinschaft oder Freundesgruppen, bezieht. Das Lernen für die Lehrerin oder den Lehrer ist ein weit verbreitetes Phänomen, gerade in der Grundschule. Anerkennung durch die Lehrperson ist eine der wichtigsten Triebfedern für das kindliche Lernen. Aber auch die Identifikation mit einer Gruppe spielt für das Lernen eine wichtige Rolle. Der Lehrer kann das Anschlussmotiv geschickt bei der Differenzierung ausnutzen, denn auch Hilfsbereitschaft, Identifikation mit anderen, Kameradschaft usw. sind Konkretisierungen des Anschlussmotivs.

Das Zusammenspiel zwischen überdauernden Motiven einerseits und situationsabhängigen Motivationen lässt sich demnach (nach Zech, 1977, S. 134) wie folgt darstellen:

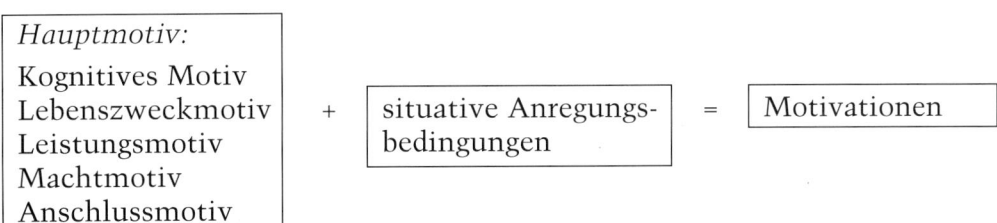

Da das Vorhandensein der Motive bei einem normalen Grundschulkind vorausgesetzt werden kann, ist es die Aufgabe des Lehrers, in der jeweiligen Klassensituation die situativen Anregungsbedingungen bereitzustellen, um Motivationen zu erzeugen.

Wenn im folgenden Motivationsmöglichkeiten im Mathematikunterricht der Grundschule angeführt werden, so erfolgt dies nach dem Gliederungsschema, das Hole (1978, S. 61) angibt, nämlich sachbezogene und kindbezogene Motivationsmöglichkeiten.

2   Sachbezogene Motivation

2.1   Motivation durch selbstständiges Entdecken

Die Fachmathematik leitet ihre Erkenntnisse von allgemeinen Axiomen ab, indem sie auf deduktivem Wege Sätze und Regeln folgert. Dabei ergeben sich z.T. interessante Zusammenhänge und Gesetzmäßigkeiten, die in gewissem Umfang auch das Grundschulkind aufspüren und entdecken kann. Dies entspricht dem entdeckenden Lernen, das eine Hochform des kindlichen Lernens darstellt. Kinder freuen sich, wenn sie solche Zusammenhänge und Gesetzmäßigkeiten entdecken können, und sind mit erstaunlicher Ausdauer mit solch entdeckenden Versuchen beschäftigt. Es ist die Aufgabe der Lehrerin und des Lehrers, solche Zusammenhänge in den Unterricht einzubeziehen um beim Kind Neugier und Interesse an innermathematischen Zusammenhängen zu fördern und eine Haltung des Staunens und Weiterfragens zu erzeugen.

Beispiel:

(3. Klasse, Lehrplaninhalt Einmaleins, nach Hole, 1978, S. 43)

Wenn das Einmaleins vollständig behandelt ist, wird eine sog. Verknüpfungstafel aufgestellt, in der alle Einmaleinsaussagen zusammengestellt sind. Werden nun alle geraden Zahlen schraffiert, so entsteht folgendes Muster:

*	1	2	3	4	5	6	7	8	9	10
1	1	2	3	4	5	6	7	8	9	10
2	2	4	6	8	10	12	14	16	18	20
3	3	6	9	12	15	18	21	24	27	30
4	4	8	12	16	20	24	28	32	36	40
5	5	10	15	20	25	30	35	40	45	50
6	6	12	18	24	30	36	42	48	54	60
7	7	14	21	28	35	42	49	56	63	70
8	8	16	24	32	40	48	56	64	72	80
9	9	18	27	36	45	54	63	72	81	90
10	10	20	30	40	50	60	70	80	90	100

Es liegt nahe, eine entsprechende Tafel auch für die Addition aufzustellen. Werden auch hier alle geraden Zahlen schraffiert, so ergibt sich folgendes Bild:

+	1	2	3	4	5	6	7	8	9	10
1	2	3	4	5	6	7	8	9	10	11
2	3	4	5	6	7	8	9	10	11	12
3	4	5	6	7	8	9	10	11	12	13
4	5	6	7	8	9	10	11	12	13	14
5	6	7	8	9	10	11	12	13	14	15
6	7	8	9	10	11	12	13	14	15	16
7	8	9	10	11	12	13	14	15	16	17
8	9	10	11	12	13	14	15	16	17	18
9	10	11	12	13	14	15	16	17	18	19
10	11	12	13	14	15	16	17	18	19	20

Nun lassen sich die Regelhaftigkeiten erforschen. Auf die Anregung des Lehrers „Was fällt euch auf?" entdecken die Schüler, dass bei der Multiplikation das Produkt gerade ist, sobald mindestens einer der Faktoren gerade ist. Bei der Addition ist die Summe zweier gerader oder zweier ungerader Zahlen wieder eine gerade Zahl, die Summe einer geraden und einer ungeraden Zahl dagegen ungerade.

Beispiel:

(2. Klasse, Lehrplaninhalt Einmaleins)

Die Kinder berechnen die Quadratzahlen und legen sie mit Cuisenaire-Stäben:

$1 \cdot 1 = 1$ $\qquad$ $2 \cdot 2 = 4$ $\qquad$ $3 \cdot 3 = 9$ $\qquad$ $4 \cdot 4 = 16$ $\qquad$ $5 \cdot 5 = 25$

Jetzt wird jeweils ein Faktor um 1 verkleinert, der andere um 1 erhöht:

$0 \cdot 2 = 0$ $\qquad$ $1 \cdot 3 = 3$ $\qquad$ $2 \cdot 4 = 8$ $\qquad$ $3 \cdot 5 = 15$ $\qquad$ $4 \cdot 6 = 24$

Man stellt fest, dass das Produkt jeweils um 1 kleiner ist. Vergleicht man die Cuisenaire-Stabkombinationen, so wird deutlich, dass man diese Gesetzmäßigkeit durch Umlegen erkennen kann.

2.2 Ästhetische Motivation

Mathematische Sachverhalte zeichnen sich oftmals durch eine interne Systematik, Regelhaftigkeit und Ordnung aus, die in geeigneten Darstellungen auch für Schüler erfassbar und reizvoll ist. Es liegt also nahe, solche Regelhaftigkeiten im Unterricht herauszustellen.

Beispiel:

(2. oder 3. Klasse, Lehrplaninhalt: Multiplikation, kombinatorisches Modell, nach Lauter 1989, S. 95)

Auf einem Blatt sind die Umrisse von mehr als 16 Häusern, bestehend aus Wand und Dach, aufgezeichnet (mehr als 16, damit die Lösung nicht schon vorgegeben ist).

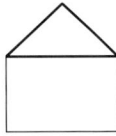 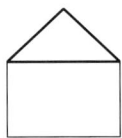

Die Kinder werden nun aufgefordert Dächer und Wände anzumalen, wobei sie die vier Farben Gelb, Blau, Grün und Rot benutzen sollen. Allerdings dürfen sie für eine Fläche, also Dach oder Wand, nur jeweils eine Farbe verwenden. Dach und Wand dürfen auch die gleiche Farbe besitzen. Die Häuser sollen alle verschieden sein, zum Beispiel das erste Haus mit roter Wand und blauem Dach, das zweite mit grüner Wand und blauem Dach und so weiter. Wer hat die meisten verschiedenen Häuser gemalt? Wie viele verschiedene Häuser gibt es überhaupt? Anschließend schneiden die Schüler die Häuser aus und versuchen diese systematisch zu ordnen. So kommen die Kinder, sicherlich nach einigen Fehlversuchen, schließlich zu der klarsten Ordnung: alle Häuser mit gleichfarbigen Dächern nebeneinander und alle mit gleichfarbigen Wänden untereinander (oder umgekehrt). In dieser geordneten Darstellung kann man auch sofort entscheiden, ob alle möglichen Häuser vorhanden sind und dass es 16 (4 · 4 = 16) verschiedene Häuser (bei vier Farben) gibt.

Ästhetische Motivation lässt sich in hohem Maße durch grundschulgemäße Aktivitäten zur Geometrie erreichen. Die drei wichtigsten Bereiche der Geometrie in der Grundschule sind

a) geometrische Grundformen
b) Parkettierungen
c) Symmetrie

In allen drei Bereichen hat die Motivation durch ästhetische Darbietung Bedeutung:
Die *geometrischen Grundformen* Kreis, Quadrat und Dreieck sind in hohem Maße durch Vollkommenheit und Regelhaftigkeit ausgezeichnet. Auch Grundschülern kann diese Vollkommenheit bewusst gemacht werden, beim Quadrat durch Abgreifen der Seitenlängen mit einer Schnur und dem Nachweis, dass alle Seiten gleich lang sind. Beim gleichseitigen Dreieck geht man ebenso vor. Beim Kreis ist der Nachweis der Vollkommenheit schwieriger, weil bei den kreisförmigen Plättchen, die in der Regel in der Grundschule benutzt werden, der Mittelpunkt nicht sichtbar ist und damit der Nachweis, dass alle Punkte der Peripherie vom Mittelpunkt denselben Abstand haben, nicht möglich ist. Man kann aber auch schon in der ersten Klasse einmal einen Kreis mittels einer Schnur zeichnen. Dabei wird deutlich, dass alle Stellen der Kreislinie vom Mittelpunkt denselben Abstand haben.
Unter *Parkettierungen* versteht man die Bedeckung einer Ebene mit kongruenten Flächenelementen. Dazu werden in der Regel Quadrate oder

gleichseitige Dreiecke genommen, mit denen Figuren ausgelegt werden. Hier ein anderes

Beispiel:

(1. oder 2. Klasse, Lehrplaninhalt: Auslegen von Figuren)

Parkettierungen können mit jeder beliebigen Dreiecksform durchgeführt werden. Jedes Kind schneidet sich aus Karton ein beliebiges Dreieck aus (oder die Lehrerin hat für jedes Kind ein solches vorbereitet). Dies wird auf ein leeres Blatt gelegt und mit einem Bleistift umfahren. Dann wird das Dreieck so lange um die Mitte einer Seite gedreht, bis die Seite des Kartondreiecks mit der gezeichneten Seite übereinstimmt, und das Dreieck erneut umrandet. Dieses Verfahren wird für alle drei Seiten und bei den neu gezeichneten Dreiecken wiederholt. Dadurch entsteht ein regelmäßiges Muster, etwa in folgender Art:

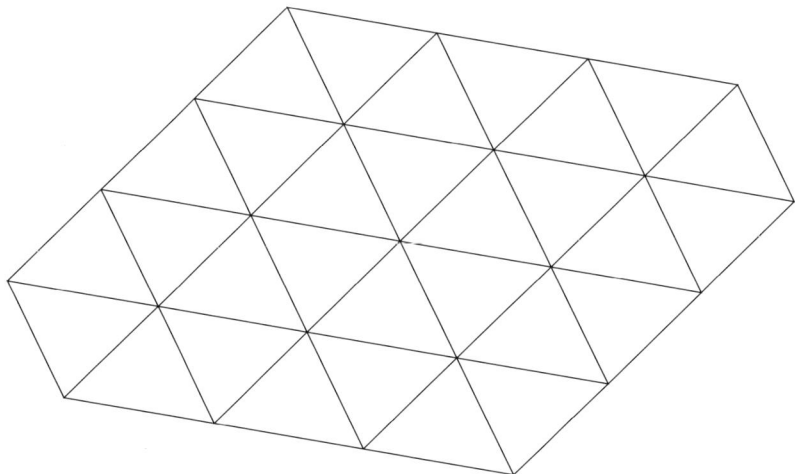

Der Lehrer kann sofort erkennen, dass eine lückenlose Überdeckung möglich ist, weil an jedem Eckpunkt der Dreiecke die drei Winkel des Dreiecks zusammentreffen, deren Summe ja bekanntlich zusammen 180° ergibt. Da in jedem Eckpunkt zweimal die drei Winkel des Dreiecks zusammenkommen, werden 360° überdeckt.

Dass *symmetrische Figuren* einen hohen ästhetischen Aufforderungscharakter besitzen, braucht nicht besonders betont zu werden. Für die Grundschule kommen vorzugsweise Übungen zur Achsensymmetrie in Frage. Figuren mit ein oder gar zwei Symmetrieachsen können auf verschiedene Weisen hergestellt werden, mit Material oder auch zeichnerisch.

Beispiel:

(2. oder 3. Klasse, Lehrplaninhalt: Achsensymmetrie, nach Lauter, 1989, S. 128)

Zwischen den beiden Kindern liegt ein Spielplan mit einem Quadratgitterraster. Die Quadrate entsprechen der Größe von Steckwürfeln, die von den Spielern wechselseitig auf die Quadratfelder gesetzt werden, allerdings symmetrisch zur eingezeichneten Symmetrieachse.

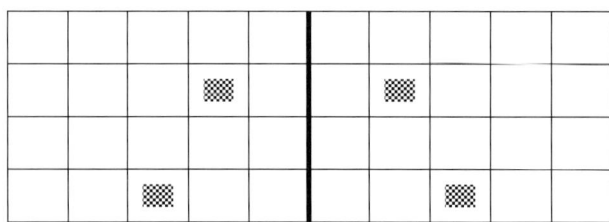

In der 3. und 4. Klasse kann das Spiel weitergeführt werden, indem die Steckwürfel symmetrisch zu zwei sich senkrecht kreuzenden Symmetrieachsen gesetzt werden.

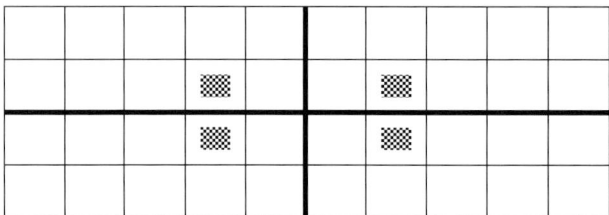

Zum Thema ästhetische Motivation gehören auch die Anweisungen zu korrektem Zeichnen und zur sauberen Heftführung hin. Eine schöne Zeichnung erregt das ästhetische Empfinden stärker als eine hingeworfene Zeichnung. Ein sauber geführtes Rechenheft ist ansprechender als verschmierte Eintragungen im Heft.

2.3   Motivation nach dem Inkongruenzprinzip

2.3.1 Das Inkongruenzprinzip

Das Inkongruenzprinzip (Heckhausen, 1974, S. 125) besagt, dass sich Motivation durch Diskrepanzerlebnisse erzeugen lässt. Diskrepanzerlebnisse treten immer dann auf, wenn neue Erscheinungen vom Erwarteten abweichen. Die Folge ist Überraschung, aber auch Ungewissheit und Konflikt.
Befindet sich zum Beispiel unter den Gästen einer Party eine Person, die man nicht erwartet hat, so ist dies eine überraschende Begegnung. Sie kann freudige Hinwendung, aber auch Ungewissheit und inneren Konflikt hervorrufen. Jedenfalls ist man motiviert sich mit dieser Person direkt oder indirekt zu beschäftigen.
Das Inkongruenzprinzip ist eines der häufigsten Motivationsmittel. Im Prinzip beruht jede Wirkung, die der Lehrer mit Hilfe neuer und ungewohnter Verhaltensweisen erzielt, auf dem Inkongruenzprinzip. So ist zum Beispiel die Aufmerksamkeit der Schüler, die der Lehrer durch eine ungewohnt lange Sprechpause erregt, eine Folge des Inkongruenzprinzips. Ebenso begegnet man diesem Prinzip dann, wenn der Lehrer, den die Schüler sonst als redende Person kennen, mit stummen Impulsen arbeitet.
In den folgenden Abschnitten sollen die Motivationsmöglichkeiten nach dem Inkongruenzprinzip, die im Mathematikunterricht der Grundschule erfolgreich einzusetzen sind, näher aufgeschlüsselt und beschrieben werden.

2.3.2 Neuigkeit oder Wechsel

Jedes Neuigkeitserlebnis kann sich im Mathematikunterricht der Grundschule motivierend auswirken und es gibt eine Fülle von Möglichkeiten Neuigkeitserlebnisse zu provozieren.

Im Folgenden seien einige Motivationsbeispiele durch Neuigkeitserlebnisse genannt:

Neuigkeitserlebnisse durch Medien, speziell Arbeitsmaterial.

Jeder Lehrer weiß, wie Kinder durch Material, das sie in die Hand nehmen, motiviert werden können. Dabei richtet sich das Interesse der Kinder vor allem darauf, mit dem Material selbst umzugehen. Sie wollen es in die Hand nehmen und „begreifen". Es ist daher falsch, ein Material nur zu zeigen oder an der Tafel oder am Tageslichtprojektor zu demonstrieren.

Die Mathematikdidaktik hat in den letzten Jahrzehnten zahlreiche neue Materialien zu den verschiedenen Gebieten der Grundschulmathematik entwickelt. Aber auch althergebrachte Materialien, wie zum Beispiel die Cuisenaire-Stäbe oder die Kühnelschen Zahlbilder (Besuden, 1989, 1.1) sind mit großem Erfolg einsetzbar.

Ein vorzügliches, weil unspezifisches Arbeitsmittel sind die Steckwürfel, die wegen ihrer Vielseitigkeit und der Möglichkeit des freien Bauens auf Kinder einen großen Reiz ausüben.

Wenig bekannt ist, dass es große Steckwürfel mit einer Kantenlänge von ca. 10 cm im Lehrmittelhandel gibt. Gerade diese großen Steckwürfel sind für Kinder der 1. Klasse besonders attraktiv. Jeder weiß, dass kleinere Kinder großes Spielmaterial bevorzugen.

Neuigkeitserlebnisse durch aktuelles Material

Immer wieder findet sich in Lehrplänen und Veröffentlichungen zum Mathematikunterricht in der Grundschule die Forderung nach aktuellen Aufgabenstellungen. Dies soll auch im Zusammenhang mit anderen Schulfächern, etwa mit dem Heimat- und Sachkundeunterricht, erreicht werden. Dort steht in der Regel aktuelles Material zur Verfügung oder kann aus Zeitungen, Prospekten, Befragungen, offiziellen Bekanntmachungen usw. entnommen werden. Es liegt nahe, dieses Material, wenn möglich, auch rechnerisch aufzuarbeiten bzw. entsprechende Sachaufgaben zu formulieren.

Beispiel:

(4. Klasse, Lehrplaninhalt: Sachrechnen, nach Brand, 1982/3)

Im Zusammenhang mit dem Sachgebiet „Arbeitswelt" wird ein Besuch in einer der Schule benachbarten Glaserei geplant und durchgeführt. Die vorangegangene Klassendiskussion ergab Interesse an folgenden Themenkreisen, die dann auch beim Lerngang besprochen wurden:

1. Woran wird gerade gearbeitet?
2. Wie teuer ist die Einrichtung?
3. Woher kommen die meisten Aufträge?
4. Welche Rohstoffe werden verwendet?

In der nachfolgenden Stunde wurde der Lerngang besprochen und entspreche Aufgaben gelöst, etwa: Die Firma Wingert musste im letzten Jahr einen Zapfenschlitzautomaten zu 56 000 € anschaffen. Da dieser Betrag für eine Barzahlung zu hoch war, hat Glasermeister Wingert 20 000 € anbezahlt und begleicht den Rest in 24 Monatsraten.

Oder:

Herr Wingert kauft von der Holzgroßhandlung Bretter (Fensterholz). Die Lieferung besteht aus:

36 Dielen der Stärke 72 mm (Länge: 4,50 m)

17 Dielen der Stärke 68 mm (Länge: 3,50 m)

In seinem Lager hat er Platz: 3 m in der Höhe, 9 m in der Breite.

Welche Möglichkeiten der Lagerung bieten sich ihm, wenn er höchstens 2 Stapel neben-(hinter-)einander lagern kann?

Als weitere Möglichkeiten für aktuelle Aufgabenstellungen bieten sich an:
- Planung einer Klassenfahrt (Entfernungen, Fahrpläne, Kosten usw.)
- Planung eines Klassenfestes (Einkauf von Getränken und Esswaren, Kosten für Einladungskarten, Lose, Gewinne, Spielmaterialien, Vergleich verschiedener Angebote usw.)
- Aufstellung der Haushaltsmittel für die Schule (Verbrauchsmittel, Heizung, Reinigung, Versicherungen usw.)

Wechsel der Medien

Die Motivation durch Wechsel der Medien entspricht dem didaktischen Prinzip der Variation der Veranschaulichung (siehe Kap. IV. 3.7). Während aber dort der Verstehensprozess des mathematischen Inhalts im Vordergrund steht, geht es hier um die Steigerung der Aufmerksamkeit der Kinder. Wie meist in der Didaktik, so kann auch dieses Prinzip übertrieben werden. Ein mehrfacher oder gar häufiger Wechsel der Medien in einer Unterrichtsstunde kann sich auf die Schüler so auswirken, dass sie eher verwirrt sind und mit Konzentrationsschwächen reagieren. Insbesondere für schwächere Schüler ist ein häufiger Medienwechsel überfordernd. Ein Wechsel der Medien sollte deshalb vielmehr in längeren Zeiträumen vorgesehen werden.

Beispiel:

(2./3. Klasse, Lehrplaninhalt: Multiplikation)

Die Grundvorstellungen der Multiplikation kann nicht durch das Auswendiglernen des Einmaleins gelernt und gesichert werden, vielmehr müssen diese durch verschiedenartige Situationen (Modelle) dargestellt werden. In der Didaktik haben sich dazu folgende Standardsituationen herausgebildet:

1. Zeitlich sukzessives Mal: Peter geht 3-mal in den Keller und holt jedes Mal 4 Flaschen herauf,
2. Räumlich simultanes Mal: In einem Café stehen 3 Tische mit je 4 Stühlen,
3. Operatorvorstellung (Maschinenmodell): Für jede eingegebene Spielmarke werden 3 ausgegeben,
4. Längenmodell: Es werden 3 Viererstäbe (Cuisenaire-Stäbe) hintereinander oder nebeneinander gelegt,
5. Kombinatorisches Modell: Karin hat 3 Röcke und 4 Blusen. Wie viele Kombinationen kann sie anziehen?

Wechsel der Themen

Was zum Wechsel der Medien gesagt wurde, gilt in stärkerem Maße auch für den Wechsel der Themen. Einerseits bietet ein Themenwechsel eine willkommene motivierende Abwechselung. Jeder Lehrer und Schüler weiß, wie ermüdend zum Beispiel eine lang dauernde, sich über Wochen hinziehende Arithmetikphase sein kann und wie erfreulich dann ein Themenwechsel, etwa zur Geometrie hin, begrüßt wird. Andererseits kann aber ein zu häufiger Themenwechsel den Unterricht verzetteln. Dem Schüler bleibt zu wenig Zeit, um sich mit dem Stoff wirklich auseinanderzusetzen und die nötige Erfahrung zu sammeln. Der Wechsel der Unterrichtsthemen muss daher sorgfältig im Stoffverteilungsplan (siehe Kap. VII. 3) geplant sein, wobei sowohl sachliche Gesichtspunkte (Behandlung eine Themas bis zu einem gewissen Abschluss) als auch psychologische Argumente (Ermüdung, Verwirrung) berücksichtigt sein müssen. Als Faustregel mag gelten, dass im Mathematikunterricht der Grundschule spätestens alle 3 bis 4 Wochen ein Themenwechsel vorzusehen ist. Die Lehrpläne für den Mathematikunterricht in der Grundschule enthalten so viele Themen, dass die Möglichkeit eines Wechsels der Themen immer gegeben ist. Insbesondere die Bereiche Geometrie, Größen und Sachrechnen bieten sich als Unterbrechungsthemen für die Arithmetik an.

Wechsel der Arbeitsformen

Im Grundschulunterricht sind verschiedene Arbeits- oder Sozialformen (siehe Kap. VI. 4.2) gebräuchlich, zum Beispiel Frontalunterricht, Arbeit in der Großgruppe, Kleingruppenarbeit, Partnerarbeit und Einzelarbeit. Nicht die Arbeitsformen selbst, sondern ein Wechsel in den Arbeitsformen wirkt sich motivierend auf die Kinder aus. Das ist auch dadurch begründet, dass, wie bereits mehrfach erwähnt, es kleinen Kindern schwer fällt, sich 45 Minuten lang in gleicher Weise zu konzentrieren. Die verschiedenen Arbeitsformen können mit didaktischen Momenten gekoppelt werden, etwa mit den Bruner'schen Repräsentationsformen (siehe Kap. IV. 3.5), etwa in der Art, dass

die enaktive Phase des Unterrichts in der Großgruppe,
die ikonische Phase in Einzelarbeit und
die symbolische Phase im Frontalunterricht

durchgeführt wird. Dies ist eine mögliche Zuordnung. Viele andere Zuordnungen sind denkbar.

Beispiel:

(1. Klasse, Lehrplaninhalt: Ordinalzahlen, nach Lauter 1981/1)

Die Ordnungszahlen 1. 2. 3. … werden in drei Phasen mit jeweils verschiedenen Arbeitsformen behandelt, wobei der Wechsel der Arbeitsform insbesondere bei diesem (leichten) Inhalt motivierend wirken soll:

1. Frontalunterricht (ca. 15 Minuten): Die Kinder bekommen „Eintrittskarten" zu einem Theater (die Stühle sind wie die Sitze in einem Theater gestellt), auf denen die Reihe

und der Platz als Ordnungszahlen notiert sind. Sie nehmen auf dem betreffenden Stuhl Platz. Dann hören Sie das Märchen vom Schneewittchen an, in dem mehrfach Ordnungszahlen vorkommen und sprechen die Ordnungszahlen im Chor mit.
2. Gruppenunterricht (ca. 15 Minuten): Nachspielen des Märchens in Gruppen.
3. Einzelarbeit (ca. 15 Minuten): Ausfüllen eines Arbeitsblatts, auf dem entsprechende Karten abgedruckt sind. Diese müssen dann auf die zugehörigen Stellen eines Sitzplans übertragen werden.

2.3.3 Überraschung

Das Überraschungsmoment wird oft im Unterricht ausgenutzt, oft aber nur als methodische Möglichkeit bei der Einführung, indem die Neugier der Schüler angestachelt wird.

Das Überraschungsmoment kann aber auch auf innermathematische Zusammenhänge gelenkt werden und ist deshalb nicht genau von der Motivation durch selbstständiges Entdecken (2.1) zu unterscheiden.

Beispiel:

(1. bis 4. Klasse, Lehrplaninhalt: Räumliche und geometrische Grundformen, nach Haussmann 1985/1)

Es werden die räumlichen geometrischen Grundformen besprochen. Dazu bringt der Lehrer in einem undurchsichtigen Beutel allerlei Gegenstände mit den Grundformen mit. Die Kinder lassen den Beutel durch die Reihen gehen und beschreiben, was sie ertasten können: „eckig", „flach", „rund wie ein Ball" und so weiter. So wird eine Propädeutik der geometrischen Eigenschaften ermöglicht.

Beispiel:

(3. Klasse, Lehrplaninhalt Einmaleinsreihen, nach Hole, 1978, S. 45)

Die Kinder schreiben zwei Einmaleinsfolgen untereinander und addieren, zum Beispiel:

	4	8	12	16	20	24	28	32	36	40
+	3	6	9	12	15	18	21	24	27	30
	7	14	21	28	35	42	49	56	63	70

Es entsteht eine neue Einmaleinsreihe.

Man kann fragen, ob man auch durch Subtrahieren neue Einmaleinsfolgen erhalten kann:

Probe:

	8	16	24	32	40	48	56	64	72	80
−	3	6	9	12	15	18	21	24	27	30
	5	10	15	20	25	30	35	40	45	50

Es ergibt wieder eine neue Einmaleinsreihe.

Geht das auch durch Multiplizieren?

	2	4	6	8	10	12	14	16	18	20
·	3	6	9	12	15	18	21	24	27	30
	6	24	54	96	150	…	…	…	…	…

offensichtlich geht das nicht.

Der mathematische Inhalt ist das sog. Distributivgesetz:

$$n \cdot 4 + n \cdot 3 = n \cdot (4 + 3) = n \cdot 7$$

bzw.
$$n \cdot 8 - n \cdot 3 = n \cdot (8 - 3) = n \cdot 5$$

Ein anderes Rechenbeispiel ist für Kinder (und für Erwachsene) immer wieder überraschend, ja verblüffend:

Beispiel:

(3. Klasse, Lehrplaninhalt Arithmetik, nach Leutenbauer, 1980, S. 294)

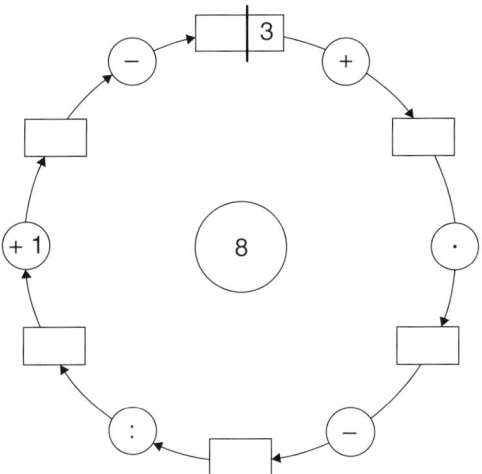

Ewige Kette: In der Mitte des Kreises steht eine beliebige Operatorzahl o (hier 8), im oberen Startfeld eine Startzahl s (hier 3). Mit diesen Zahlen werden die im Uhrzeigersinn angegebenen Operationen durchgeführt. Welche Zahlen auch eingesetzt werden, man kehrt bei richtiger Rechnung immer zur Startzahl zurück.

Die Begründung ist folgende Gleichung:

$$\frac{(s + o) \cdot o - o}{o} + 1 - o = s + o - 1 + 1 - o = s$$

Gerade die sachbezogenen Motivationen durch überraschende Ergebnisse erfordern vom Lehrer ein großes mathematisches Fachwissen. Damit wird auch die allgemeine Meinung widerlegt, dass eine Grundschullehrerin oder ein Grundschullehrer keine fachmathematische Ausbildung brauche.

2.3.4 Komplizierung

Motivation durch Komplizierung (der Aufgabenstellung) kann als Teil der sog. Leistungsmotivation aufgefasst werden. Sie beruht vorzugsweise auf dem langfristig entwickelten Leistungsmotiv (siehe 1) und beruht auf dem Bestreben des Kindes sein Können, auch sein mathematisches Können, zu steigern. Dabei kommt es wesentlich auf die schrittweise Steigerung des Schwierigkeitsgrades der Aufgaben an. Nach dem „Prinzip der Passung" (Heckhausen, 1974, S. 548) müssen die Aufgaben auch in der Steigerung ihres Schwierigkeitsgrades einem mittleren Anspruchsniveau genügen. Zu geringer Schwierigkeitsgrad und zu geringe Schrittweite bei der Steigerung des Schwierigkeitsgrades ist für die Schüler unterfordernd und wird als langweilig empfunden, während zu hoher Schwierigkeitsgrad und zu große Schrittweite bei der Steigerung frustrierend auf die Kinder wirkt.

Beispiel:

(1. Klasse, Lehrplaninhalt Arithmetik – Zahlzerlegungen)

Brückenbauen: Eine Brücke, bestehend aus 3 Viererstäben, wird anderweitig zusammengesetzt

Die verschiedenen Möglichkeiten werden in einer Tabelle notiert:

☐	☐	☐	☐
3	0	0	0
0	2	3	0
1	2	0	2

usw.

Beispiel:

(2. Klasse, Lehrplaninhalt: Arithmetik – mündliche Additionsaufgaben im Zahlbereich bis 100, nach Lauter, 1989, S. 74)

Die Erarbeitung erfolgt in 7 Schritten
(Z: Zehnerzahl, E: Einerzahl):

1. Z + Z
   $20 + 30 = 50$

   Z – Z
   $70 - 40 = 30$

2. ZE + E ohne Zehnerübergang
   $43 + 6 = 49$

   ZE – E ohne ZÜ
   $87 - 3 = 84$

3. ZE + E mit Zehnerübergang
   $27 + 6 = 33$

   ZE – E mit ZÜ
   $85 - 8 = 77$

4. ZE + Z
   $43 + 20 = 63$

   ZE – Z
   $85 - 30 = 55$

5. ZE + ZE ohne Zehnerübergang
   $34 + 54 = 88$

   ZE – ZE ohne ZÜ
   $37 - 13 = 24$

6. ZE + ZE = Z
   $36 + 24 = 60$

   ZE – ZE = Z
   $55 - 25 = 30$

7. ZE + ZE mit Zehnerübergang
   $37 + 48 = 85$

   ZE – ZE mit ZÜ
   $83 - 35 = 48$

Beispiel:

(2. Klasse, Lehrplaninhalt: Relationen im Zahlbereich bis 100)

Relationsdiagramme: Es werden die Pfeildiagramme entsprechend einer gewählten Relationsvorschrift zunächst zwischen 2 Elementen, dann 3, 4 und mehr Elementen eingezeichnet, etwa:

Vorschrift: <

 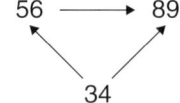 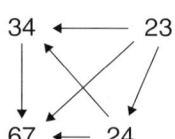

2.3.5 Konflikt

Der sog. kognitive Konflikt ist eine wichtige Motivationsmöglichkeit im Unterricht. Sie besteht darin, dass die Kinder ein anderes Ergebnis erwarten, als das, was sich einstellt, und sind erstaunt, wenn die Erwartung nicht zutrifft. Die Folge ist eine genauere Erforschung der mathematischen Situation. Insofern ist die Motivation durch den kognitiven Konflikt eine echte intrinsische, also sachbezogene Motivation.

Das Standardbeispiel für einen kognitiven Konflikt war immer die Einführung der Schnittmenge: Nachdem zunächst die Aufgabe gestellt wurde zwei disjunkte Teilmengen zu bilden, etwa Mädchen und Jungen als Teilmengen der Kinder der Klasse, wurde dann die Aufgabenstellung so verändert, dass zwei Mengen zu bilden waren, die eine gemeinsame Schnittmenge besitzen, etwa Kinder mit rotem Pullover bzw. Kinder mit Hosen. Die Kinder, die rote Pullover und Hosen tragen, wissen nicht, wozu sie gehören. Die Situation führt schließlich zur Einführung des Venndiagramms für die Schnittmenge. Hier sei ein anderes Beispiel angeführt.

Beispiel:

(3. Klasse, Lehrplaninhalt: Geometrie – Symmetrie)

Als Beispiele für achsensymmetrische Figuren werden gerne Großbuchstaben angesprochen, die eine senkrechte oder eine waagerechte Symmetrieachse haben: A, M, T, U, V, W und Y mit senkrechter Symmetrieachse, B, C, D, E und K mit waagerechter Symmetrieachse und H, I, O und X mit einer senkrechten und einer waagerechten Symmetrieachse. Was ist mit den Buchstaben N, S und Z? Kinder sehen, dass sie „irgendwie" symmetrisch sind. Es gelingt aber nicht, eine Symmetrieachse zu finden (Drehsymmetrie).

2.3.6 Provokation

Provokation im Unterrichtsprozess liegt immer dann vor, wenn ein falsches Ergebnis oder Verfahren den Anschein erwecken will, richtig zu sein. Lehrer arbeiten zum Beispiel dann mit Provokation, wenn sie etwa bei der Kontrolle der Hausaufgaben bewusst falsche Ergebnisse nennen, um den Widerspruch der Schüler zu wecken.

Beispiel:

(2. Klasse, Lehrplaninhalt: Relationen)

Welcher Pfeil ist falsch? Vorschrift: … ist größer als …

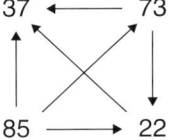

Beispiel:

(2. Klasse, Lehrplaninhalt: Relationen, nach Hole, 1978, S. 37)

Die erste der folgenden Aussagen ist offensichtlich falsch. Sie kann auf verschiedene Weise berichtigt werden:

$$\underline{46 - 4 = 50}$$
$$46 - 4 = 42$$
$$46 - 4 < 50$$
$$46 + 4 = 50$$
$$54 - 4 = 50$$

2.3.7 Verfremdung

Verfremdung ist ein beliebtes literarisches Mittel zur Steigerung der Aufmerksamkeit, das darin besteht, bekannte Inhalte in neuem Gewand zu präsentieren. Auch im Mathematikunterricht kann dieses Mittel eingesetzt werden, zum Beispiel, indem mathematische Inhalte in Form von Geschichten und Märchen gekleidet werden.

Beispiel:

(4. Klasse, Lehrplaninhalt: Arithmetik, nach Hefendehl-Hebeker, 1985, S. 19)

In Form eines Bühnenstücks wird die Sonderrolle der Zahl 0 behandelt. Ort des Geschehens ist das Reich der Zahlen, in dem König Arithmetikus, unterstützt von den Ministern für Addition und Subtraktion, für Multiplikation und Division usw. herrscht. Im Reich gibt es einen Gleichungsbetrieb, der Gleichungen aufstellt und richtig löst, z. B. $3 + x = 8$, $x = 5$. Eines Tages kommt ein Gesandter aus dem Reich der Menschen, der beantragt eine neue Zahl, die Null, einzuführen. Begründet wird dies mit praktischen Anwendungen, z. B. bei Kontoführung, Fußballergebnissen usw. Schließlich wird im Gleichungsbetrieb die 0 eingeführt und alle Konsequenzen für die Arithmetik durchgespielt. (Der Inhalt kann hier nur mit ganz dürren Worten angegeben werden. Es wird dringend gebeten, die Originalliteratur nachzulesen.)

2.4 Motivation durch den Nützlichkeitswert

Diese Möglichkeit der Motivation ist für alle Beteiligten, Schüler, Lehrer und Eltern unmittelbar einsichtig. Schließlich wird Mathematik nach allgemeiner Meinung überwiegend aus dem Grund betrieben um sie nutzbringend im täglichen Leben, Beruf und Freizeit anzuwenden. Folglich lassen sich alle Anwendungen der Mathematik, zum Beispiel bei Sachaufgaben und Größen, in diese Kategorie einordnen.

Als Beispiele seien hier vor allem praktische Übungen mit Größen genannt. Wer einmal gesehen hat, welche Motivation zum Beispiel praktische Wiegeübungen auf die Kinder ausüben, der wird nie mehr die Gewichtseinheiten nur abstrakt einführen. Dasselbe gilt für alle Größen, also Geldwerte (Wechselübungen), Längen (praktische Messübungen im Klassenzimmer, auf dem Schulhof und im Gelände), Hohlmaße (Messübungen mit Gefäßen) und so weiter.

Beispiel:

(3. Klasse, Lehrplaninhalt: Größen – Gewichte)

Der Lehrer bringt einen Einkaufskorb mit Waren aus dem Lebensmittelgeschäft (z.B. Mehl, Zucker, Salz, Nudeln) mit. Auf einer Tafelwaage werden die auf den Packungen angegebenen Gewichtsangaben überprüft. Mögliche Abweichungen werden besprochen (z.B. kann das Gewicht einer Packung Mehl durch die Luftfeuchtigkeit beeinflusst werden).

So wichtig diese Art der Motivation ist, so sehr muss davor gewarnt werden, ausschließlich die Inhalte der Mathematik mit ihrem Nützlichkeitswert zu begründen. Mathematik ist ein Teil unserer Kultur, die vor allem auch durch das reine Streben nach Erkenntnis gekennzeichnet ist. Das ist das, was man als Grundlagenforschung bezeichnet. Auch in der Mathematik sind die meisten Erkenntnisse im reinen Streben nach der Wahrheit entdeckt worden, und nicht, weil man ganz konkrete Probleme lösen wollte. Ein Abbild der Entwicklung der Mathematik sollte auch der Mathematikunterricht sein. Ja, die Begründung zahlreicher Inhalte des Mathematikunterrichts ist anders gar nicht möglich. So ist z.B. die Beschäftigung mit Primzahlen, Symmetrien, Relationen und vielen anderen Themen nicht oder kaum mit Nützlichkeitserwägungen zu rechtfertigen.

2.5 Motivation durch den kulturellen Wert

Es ist noch wenig erprobt, ob nicht die Geschichte der Mathematik in der Schule zur Motivation ausgenutzt werden kann. Die Mathematik ist ein Teil der menschlichen Kultur und die kulturellen, philosophischen und geisteswissenschaftlichen Entwicklungen haben sich auch in der Geschichte der Mathematik niedergeschlagen. Es liegt deshalb nahe, auch mit den Kindern solche Entwicklungen im Unterricht zu besprechen. Einzelne Versuche beweisen, dass Kinder für solche Inhalte ganz besonders ansprechbar sind. Was in anderen Fächern (etwa Heimat- und Sachkunde) üblich ist, sollte auch im Mathematikunterricht erfolgreich eingesetzt werden können.

Beispiel:

(1. Klasse, Lehrplaninhalt: Ein-eindeutige Zuordnung)

Die Steinzeitmenschen konnten sehr wohl größere Mengen zählen ohne Zahlen zu kennen. Man kann sich zum Beispiel vorstellen, dass ein Hirte, wenn er morgens die Schafe aus dem Pferch ließ, für jedes Schaf eine Kerbe in ein Holz schnitt oder ein Steinchen zur Seite legte. Kehrten die Schafe abends heim, so kontrollierte er an den Kerben oder legte für jedes Schaf ein Steinchen wieder zurück. Fehlte ein Schaf, so behielt er dafür ein Steinchen und konnte sich auf die Suche nach dem verlorenen Schaf machen. (Man hat tatsächlich sogenannte „Tonbörsen" gefunden, das sind Tongefäße, in die solche Zählsteinchen für jedes Schaf oder jede Ziege gelegt wurden).

Beispiel:

(2. bis 4. Klasse, Lehrplaninhalt: Größen)

Maße und Gewichte sind in einem langen kulturgeschichtlichen Prozess zu dem geworden, wie wir sie heute kennen. Man kann im Unterricht einige Stationen dieser Entwicklung nachzeichnen. So kann man mit den Kindern erarbeiten, dass die ersten *Längen-maße* von Körpermaßen abgenommen wurden, zum Beispiel Fuß, Elle, Spanne usw. In manchen Städten ist noch am Marktplatz eine Elle zu sehen. Ebenso wurden *Flächen-maße* zunächst als eigenständige Maße (und nicht als von Längenmaßen abgeleitete Maße) betrachtet, etwa der Morgen als das Flächenstück, dass an einem Morgen beackert werden konnte.

Auch *Hohlmaße* waren zum Teil nur für bestimmte Waren geeicht, zum Beispiel Scheffel (in Preußen 50 l) für trockenes Schüttgut (Getreide usw.), Eimer (in Württemberg 300 l) als Weinmaß. Alte *Geldmünzen*, z. B. Taler (Joachimstaler), Heller (Münze aus Schwäbisch Hall), Batzen (Silbermünze des 15. Jahrhunderts in Deutschland und in der Schweiz).

Alte *Gewichtsmaße:* Lot (alte europäische Maßeinheit 15,6–17,5 g), Gran (aus dem lat. granum: Samenkorn, in Baden 0,065 g), Pfund (heute im Aussterben begriffen) ebenso Zentner. Nach DIN 58 122 sind die früher gebräuchlichen Masseneinheiten („Gewichtseinheiten") Pfund, Zentner und Doppelzentner nicht mehr zu benutzen.

3   Kindbezogene Motivation

3.1   Leistungsmotivation

3.1.1 Allgemeines

Die wichtigste Form der Motivation für den Unterricht in der Grundschule (und weit darüber hinaus) ist die Leistungsmotivation, die auf dem Leistungsmotiv (siehe Kap. 1) beruht. Vom Alter ab etwa 4 Jahren erlebt das Kind mehr und mehr Erfolg und Misserfolg auch als persönliches Gelingen und persönliches Versagen.

Für den Mathematikunterricht hat die Leistungsmotivation besondere Bedeutung, weil das Kind die eigene Leistung besser als in den meisten anderen Fächern mit der der anderen Schüler direkt oder indirekt über die Äußerungen des Lehrers vergleichen kann.

3.1.2 Motivation durch Zielorientierung

Der Schüler hat den Wunsch durch das Lernen bestimmte Fähigkeiten zu erwerben. Es ist daher wichtig, dass der Schüler den zu erwartenden Leistungsfortschritt kennenlernt. Bedingung für die Motivation durch Zielorientierung ist daher, den Schüler über das angestrebte Ziel zu informieren. Dazu gehört auch, dass der Schüler das zu Lernende einordnen kann. Er soll erkennen, warum er etwas Bestimmtes lernt.

Eine der wichtigsten Anwendungen dieses Motivationstyps ist die Formulierung der Frage bei Sachaufgaben. Kinder pflegen bei Sachaufgaben oft einfach loszurechnen, indem sie die im Text genannten Zahlen verknüpfen, ohne die gestellte Frage zu beachten oder eine mögliche Frage zu formulieren, wenn keine gestellt ist. Der Lehrer muss hier unbedingt darauf bestehen, dass eine Frage formuliert wird, da sonst das Ziel der Überlegung nicht deutlich wird. Ein weiteres Beispiel für die Zielorientierung:

Beispiel:

(3. Klasse, Lehrplaninhalt: Schriftliche Addition)

Als Einführung der schriftlichen Addition weist der Lehrer die Beträge der Rechnung eines Geschäftes vor: „Wir wollen sehen, ob der Verkäufer auch richtig gerechnet hat."

Beispiel:

(2. Klasse, Lehrplaninhalt: Arithmetik – Einmaleins, nach Krampe/Mittelmann, 1983, S. 33)

Das sog. Ja-Nein-Spiel besteht aus einer Folge von Feldern, in denen Einmaleinsaufgaben und einzelne Buchstaben angeführt sind. Von jedem Feld gehen mehrere Pfeile mit möglichen Antworten aus, aber nur eine ist richtig. Folgt man dem Pfad der richtigen Antworten, so ergeben die Buchstaben einen sinnvollen Satz.

3.1.3 Motivation durch reizvolle Lernaufgaben

Lernfreude wird durch reizvolle Lernaufgaben gesteigert. Die Anregung durch die Aufgaben kann sich sowohl auf die Aufgabe selbst als auch auf die Darbietung der Aufgabe beziehen, wobei das letztere für die Grundschule noch von besonderer Bedeutung ist.

Beispiel:

(2. Klasse, Lehrplaninhalt: Arithmetik – Addition/Subtraktion im Zahlbereich bis 100, nach Barth, 1986, S. 1)

Der Zahlbereich bis 100 ist als Turm mit einer Treppe mit 100 Stufen dargestellt, wobei an jeder Zehnerstufe sich ein Absatz mit Fenster befindet. Durch Auf- und Absteigen von kleinen Figuren können Additions- und Subtraktionsaufgaben dargestellt werden, insbesondere die Zerlegungen bei Über- bzw. Unterschreitung der Zehnergrenzen.

Beispiel:

(1. Klasse, Lehrplaninhalt: Subtraktion im Zahlbereich bis 10, nach Krampe/Mittelmann, 1983, S. 41)

Farbenzahlen: Es ist eine Reihe von Aufgaben mit unterschiedlichem Ergebnis zu lösen. Jedem Ergebnis wird eine Farbe zugeordnet. Auf demselben Arbeitsblatt ist eine Figur (hier Biene Maja) abgebildet, deren einzelne Felder die Lösungszahlen enthalten. Nach diesen Lösungszahlen wird die Figur angemalt.

Diese Motivationsart kann aber auch auf die Lernumgebung bezogen werden. Es ist bekannt, dass eine reizvolle Lernumgebung sich positiv auf den Lernwillen der Schüler auswirkt. Entsprechend ist es heute allgemeines pädagogisches Prinzip, den Klassenraum individuell nach den Vorstellungen der Schüler zu gestalten. Zur Einrichtung gehören Bilder, die Ausstellung selbstgefertigter Produkte, aber auch Rückzugsecken mit Büchern, Spielmaterial und so weiter.

3.1.4 Motivation durch Erfolgserlebnisse

Leistungsmotivation wird im Wesentlichen durch Erwartung auf Erfolg in Gang gesetzt. Der Lehrer wird also versuchen, dem Kind möglichst viele Erfolgserlebnisse zu vermitteln. Dabei ist es besser, wenn das Kind selbst entscheiden kann, ob seine Handlung erfolgreich war, als wenn es die Erfolgsbestätigung etwa durch den Lehrer bekommt. Folglich wird man die

Aufgaben so gestalten, dass einerseits der Schwierigkeitsgrad nicht zu hoch ist, um vom Schüler bewältigt zu werden. Andererseits soll das Kind selbst die Richtigkeit des Ergebnisses beurteilen können.

Übrigens darf das Kind auch nicht ständig Erfolgserlebnisse haben. Es muss auch Misserfolge verkraften können.

Eine sinnvolle Art, Schülern dosiert Erfolgserlebnisse zu vermitteln, ist das Lern- und Übungsspiel.

Beispiel:

(3. Klasse, Lehrplaninhalt: Arithmetik, nach Leutenbauer, 1980, S. 297)

Zahlenfußball: Spieler A und B erhalten als „Tor" jeweils eine Zahl, die keine Einmaleinszahl ist. Im Spielfeld sind Arbeitszahlen notiert, die ausschließlich verwendet werden dürfen. Alle Grundrechnungsarten sind erlaubt. Spieler A beginnt mit der ersten Rechnung, Spieler B muss mit dem Resultat weiterrechnen und so weiter bis einer der Gegner ein Tor schießt, d. h. die Torzahl des Gegners als Ergebnis bekommt. Eigentore sind möglich.

$$37 \quad \boxed{\begin{array}{ccc} 7 & 2 & 5 \\ 4 & 6 & \end{array}} \quad 46$$

Beispiel:

(3. Klasse, Lehrplaninhalt: Arithmetik – Einmaleins, nach Klöckener, 1989, S. 9)

Im Rahmen der Wochenplanarbeit werden vorher festgelegte mündliche (z. B. fehlerfreies Aufsagen der Einmaleinsreihen) und schriftliche Aufgaben (z. B. Aufgaben mit Platzhaltern, Divisionsaufgaben, auch mit Rest) zum Einmaleins gestellt. Nach Lösen aller Aufgaben wird dem Schüler ein graphisch schön gestalteter „Einmaleinsführerschein" ausgehändigt, etwa mit dem Text:

„Hiermit verleihe ich .... den 1x1-Führerschein. Sie/Er kann alle Aufgaben des Einmaleins fehlerfrei und ohne Hilfsmittel lösen. Sie/Er vermag schneller zu rechnen als der Benutzer eines Taschenrechners. Dieser Schein berechtigt zur Anwendung des kleinen Einmaleins jederzeit und überall."

Bei der Motivation durch Erfolgserlebnisse ist darauf zu achten, dass nicht immer dieselben (leistungsstarken) Kinder Erfolge aufweisen, während die schwächeren leer ausgehen. Ein bewährtes Mittel dies zu verhindern, sind Würfelspiele, bei denen der Zufall den Erfolg mitbestimmt (siehe Kap. X. 4.3).

3.1.5 Motivation durch Rückmeldung und Lernkontrollen

Für die Leistungsmotivation ist es wichtig, dem Schüler eine genaue Vorstellung seiner Leistung zu geben. Nur so kann er sie mit der geforderten Leistung vergleichen und Rückschlüsse auf sein Arbeitsverhalten ziehen.

In der Mathematikdidaktik gibt es eine Fülle von Möglichkeiten, dem Schüler Erfolgskontrollen anzubieten. Man kann dabei (nach Leutenbauer, 1980, S. 25) zwischen Selbstkontrolle, Eigenkontrolle und Fremdkontrolle unterscheiden.

Selbstkontrolle sind Verfahren, mit denen der Schüler die Richtigkeit der ausgeführten Operation eigenständig kontrolliert. Hierbei geht es um echte mathematische Verfahren, z. B. bei der schriftlichen Addition die erneute

Addition der Summanden in Gegenrichtung, bei der Subtraktion die Addition von Differenz und Subtrahend,

Beispiel:

(3. Klasse, Lehrplaninhalt: Arithmetik – schriftliche Addition und Subtraktion)

```
  573      Probe:   325
− 248             + 248
─────             ─────
  325               573
```

Eigenkontrolle sind Verfahren, bei denen das Kind mit geringen vorgegebenen Hilfen in Eigenverantwortung seine Ergebnisse überprüft, obwohl diese nicht direkt vorgegeben sind. Hierzu gibt es eine Fülle von Verfahren, z. B. die Quersummenkontrolle (Angaben der Quersumme des Ergebnisses), Summenbildung (der Summe mehrerer Ergebnisse), vermischte Lösungen (Angabe der Lösungen in anderer Reihenfolge als die der Aufgaben), Teilbarkeitskontrolle (Angabe von Teilern des Ergebnisses).

Beispiel:

(4. Klasse, Lehrplaninhalt: Arithmetik – schriftliche Multiplikation)
Berechne: 527 · 6   284 · 7   928 · 3   208 · 9
Ergebnisse: 1872, 1988, 2784, 3162

Fremdkontrolle, zum Beispiel durch den Lehrer oder andere Schüler. Sie kann auf verschiedene Weise durchgeführt werden, etwa durch den Direktvergleich, indem der Lehrer oder ein Schüler die Ergebnisse vorliest. Im Lehrmittelhandel gibt es auch Aufgabenkarten, die auf der Rückseite das Ergebnis aufweisen (z. B. Rechenkarten von Kade). Besonders bewährt hat sich der Vergleich mit den Rechnungen auf einer Folie, weil hier nicht nur das Ergebnis, sondern auch der Rechnungsgang überprüft werden kann. Gut ist auch, wenn die Schüler nicht selbst das Ergebnis kontrollieren, sondern das des Nebensitzers.

Beispiel:

(1. bis 4. Klasse, Lehrplaninhalt: Arithmetik – mündliches Rechnen)
Die Firma „Texas Instruments" gibt einen Taschenrechner („Little Professor") heraus, der Aufgaben stellt. Der Schüler tippt das Ergebnis ein, der Taschenrechner zeigt an, ob das Ergebnis falsch oder richtig ist. Nach zweimaligem Fehlversuch gibt der Rechner selbst das Ergebnis vor.

In diese Kategorie der Fremdkontrolle gehören auch die Kontrollmöglichkeiten, die die bekannten Übungsmaterialien LÜK und Heinevetters Rechentrainer bieten.

Von den genannten Kontrollmöglichkeiten ist sicherlich die Selbstkontrolle die wertvollste, weil sie die Kenntnis mathematischer Gesetzmäßigkeiten voraussetzt und ausschließlich durch den Schüler gesteuert wird.

3.1.6 Motivation durch Selbsttätigkeit

Wenn es ein gesichertes Ergebnis der mathematikdidaktischen Diskussion der letzten Jahrzehnte (und weit darüber hinaus) gibt, dann ist es die Betonung der Selbsttätigkeit. Kinder haben Freude an der eigenen Tätigkeit. Im Mathematikunterricht gibt es viele Möglichkeiten der Selbsttätigkeit. Der handelnde Umgang mit konkretem Material (logische Blöcke, Plättchen, Cuisenaire-Stäbe, Steckwürfel, Mehrsystemblöcke und so weiter) sind Beispiele dafür. Selbsttätigkeit wird vor allem bei der Einführung bestimmter Inhalte gepflegt, aber auch in den Übungsphasen ist sie sinnvoll, wenn das Gelernte gefestigt werden soll.

Beispiel:

(1. Klasse, Lehrplaninhalt: Geometrie – mathematische Grundformen, dem Autor mündlich berichtet von H. Freudenthal)

Die Lehrerin fragt die Kinder der 1. Klasse, ob es schwieriger sei, mit einem Würfel eine 6 als eine 3 zu würfeln. Dies wird einhellig bejaht. Dann wird von jedem Kind der Klasse nach Anleitung der Lehrerin (in mühevoller Arbeit) ein Würfel gebastelt. Auf die erneute Frage, was schwerer sei, eine 6 oder eine 3 zu würfeln, antworten alle Kinder ebenso einhellig, dass es gleich schwer sei.

3.2   Soziale Motivation

3.2.1 Motivation durch Lob und Tadel

Die soziale Motivation beruht auf dem Anschlussmotiv, das den Menschen zu Verhaltensformen antreibt, die ihn im Ansehen der Mitmenschen als „besser" erscheinen lassen. Die Bestätigung für dieses höherwertige Erscheinen gewinnt der Schüler unter anderem aus den Äußerungen des Lehrers, also im Wesentlichen aus dessen Lob. Die gegenteilige Wirkung wird durch Tadel des Lehrers erzielt. Erfahrungsgemäß ist die Wirkung von Lob, falls es nicht „inflationär" verteilt wird, besser als die von Tadel. Tadel sollte nicht pauschal, sondern sachbezogen ausgebracht werden.

Beispiel:

(3. Klasse, Lehrplaninhalt schriftliche Subtraktion)

Ein Schüler vergisst bei der schriftlichen Subtraktion ständig den Übertrag, zum Beispiel

$$\begin{array}{r} 426 \\ -\,352 \\ \hline 174 \end{array}$$

Hier ist der Tadel der Art: „Du hast einen Übertragsfehler gemacht." besser als die pauschale Feststellung: „falsch".

Lob und Tadel können auf unterschiedliche Schüler ganz unterschiedliche Wirkung haben. In der Regel wirkt Lob am besten, wenn es vor der ganzen Klasse an einzelne Schüler wegen dessen realisierter eigener Leistung gegeben wird. Das kann und sollte auch heißen, dass ein schwächerer Schüler bei Realisierung von Leistungen, die im Klassenniveau nicht hervorzuheben sind, für den Schüler aber erwähnenswert sind, gelobt wird. Tadel motiviert dagegen am meisten, wenn er im Stillen an einzelne Schüler wegen ungenügender Anstrengung erteilt wird.

3.2.2 Motivation durch Wettbewerb und Zusammenarbeit

Die soziologischen Verhältnisse in einer Gruppe, wie sie eine Klassengemeinschaft darstellt, sind durch Wettbewerb und Zusammenarbeit gekennzeichnet. Beide können zur Motivation ausgenutzt werden. Der Wettbewerb entspricht dabei dem Machtmotiv und zeigt sich in dem Bestreben des Individuums mehr zu leisten als andere. Es muss vermieden werden, zu viel durch Wettbewerb zu motivieren, etwa durch Wettbewerbspiele, da die im Spiel Unterlegenen sich frustriert zurückziehen können. So ist auch Wettrechnen nur mit Vorsicht und vereinzelt einzusetzen. Bei Spielen bewirkt ein eingebautes Zufallselement, dass nicht immer dieselben Schüler gewinnen. Im Klassenunterricht muss daher der Lehrer Wert auf ein ausgewogenes Verhältnis zwischen Wettbewerb und Zusammenarbeit legen, was auch zum Beispiel durch Wettbewerb zwischen Gruppen erzielt werden kann.

Beispiel:
(3. Klasse, Lehrplaninhalt: Arithmetik – Einmaleins)
Bingo: Jeder Schüler macht sich ein quadratisches Neuner- (oder Sechzehner)feld.

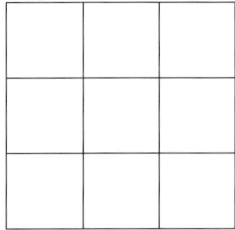

Der Lehrer nennt neun Einmaleinsaufgaben, die Schüler tragen die Ergebnisse beliebig in die freien Felder ein. Dann liest der Lehrer die Ergebnisse in anderer Reihenfolge vor. Wenn ein Schüler drei Ergebnisse in einer waagerechten oder senkrechten Dreierreihe notiert hat, ruft er „Bingo".

3.2.3 Motivation durch emotionale Zuwendung des Lehrers

Jede gute Lehrerin und jeder gute Lehrer weiß, wie sehr Kinder der emotionalen Zuwendung des Lehrers bedürfen. So ist denn auch für viele Schüler die Person der Lehrkraft ein wichtiger Antrieb für das Lernen. Dies kann natürlich durch die Haltung des Lehrers angeregt und verstärkt werden, etwa durch

– eigene Begeisterung an der Sache,
– Hilfsbereitschaft und freundliches Wesen,
– Vorbildwirkung.

Anstelle eines Beispiels soll hier eine Episode angeführt werden, die, wenn sie sich nicht wirklich ereignet haben soll, doch gut erfunden ist und den hier angesprochenen Sachverhalt gut wiedergibt:
Ein Kind kann sich nicht abgewöhnen, „du" zur Lehrerin zu sagen. Da greift die Lehrerin zum letzten Mittel und lässt das Kind als Strafarbeit 10-mal

schreiben. „Ich darf nicht „du" zu meiner Lehrerin sagen." Als die Lehrerin die Arbeit am anderen Tag kontrolliert, hat das Kind den Satz 20-mal geschrieben. Auf die Frage, warum es den Satz doppelt so oft, wie es sollte, geschrieben hat, entgegnet es: „Weil du es bist."

VI. Differenzierung

1 Pädagogische Grundlagen und Begriffe

Es ist die besondere Aufgabe der Grundschule, ja eigentlich jeder Schule, jeden Schüler nach den ihm eigenen Möglichkeiten und Fähigkeiten zu fördern. Auch die verborgenen und nicht entwickelten positiven Fähigkeiten und Eigenschaften der Schüler sollen durch geeignete stützende, fördernde und ermutigende Maßnahmen (siehe z. B. Ministerium für Kultus und Sport Baden-Württemberg, 1983) entfaltet werden.

Andererseits ist es offensichtlich, dass sich die Schüler, auch die gleichaltrigen einer Klasse, in vielen Verhaltensmerkmalen unterscheiden, etwa in ihrem Lernverhalten, ihrer Abstraktionsfähigkeit, ihrer Kreativität und in ihren Motivationsdispositionen, aber auch in der sprachlichen Ausdrucksfähigkeit, in der Arbeitsgeschwindigkeit und vor allem auch in ihrem sozialen Verhalten.

Aus beiden Bedingungen ergibt sich die Forderung nach Differenzierung im Unterricht. Unter Differenzierung ist dabei „die Einteilung der Schüler in Gruppen beliebiger Größe nach einem oder mehreren Merkmalen (Differenzierungskriterien) zu verstehen, die vorgenommen wird um dadurch bestimmte Lern- und Erziehungsziele besser erreichen zu können. Die Gruppen können in Bezug auf das jeweilige Merkmal homogen oder heterogen sein." (Hopf, 1976, S. 10)

Im Allgemeinen werden drei Formen der Differenzierung unterschieden, nämlich

– *äußere Differenzierung:* Dabei werden die Gruppen getrennt voneinander unterrichtet. Geht man von den Schülern einer Grundschulklasse aus, so wird bei der äußeren Differenzierung der Klassenverband in einzelne räumlich getrennte Gruppen aufgelöst.
   Eine typische, in der Regel sogar die einzige Maßnahme zur äußeren Differenzierung in der Grundschule ist der Stütz- und Förderunterricht, bei dem kleinere Gruppen zur besonderen Stützung und Förderung in einem Fach über einen begrenzten Zeitraum hinweg unterrichtet werden.

– *innere Differenzierung:* Hierbei löst sich der Klassenverband nicht auf, vielmehr werden die Schüler in kleineren Gruppen in demselben Klassenraum unterrichtet.
   Die innere Differenzierung ist die bevorzugte Form in der Grundschule. Dabei können die Differenzierungskriterien sehr unterschiedlich sein. (siehe Kap. 4)

– *Individualisierung:* So heißen unterrichtliche Maßnahmen, die einem einzelnen Schüler gelten. Dies ist z. B. dann der Fall, wenn sich der Lehrer als Tutor einem einzelnen Schüler widmet. Somit handelt es sich bei der Individualisierung wohl um eine der ältesten Unterrichtsformen überhaupt, denn schon in der Antike hat sicherlich der Unterricht meist in der Form des Einzelunterrichts stattgefunden. Individualisierung liegt aber auch dann vor, wenn der Schüler mit speziellen Unterrichtshilfen (Programme, Lernspiele, Arbeitskarten usw.) für sich allein arbeitet. Individuelle Förderung erfolgt auch häufig in freiwilligen Angeboten, z. B. Instrumentalunterricht, Laienspiel usw.

Eine zentrale Frage der Differenzierung ist die nach der Gruppenzusammensetzung. Man unterscheidet zwischen homogener und heterogener Gruppenzusammensetzung. Unter homogener Gruppenzusammensetzung versteht man die Gruppenbildung, bei der hinsichtlich des gewählten Differenzierungskriteriums gleichartige Schüler in einer Gruppe zusammengefasst sind.

Beispiel:

(4. Klasse, Lehrplaninhalt: Sachrechnen)

Im Rahmen des angewandten Sachrechnens werden Preise von Lebensmitteln verglichen. Als vorbereitende Hausaufgabe sollen die Schüler, die in der gleichen Ortsgegend wohnen, die Preise von kleinen und großen Lebensmittelpackungen erkunden und aufschreiben um zu ermitteln, ob es immer günstiger ist, große Packungen zu kaufen. Die Gruppenbildung nach Wohnvierteln stellt eine homogene Gruppenbildung bezüglich der Schichtenzugehörigkeit der Schüler dar.

Bei heterogener Gruppenzusammensetzung sind die Gruppen hinsichtlich des Differenzierungskriteriums unterschiedlich zusammengesetzt.

Beispiel:

(3. Klasse, Lehrplaninhalt: Schriftliche Subtraktion)

Nach der Einführung des schriftlichen Subtraktionsalgorithmus bildet der Lehrer Zweiergruppen aus je einem leistungsstarken und einem leistungsschwachen Schüler und lässt Subtraktionsaufgaben mit unterschiedlichem Schwierigkeitsgrad rechnen. Dabei hilft und beaufsichtigt der leistungsstarke Schüler den leistungsschwachen.

In der Pädagogik wurde und wird diskutiert, welche Gruppenzusammensetzung die effektivere ist, die homogene oder die heterogene. Zumindest bei der sog. Leistungsdifferenzierung herrscht die Meinung vor, die homogene Gruppenbildung führe zu höheren Lernleistungen. Die Forschungsbefunde ergeben jedoch kein eindeutiges Bild (Haller, 1970). Danach ergeben 57 % der Forschungen, dass keines der beiden Verfahren bessere Erfolge bringt. Es gibt jedoch Hinweise darauf, dass bei homogener Leistungsdifferenzierung bei den schwächsten Schülern sich größere Defizite bemerkbar machen als bei nichtdifferenziertem Unterricht (Hopf, 1976, S. 25).

Die Frage der Gruppenbildung berührt letztlich die Frage nach dem Ziel des Mathematikunterrichts schlechthin. Will man schon durch den Mathematikunterricht in der Grundschule eine breite mathematische Förderung der Gesamtbevölkerung erreichen, so wäre heterogene Gruppenbildung dazu sicher ein geeignetes Mittel. Will man jedoch schon in der Grundschule auf die Heranbildung einer mathematischen Spitzengruppe hinarbeiten, so kann dies durch die spezielle Förderung der „Mathematikspitzen" in homogenen Gruppen erreicht werden. An diesem Beispiel wird deutlich, wie eine solche, zunächst nur als unterrichtsorganisatorisch erscheinende

Frage eine gesellschaftspolitische Relevanz hat. Die Antwort haben dann auch die Politiker schon gegeben: Die Grundschule ist eine allgemeinbildende Schule, eine Elitebildung kann hier noch nicht angestrebt werden. Unter diesem Aspekt erscheint es sinnvoll, verstärkt Differenzierung mit inhomogener Gruppenbildung durchzuführen. Allerdings haben auch homogene Gruppen in bestimmten Unterrichtssituationen durchaus ihre Berechtigung.

Damit verliert auch die Frage nach dem Diagnoseinstrument für die Gruppenbildung an Brisanz. Sicherlich wird der erfahrene Grundschullehrer zustimmen, dass die Gruppeneinteilung bei Leistungsdifferenzierung kaum ausschließlich nach der Intelligenz, etwa gemessen mit einem der üblichen Intelligenztests, durchgeführt werden kann. Vielmehr fährt der Lehrer bei dem Problem der Gruppenzusammensetzung gut, wenn er sich auf seinen Kenntnisstand über die Gesamtpersönlichkeit des Schülers verlässt. Denn sicherlich müssen hier neben der intellektuellen Leistungsfähigkeit auch allgemeine Verhaltenskomponenten der Schüler berücksichtigt werden.

2 Mathematikdidaktische Grundlagen

Sucht man nach mathematikdidaktischen Theorien, die als Grundlage für eine Differenzierung im Mathematikunterricht herangezogen werden können, so stößt man mit Sicherheit auf die psychologisch begründeten Theorien von Bruner und Gagné (siehe Kap. II. 3 und II. 4).

Von Bruner stammt der programmatische, aber missverständliche Satz: „Jedes Kind kann auf jeder Entwicklungsstufe jeder Lehrgegenstand in einer intellektuell ehrlichen Form erfolgreich gelehrt werden." Dieser Satz kann aber nur voll verstanden werden, wenn man seine gesamte psychologische Lerntheorie mit heranzieht, in der nämlich die Gleichwertigkeit der drei Repräsentationsformen von Mathematik, der enaktiven, der ikonischen und der symbolischen Form, gefordert und begründet wird. Nach Bruner sind dies drei Aktionsebenen geistiger Auseinandersetzung mit Mathematik, die sich, zieht man noch die Piaget'schen Entwicklungsphasen mit heran, entwicklungsgeschichtlich beim Kind aufeinander aufbauen und durch verschiedenartige Lernprozesse zu strukturieren sind.

Für die Differenzierung bietet sich hier natürlich ein fruchtbarer Ansatz, indem den Schülern durch die Repräsentationsmodi ein jeweils geeigneter eigener Zugang zum Lernstoff geboten werden kann.

Beispiel:

(1. Klasse, Lehrplaninhalt: Zahldarstellung, nach Bauer/Lukarsch, 1989, S. 1)

enaktiv: Die Schüler legen 6 verschiedene Quadrate in beliebiger zusammenhängender Figur, etwa

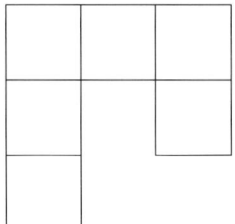

ikonisch: Die Kinder zeichnen immer 6 Punkte, z. B. in einer Anordnung wie auf dem Würfel, außerdem die Punkte zu den Zerlegungen 5 + 1, 4 + 2, 3 + 3

symbolisch: Die Schüler lernen das Zahlzeichen 6 schreiben.

Je nach Lernfortschritt kann sich die Erarbeitung in den 3 Schritten bei verschiedenen Gruppen unterschiedlich lang hinziehen.

Ein weiterer mathematik-didaktischer Ansatz für die Differenzierung liegt in den Lerntypen von Gagné (1973). Gagné stellt acht Lerntypen auf (siehe Kap. II. 4.2), nämlich:

1. Signallernen (Klassisches Konditionieren)
2. Reiz-Reaktions-Lernen
3. Kettenlernen
4. Sprachliche Assoziation
5. Multiple Diskrimination
6. Begriffslernen
7. Regellernen
8. Problemlösen

Winter (1972, S. 86) hebt besonders die drei letzten Lerntypen, Begriffslernen, Regellernen und Problemlösen hervor.

Ein zweistufiges Beispiel für die Differenzierung in Regellernen und Problemlösen kann etwa so aussehen:

Beispiel:

(3. Klasse, Lehrplaninhalt: Schriftliche Subtraktion)

Regellernen: Alle Schüler lernen den Algorithmus zur schriftlichen Subtraktion ohne und mit Übertrag zu lösen, also etwa Aufgaben wie:

$$
\begin{array}{r} 5\,7\,8 \\ -2\,4\,3 \end{array}
\qquad
\begin{array}{r} 6\,2\,1 \\ -2\,6\,7 \end{array}
$$

Problemlösen: Die Schüler der leistungsstärksten Gruppe lösen auch Aufgaben der folgenden Art, wobei sie den obigen Algorithmus nicht nur mechanisch beherrschen, sondern auch vollständig durchdacht haben müssen:

$$
\begin{array}{r} 4\,.\,9 \\ -3\,5\,. \\ \hline .\,3\,6 \end{array}
\qquad
\begin{array}{r} 5\,2\,. \\ -3\,.\,9 \\ \hline .\,3\,4 \end{array}
$$

3 Äußere Differenzierung

3.1 Allgemeiner Stütz- und Förderunterricht

Der Stütz- und Förderunterricht ist in der Regel die einzige Form der äußeren Differenzierung in der Grundschule. Er dient dazu, kleineren Gruppen von Kindern durch gezielte Maßnahmen über einen begrenzten Zeitraum besondere Förderung zu geben.

Obwohl der Stütz- und Förderunterricht ursprünglich sicher sowohl für die schwachen Schüler in einem Fach als gezielte helfende Maßnahme als auch den besonders leistungsfähigen Schülern als fördernde Maßnahme gedacht war, ist heute diese letzte Funktion, also die Förderung besonders begabter Schüler, fast völlig verschwunden. In den offiziellen Erlassen (z. B. Ministerium für Kultus und Sport, 1984) werden Stütz- und Fördermaßnahmen nicht unterschiedlich definiert. Das liegt auch an der sicher ungewollten, aber vorhandenen „stigmatisierenden" Wirkung, die dieser zusätzliche Unterricht für die teilnehmenden Schüler bedeutet. Im undifferenzierten Bewusstsein der Öffentlichkeit und auch der Eltern, vor allem aber auch der Mitschüler, wird der Stütz- und Förderunterricht als „Nachsitzen" und damit als Bestrafung angesehen.

Es gibt in der Regel keine besonderen Inhalte für den Stütz- und Förderunterricht. Der Unterricht vollzieht sich vielmehr in Form von besonderen methodischen und didaktischen Maßnahmen zur speziellen Förderung der Kinder.

Aus diesem Grunde sollte es auch eine Selbstverständlichkeit sein, dass der Stütz- und Förderunterricht in Mathematik auch von dem Lehrer durchgeführt wird, der in der Klasse den Mathematikunterricht hält. (Dies gilt natürlich für jedes Fach.) Nur der Fachlehrer kennt die Fähigkeiten und Schwächen der einzelnen Schüler so genau, dass er mit gezielten Maßnahmen reagieren kann. Auch bei besten kollegialen Voraussetzungen ist eine so genaue Absprache über die Fähigkeiten und Defizite, aber auch über die im Hauptunterricht durchgeführten Verfahren, die eingesetzten Methoden und die verabredeten Riten nicht möglich. Die häufig zu beobachtende Gepflogenheit, einem Lehrer, der das Fach Mathematik in der Klasse nicht unterrichtet, aber noch zwei Stunden zur Verfügung hat, den Stütz- und Förderunterricht in der Klasse zu übertragen, ist fachlich unzweckmäßig und pädagogisch unsinnig.

Auch kann aus denselben Gründen nicht befürwortet werden, dass zum Stütz- und Förderunterricht die Kinder aus verschiedenen Klassen, etwa Parallelklassen, zusammengezogen werden.

Darüber hinaus erfordert der Stütz- und Förderunterricht vom Lehrer besondere Eigenschaften und Maßnahmen, z. B. natürlich die Aufgeschlossenheit für die Aufgabe, Kooperationsbereitschaft und die Fähigkeit der differenzierten Beobachtung und Beschreibung, aber auch die Fähigkeit, eine gute Lernatmosphäre zu schaffen, die Entwicklung und den sachgerechten

Einsatz von Medien und Kenntnisse und Fähigkeiten in der Handhabung von diagnostischen Hilfsmitteln.

Im Fach Mathematik ergeben sich für den Stütz- und Förderunterricht vor allem drei Aufgaben:

1. Aufarbeitung punktueller Lernrückstände des laufenden Mathematikunterrichts,
2. Sicherung der grundlegenden Kenntnisse und Fertigkeiten, besonders auch von denen, deren Behandlung im Normalunterricht schon längere Zeit zurückliegt,
3. Steigerung des Interesses und der Freude am Lösen mathematischer Aufgaben.

Der Schwerpunkt der Hilfsmaßnahmen im Stütz- und Förderunterricht muss im methodisch-didaktischen Bereich liegen. Dazu ist es vor allem notwendig, vielfältige Formen der Veranschaulichung, vor allem aber die enaktive Repräsentationsform heranzuziehen. Zur Übung sollten alle im Kapitel Übung geschilderten Formen eingesetzt werden, eine Beschränkung auf die mechanische Übung ist unbedingt zu vermeiden, weil so nur kurzfristige Scheinerfolge erreicht werden können.

Nicht zu vernachlässigen ist die dritte der oben erwähnten Aufgaben, die Steigerung des Interesses und der Freude am Lösen von mathematischen Aufgaben. Dazu muss bedacht werden, dass die Kinder, die im Mathematikunterricht Schwächen aufweisen, auch affektiv häufig die Mathematik ablehnen. Um negative Motivationszyklen zu vermeiden sollte der Lehrer besonders anregende und beliebte Übungs- und Lernformen im Stütz- und Förderunterricht einsetzen. Dazu gehören vor allem Spiele, aber auch Übungsformen, die das ästhetische Empfinden, das motorische Bedürfnis, die Freude am Knobeln und Entdecken anregen (siehe dazu Kap. IX.).

Beispiel:

(4. Klasse, Lehrplaninhalt: Zahlenraum bis zur Million, nach Huss, 1990)

Schreib- und Lesart großer Zahlen machen erfahrungsgemäß schwachen Schülern Schwierigkeiten, vor allem wegen der Inversion von Zehner- und Einerzahlen. So wird die Zahl **543 762** häufig als 534 726 geschrieben. Problematisch ist auch das Hinschreiben der Zahlen, wenn sie eine oder mehrere Nullen enthalten, etwa bei 310 004.

Im Stütz- und Förderunterricht wurde deshalb versucht das Verständnis der Zahlen nicht nur kognitiv zu verankern, sondern auch affektiv. Zu diesem Zweck wurden die einzelnen Stellenwerte durch Schlagmusikinstrumente dargestellt, etwa Million durch ein Becken, Hunderttausend durch einen Bassstab usw. bis zur Einerstelle, der ein Triangel zugeordnet war. Die Instrumente waren mit den Stufenzeichen M, HT, ZT, T, H, Z, E gekennzeichnet. Die Ziffer wurde dann durch die jeweilige Anzahl der Schläge repräsentiert.

Die Übung verlief dann in zwei Richtungen, einmal sollten die Kinder nach der Anzahl der Schläge und des Instruments die Zahl niederschreiben. Zum anderen konnten die Schüler dann auch nach vorgegebenen Zahlen selbst die Instrumente bedienen. Dabei wurde besonders auf die o. g. Schwierigkeiten geachtet. Insbesondere wurden auch Zahlen mit mehreren Stellenwerten 0 vorgegeben.

Auch zur Organisationsform sollte einiges bedacht werden. So sollte der Stütz- und Förderunterricht nicht immer in der letzten Stunde stattfinden.

Dadurch würde der oben genannte Vorwurf des „Nachsitzens" noch verstärkt werden. Ein sinnvoller Wechsel zwischen erster und letzter Stunde ist sicherlich meist praktikabel. Auch bieten sich im Stütz- und Förderunterricht noch Möglichkeiten einer Binnendifferenzierung an, wobei hierbei heterogene Leistungsgruppen angebracht sind. Denn es gibt kaum völlig identische Leistungsschwächen bei verschiedenen Schülern.

3.2 Förderkurse für ausländische Schüier

Die Tatsache, dass auch Ausländerkinder Schüler unserer Grundschulklassen sind, machen auch häufig für diese Gruppe gezielte Stütz- und Fördermaßnahmen in Mathematik erforderlich. Die Förderbedürftigkeit dieser Gruppe beruht allerdings nicht nur, wie häufig angenommen wird, auf sprachlichen Problemen, sondern auf zahlreichen Unterschieden in der oft andersartigen Sozialisation der Kinder durch die Kultur ihres Heimatlandes wie durch die Eltern.

Die Auswirkungen auf den Mathematikunterricht möge das folgende Beispiel verdeutlichen:

Beispiel:

(3. Klasse, Lehrplaninhalt: Schriftliche Subtraktion)

In einer Klassenarbeit entdeckt der Lehrer bei einer türkischen Schülerin folgende Rechnung:

$$\begin{array}{r} {}^{6}{}_{5}7\,1\,2 \\ -\ 2\,7\,5 \\ \hline 3\,4\,7 \end{array}$$

Offensichtlich macht die Schülerin Fehler mit dem Übertrag. Sie schreibt, wie auch aus anderen Aufgaben hervorgeht, den Übertrag nicht zum Subtrahenden (siehe Lauter, 1989, S. 148 ff.), sondern verändert in irgend einer Weise den Minuenden. Das deutet auf die Borgemethode hin, wobei dann, wenn nicht von der Stelle des Subtrahenden auf die des Minuenden ergänzt werden kann, von der nächst höheren Stelle des Minuenden „10 geborgt" werden. Allerdings verändert das Kind hier nicht die nächste Stelle, sondern die erste Stelle links. Nachforschungen ergaben, dass in der Türkei tatsächlich nicht wie bei uns das Subtraktionsverfahren mit gleichsinnigem Verändern, sondern die sog. „Borgemethode" gebräuchlich ist. Offensichtlich kam es bei diesem türkischen Kind zu einer Interferenz zwischen der in Deutschland und der in der Türkei üblichen Subtraktionsmethode, wobei das Ergebnis war, dass es keine richtig beherrschte.

Für die Schwierigkeiten von Ausländerkindern im Mathematikunterricht gibt es verschiedene Gründe. So gibt Ottmann (1982) an, dass neben den sprachlichen Schwierigkeiten im Mathematikunterricht folgende Probleme bei Ausländerkindern auftauchen:

- fehlendes Zahlverständnis,
- andere Normverfahren für die schriftlichen Rechenverfahren,
- fehlender Einbezug moderner Darstellungsformen (Diagramme, Operatorvorstellung),
- andere Abfolge der Lehrinhalte,

– andere didaktische Auffassung (wenig selbstständiges Denken, geringes Medienangcbot usw.),
– Disziplinprobleme,
– mangelnde Motivation,
– fehlende Grundfertigkeiten, z. B. in der Feinmotorik (beim Ausmalen, Verbinden, Schneiden usw.).

Dies alles muss im Stütz- und Förderunterricht für Ausländerkinder berücksichtigt werden, sodass sich hier oftmals andere Anforderungen als im Stütz- und Förderunterricht für deutsche Kinder stellen.

4 Innere Differenzierung

4.1 Modelle der inneren Differenzierung

In der Vergangenheit wurden eine Fülle von Modellen entworfen um Unterricht mit innerer Differenzierung in ein Gesamtcurriculum einzubauen. Die Frage ist dabei, wie der normale Klassenunterricht mit den anerkannten Forderungen der Differenzierung in Einklang gebracht werden kann. Denn offensichtlich kann nicht der gesamte Unterricht in differenzierter Form ablaufen. In aller Regel wird dies mit einem Wechsel zwischen Fundamentum und Differenzierungphase versucht.

So beschreibt Viet (1976) ein Modell, das zwar in einem 5./6. Schuljahr durchgeführt wurde, aber in seiner Konzeption auch für die Grundschule bedeutsam sein kann. Dabei wurde die Lernsequenz von insgesamt 180 Unterrichtsstunden in mehrere aufeinander folgende Fundamentum- und Differenzierungsphasen gegliedert. Eine Fundamentumphase umfasst jeweils 7 bis 10 Unterrichtsstunden. Die naturgemäß in ihren Leistungen heterogene Schülergruppe wurde dabei auf einem mittleren Niveau unterrichtet. Nach jeder Fundamentumphase wurden die Schüler anhand eines Tests, der sich auf den Inhalt der Fundamentumphase bezog, je nach Leistung dann einer A-Gruppe oder einer B-Gruppe zugeordnet und in differenzierter Form getrennt unterrichtet. Dabei sollte die B-Gruppe während der Differenzierungsphase ihr Lerndefizit aufholen, um für die neue Fundamentumphase die gleichen Lernvoraussetzungen zu haben wie die A-Schüler. Die A-Schüler wurden in der Differenzierungsphase speziell mit additiven Aufgaben gefördert.

Der Erfolg dieses Differenzierungsmodells wird wie folgt beschrieben: Der Lernerfolg ist für die Gesamtheit der B-Schüler signifikant positiv. Es gibt aber auch einzelne Schüler, die in den Differenzierungsphasen nichts oder fast nichts dazugelernt haben. Bei den A-Schülern wird ebenfalls keine Verschlechterung konstatiert. Trotz aller Fördermaßnahmen ist es aber nicht gelungen, alle Schüler zur Erreichung der gesetzten Ziele zu befähigen.

Ein ähnliches Modell ist von dem Lehrgang sog. Alef-Programm (Bauersfeld, 1971) bekannt, das sog. Breite/Tiefen-Modell, das speziell auch zur Förderung der begabteren Schüler gedacht war.

Fragt man nach der Auswirkung dieser und vieler ähnlich groß angelegter Projekte zur inneren Differenzierung, so muss man zugestehen, dass übermäßige Euphorie nicht angebracht ist. Schließlich sind die persönlichen Lernvoraussetzungen und Lerndispositionen der Schüler viel zu unterschiedlich, als dass sie alle mit einem doch letztlich starren Modellunterricht gefördert werden können.

Es wäre aber falsch, daraus abzuleiten, dass innere Differenzierung im Grundschulunterricht keine Bedeutung hätte. Die Forderung nach innerer Differenzierung ist vielmehr ein ständiger Anspruch an die Grundschullehrerin und den Grundschullehrer, den Unterricht so zu gestalten, dass alle Schüler bestmöglich gefördert werden. Der Mangel dieser Differenzierungsmodelle liegt oftmals darin, dass der Unterrichtsorganisation die größte Aufmerksamkeit geschenkt wird. Dabei wird aber übersehen, dass Differenzierung ein Problem mit vielen Variablen ist, etwa der ganz speziellen Lernvoraussetzungen, der Fähigkeiten und Eignung der einzelnen Kinder, der vorhandenen Lernmaterialien, der Methode, aber auch der Lehrerpersönlichkeit und der Lernumwelt. Alle diese Faktoren lassen sich nicht in ein starres Unterrichtsmodell fassen. Wohl aber kann die Lehrperson, die ihre Schüler mit allen ihren Fähigkeiten und Schwächen über Jahre kennt, diese verschiedenen Bedingungen bei der Durchführung flexibler Differenzierungsmaßnahmen berücksichtigen.

4.2 Soziale Differenzierung

Ein immer wieder geäußertes Vorurteil ist, dass im Mathematikunterricht nur kognitive Ziele anzustreben sind. Dabei sind gerade die allgemeinsten Ziele des Mathematikunterrichts sozialer Natur, wie bereits im Kapitel III.3 dargelegt. Das Lernziel „Argumentieren" ist neben der kognitiven Auslegung („Begründen", „Folgern") vor allem sozialpädagogisch zu interpretieren. In einer argumentativen Unterrichtssituation muss sich der Schüler an Vereinbarungen, z.B. Definitionen, halten, seine Argumente für die Richtigkeit einer Aussage den Mitschülern darlegen, Gegenargumente der Mitschüler anhören und überprüfen, gegebenenfalls sich von der Richtigkeit der Argumentation der Mitschüler überzeugen lassen und unwiderlegbare Argumente akzeptieren. Bei mathematischen Lern- oder Übungsspielen mit dem Nebensitzer oder in der Gruppe wird dieser soziale Akzent besonders deutlich. Auch hier muss sich der Schüler an die Spielregeln halten, er muss warten, bis er an der Reihe ist, muss akzeptieren, wenn der Vorgänger ihm ein Ergebnis vorwegnimmt usw.

Dadurch wird deutlich, dass eine soziale Differenzierung im Mathematikunterricht genau so wichtig ist, wie in anderen Fächern.

Kennzeichen der sozialen Differenzierung ist die spontane oder erzwungene Bildung von Lerngruppen um soziale Lernziele zu erreichen. Als Lerngruppen bieten sich die bekannten Sozialformen Partnerarbeit, Gruppenarbeit, Großgruppenarbeit, Einzelarbeit und Frontalunterricht an. Durch die unterschiedliche Gruppierung in den verschiedenen Sozialformen ergeben sich soziale Kontakte sehr unterschiedlicher Qualität. Eine Rangordnung in der Wertigkeit kann allerdings nicht angegeben werden, entsprechen doch die unterrichtlichen Sozialformen den natürlichen Sozial- und Arbeitsformen des täglichen Lebens, die alle ihre Bedeutung haben.

Neben dem Frontalunterricht ist ab der ersten Klasse der Grundschule die *Partnerarbeit* eine wichtige Sozialform. Insbesondere bei Lernspielen (z. B. Würfelspielen), aber auch bei anderen Lernformen, etwa bei der Kontrolle der Arbeiten, können mit Partnerarbeit wichtige soziale Ziele erreicht werden, etwa das Beachten und die Überprüfung der Arbeitsergebnisse des Partners, dem Partner Zeit zum Nachdenken lassen, ohne sich vorher einzumischen, seine Lösung nicht sofort herauszuplaudern, aber auch gegenseitiges Helfen und gemeinsames Beraten der Lösung.

Beispiel:

(1. Klasse, Lehrplaninhalt: Größen – Geld)

Ein Schüler legt mit Spielgeld Geldbeträge. Sein Nebensitzer schreibt den Betrag auf. Danach wechseln die Aufgaben. Dabei kontrollieren sich die Schüler gegenseitig und besprechen die Lösung.

Bei dieser Arbeitsform müssen nicht beide Partner das gleiche Leistungsvermögen besitzen. Im Gegenteil ist es gerade bei der Partnerarbeit von hohem sozialen Wert, wenn ein leistungsstärkerer Partner dem schwächeren hilft. Bei keiner anderen Sozialform kann dieses Helfersystem besser durchgeführt werden als bei der Partnerarbeit.

Die Arbeit in *Kleingruppen* ist in der Grundschule schwieriger, weil die Kinder auf Grund des psychologisch bedingten egozentrierten Verhaltens noch nicht von vorneherein zur Gruppenarbeit fähig sind. Sie muss deshalb in den ersten Klassen vorsichtig angebahnt werden. Dies geschieht mit sorgfältig geplanter Aufgabenteilung.

Beispiel:

(2. Klasse, Lehrplaninhalt: Arithmetik – mündliche Multiplikation)

Die Grundvorstellung der Multiplikation (nicht das Einmaleins) kann neben den bekannten Vorstellungen des zeitlich sukzessiven und des räumlich simultanen Mal-Begriffs auch mit dem Operatormodell erarbeitet werden. Konkretisiert wird dieses Modell für die Multiplikation mit n mit der Maschine, die für 1 eingegebenes Element n Elemente herausgibt. Das Maschinenmodell kann in Gruppenarbeit erarbeitet werden, an der 4 Schüler pro Gruppe beteiligt sind.

Die Maschine zur Darstellung der Multiplikation mit 3 wird durch einen Pappkasten gebildet, bei dem Eingabe und Ausgabe durch Öffnungen gegeben sind. Außerdem hat die Rückwand eine Öffnung, durch die die Elemente entnommen werden und andere hineingelegt werden können. Der erste Schüler liest von einem vom Lehrer vorgegebenen Arbeitsblatt die Aufgabe vor, z. B. 5 · 3. Der zweite Schüler steckt 5 Steckwürfel in die Eingabe der Maschine. Der dritte Schüler nimmt sie durch die rückwärtige Öffnung heraus und legt für jeden herausgenommenen Steckwürfel 3 andere (in anderer Farbe) wieder hinein. Der vierte Schüler nimmt die neuen Steckwürfel aus dem Ausgabenschlitz heraus, zählt sie und nennt laut das Ergebnis.

Der erste Schüler trägt das Ergebnis in die Tabelle ein und nennt die nächste Eingabezahl.

$$\cdot 3$$

Eingabe	Ausgabe
5	15
7	

Die soziale Bedeutung der Gruppenarbeit liegt auf der Hand und ist ähnlich zu sehen wie die der Partnerarbeit. Vor allem das Aufeinanderhören und -achten, die konsequente Einhaltung der Gesprächsregeln und auch das gegenseitige Helfen, also die Förderung der Kooperationsfähigkeit, sind die wichtigsten sozialen Ziele der Gruppenarbeit. Darüber hinaus zeichnet sich der Unterricht in Kleingruppen auch durch die Förderung der Verbalisierung und das Fehlen der „Plenums-Frustration", also das „Blamiert werden", bei falschen Äußerungen vor der ganzen Klasse aus. Ist die Gruppenarbeit einmal organisatorisch gesichert, so sollte man die Gruppenzusammensetzung nicht ständig wechseln um die sich bildenden sozialen Kontakte nicht ständig zu stören.

Die kleinere Schülerzahl in den Grundschulklassen bringt es mit sich, dass gewisse Phasen des Unterrichts, vor allem Einführungssituationen, in der *Großgruppe* ablaufen können. Auch in dieser Form stehen die sozialen Ziele des Aufeinanderhörens und des Einhaltens der Gesprächsregeln im Vordergrund. Insbesondere das störungsfreie und geräuscharme Bilden der Großgruppe ist im sozialpädagogischen Kontext zu sehen. Auf ein abgesprochenes Zeichen der Lehrperson hin nehmen die Schüler ihre Stühle und kommen nach vorne. Dort bilden sie eine halbkreisförmige Sitzordnung. Die Bildung dieser Sitzordnung kann auf ein zwischen dem Lehrer und den Schülern abgesprochenes Zeichen erfolgen. Das sieht auf den ersten Blick nach Drill aus, die Notwendigkeit dieser Maßnahme kann aber mit den Kindern besprochen und vereinbart werden.

Auch die *Einzelarbeit* hat ihren sozialen Sinn. Zum Mathematiklernen gehört die konzentrierte Einzelarbeit ganz wesentlich. Hier wird den Schülern Gelegenheit zum konzentrierten und vor allem selbstständigen Problemlösen gegeben. Aber auch als Phase der Selbstbesinnung und des Zurruhekommens ist die Einzelarbeit wichtig. Der Unterricht darf nicht zur ständigen Klassenanimation ausarten, bei der die Schüler dauernd mit den Mitschülern in Kommunikation stehen. In der Konzentration auf das eigene Denken liegt auch der soziale Sinn der *Hausaufgaben*. Bei der Einzelarbeit wird

- den individuellen Fähigkeiten und Möglichkeiten der Schüler besser Rechnung getragen,
- das individuelle Lerntempo der Schüler besser berücksichtigt,
- die Konzentration des Schülers auf die eigene Arbeit gefördert,
- dem Lehrer die Möglichkeit eröffnet, sich einzelnen Schülern ganz allein zu widmen.

Beispiel:

(3. Klasse, Lehrplaninhalt: Arithmetik, nach Schmidt, 1976, S. 106)

Aus Steckwürfeln in 2 verschiedenen Farben sollen alle Türme mit 3 Etagen gebildet werden (8 mögliche Türme).

blau		blau		blau		rot
rot		blau		blau		blau
rot		rot		blau		rot

Schließlich kann die Sozialform des Frontalunterrichts auch als soziale Differenzierungsform angesprochen werden, mit der ganz bestimmte soziale Ziele zu erreichen sind. Der Frontalunterricht ist die Unterrichtsform, bei der das Unterrichtsgeschehen am stärksten in der Öffentlichkeit verläuft. Mit jeder geäußerten Antwort setzt sich der Schüler nicht nur dem Urteil des Lehrers, sondern auch der Kritik seiner Mitschüler aus. Dadurch entsteht ständig eine Wettbewerbssituation, auch wenn dies vom Lehrer nicht so intendiert wird. Besonders wird die Wettbewerbssituation in verschiedenen Übungssituationen deutlich, etwa beim sog. Zehnminutenrechnen. Trotzdem hat auch der Frontalunterricht seine Bedeutung für die Sozialisation der Schüler, weil er ein Abbild der Konkurrenzsituation darstellt, die den Schüler im späteren Berufsleben erwartet.

4.3 Thematische Differenzierung

4.3.1 Qualitative Differenzierung

Die qualitative Differenzierung ist die Differenzierungsform, bei der die unterschiedlichen intellektuellen Anlagen und Fähigkeiten der Schüler berücksichtigt werden, die sich also am unterschiedlichen Leistungsniveau der Schüler orientiert. Durch die qualitative Differenzierung wird in der Grundschule, die ja außer den Stütz- und Förderkursen keine äußere Differenzierung kennt, versucht das Ziel der äußeren Differenzierung zu erreichen, wie wir es etwa beim dreigliedrigen Schulsystem der weiterführenden Schulen kennen: die Förderung der Schüler nach ihren individuellen intellektuellen Fähigkeiten.
Bei der qualitativen Differenzierung werden den Schülern nach Schwierigkeitsgraden abgestufte Aufgaben angeboten, die sie je nach ihrer Leistungsfähigkeit bearbeiten können. In Schulbüchern sind die Aufgaben für die leistungsfähigeren Schüler oftmals mit besonderen Kennzeichen (Sternchen, Eule usw.) markiert. In der Regel zeichnen sich die Aufgaben für die leistungsfähigeren Schüler durch höhere Komplexität aus. Die zugrunde liegende mathematikdidaktische Theorie wird durch die Lerntypen von Gagné (siehe Kap. II. 4) gebildet. Insbesondere die Typen Begriffslernen, Regellernen und Problemlösen eignen sich für eine abgestufte differenzierte Bearbeitung durch die Schüler.

120

In der Regel wird die Klasse in drei Leistungsgruppen (A, B und C) eingeteilt. Die Steuerung des Unterrichts erfolgt durch unterschiedliche Aufgaben, die auf Arbeitsblättern zur Bearbeitung vorgegeben werden. Diese unterschiedlichen Arbeitsaufgaben werden von den Schülern in Einzelarbeit oder Partnerarbeit gelöst. Der Lehrer kann sich bei dieser Form speziell den Schülern der C-Gruppe, also der schwächsten Gruppe, widmen.

Beispiel:

(3. Klasse, Lehrplaninhalt: Arithmetik, nach Fricke/Besuden, 1978, S. 35)

Das spezielle Thema ist die mündliche Addition mehrerer Summanden (Wiederholung).

Gruppe C

Nach dem Direktunterricht mit Wiederholung einiger Aufgaben an der Tafel bekommen die Schüler der Gruppe C (schwächste Gruppe) in Einzelarbeit Aufgaben der folgenden Art:

Berechne die Summe jeweils auf 3 Arten:

$$130 + 56 + 25 = \underline{} + 25$$
$$= \underline{} + 56$$
$$= 130 + \underline{}$$

Dies kann als Begriffslernen (mündliche Addition) gedeutet werden.

Gruppe B

Inzwischen beschäftigen sich die Schüler der Gruppe B mit magischen Quadraten, wobei sie die Regel erfahren, dass die Summe der Zahlen jeder Zeile und jeder Spalte sowie der Diagonalen jeweils dieselbe ist. In Einzel- oder Partnerarbeit wird folgende Aufgabe gelöst:

Eine Zahl ist falsch. Berichtige sie.

120	15	90
45	75	105
60	145	30

Gruppe A

Die leistungsstärkste Gruppe vervollständigt in Einzel- oder Partnerarbeit magische Quadrate. Dies kann als Problemlösen angesprochen werden. Hier muss nämlich erkannt werden, dass die Summe jeder Zeile, jeder Spalte und der Diagonalen gleich dem Dreifachen der mittleren Zahl ist. Damit können nun zunächst die Zeilen komplettiert werden, in denen schon zwei Zahlen bekannt sind. So wird Schritt um Schritt das ganze Quadrat erstellt.

Einige Zahlen in diesem Quadrat fehlen noch.

96	12	
	60	
		24

Im Direktunterricht werden die Aufgaben durch Lehrer und Klasse kontrolliert.

Neben dem unbestreitbaren Vorteil der qualitativen Differenzierung (individuelle Förderung der Schüler nach dem eigenen Leistungsvermögen) sind aber auch die offensichtlichen Nachteile dieser Differenzierungsform zu beachten:

- Die Gefahr der Fehlzuordnung der Schüler zu den unterschiedlichen Leistungsniveaus (A, B oder C) ist gegeben und kann sich verhängnisvoll auswirken. Der für die jeweilige Gruppe zu schwache Schüler ist überfordert und verliert die Lust an der Arbeit. Ebenso kann der leistungsstärkere Schüler, der einer schwächeren Gruppe zugeteilt wurde, unterfordert sein und langweilt sich.
- Bei häufiger Durchführung der qualitativen Differenzierung, bei der die Gruppenzusammensetzung unverändert bleibt (was ja bei der Gruppenzuordnung nach intellektueller Leistungsfähigkeit wahrscheinlich ist), kann ein „Stigmatisierungseffekt" eintreten, der zu Störungen im Selbstwertgefühl der Schüler führt. Die Schüler der schwächsten Gruppe werden herabgesetzt („die Dummen") und bekommen ein zu niedriges Selbstwertgefühl, die der leistungsstärksten Gruppe sehen verächtlich auf die anderen Schüler herunter („wir sind die Besseren") – überhöhtes Selbstwertgefühl.
- Es besteht die Möglichkeit, dass die Schüler die Fähigkeit, die in den jeweils anderen Gruppen im Vordergrund stehen, zu wenig trainieren. Auch ein schwächerer Schüler kann beim Problemlösen zu Erfolgen kommen. Andererseits sollten auch die leistungsstarken Schüler die elementaren Grundfertigkeiten des Rechnens ausreichend üben.

Daraus folgt, dass Phasen qualitativer Differenzierung nicht zu oft und zu lange im Unterricht durchgeführt werden um Verfestigungen zu vermeiden. Weiterhin besteht die Möglichkeit, die Schüler selbst über ihr Leistungsniveau, natürlich mit Beratung durch den Lehrer, entscheiden zu lassen. Im Falle der eigenen Fehleinschätzung kann dann leicht zum benachbarten Niveau umgestiegen werden.

4.3.2 Quantitative Differenzierung

Unter quantitativer Differenzierung versteht man die Differenzierungsform, bei der die Schüler je nach ihrer Schnelligkeit im Lösen der Aufgaben eine unterschiedliche Anzahl von Aufgaben bearbeiten. In der Reinform unterscheiden sich diese Aufgaben nicht in ihrem Schwierigkeitsgrad, allerdings trifft man oft auf eine Kombination von quantitativer und qualitativer Differenzierung. Die quantitative Differenzierung trägt also dem unterschiedlichen Arbeitstempo der Schüler Rechnung. In der Unterrichtspraxis ist sie einfach zu realisieren, indem der Lehrer ein ausreichendes Aufgabenrepertoir, etwa aus dem Schulbuch, zur Verfügung stellt und die Schüler nach ihrem eigenen Arbeitstempo arbeiten lässt. Von selbst ergeben sich dann durch das unterschiedliche Arbeitstempo der Schüler Unterschiede in der Anzahl der bearbeiteten Aufgaben.

Beispiel:
(3. Klasse, Lehrplaninhalt: Größen – Geldwerte)
Die Größe Geldwerte wird vom 1. Schuljahr an thematisiert. In der 3. Klasse kann mit Geldwerten bis 1000 € gerechnet werden. Die schon seit dem 1. Schuljahr bekannte Auf-

gabe, Geldwerte auf verschiedene Arten mit Geldscheinen und -münzen darzustellen, kann hier in sehr extensiver Weise erarbeitet werden. Je nach Arbeitsgeschwindigkeit kommen die Schüler zu unterschiedlich vielen Darstellungsmöglichkeiten.

	500 €	100 €	50 €	20 €	10 €	5 €	2 €	1 €
752 €	1	2	1	0	0	0	0	2
752 €	1	0	5	0	0	0	1	0
752 €	0	6	2	2	1	0	0	2

Der Vorteil der quantitativen Differenzierung liegt eindeutig in der Tatsache, dass jeder Schüler nach seinem eigenen Arbeitstempo vorgeht.
Allerdings müssen auch die Nachteile der quantitativen Differenzierung gesehen werden:

– Schon bei dem obigen Beispiel kann man sich vorstellen, dass Schüler ihre Aufgabe vor allem darin sehen, möglichst viele Aufgaben in möglichst kurzer Zeit zu lösen. Das kann auf Kosten der Sorgfalt und Genauigkeit gehen. Dies kann wenigstens teilweise unterbunden werden, indem nicht nur mechanisch zu lösende Rechenaufgaben gestellt werden, sondern vor allem Aufgaben, die operatorisch oder vormechanisch (siehe Kap. IX. 3) durchzuarbeiten sind.
– Schwierigkeiten bereitet die Kontrolle der gelösten Aufgaben, weil die Schüler am Ende der Unterrichtsstunde unterschiedlich viele Aufgaben gelöst haben. Werden nur die Aufgaben kontrolliert, die alle Schüler gelöst haben, so stellt sich bei den schnelleren Schülern eine gewisse Unzufriedenheit und Frustration ein, weil ihre Lösungen nicht alle gewürdigt wurden. Ein Ausweg ist es, vorwiegend Aufgaben mit Eigenkontrolle zu stellen (z. B. mit Prüfzahl).
– Auch darf folgendes Problem nicht übersehen werden: Stellt man als Lehrer ausreichend Aufgaben, sodass auch die schnelleren Schüler ausreichend zu tun haben, so nimmt man in Kauf, dass die langsameren Schüler nie fertig werden. Das kann sich negativ auf ihr Selbstbild auswirken. Eine Möglichkeit, dieses Problem zu entschärfen, ist die bewusste Deklarierung der Zusatzaufgaben für die schnelleren Schüler oder die Vorbereitung eigener Aufgabenblätter für die unterschiedlich schnellen Schülergruppen. Eine weitere Möglichkeit ist das Stellen von offenen Aufgaben, bei denen keine eindeutig bestimmte Lösung gefordert ist.

Beispiel:
(3. Klasse, Lehrplaninhalt: Multiplikation)
Es werden Zerlegungsübungen nach dem Distributivgesetz durchgeführt, also z. B.

$24 = 6 \cdot 4$
$\quad = (2 + 4) \cdot 4$
$\quad = 2 \cdot 4 + 4 \cdot 4$
$\quad = 8 + 16$

Es können beliebig viele Zerlegungszahlen vorgegeben werden, aber auch unterschiedliche Zerlegungen sind möglich, etwa

$$24 = 1 \cdot 4 + 5 \cdot 4 = \ \ 4 + 20$$
$$24 = 3 \cdot 4 + 3 \cdot 4 = 12 + 12$$
$$24 = 4 \cdot 4 + 2 \cdot 4 = 16 + 8$$

Beispiel:

(3. Klasse, Lehrplaninhalt: Multiplikation, nach Wittmann/Müller, 1990, S. 129)

Eine weitere offene Aufgabe zur Multiplikation besteht darin, eine mit einem Papierwinkel teilweise abgedeckte Hundertertafel durch jeweils eine waagerechte und eine senkrechte Linie in 4 Felder zu teilen und die Einmaleinsbeziehungen aufzuschreiben und nachzurechnen. Der mathematische Zusammenhang ist die Beziehung:

$$(a + b) \cdot (c + d) = a \cdot c + a \cdot d + b \cdot c + b \cdot d$$

z. B. $8 \cdot 9 = 6 \cdot 7 + 6 \cdot 2 + 2 \cdot 7 + 2 \cdot 2$
$$= \ 42 \ + \ 12 \ + \ 14 \ + \ 4$$
$$= \ 72$$

– Schließlich darf bei der quantitativen Differenzierung folgendes Paradoxon nicht übersehen werden: Die schnelleren (und meist auch besseren Schüler) üben wesentlich mehr als die langsamen, die ja eigentlich die Übung besonders nötig hätten. Aus dieser Tatsache folgt die Erkenntnis, dass rein quantitative Differenzierung auf die Dauer nicht sinnvoll ist. Vielmehr kann dieses Paradoxon nur entschärft werden, indem die quantitative Differenzierung mit der qualitativen gekoppelt wird. Auch muss davor gewarnt werden, die quantitative Differenzierung zu häufig einzusetzen, da sie zur Inhomogenisierung des Klassenverbandes beiträgt.

4.3.3 Sukzessive Differenzierung

Diese Differenzierungsform ist vielen älteren Lehrern bekannt, weil sie dem Arbeiten in kombinierten Klassen entspricht, also dem Unterricht, bei dem die Kinder verschiedener Klassenstufen in einer Klasse zusammen sind. Auch heute noch ist die Leistung der Lehrkräfte solcher Klassen nicht hoch genug zu würdigen. Diese Lehrer waren Meister der Differenzierung, vielleicht ohne jemals von den Grundlagen der pädagogischen oder fachdidaktischen Theorie gehört zu haben.

Die sukzessive Differenzierung gleicht die dargestellten Nachteile der qualitativen und der quantitativen Differenzierung z. T. aus. Diese Differenzierungsform geht davon aus, dass sich schon kurz nach der Einführungsphase eines neuen Themas bei den Schülern Unterschiede im Lernfortschritt zeigen, die durch Differenzierungsmaßnahmen aufgefangen werden müssen. Dies kann u. a. auch durch verschiedene Sozialformen erreicht werden. Nach Uhr (1978) ist das Vorgehen dabei so:

Die Klasse wird in 3 Lerngruppen A, B und C eingeteilt, wobei die Gruppe A am schnellsten, C am langsamsten vorgeht. Ausgangspunkt ist die Vorstellung des Problems (Themas) für alle Gruppen gemeinsam. Die Lösung des Problems erfolgt dann unterschiedlich weit, wobei hier die in Kap. 2 dargelegten mathematikdidaktischen Grundlagen herangezogen werden können, also etwa die Gagné'schen Lerntypen oder die Repräsentationsstufen von Bruner. Die Differenzierung kann sich dann auch auf die Übungs- und Anwendungsphase beziehen.

Legt man z. B. die Bruner'schen Repräsentationsmodi als Differenzierungsmöglichkeiten zu Grunde, so kann sich (nach Uhr) etwa folgendes Schema ergeben:

Lern-gruppe	Problem	Lösung			Operative Durch-arbeitung	Übung	Anwen-dung
		konkret	zeich-nerisch	symbo-lisch			
A	-----	-----	-----	--→			----→
B	-----	-----	--→			----→	
C	-----	--→			----→		

Die Darstellung deutet an, dass sich die sukzessive Differenzierung nicht nur auf die Übungs- und Anwendungsphase, sondern schon auf die Lösungsphase beziehen kann.

Beispiel:

(1. Klasse, Lehrplaninhalt: Eigenschaften von Gegenständen)

Die Stunde hat die Bildung von Mengen nach vorgegebenen Eigenschaften zum Inhalt. In der Einführungsphase werden in der Großgruppe Merkmalplättchen nach verschiedenen Merkmalen (Farbe, Größe usw.) sortiert.

In der anschließenden Partnerarbeit werden zunächst von allen Gruppen mit dem eigenen Material Mengen nach Vorschrift gebildet, d. h. mit einer Schnur abgegrenzt, wobei jeweils ein Schüler seinem Nebensitzer die Vorschrift gibt: alle Roten, alle Kleinen usw.

In der zweiten Phase gehen die Gruppen A und B dazu über, in Einzelarbeit Plättchenmengen nach Vorschrift zu zeichnen, während die Gruppe C weiter mit konkretem Material operiert.

In der dritten Phase teilt der Lehrer den Schülern der Gruppe A Merkmalkärtchen aus und fordert sie auf, in Einzel- oder Partnerarbeit die geforderten Mengen zu bilden, während die Gruppen B und C mit Hilfe des Lehrers ihre Arbeit fortsetzen.

Außer den Einführungen beschäftigt sich der Lehrer kaum mit den Kindern der Gruppe A, dagegen schwerpunktmäßig mit den Kindern der Gruppe C. Die Gruppe A muss also in der Lage sein, sich überwiegend alleine zu beschäftigen. Dies erfordert Konzentration und Disziplin und ist nicht selbstverständlich.

Bei der sukzessiven Differenzierung ist es auch sinnvoll, die Gruppenzusammensetzung nicht zu starr zu handhaben. Vielmehr sollten einzelne Schüler die Möglichkeit haben, in die benachbarte Gruppe überzuwechseln. Dadurch lernen die Schüler auch ihre eigene Leistungsfähigkeit einzuschätzen.

Natürlich ist auch die sukzessive Differenzierung nicht unproblematisch. Der größte Nachteil der sukzessiven Differenzierung ist die Tatsache, dass der Unterricht, weil er sich nach dem individuellen Lernfortschritt der Schüler richtet, die gemeinsame Ausgangsbasis für den weiteren Unterricht selbst zerstört. Denn am Ende einer Unterrichtsstunde mit sukzessiver Differenzierung hat die Gruppe A einen sehr großen, die Gruppe C dagegen nur einen kleinen Lernfortschritt gemacht. Es ist daher schwierig, für die nächste Stunde ein gemeinsames Lernfundament zu finden. Bei zu häufiger Anwendung der sukzessiven Differenzierung entwickeln sich die Gruppen auseinander mit allen bereits in Kap. 4.3.1 geschilderten Begleiterscheinungen. Abhilfe kann hier etwa durch die qualitative Differenzierung geschaffen werden, durch die das Lerntempo zur Erarbeitung des Standardstoffes für die leistungsstärkste Gruppe gebremst wird. Wiederum wird deutlich, dass eine Differenzierungsform in Reinkultur nicht sinnvoll ist.

4.4 Methodische Differenzierung

4.4.1 Differenzierung durch verschiedene Repräsentationsebenen

Da dem Lehrer grundsätzlich freigestellt ist, welche Methode er für seinen Unterricht wählt, sind die Differenzierungsmöglichkeiten hinsichtlich der Methode am umfangreichsten. Dem Lehrer steht zur Differenzierung das ganze Spektrum methodischer Möglichkeiten zur Verfügung, das von seiner sprachlichen Artikulation über die Verwendung verschiedener Medien bis hin zur Wahl des methodischen Modells reicht. Damit ist ihm ein reichhaltiges Arsenal von Möglichkeiten gegeben, sehr individuell auf die Unterschiede seiner Schüler in ihrem sachstrukturellen Entwicklungsstand, in ihrem kognitiven Stil, in ihren psychologischen und soziokulturellen Lernvoraussetzungen, in ihren Lernschwierigkeiten und in ihrem Arbeitstempo einzugehen.

Von den vielen Möglichkeiten einer methodischen Differenzierung sei hier ein Beispiel herausgegriffen, das für den Mathematikunterricht von besonderer Bedeutung ist, weil es sich direkt auf mathematikdidaktische Grundlagen, wie sie in Kap. 2 dargestellt wurden, zurückführen lässt.

Die Differenzierung nach verschiedenen Repräsentationstypen geht auf den Ansatz von Bruner (Kap. II. 3) zurück, der mit den Begriffen „Enaktiv – Ikonisch – Symbolisch" (handelnd – bildlich – symbolisch) gekennzeichnet ist, wobei zu beachten ist, dass die sprachliche Darstellung auch als symbolische Repräsentationsform gilt. Damit sind drei Arten genannt, wie man mathematisches Wissen darstellen kann, nämlich durch Handlungen, bildlich und mit Symbolen.

Jede dieser Darstellungsformen hat für jedes Kind ihre Bedeutung. So ist die enaktive Form die unmittelbarste Form der Welterschließung und steht deshalb fast immer am Anfang des Erkenntnisprozesses. Daher ist es auch oftmals sinnvoll, bei dieser Darstellung länger zu verweilen. Dies gilt insbesondere für das 1. und 2. Schuljahr.

Die ikonische Form bringt nach Wittmann (1974, S. 71) den wichtigen Fortschritt mit sich, mehrere Zustände oder Handlungsketten gleichzeitig und simultan zu erfassen, was allerdings eine höhere Abstraktionsfähigkeit voraussetzt. Hier liegt auch ein Problem für den Unterricht. Nicht jedes Kind versteht eine zeichnerische Darstellung eines Vorgangs. Die symbolische Darstellungsform ist die abstrakteste und kann in der Grundschule erst nach eingehender Vorerfahrung benutzt werden (Präfigurationsprinzip).

Diese unterschiedlichen Erfahrungsebenen lassen sich nun zur methodischen Differenzierung ausnutzen, indem die Schüler je nach ihrer Abstraktionsfähigkeit unterschiedlich lange mit den verschiedenen Repräsentationsstufen konfrontiert werden.

Beispiel:

(2. Klasse, Lehrplaninhalt: Arithmetik – Division)

Die Einführung der Division erfolgt über die Vorstellungen des Aufteilens und Verteilens. Bei der Aufgabe 15 : 5 entspricht die enaktive Stufe einem Verteilvorgang, etwa 15 Äpfel an 5 Kinder zu verteilen. Dies wird handelnd gelöst, indem ein Schüler zunächst jedem Kind reihum einen Apfel gibt, dann wieder beim ersten Kind beginnt und jedem einen zweiten Apfel gibt usw., bis die 15 Äpfel verteilt sind. Dann hat jedes Kind 3 Äpfel bekommen: Wenn man 15 Äpfel an 5 Kinder verteilt, bekommt jedes 3 Äpfel.

Die ikonische Stufe kann durch das Aufteilen dargestellt werden. Mit der Aufgabe, 15 Äpfel zu jeweils 5 Äpfeln in Beutel zu verpacken, wird dem Kind ein Feld mit 15 Kringel vorgegeben.

```
O  O  O  O  O
O  O  O  O  O
O  O  O  O  O
```

Es umrandet jeweils 5 Kringel und stellt fest, dass dies 3-mal geht. Also braucht man 3 Beutel.

Sicher gibt es auch bei der Einführung der Division schon Kinder, die diese Vorstellungen schon soweit abstrahiert haben, dass sie diese Aufgabe schon auf der Zahlenebene beherrschen. Dazu gehört auch die Vorstellung der Division als Umkehrung der Multiplikation, also 15 : 5 = 3, weil 3 · 5 = 15 ist.

Entsprechend dem Abstraktionsniveau der Schüler legt der Lehrer den unterrichtlichen Akzent auf die verschiedenen Darstellungsformen.

Natürlich bieten sich im Zusammenhang mit der methodischen Differenzierung die thematischen Differenzierungsformen der qualitativen, quantitativen und sukzessiven Differenzierung an.

4.4.2 Differenzierung durch verschiedene didaktische Modelle

Die Didaktik der Mathematik hat für zahlreiche Themen des Mathematikunterrichts in der Grundschule mehrere didaktische Modelle erarbeitet, die einzeln oder auch zusammen unterrichtlich realisiert werden können.

Der tiefste Grund für die Existenz paralleler Modelle für mathematische Grundbegriffe und Operationen liegt in der semantischen Neutralität dieser mathematischen Grundvorstellungen begründet. So legt die Mathematik keineswegs fest, was man z. B. unter einer natürlichen Zahl zu verstehen hat. Der Mathematiker begnügt sich damit, ein widerspruchsfreies und vollständiges Axiomensystem festzulegen, nach dem das Operieren mit den Objekten funktioniert, die er natürliche Zahlen nennt, das sog. Peano'sche Axiomensystem. Der tägliche Umgang mit Zahlen hat nun dazu geführt, verschiedene Vorstellungen mit den natürlichen Zahlen zu verbinden, so z. B. die Kardinalzahlen (eins, zwei, drei …), die die Anzahl der Elemente einer Menge angeben und die Frage „Wie viele" beantworten, oder die Ordinalzahlen (der erste, der zweite, der dritte …), die den Rangplatz in einer geordneten Menge benennen und die Frage „der Wievielte" beantworten. Diese verschiedenen Zahlvorstellungen werden „Modelle der natürlichen Zahlen" genannt. Es gibt weitere Modelle der natürlichen Zahlen, z. B. die Operatorvorstellung (einmal, zweimal, dreimal …) oder das Codierungsmodell, das natürliche Zahlen als Namen für Objekte benutzt, z. B. Telefonnummern, Autonummern usw.

Natürlich wurden die verschiedenen Modelle auch didaktisch verwendet. Heute verzichtet kein Schulbuch mehr darauf, verschiedene Zahlmodelle vorzustellen. Viele z. T. heftig ausgetragene didaktische Fehden in der Vergangenheit sind letztlich dadurch zu erklären, dass ein Modell didaktisch überbewertet wurde. So ist der Streit zwischen den sog. „Zählern" und den „Anschauern" im 19. Jahrhundert so zu erklären, dass die ersteren dem ordinalen Aspekt, die zweiten dem kardinalen Aspekt der natürlichen Zahlen die entscheidende Rolle beim Zahlerwerbsprozess zubilligten. Auch der Streit um die „Mengenlehre" in den 1970er Jahren ist z. T. auf die Bevorzugung und Überbewertung des kardinalen Modells der natürlichen Zahlen zurückzuführen.

Die verschiedenen existierenden didaktischen Modelle ergeben natürlich eine hervorragende Möglichkeit methodisch zu differenzieren. Es leuchtet ein, dass Kinder unterschiedlich auf verschiedene didaktische Modelle ansprechen.

Beispiel:

(2. Klasse, Lehrplaninhalt: Arithmetik – Multiplikation)

Für die Einführung der Multiplikation gibt es mehrere Modellvorstellungen, die sich hinsichtlich des zugrunde liegenden Zahlmodells, aber deshalb natürlich auch hinsichtlich der benutzten Medien unterscheiden. Insofern ist eine Differenzierung durch die Modellvorstellung meist auch eine mediale Differenzierung.

Die geläufigsten didaktischen Vorstellungen der Multiplikation sind die des zeitlich-sukzessiven „Mal" und die des räumlich-simultanen „Mal". Sie beruhen auf kardinalen Zahlvorstellungen. Unterrichtliche Realisation sind Situationen wie:

„Markus geht dreimal in den Keller und holt jedes Mal 4 Flaschen herauf." (zeitlich-sukzessiv)

„Im Café stehen 3 Tische mit jeweils 4 Stühlen." (räumlich-simultan)

Ein weiteres Modell ist das Maschinenmodell, das auf dem Operatormodell beruht (Es wurde in 4.2 ausführlich geschildert). Hier steht die Vorstellung „Für 1 gib 4" im Vordergrund.

In einem differenzierten Unterricht sind beide Modelle (wobei die zeitlich-sukzessive und die räumlich-simultane Vorstellung als ein Modell angesehen werden) nebeneinander vorstellbar. Möglicherweise können auch alle Schülergruppen nacheinander mit beiden Modellen konfrontiert werden. Dieses Vorgehen ist durch das didaktische „Prinzip der Variation der Veranschaulichung" (Kap. IV. 3.7) gerechtfertigt.

Bei der Differenzierung nach dem didaktischen Modell ist natürlich besonders auf die Voraussetzungen zu achten, die zum Verständnis der verschiedenen didaktischen Modellvorstellungen nötig sind. Es ist in der Regel nicht möglich, kurzfristig auf ein den Schülern unbekanntes Modell umzustellen. So kann z. B. das dekadische Stellenwertsystem nicht dadurch untermauert werden, dass kurzfristig andere Stellenwertsysteme zur Verdeutlichung des Bündelungsprinzips herangezogen werden.

4.4.3 Mediale Differenzierung

Wie kein anderer Mathematikunterricht, so ist der in der Grundschule geprägt durch die Verwendung von Medien, speziell Arbeitsmaterialien für die Hand des Schülers. Diese sind insbesondere in der Grundschule das geeignete Instrumentarium, Lernprozesse in Gang zu setzen, wie auf der Grundlage der Untersuchungen von Piaget immer wieder gezeigt wurde (siehe Kap. II. 2).

Die Fülle der verschiedenartigen Medien, die unterschiedlichen zugrunde liegenden didaktischen Modellvorstellungen und die unterschiedlichen Lernvoraussetzungen der Schüler legen die Differenzierung mittels Medien nahe, wobei die mediale Differenzierung auch dazu benutzt werden sollte, beim Schüler die selbstständige Erarbeitung gewisser Inhalte zu bewirken.

Dies ist möglich, wenn die Medien gezielt ausgewählt werden. Dabei ist es wichtig, dass sie so ansprechend in der Gestaltung, aber auch so klar und durchsichtig in der Handhabung sind, dass der Schüler sich dadurch herausgefordert fühlt. Außerdem muss das zu behandelnde Thema so strukturiert sein, dass auch der Schüler den Überblick behält.

Beispiel:

(2. Klasse, Lehrplaninhalt: Geometrie – Symmetrie)

Der Begriff der Achsensymmetrie kann durch verschiedenartige Medien erarbeitet werden. Die Klasse arbeitet in drei Gruppen (Sie seien hier nicht mit A, B und C bezeichnet, um nicht zu suggerieren, dass sie nach unterschiedlicher Leistungsfähigkeit der Schüler zusammengesetzt wurden.)

Die erste Gruppe arbeitet als Großgruppe zusammen (nach Lauter, 1989, S. 127). Mit Tesakrepp wird auf dem Boden des Klassenzimmers eine Straße markiert. Auf beiden Seiten der Straße werden „Häuser" gebaut, die durch Stühle dargestellt sind. Diese stehen in beliebiger Weise, also nicht immer rechtwinklig zur Straße. Nur soll die Bedingung eingehalten werden, dass beide Straßenseiten „gleich" sein sollen, dass die „Häuser" also symmetrisch zur Straße errichtet werden. Die aufgebauten „Häuser" werden dann durch Beobachten, aber auch durch Fühlen mit ausgestreckten Armen auf Symmetrie kontrolliert. Die Schüler benutzen also die eigene Körpersymmetrie zur Kontrolle der Symmetrie der errichteten „Häuser".

Die zweite Gruppe arbeitet in Partnerarbeit. Ein Schüler setzt auf ein Spielfeld, auf dem ein Quadratgitter eingezeichnet ist, in ein beliebiges Feld einen Steckwürfel. Der Nachbar setzt in gleicher Weise auf das zu diesem Feld symmetrische Feld ebenfalls einen Steckwürfel usw.

Eine dritte Gruppe spielt das gleiche Spiel auf der zeichnerischen Ebene. Auf einem Blatt Papier mit Quadratgitter (Rechenpapier) und einer deutlich eingezeichneten Symmetrieachse füllen jeweils zwei Schüler Kästchen symmetrisch aus. Dadurch können interessante symmetrische Figuren entstehen.

Mediale Differenzierung kann didaktisch begründet werden durch das Prinzip der „Variation der Veranschaulichung" (siehe Kap. IV. 3.7). Dieses besagt, dass ein Kind einen mathematischen Grundbegriff, der ja, wie bereits mehrfach dargestellt, semantisch neutral und deshalb vielfach zu konkretisieren ist, dann besser lernt, wenn er durch verschiedenartige Veranschaulichungen repräsentiert wird. Wird der Grundbegriff lediglich an einer Vorstellung, z.B. einem Medium, dargestellt, so kann es zu einer Identifizierung des Grundbegriffs mit der Darstellung kommen. Dadurch wird eine Ausdehnung und Anwendung der Grundvorstellung behindert.

Auf eine Form der medialen Differenzierung soll noch speziell hingewiesen werden, auf den programmierten Unterricht. Durch die Beschäftigung eines Schülers mit einem Lernprogramm wird ein besonders hoher Individualisierungsgrad erreicht. Der Schüler arbeitet völlig isoliert mit dem Programm. Dadurch kann es aber auch zu Schäden im sozialen Bereich kommen. Mit Recht wird der programmierte Unterricht nur noch in Ausnahmefällen angewandt.

Generell sollte im Zusammenhang mit der medialen Differenzierung immer berücksichtigt werden, dass kein noch so gutes und ausgeklügeltes Medium den persönlichen Kontakt zwischen Schüler und Schüler sowie zwischen Schüler und Lehrer ersetzen kann.

4.4.4 Freie Arbeit

Bei der Besprechung der Differenzierungsmöglichkeiten in der Grundschule muss auch die freie Arbeit erwähnt werden, also die Ideen, die im Rahmen der Reformpädagogik von Autoren wie Montessori und Peter Petersen konzipiert wurden und heute von zahlreichen Lehrerinnen und Lehrern praktiziert werden.

Freie Arbeit hat eine umfassende Persönlichkeitsbildung des Schülers zum Ziel und macht sich das Erkenntnisstreben und das Mitteilungsbedürfnis der Kinder zunutze. Das Kind soll die Arbeit in Freiheit, d.h. selbstbestimmt ausführen. Doch dazu ist ein sinnvoller Umgang mit der Freiheit nötig, um mit Selbstverantwortung und Selbstständigkeit die Tätigkeit zu planen und auszuführen.

Zur Durchführung freier Arbeit müssen folgende organisatorischen Voraussetzungen gegeben sein:

- Raumgestaltung,
- zeitliche Vorgaben,
- didaktisches Material.

Die Raumgestaltung sollte so sein, dass der Schüler in psychisch angenehmer Umgebung arbeitet. Dazu gehört eine ansprechende Möblierung, die Einrichtung von Lernecken und Gruppentische, vielleicht auch Bilder und Pflanzen. Die ansprechende Gestaltung des Klassenraums sollte für Schüler und Lehrer eine gemeinsame Aufgabe sein.

Die zeitlichen Vorgaben sind so zu geben, dass bestimmte Stunden des wöchentlichen Stundenplans für freie Arbeit vorgesehen sind. In diesen Stunden kann der Schüler eigenverantwortlich arbeiten.

Das didaktische Material, das dem Schüler zur Verfügung steht, muss so beschaffen sein, dass längere selbstständige Arbeitsphasen ohne Hilfe des Lehrers möglich sind. Dazu eignen sich vor allem Arbeitskartensätze mit didaktischen Spielen, wie sie von zahlreichen Firmen angeboten werden.

Beispiel:

(3. Klasse, Lehrplaninhalt: Gewichte, nach Eberlein, 1989)

Bei der Behandlung der Größe Gewicht können u. a. didaktische Stufen eingehalten werden: Ordnen von Gegenständen nach dem Gewicht, Schätzen des Gewichts, Vergleichen der Gewichte. Als Repräsentanten für Gewichte stehen folgende Gegenstände bereit: Spielstein (1 g), Brief (20 g), Tafel Schokolade (100 g), Paket Nudeln (250 g), Telefonbuch (500 g), Paket Mehl (1 kg), Postpäckchen (2 kg), Kanister mit Wasser (5 kg).

Zunächst werden die Gegenstände nach dem Gewicht geordnet. Dann wird das Gewicht der Gegenstände geschätzt und das Ergebnis auf einem Arbeitsblatt festgehalten. Die Kontrolle erfolgt durch das Wiegen der Gegenstände auf der Tafelwaage.

Anschließend wird der Gewichtsvergleich im Pfeildiagramm festgehalten. Auf einem Spielplan sind 3 Punkte A, B und C markiert. Dazu gibt es Arbeitskarten und Pfeile in rot für die Vorschrift „… ist leichter als …" oder in blau für die Vorschrift „… ist schwerer als …". Die Arbeitskarten geben an, auf welchen Punkt die Gegenstände gesetzt werden. Nun bestimmt der Schüler die richtige Anordnung der Pfeile zwischen den Punkten A, B und C. Die Selbstkontrolle wird durch den Vergleich mit dem richtigen Ergebnis auf der Rückseite der Arbeitskarte durchgeführt.

Diese Aufgabe kann variiert werden. Die zweite Grundaufgabe besteht darin, dass Zuordnungsvorschrift und Pfeilrichtung vorgegen sind und der Schüler die richtige Anordnung der Gegenstände finden soll. Die Arbeitskarte, die der Schüler diesmal bekommt, enthält die Namen von 3 Gegenständen, die er richtig auf dem Spielplan anordnen soll.

Die 3. Grundaufgabe gibt Gegenstände und Pfeilrichtung vor und der Schüler muss die richtige Zuordnungsvorschrift in der angegebenen Pfeilrichtung bestimmen. Auf der Arbeitskarte ist die Anordnung der Gegenstände gegeben. Der Schüler wählt die Pfeile mit der richtigen Vorschrift aus und legt sie in der angegebenen Pfeilrichtung auf den Spielplan.

Der Einsatz der freien Arbeit stellt an den Lehrer hohe Ansprüche in Bezug auf Engagement, Experimentierfreude und Organisationsfähigkeit. Seine Aufgabe ist dabei nicht mehr die des Wissensvermittlers, sondern vorwiegend die des Organisators von Lernsituation, aber auch des Helfers und Beraters der Schüler. Er darf nie das Ziel aus dem Auge verlieren, den Schüler zu selbstständigen Arbeiten zu bringen. Das erfordert auch vom Lehrer hohe Selbstdisziplin. Er darf dem Schüler nicht seine Erfahrungen vorwegnehmen und muss sich hüten, sich ständig in den Lernprozess einzuschalten.

VII. Unterrichtsplanung

1   Grundlagen

Unterrichtsplanung ist ein sehr komplexer Prozess, an dem sehr viele Personen und Instanzen beteiligt sind. Unterrichtsplanung ist nämlich nicht nur Sache des einzelnen Lehrers, sondern Teil des gesellschaftlichen Systems Schule. Unterrichtsplanung beginnt da, wo erste Ansprüche an Schule und Unterricht erhoben und angemeldet werden (Peterßen, 1982, S. 163), die sich dann in Form von bildungspolitischen Programmen niederschlagen. Auf dem politischen Weg über Parlamente und Ministerien können dann diese bildungspolitischen Forderungen und Programme über die Lehrpläne und Verordnungen des Kultusministeriums Auswirkungen bis in die einzelne Unterrichtsstunde haben.

Beispiel:

(1. bis 4. Klasse)

Ein gutes Beispiel für die Auswirkungen bildungspolitischer Programme auf die konkrete Stundenplanung war in den 1970er Jahren die sog. „neue Mathematik", die in der Öffentlichkeit unter dem Schlagwort „Mengenlehre" diskutiert wurde.

Im Oktober 1968 verabschiedete die Konferenz der Kultusminister der deutschen Länder die „Empfehlungen und Richtlinien zur Modernisierung des Mathematikunterrichts an den allgemeinbildenden Schulen". Als Begründung für die Modernisierung wurde u. a. angegeben:

– Der wissenschaftliche Fortschritt und das Eindringen mathematischer Betrachtungsweisen in Wirtschaft, Gesellschaft und Staat,
– die Entwicklung der Mathematik als Wissenschaft von formalen Strukturen.

Als besonders bedeutungsvoll für den Mathematikunterricht wurden genannt:

– Moderne mathematische Denkweisen sollten auch in traditionellen Stoffgebieten eingeführt werden. Es sollte verstärkt die Fähigkeit entwickelt werden, mathematisch zu denken und mathematische Wege selbstständig zu beschreiten.
– Der Mathematikunterricht sollte durch übergreifende Leitbegriffe strukturiert werden. Solche tragenden Grundbegriffe sind z. B. Menge, Funktion, Relation.

Der Rahmenplan der Kultusministerkonferenz von 1968 sah für die Klassen 1–6 folgende Themenkreise vor:

1. Mengen und ihre Verknüpfungen,
2. Menge der natürlichen Zahlen und ihre Verknüpfungen,
3. Größen,
4. Geometrische Grundbegriffe,
5. Ziffern und Stellenwertsysteme,
6. Teilbarkeit und Teilermengen,
7. Bruchzahlen.

Nach diesen Rahmenrichtlinien wurden bis 1972 die Lehrpläne der Bundesländer umgestaltet, sodass von diesem Zeitpunkt an der Mathematikunterricht in der neuen Weise durchgeführt werden konnte.

Für die Öffentlichkeit besonders eindrucksvoll war der Themenkreis 1: Mengen. Deswegen und wegen der Ungewöhnlichkeit des Mengenbegriffs wurde diese Reform des

Mathematikunterrichts mit Mengenlehre identifiziert. Es kam zu breiten Reaktionen in der Öffentlichkeit, bei denen der Unmut über die Reform und Zweifel an ihrer Wirksamkeit geäußert wurden.

Daraufhin sah sich die Kultusministerkonferenz 1976 veranlasst, durch die „Empfehlungen und Richtlinien zum Mathematikunterricht in der Grundschule" ihre Richtlinien von 1968 zu präzisieren und teilweise zurückzunehmen. So wurde für die Klassen 1 und 2 kein eigener Themenbereich „Mengen" mehr ausgebracht. Allerdings wollte man auf die Betonung der konkreten Handlungen wie Sortieren, Zuordnen usw. nicht verzichten.

Als methodische Grundsätze für den Mathematikunterricht in der Grundschule wurden hervorgehoben:

– Der Unterricht soll möglichst weitgehend von der Erfahrung der Schüler ausgehen. Konkrete Situationen und der Einsatz von Arbeitsmaterial schaffen eine breite Basis für Lernprozesse. Formalisierungen sollen nur behutsam vorgenommen werden.
– Durch regelmäßige Übungen und Wiederholungen soll eine dauerhafte Sicherung im Umgang mit den Grundrechenarten gewonnen werden. Variation in Aufgabenstellung und Übungsform soll die Beweglichkeit des Denkens fördern.
– Sachgerechte mathematische Sprechweisen sollen behutsam entwickelt werden, ohne die Darstellung in handelnder und bildlicher Form zu vernachlässigen.
– Die Eigentätigkeit des Schülers soll ermöglicht und gefördert werden. Dies kommt der Freude des Grundschulkindes am eigenen Tun entgegen.

Mit diesen Grundsätzen wurden seit 1976 wiederholt die Lehrpläne der einzelnen Bundesländer überarbeitet, die heute noch die Grundlage für den Mathematikunterricht in der Grundschule bilden.

Während normalerweise der Lehrer an der Formulierung der bildungspolitischen Programme und Lehrpläne nicht beteiligt ist, gehört die Planung in den weiteren konkreten Stufen zu seinem Aufgabenbereich, die auch im folgenden in Bezug auf den Mathematikunterricht besprochen werden sollen. Damit ergeben sich in Anlehnung an Peterßen (1982, S. 164) folgende Planungsstufen:

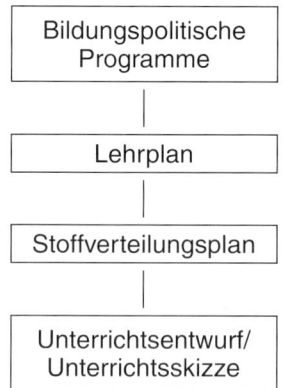

Diese Planungsstufen sollen nun in Bezug auf den Mathematikunterricht in der Grundschule analysiert werden.

2   Der Lehrplan

Im Grundgesetz und in den Verfassungen der Länder ist das Recht auf Bildung festgelegt. Der vom jeweiligen Land erlassene amtliche Lehrplan schreibt fest, welche Ziele und Inhalte diesem Bildungsprozess zugrunde gelegt werden sollen. Der Lehrplan hat damit im Wesentlichen vereinheitlichende Funktion. Die Lehrpläne des jeweiligen Bundeslandes sind für Lehrer und Schulen verpflichtend.

Lehrpläne bilden das wichtige Bindeglied zwischen der staatlichen Bildungspolitik und der schulischen Bildungspraxis. „Die für ein sinnvolles und erfolgversprechendes Lehren und Lernen unbedingt erforderliche Ruhe wird durch den Lehrplan erreicht, der die Schule gleichsam gegen das ausdrücklich auf sie gerichtete bildungspolitische Kampfgetümmel abschirmt. Im Lehrplan sind nur jene Zielsetzungen und inhaltlichen Ansprüche an den Bildungsauftrag der Schule noch enthalten, die sich in der politischen Auseinandersetzung behaupten und durchsetzen konnten." (Peterßen, 1982, S. 175)

Lehrpläne in der Bundesrepublik Deutschland sind also immer nur für das jeweilige Bundesland und die jeweilige Schulstufe gültig. In der Regel machen sie Aussagen über den besonderen Erziehungsauftrag der Schulart und des jeweiligen Faches.

Beispiel:

(1. bis 4. Klasse, Lehrplan Grundschule, Baden-Württemberg)

Im sog. Schulartpapier, das dem Lehrplan vorangestellt ist, werden u. a. als Auftrag der Grundschule formuliert:
- Förderung der verschiedenen Begabungen der Kinder in einem gemeinsamen, vierjährigen Bildungsgang,
- Entfaltung verborgener und nicht entwickelter Fähigkeiten oder Eigenschaften durch stützende, fördernde und ermutigende Hilfen,
- Weckung der sittlichen, religiösen, sozialen und freiheitlich demokratischen Gesinnung, auf der das Zusammenleben gründet,
- Förderung der Kräfte des eigenen Gestaltens und schöpferischen Ausdrucks,
- Erwerb gesicherter Kenntnisse und Einüben von Fertigkeiten, die für die Lebensbewältigung wichtig und für die Schularbeit grundlegend sind.

Des weiteren werden als Merkmale des Unterrichts in der Grundschule genannt:
- Heimatverbundenheit und Weltoffenheit
- Spielen und Lernen
- Differenziertes und differenzierendes Lernen
- Grundlegung schulischen Lernens im Anfangsunterricht
- Schule als Lebensraum
- Übung/Wiederholung/Hausaufgaben
- Lernen und Leisten.

Im Lehrplan Mathematik wird dann dieser Auftrag präzisiert, indem folgende Ziele genannt werden:
- Durch Zahlen beschriebene Zusammenhänge erfassen,
- rechnen können,
- mit Größen umgehen können,

– Zusammenhänge in Sachverhalten der Umwelt erkennen,
– schlussfolgerndes Denken entwickeln,
– kombinieren können,
– räumliche Vorstellungen aufbauen.

Eine weitere Vorgabe der Lehrpläne sind oftmals die Richtstundenzahlen. Sie geben an wie viele Stunden ein bestimmter Inhalt im Schuljahr zu unterrichten ist. Die Richtstundenzahlen sind nicht verbindlich. Sie sollen dem Lehrer einen Hinweis darauf geben, wie umfangreich die Lehrplaninhalte behandelt werden sollen.

Beispiel:
(1. bis 4. Klasse, Lehrplan Grundschule, Baden-Württemberg)

	Richtstundenzahl
Klasse 1	
Erwerb grundlegender Erfahrungen	20
Arithmetik	50
Größen	10
Sachaufgaben	30
Geometrie	10
	120
Klasse 2	
Arithmetik	60
Größen	30
Sachaufgaben	45
Geometrie	15
	150
Klasse 3	
Arithmetik	50
Größen	30
Sachaufgaben	40
Geometrie	30
	150
Klasse 4	
Arithmetik	40
Größen	30
Sachaufgaben	50
Geometrie	30
	150

In der Regel sind heute Lehrpläne Minimallehrpläne, d. h. sie geben nur das Minimum dessen an, was im Unterricht zu behandeln ist. Minimallehrpläne sind auch daran zu erkennen, dass nicht die gesamte im Schuljahr zur Verfügung stehende Zeit ausgenutzt wird. So bezieht sich z. B. der Lehrplan in Baden-Württemberg auf 30 Unterrichtswochen pro Schuljahr. Die restliche Zeit kann von der Lehrerin individuell gestaltet werden, z. B. durch Wiederholungsphasen, Projektarbeiten oder durch zusätzliche Themen.
Ein weiterer Begriff ist der des Curriculums. Zur Charakterisierung des Curriculums gehören (nach Peterßen, 1982, S. 182) folgende Merkmale:

1. Der Lehrplan im herkömmlichen Sinn umfasst nur eine Stufe des gesamten Planungsprozesses, nämlich den ersten, während Curriculum alle Stufen dieses Prozesses bis zur letzten unterrichtlichen Entscheidung umfasst.
2. Während traditionelle Lehrpläne lediglich Inhalte und Themen aufweisen, also das angeben, was gelernt wird, orientiert sich das Curriculum primär an Lernzielen, also daran, zu welchem Zweck etwas gelehrt und gelernt wird.
3. Die Angaben im herkömmlichen Lehrplan sind, da sie lediglich Inhalte darstellen, weit interpretierbar, während im Curriculum die Ziele möglichst konkret, also operationalisiert angegeben werden.
4. Curricula enthalten immer auch Aussagen zur Evaluation, zur Überprüfung der erreichten Lernziele. In traditionellen Lehrplänen fehlen Angaben dazu völlig.
5. Das Curriculum erhebt Anspruch, die Unterrichtsplanung auf allen Stufen mit wissenschaftlichen Methoden abzusichern, was beim traditionellen Lehrplan nicht der Fall war.

Moderne Lehrpläne enthalten wesentliche curriculare Elemente und werden deshalb auch als „Curriculare Lehrpläne" bezeichnet. So sind meist Ziele, Inhalte und methodische Hinweise ausgebracht.

Beispiel:

(1. bis 4. Klasse, Lehrplan Grundschule, Baden-Württemberg)

Die Anordnung im Lehrplan ist nach folgendem Schema gestaltet:

Ziele	
Inhalte	Hinweise

Dabei sind Ziele und Inhalte für den Lehrer verbindlich, die Hinweise enthalten nicht verbindliche methodische Anregungen. Der Lehrer kann auch andere methodische Maßnahmen ergreifen.

Lehrpläne, die sich genauer an das curriculare Schema halten, sind nach folgendem Schema aufgebaut (nach Franke, 1977, S. 20):

Lernziel	Lerninhalt	Unterrichtsverfahren	Lernzielkontrolle
Richtziele, Grobziele	Stoffe Themen Projekte Übungen	Lernorganisation Methodik Medien Zeitplanung	mündlich schriftlich praktisch

Der Lehrplan ist, wie bereits mehrfach betont, für den Lehrer verbindliche Unterlage für die Unterrichtsplanung. Aufgabe des Lehrers ist es, die Angaben des Lehrplans in der jeweiligen Klassensituation zu konkretisieren. Dies geschieht durch die folgenden Planungsstufen Stoffverteilungsplan und Unterrichtsentwurf. Trotz dieser zentralen Bedeutung des Lehrplans für die Unterrichtsplanung ist es erstaunlich, wie wenig Lehrer in der Praxis auf den Lehrplan zurückgreifen. Stattdessen beziehen sie sich vornehmlich auf das Schulbuch. So stellt Bromme (1981, S. 96) fest, dass von 14 befragten Mathematiklehrern lediglich einer angegeben hat, dass für ihn Lehrplan und Schulbuch zwei gleichwertige, jeden Tag neu aufeinander abzustimmende Momente der Unterrichtsplanung seien. Alle anderen Lehrer gaben an, dass der Lehrplan für sie im Prinzip nur zu Schuljahresbeginn von Interesse sei. Für die Vorbereitung der einzelnen Unterrichtsstunde hat der Lehrplan für die wenigsten Lehrer eine Bedeutung. Dieser Umstand ist nicht in Ordnung. Zwar ist das Schulbuch durch das offizielle Zulassungsverfahren der Schulbehörden auf den Lehrplan abgestimmt, sodass im Wesentlichen lehrplankonform unterrichtet wird. Allerdings stellt der alleinige Bezug auf das Schulbuch eine Abwertung der planerischen Tätigkeit des Lehrers dar. Durch das Schulbuch werden dem Lehrer nicht nur Inhalte, sondern im engen Zusammenhang damit auch methodische Angaben gemacht, die er dann übernimmt. Damit beschneidet er selbst eins seiner ureigensten Rechte, nämlich die Freiheit in der methodischen Gestaltung des Unterrichts. Letztlich bedeutet die Vernachlässigung des Lehrplans in der Unterrichtsplanung eine Beeinträchtigung der Souveränität des Lehrers in Fragen der Unterrichtsgestaltung.

3   Der Stoffverteilungsplan

Die auf den Lehrplan folgende Stufe der Unterrichtsplanung ist der Stoffverteilungsplan oder Jahresplan. Er ist der erste Planungsschritt, den die Lehrerin selbst durchführt, und besteht darin, die verbindlich vorgeschriebenen Inhalte und Ziele des Lehrplans auf die Unterrichtswochen des Jahres zu verteilen. Dies besteht aber nicht in einer einfachen Übernahme, sondern in einer Strukturierung. Die Inhalte des Lehrplans sind ja keineswegs in der Reihenfolge angeordnet, in der sie im Unterricht erscheinen. So sind im Lehrplan etwa die arithmetischen Inhalte im Zusammenhang formuliert ebenso wie die der Größen und der Geometrie. In der Regel wird aber keine Lehrerin zunächst die gesamte Arithmetik behandeln und dann die Größen und die Geometrie. Vielmehr werden diese Arbeitsbereiche im konkreten Unterricht in sinnvoller Weise verzahnt unterrichtet, auch um eine für die Schüler willkommene thematische Abwechslung zu erreichen.
Eine weitere Planungskomponente für den Stoffverteilungsplan ist das konkrete Schuljahr. Durch unterschiedlichen Beginn der Ferien und durch unterschiedliche Lage der beweglichen Feste ist kein Schuljahr dem anderen gleich. Auch die Länge des Schuljahrs kann von Jahr zu Jahr unterschiedlich sein, was natürlich in der zeitlichen Verteilung der Inhalte berücksichtigt werden muss. Aus diesem Grund sind auch die Lehrpläne häufig als Minimalpläne gestaltet und umfassen den Lehrstoff von 30 Unterrichtswochen, wohingegen das normale Schuljahr zwischen 37 und 42 Unterrichtswochen enthalten kann. Die Lehrerin wird die verbleibende Zeit benutzen um sinn-

voll *Verfügungswochen* für notwendige Wiederholungen, Zeiten für Projekte und zur Vorbereitung von Festen, aber auch Freiraum für mögliche Krankheits- und Ausfallzeiten (z. B. für Fortbildung) einzuplanen.

Ein weiterer Grund für die Aufstellung eines Stoffverteilungsplans ist darin zu sehen, dass die im Grundschulunterricht so notwendige *Zusammenarbeit mit anderen Fächern* langfristig geplant werden kann. Häufig finden sich in den Lehrplänen zum Fach Mathematik Verweise auf andere Fächer, z. B. auf Heimat- und Sachunterricht, auf Deutsch oder auf bildende Kunst. Durch Terminplanung im Stoffverteilungsplan kann die Koordinierung zu anderen Fächern und Lehrern wesentlich erleichtert werden.

Schließlich ermöglicht ein Stoffverteilungsplan auch die längerfristige Beschaffung von Medien.

Insgesamt ist der Nutzen eines Stoffverteilungsplans darin zu sehen, dass sichergestellt wird, dass alle Inhalte des Lehrplans im Laufe des Schuljahrs mit ausreichender Vertiefung unterrichtet werden können.

Zur konkreten Erstellung eines Stoffverteilungsplans geht man am besten so vor, dass man in ein Tabellenraster für die Wochen des Schuljahrs zunächst die Nummer der Unterrichtswochen und die Ferientermine einträgt:

Stoffverteilungsplan

1	2	3	4
5	6	7	8 Herbst-ferien
9	10	11	12
13	14	15 Weihn.-ferien	16
17	18	19	20 Winter-ferien

21	22	23	24
25	26 Oster- ferien	27	28
29	30	31	32 Pfingst- ferien
33	34	35	36
37	38 Sommer- ferien		

In dieses Schema werden nun die Inhalte bzw. Ziele des Lehrplans eingetragen unter Berücksichtigung folgender Grundsätze:

– Sachlogische Anordnung der Inhalte unter Berücksichtungen der Richtstundenzahlen,
– Abwechselung in der Themenfolge z.B. zwischen Arithmetik, Größen, Geometrie usw., um lange, trockene Passagen zu vermeiden,
– Einplanung von Wiederholungsphasen, z.B. nach den Ferien,
– Einplanung von Verfügungswochen, z.B. zur Vorbereitung von Festen oder zum Ausgleich für Unterrichtsausfall bei Krankheit oder bei Fortbildungstagungen.

Grundlage für diese Planungsarbeit soll in erster Linie der Lehrplan und nicht das eingeführte Schulbuch sein. Das Schulbuch sollte aus den im vorigen Kapitel angeführten Gründen zunächst nur am Rande herangezogen werden. Wichtig ist vielmehr, dass sich die Lehrerin zu Beginn eines Schuljahrs selbstständig mit dem Stoff des neuen Schuljahrs auseinander setzt. Zu begrüßen ist es dagegen, wenn die Lehrer verschiedener Parallelklassen gemeinsam den Stoffverteilungsplan erarbeiten. Die gemeinsame Diskussion über Anordnung und Verteilung der Inhalte führt zum intensiven Durchdenken des Stoffs, eröffnet Alternativen und ermöglicht klassen- und fächerüberschreitende Aktivitäten.

Beispiel:

(3. Klasse, Lehrplan Grundschule, Baden-Württemberg)

Im Folgenden ist der Anfang eines möglichen (in den Formulierungen verkürzten) Stoffverteilungsplans für den Unterricht im 3. Schuljahr dargestellt, und zwar unabhängig von einem Lehrbuch.

1 Wiederholung: Addition und Subtraktion bis 100, Gesetze	2 Wiederholung: im 2. Schuljahr behandelte 1 × 1 Reihen	3 1 × 1 mit 6, 1 × 1 mit 8 Tauschaufgaben	4 Sachaufgaben zum 1 × 1
5 1 × 1 mit 7 1 × 1 mit 9	6 Sachaufgaben zum 1 × 1	7 Flächenformen	8 Körperformen, Flächenformen Herbstferien
9 Wiederholung des 1 × 1	10 Zahlenraum bis 1000, Zahlenstrahl	11 Runden, Kleiner-Größer-Beziehung	12 Geldwerte bis 1000 €
13 Verfügungswoche	14 …	15 … Weihn.-ferien	

Als Stufe zwischen dem Stoffverteilungsplan, der ja eine Planung für das gesamte Schuljahr darstellt, und der Planung für die einzelne Unterrichtsstunde wird häufig noch der sog. Wochenplan erwähnt. Er wird für eine oder wenige Wochen im Voraus erstellt und enthält die Themen der einzelnen Unterrichtsstunden. Nach Hagmüller (1983, S. 21) ist er als allgemeine Übersicht deshalb wichtig, weil eine Vorausplanung über einen längeren Zeitplan oft schwer fällt und die Planung des Stoffverteilungsplans oftmals einer Revision bedarf.

Beispiel:

(1. Klasse, Lehrplaninhalt: Arithmetik, nach Franke, 1977, S. 133)

Montag	Dienstag	Mittwoch	Donnerstag
Addition bis 20 mit Zehnerübergang	Übungen zur Addition, Hefteintrag	Subtraktion mit Zehnerüberschreitung	Einführung in Textaufgaben, zur Addition und Subtraktion bis 20

4 Planungsmodelle für die Unterrichtsplanung

4.1 Vorbemerkungen

Solange es Unterricht gibt, solange wird er auch geplant. Unterrichten ist keine Tätigkeit, die man spontan und nur nach direkter Eingebung durchführt. Vielmehr handelt es sich um einen rationalen Prozess, der bis in die Einzelheiten geplant werden muss, wenn er gelingen soll.

Die Geschichte der Pädagogik ist reich an Vorschlägen für Unterrichtsplanung. Maras (1985) führt als wichtigste historische Modelle für Unterrichtsplanung an:

- das der antiken Rednerschulen mit folgenden Stufen: Bereitstellen des Inhalts – gegliedertes Darlegen – sprachliche Ausformung – Einprägen – Vortragen
- Herbart und die Herbartianer mit 5 Formalstufen: Vorbereitung – Darbietung – Verknüpfung – Zusammenfassung – Anwendung
- Reformpädagogik: Die Formalstufen wurden als zu starr abgelehnt und ersetzt durch die spontane Schülerfrage und „freie geistige Schularbeit" (Gaudig)

Heute wird im Wesentlichen ein in Stufen strukturierter Unterricht gepflegt, wobei die Stufung von H. Roth besondere Bedeutung gewonnen hat: Stufe der Motivation – Stufe der Schwierigkeiten – Stufe der Lösung – Stufe des Tuns und Ausführens – Stufe des Behaltens und Einübens – Stufe der Anwendung (nach Maras, 1985, S. 28).

Unterrichtsplanung kann sich aber nicht nur auf die Planung der einzelnen Unterrichtsschritte beziehen. Vielmehr muss der konkrete Unterricht ausgerichtet werden nach den Voraussetzungen der einzelnen Schüler, den soziokulturellen Voraussetzungen der Klasse, den Zielen und Zwecken, die mit dem Unterricht beabsichtigt sind, und nach den Voraussetzungen, die in der konkreten schulischen Situation vorliegen. Zu diesem Zwecke sind eine Reihe von Modellen zur Unterrichtsplanung entstanden. Diese sind, um dem Lehrer eine möglichst konkrete Hilfe zu geben, bis zu ganz konkreten Vorbereitungsschemata ausgearbeitet. So nützlich und zeitsparend diese Schematisierung sein kann, so ist damit doch die Gefahr der unsachgemäßen und unreflektierten Verkürzung des Unterrichtsgeschehens verbunden. Wie vieles in der Didaktik, so sind auch diese Modelle und ihre schematisierten Konkretisierungen als Hilfen gedacht, die der Lehrkraft Anregungen geben sollen, die sie aber nicht als naturgegebene Strukturierung hinnehmen muss.

Zwei Modelle zur Unterrichtsplanung haben besondere Bedeutung erlangt und sollen deshalb (in Anlehnung an Peterßen, 1982) näher erläutert und auf den Mathematikunterricht bezogen werden, und zwar die „Didaktische Analyse" nach Klafki und das sog. „Berliner Modell".

4.2   Didaktische Analyse

Die „Didaktische Analyse" geht aus von fünf für das Unterrichten zentralen Hauptfragen, die in zahlreiche Unterfragen aufgegliedert werden. Diese Fragen beziehen sich auf den Inhalt des Unterrichts. Somit entspricht die „Didaktische Analyse" der didaktischen Auffassung, die dem Inhalt die Priorität gegenüber der Methode zubilligt.

Die Fragen sind im Einzelnen:

1. die Frage nach der exemplarischen Bedeutung,
2. die Frage nach der Gegenwartsbedeutung,
3. die Frage nach der Zukunftsbedeutung,
4. die Frage nach der Struktur des Inhalts,
5. die Frage nach der Zugänglichkeit des Inhalts, also nach den Gegebenheiten, unter denen der Inhalt besonders günstig im Unterricht behandelt werden kann.

Wir wollen diese Fragen etwas genauer analysieren und auf das Beispiel der schriftlichen Addition anwenden:

Zu 1.: Die Frage nach der exemplarischen Bedeutung stellt die Frage nach dem größeren Zusammenhang, der durch diesen Inhalt erschlossen werden soll. Da im Unterricht notwendigerweise eine Auswahl der Inhalte getroffen werden muss, müssen solche ausgewählt werden, die ein Grundprinzip, eine übergreifende Gesetzmäßigkeit oder eine wichtige Technik enthalten. Dies ist zum Beispiel beim Verfahren der schriftlichen Addition dadurch gegeben, dass an einer konkreten Aufgabe das Verfahren vorgestellt und begründet werden soll. Die schriftliche Addition ist ein Verfahren, das jeder in den verschiedensten Variationen (mit und ohne Übertrag, drei-, vier- und mehrstellige Summanden, gleiche oder unterschiedliche Stellenzahl, zwei oder mehr Summanden usw.) beherrschen muss. Dazu ist die sorgfältige und begründende Analyse des Verfahrens notwendig.

Beispiel:
(3. Klasse, Lehrplaninhalt: Arithmetik – schriftliche Addition)
Durch die Besprechung einer konkreten Additionsaufgabe wird das Verfahren mit den Kindern erarbeitet:

$$
\begin{array}{r}
4\,2\,8 \\
+\,2\,3{,}5 \\
\hline
6\,6\,3
\end{array}
$$

Durch die Erarbeitung des Lösungsverfahrens dieser Aufgabe wird das allgemeine Verfahren abgeleitet, das auch in anderen Fällen in dieser Form Verwendung finden kann.

Zu 2.: Die Frage nach der Gegenwartsbedeutung bezieht sich auf die aktuelle Lage der Klasse. Mit dieser Frage ist einerseits die Frage nach den Voraussetzungen, aber auch nach der Motivation für dieses Thema verbunden. Die Lehrerin muss sich fragen, welche konkrete Erfahrung, welche Erkenntnis, welche Fähigkeiten und Fertigkeiten, also welchen Lernfort-schritt die Kinder durch dieses Thema gewinnen.

Beispiel:

(3. Klasse, Lehrplaninhalt: Arithmetik – schriftliche Addition)

Vor der Behandlung der schriftlichen Addition als Prototyp für einen numerischen Algo-rithmus stand die mündliche bzw. halbschriftliche Addition mit bis zu dreistelligen Zahlen auf dem Programm, die in den schwierigeren Formen, etwa bei Aufgaben wie

$$220 + 340 =$$
$$135 + 33 =$$
$$462 + 234 =$$

den Schülern schon erhebliche Mühe bereiten. Vom vorstellenden Rechnen mit Zahlen, dargestellt etwa am Zahlenstrahl, geht man bei der schriftlichen Addition zum Stellen-wertrechnen über. Als Motivation kann z. B. die Darstellung der Aufgabe in einer Textauf-gabe herangezogen werden:

„Birgit hat 428 € auf dem Sparkonto. Als sie ihre Spardose öffnet, findet sie 235 € vor." Um die Rechnung zu erleichtern, werden die Geldbeträge zunächst konkret in Hunder-ter- und Zehnerscheinen und in Eurostücken und dann nur in der Zifferndarstellung im Stellenwertordner dargestellt.

	100 €	10 €	1 €
	4	2	8
+	2	3	5
	6	6	3

So lernen die Schüler, dass man die Rechnung auch nur mit den Stellenwerten aus-führen kann und das Problem dadurch wesentlich erleichtert wird.

Zu 3.: Die Frage nach der Zukunftsbedeutung wird oft falsch verstanden. Es handelt sich dabei nicht etwa um die Bedeutung des Inhalts für die spätere Lebens- und Berufspraxis der Schüler, sondern für den unmittelbar bevorste-henden Unterricht. Dabei ist zu berücksichtigen, dass die Grundschule eine allgemein bildende Schule ist, und deshalb nicht alle unterschiedlichen zukünftigen Lern- und Arbeitsbedingungen der Schüler berücksichtigen kann.

Beispiel:

(3. Klasse, Lehrplaninhalt: Arithmetik – schriftliche Addition)

Die sichere und zügige Ausführung der schriftlichen Addition befreit z. B. bei der Lösung von Sachaufgaben von schwierigem Kopfrechnen und gibt Raum für strukturelle Überle-gungen zum Lösungsgang solcher Aufgaben. Auch sollten die Schüler durch das Be-herrschen der schriftlichen Algorithmen frei werden von einer sklavischen Taschenrech-nerhörigkeit.

Zu 4.: Jetzt erst ist die Frage nach der Struktur des Inhalts zu stellen, denn sie ist erst unter dem Aspekt der drei ersten Fragen richtig zu beantworten. Erst die drei ersten Vorentscheidungen geben die Gewähr dafür, dass es nicht zu ausufernden theoretisierenden Sachanalysen kommt, sondern dass das Thema so aufbereitet wird, dass es für den Schüler sinnvoll ist. Hierbei sind folgende Unterfragen (Peterßen, 1982, S. 51) zu beantworten:

- Aus welchen einzelnen Momenten setzt sich das Thema als sinnvolles Ganzes zusammen?
- In welchem Zusammenhang stehen die einzelnen Momente? Ist der betreffende Inhalt geschichtet?
- In welchem größeren sachlichen Zusammenhang steht dieser Inhalt? Was muss sachlich vorausgegangen sein?
- Welche Eigentümlichkeiten werden den Kindern den Zugang zur Sache vermutlich schwermachen?
- Was hat als notwendiger, festzuhaltender Wissensbesitz („Mindestwissen") zu gelten, wenn der im vorangegangenen bestimmte Bildungsinhalt als geistiger Besitz gelten soll?

Beispiel:

(3. Klasse, Lehrplaninhalt: Arithmetik – schriftliche Addition)
Das Thema schriftliche Addition kann in folgende Teilschritte zerlegt werden:
1. Untereinanderschreiben der Summanden,
2. Addition der Stellenwerte von rechts nach links fortschreitend unter Beachtung eines evtl. Übertrags.
Voraussetzung ist die Beherrschung der Stellenwertschreibweise von Zahlen und die sichere Addition im Zahlbereich bis 20.
Besondere Schwierigkeiten liegen in der Beachtung des Übertrags, beim Auftauchen von Nullen und bei unterschiedlicher Stellenzahl der Summanden.
Mindestwissen ist das fehlerfreie Ausführen des Verfahrens.

Zu 5.: Die Frage nach der unterrichtlichen Zugänglichkeit mündet in methodische Probleme. Die Lehrkraft muss sich fragen, was die besonderen Situationen, Ereignisse oder Formelemente sind, die den Kindern der betreffenden Alters- und Klassenstufe den Inhalt zugänglich, interessant und anschaulich machen kann. Nach Peterßen (1982, S. 52) kann der Komplex in folgende Unterfragen gegliedert werden:

- Welche Anschauungen sind geeignet, die auf das Wesen des Inhalts gerichteten Fragestellungen in den Kindern zu erwecken und als Motivation für den Unterricht dienen zu können?
- Welche Anschauungen, Hinweise, Situationen, Beobachtungen und Modelle sind geeignet, den Kindern dazu zu verhelfen, möglichst selbstständig die wesentlichen Fragestellungen zu diesem Problem zu beantworten?
- Welche Situationen und Aufgaben sind geeignet, das Prinzip der Sache, die Struktur des Inhalts, in der Anwendung sich bewähren zu lassen?

Selbstständigkeit und Anschaulichkeit sind die Schlüsselwörter hinsichtlich der methodischen Ausgestaltung des Inhalts.

Beispiel:

(3. Klasse, Lehrplaninhalt: Arithmetik – schriftliche Addition)
Als Fragestellung kann in der genannten Sachaufgabe die Frage nach der Summe der beiden Geldbeträge dienen, eventuell noch durch den Zusatz, ob damit ein bestimmter wünschenswerter Gegenstand, z. B. ein Fahrrad, zu kaufen ist.
Als Modell für die schriftliche Addition sind im Prinzip entweder Mehrsystemblöcke oder Spielgeld möglich. Auf Grund der vorgegebenen Sachaufgabe wird hier die Darstellung mit Spielgeld vorgezogen.

Als übende Anwendung werden weitere Aufgaben gestellt, die in schriftlicher Form zu lösen sind, die aber auch die unter 4. genannten Schwierigkeiten enthalten, also z. B.

$$302 + 680 =$$
$$35 + 408 =$$
$$389 + 179 =$$

Zentraler Begriff der „Didaktischen Analyse" ist der Begriff der Bildung, und zwar in seiner Polarität zwischen materialer und formaler Bildung. Während die materiale Bildung im Besitz eines umfangreichen Wissens das Ziel sieht, geht es der formalen Bildung nur um die Ausformung von Kräften und Funktionen, die im Umgang mit der Wirklichkeit zur Geltung kommen sollen. Klafki versucht durch seinen Ansatz die in der Geschichte immer mehr divergierenden Komponenten des Bildungsbegriffs wieder zu vereinigen. Bildung ist stets materiale und formale Bildung zugleich. Diese zentrale Aussage trifft auch für die Bildung im Mathematikunterricht zu, der einerseits konkretes Wissen und Können zur Lebensbewältigung zum Ziel hat, darüber hinaus aber auch die allgemeinen Funktionen und Fähigkeiten des stringenten, schlussfolgernden Denkens fördern muss.

4.3   Berliner Modell

4.3.1 Grundansatz

Während die „Didaktische Analyse" älteren Lehrgenerationen als Richtschnur für ihre Unterrichtsplanung diente, hat seit den 1970er Jahren die Unterrichtsplanung nach dem Berliner Modell von Heimann, Otto und Schulz (1970) große Bedeutung gewonnen.

Das Berliner Modell geht davon aus, dass Unterricht als absichtsvolles pädagogisches Geschehen durch mindestens sechs Momente konstituiert ist, nämlich durch die pädagogischen Intentionen (Ziele), die Themen des Unterricht (Inhalte, Gegenstände), mit denen die Ziele erreicht werden sollen, die Methoden, die zur Vermittlung der Ziele und Themen herangezogen werden sollen und die Medien, die der Verständigung zwischen Unterrichtendem und Schüler dienen. Voraussetzungen für jeden Unterricht ist aber die Kenntnis der psychologischen Dispositionen der zu unterrichtenden Menschen und die gesellschaftlichen Rahmenbedingungen für den Unterricht. Alle sechs Elemente stehen in enger Abhängigkeit zueinander. Man spricht in diesem Zusammenhang von Interdependenz. So ist z. B. die Wahl der Medien von den psychologischen Voraussetzungen oder den gewählten Methoden abhängig, andererseits sind die Inhalte von den Intentionen und diese wiederum von den gesellschaftlichen Voraussetzungen abhängig. Damit ergibt sich ein eng verflochtenes Strukturgefüge, das (nach Peterßen, 1982, S. 72) so dargestellt werden kann:

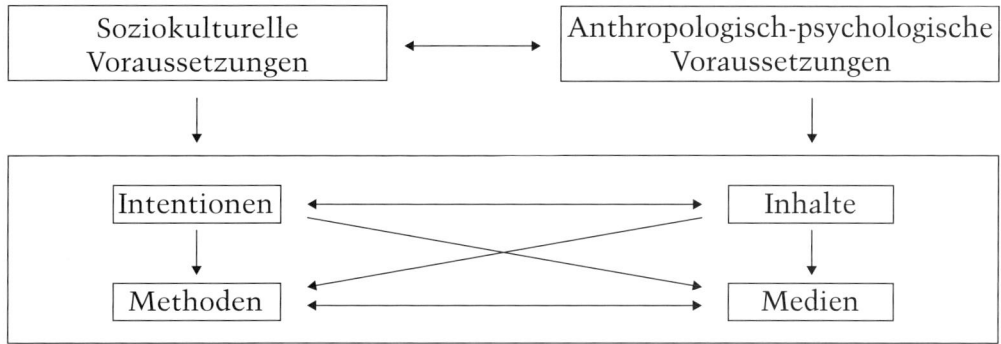

Im Folgenden seien diese Komponenten mit Beispielen aus dem Mathematikunterricht besprochen.

4.3.2 Soziokulturelle Voraussetzungen

Unterricht in der Grundschule findet in einer konkreten Klasse als einer ganz bestimmten sozialen Gruppierung statt. Sie ist geprägt durch die Anzahl der Schüler, ihr Alter, Geschlecht, ihre Religions- und Kulturgruppenzugehörigkeit, ihr Leistungswille und -vermögen, den Kooperationsformen und den Rivalitäten zwischen den Schülern. Keine Klasse gleicht der anderen, in jeder Klasse spielen sich gruppendynamische Prozesse ab, die entscheidend für Erfolg oder Misserfolg des Unterrichts sein können.

Dazu kommt die Schule als gesellschaftliche Organisationsform, die durch Rahmenbedingungen wie Schulordnung, Lehrplan, Ausstattung, Kollegium und Schülerauslese geprägt ist. Auch die soziale Gesamtsituation wie gesellschaftliche Richtungen und Tendenzen beeinflussen den Unterricht.

Für den Mathematikunterricht ist eine der wichtigsten soziokulturellen Voraussetzungen die Zusammensetzung der Klasse hinsichtlich deutscher und ausländischer Kinder. Die Lehrkraft muss z. B. bei den schriftlichen Rechenverfahren die Besonderheiten in den verschiedenen Ländern beachten. (siehe Kap. XIII. 4). Aber nicht nur bezüglich unterschiedlicher Rechenverfahren, sondern auch bezüglich der Sprache und z. T. auch der Wahl der Medien ist die Zusammensetzung der Klasse bezüglich Ausländerkinder und Deutschsprachige von großer Bedeutung für den Erfolg des Unterrichts. Im folgenden Beispiel ist der Text aus einem Mathematikbuch für Ausländerkinder wiedergegeben. Man beachte die bewusst einfachen sprachlichen Formulierungen.

Beispiel:

(3. Klasse, Lehrplaninhalt: Geometrie – Flächen und Körperformen, nach Feil, 1984, S. 133)

Bei diesen Aufgaben handelt es sich um die erste Begegnung mit dem Würfel. Im Buch finden sich folgende Texte:

Claudia zeigt eine *Ecke.*
Erol misst eine *Kante.*
Erkan malt eine *Fläche* an.

Alle Flächen sind Quadrate.
Alle Kanten sind gleich lang.
Das ist ein Würfel.

Falte einen Würfel. Nimm dazu den Karton aus dem Arbeitsheft.
Male die Flächen rot, blau, grün, gelb, braun, rosa an.
Male die Kanten schwarz an.
Stecke eine Stecknadel in jede Ecke.

4.3.3 Anthropologisch-psychologische Voraussetzungen

Unterricht hat immer den einzelnen Schüler als Adressat, auch wenn in konkreten Unterrichtsplanungen immer häufig von „der Klasse" die Rede ist. In der Unterrichtsvorbereitung muss daher auch die konkrete anthropologisch-psychologische Situation der einzelnen Schüler (und eigentlich auch des Lehrers) mit bedacht werden. Zu den anthropologisch-psychologischen Bedingungen, die in der Unterrichtsplanung berücksichtigt werden müssen, gehören mindestens folgende Bereiche (nach Hagmüller, 1983, S. 27):
– die allgemeine entwicklungspsychologische Situation der Altersstufe,
– individuelle Auffälligkeiten einzelner Schüler,
– Schichtenzugehörigkeit einzelner Kinder, sowie Alters- und Bekenntnisverteilung.

Der für den Mathematikunterricht wichtigste Bereich ist sicher die entwicklungspsychologische Situation der Kinder. Schließt man sich an die Entwicklungsstufen von Piaget an, so befinden sich die Kinder des 1. Schuljahrs sicher in einer anderen psychologischen Situation als die des 4. Schuljahrs. Während die Kinder des 1. Schuljahrs sich in der Übergangsphase zwischen der präoperativen Phase und der konkret logischen Phase befinden, sind die Kinder des 4. Schuljahrs bereits am Ende der konkret logischen Phase. Damit verfügen sie über eine sehr viel höhere Abstraktionsfähigkeit, sodass der Unterricht, ausgehend von diesen völlig verschiedenen Lernvoraussetzungen der Schüler, ganz andere didaktische Mittel einsetzen kann.

Beispiel:

(1. und 4. Klasse, Lehrplaninhalt: Sachrechnen, nach Lauter, 1984)

In beiden Klassen werden Sachaufgaben zum Kaufen und Verkaufen behandelt, zu deren Lösung unterschiedliche Lösungshilfen eingesetzt werden können.

Im 1. Schuljahr muss der Verkaufsvorgang noch konkret dargestellt werden. Dazu eignet sich vor allem die szenische Darstellung. In der Klasse werden auf einem Tisch die Auslagen eines Ladens, etwa die eines Schreibwarengeschäfts, mit dem jeweiligen Verkaufspreis aufgebaut. Kinder kaufen konkrete Gegenstände, z. B. einen Bleistift, ein Rechenheft, einen Radiergummi usw. bei der Verkäuferin, die von einem Kind gespielt wird. Bezahlt wird mit Spielgeld.

Im 4. Schuljahr kann eine Sachaufgabe zu diesem Themenkomplex als komplexe Textaufgabe formuliert werden:

Auf der Abbildung im Schulbuch ist ein Zug mit Tenderlok und drei Wagen sowie die Skizze einer Gleisanlage mit 2 Elektroweichen, 7 geraden Gleisen der Länge 104 mm, 2 geraden Gleisen der Länge 33 mm, 6 gebogenen Gleisen abgebildet. Der Text dazu lautet:

„Ralf und sein Vater wollen mit dem Modelleisenbahnbau beginnen.
In der Preisliste findet Ralf folgende Einzelpreise:

Anschlussgleis	2,35 €
gerade Gleise 104 mm	1,15 €
gerade Gleise 33 mm	1,15 €
gebogene Gleise	1,55 €
1 Paar Elektroweichen	47,50 €

Die abgebildete Gleisanlage und den Zug hat Ralfs Vater als Grundpackung für 178,50 €
gekauft.
a) Ralf berechnet den Wert der Gleisanlage und den Wert des Zuges.
b) Die Tenderlok steht mit 62 € im Katalog. Wie hoch ist der durchschnittliche Preis für
einen Wagen?

Fast in jeder Klasse gibt es Kinder mit individuellen Auffälligkeiten. Hierbei
ist vor allem an Behinderungen, z. B. Schwerhörigkeit, Sehschwächen, kör-
perliche Behinderungen, Verhaltensauffälligkeiten usw. zu denken. Es ist
eine Selbstverständlichkeit, dass die Lehrkraft in der Unterrichtsplanung
auf diese Besonderheiten einzelner Schüler Rücksicht nimmt.

Die von der Norm der Klasse abweichende Schichtenzugehörigkeit einzelner Schüler – dies ist im Zusammenhang mit den anthropologisch-psychologischen Bedingungen gemeint – ist ebenfalls bei der Unterrichtsplanung
zu berücksichtigen. So wird man im konkreten Unterricht z. B. versuchen,
Kinder, die einer niedrigeren sozialen Schicht angehören, zu integrieren.

Die soziokulturellen und anthropologisch-psychologischen Vorausssetzun-
gen für Unterricht bleiben in der Regel für eine Unterrichtssequenz, häufig
sogar für ein ganzes Schuljahr im Wesentlichen die gleichen. Sie brauchen
deshalb nicht bei jeder Stundenplanung neu formuliert zu werden. Das ist
anders bei den eigentlichen Entscheidungsfeldern, also bei Intentionen (spezielle Ziele), Inhalten, Methoden und Medien, die für jede Unterrichtsstunde neu durchdacht werden müssen.

4.3.4 Intentionen

Jeder Unterricht ist zielgerichtet. Vorstellungen über Intentionen und Ziele stehen am Anfang einer jeden konkreten Unterrichtsplanung. Dabei handelt es sich nur implizit um die allgemeinen Richtziele oder die Grob-
lernziele des Mathematikunterrichts (siehe Kap. III.), sondern vielmehr um
Feinlernziele, die in der konkreten Unterrichtsstunde realisiert werden sollen.

Allerdings sind es nicht nur die im Lehrplan zumeist genannten kognitiven
Ziele, die den Mathematikunterricht bestimmen. Vielmehr sollen auch im
Mathematikunterricht emotionale und pragmatische Ziele angestrebt wer-
den. Alle drei Lernzieldimensionen können dann noch nach Schulz (1970,
S. 27) in verschiedenen Qualitätsstufen realisiert werden, sodass sich das fol-
gende umfassende Schema der Intentionen ergibt:

Qualitätsstufe	kognitive Dimension	emotionale Dimension	pragmatische Dimension
Anbahnung	Kenntnis	Anmutung	Fähigkeit
Entfaltung	Erkenntnis	Erlebnis	Fertigkeit
Gestaltung	Überzeugung	Gesinnung	Gewohnheit

Diese Klassifizierung, die auch für den Mathematikunterricht gilt, drückt aus, dass einmal Lernziele in den drei genannten Dimensionen, zum anderen aber auch in drei Vertiefungsstufen auftreten können. Auch wenn nicht in jedem Fall die Qualitätsstufe deutlich werden muss, so ist doch bei der Formulierung der Intention einer Stunde darauf zu achten, bis zu welchem Vertiefungsniveau das Ziel verfolgt werden soll.

Beispiel:
(3. Klasse, Lehrplaninhalt: Arithmetik – Schriftliche Addition)

In der Einführungsstunde wird man sich in der pragmatischen Dimension mit der *Fähigkeit* den Algorithmus auszuführen begnügen. Dabei kann noch keine Geschwindigkeit im Lösen der Aufgaben erwartet werden. Eine gewisse *Fertigkeit* und Geläufigkeit ist dann erst das Ziel der nächsten Übungsstunden. Schließlich wird das Verfahren zur *Gewohnheit*, das so zur Lösung weiterer Aufgaben, etwa zum Berechnen von Sachaufgaben, eingesetzt werden kann.

Schulz (1970) vermutet, dass die spezifische Wirkungsmöglichkeit des Schulunterrichts auf der Entfaltungsstufe liegt: Kenntnisse in Erkenntniszusammenhänge bringen, Erlebnisfähigkeiten zu entfalten und Fähigkeiten zu Fertigkeiten weiterzuentwickeln.

Für die Formulierung eines Feinlernziels in einem Unterrichtsentwurf gilt natürlich die Forderung der Operationalisierbarkeit. Es sollte also folgende Komponenten enthalten:

1. Eine eindeutige Beschreibung des angestrebten Endverhaltens.
2. Angabe der Bedingungen, unter denen das Verhalten gezeigt werden soll. Dazu gehören auch Angaben darüber, welche Hilfsmittel benutzt werden können,
3. Angabe eines Beurteilungsmaßstabs, was zumindest heißt, festzustellen, ob die Leistung genügt oder nicht genügt.

Mit diesen Charakteristika können nun die (Fein-)Lernziele für eine Unterrichtsstunde formuliert werden.

Beispiel:
(2. Klasse, Lehrplaninhalt: Arithmetik – Einmaleins mit 4)

In der Stunde wird das Einmaleins mit 4 eingeführt, nachdem die Grundvorstellung der Multiplikation bekannt ist. Als Material sind (Spiel-)Autos vorgesehen, die mit jeweils 4 Reifen versehen werden sollen. Für diese Stunde können folgende Lernziele ausgebracht werden:
– mit Hilfe der Medien (Spielautos, die jeweils 4 Reifen brauchen) die Vorstellung „mal 4" beschreiben (Erkenntnis) und die entsprechenden Aufgaben des Einmaleins in Ziffernschreibweise formulieren,

- Aufgaben des Einmaleins mit 4 mit Material darstellen,
- Umkehraufgaben (Divisionsaufgaben) zum Einmaleins mit 4 formulieren und darstellen,
- die Viererreihe aufsagen können,
- Freude empfinden auf Grund des Hantierens (Spielens) mit dem Material (Spielzeugautos).

Lernziele sollen möglichst konkret formuliert werden. Als Hilfe dienen die Taxonomiegruppen von Bloom, die in Kap. III. 2.2 besprochen worden sind. Bei der verbalen Formulierung der Ziele ist es wichtig, möglichst konkrete Verben zu benutzen. Entsprechend den Taxonomiegruppen von Bloom empfiehlt Hagmüller (1983) folgende Formulierungen:

Wissen:	wiedergeben, beschreiben, aufzählen, nennen, ...
Verstehen:	beschreiben, erläutern, erklären, erörtern, verdeutlichen,
Anwendung:	lösen, durchführen, gebrauchen, berechnen, ...
Analyse:	ableiten, unterscheiden, aufdecken, gliedern, bestimmen, vergleichen, zuordnen,
Synthese:	entwerfen, erfassen, kombinieren, konstruieren, planen, erarbeiten,
Bewertung:	beurteilen, entscheiden, auswählen, begründen, ...

Weniger präzis sind Formulierungen wie: kennen, wissen, erfassen, machen, zu würdigen wissen, glauben, erfahren usw.

In der Regel reichen 3 bis 5 einzelne Lernziele für eine Stunde aus. Werden, wie vor Jahren üblich, 10 und mehr einzelne Feinstziele pro Stunde formuliert, so besteht die Gefahr, dass der Unterricht steril und mechanisch wird, indem ein Ziel nach dem anderen abgehakt wird.

4.3.5 Inhalte

Die Inhalte des Mathematikunterrichts in der Grundschule sind im Wesentlichen durch den geltenden Lehrplan vorgegeben. Es ist eine Selbstverständlichkeit, dass der Unterrichtende die Inhalte, die er unterrichtet, selbst fachlich beherrscht. Für den Mathematikunterricht heißt dies, dass die Fachwissenschaft Mathematik die Bezugsdisziplin ist, die die Kriterien für die Korrektheit der Inhalte des Mathematikunterrichts, auch schon in der Grundschule, liefert. Dies bezieht sich einmal auf die Inhalte selbst, zum anderen aber auch auf die Formulierung der mathematischen Sachverhalte. Durch den systematischen Aufbau der Mathematik sind die Inhalte des Mathematikunterrichts sowohl in ihrer Auswahl als auch in ihrer Abfolge weitgehend vorgegeben. Das wird besonders deutlich in der Arithmetik, wo die Einführung der natürlichen Zahlen in den verschiedenen „Zahlenräumen" (bis 5, bis 10, bis 20, bis 100, bis 1 000, bis 1 000 000), die Kleiner-Größer-Beziehung, die Addition und Subtraktion, die Multiplikation und Division in den jeweiligen Zahlenräumen einschließlich der schriftlichen Rechenverfahren notwendigerweise so und in dieser Reihenfolge erfolgen muss. Auch die Inhalte des Bereichs „Größen" sind im Wesentlichen in Inhalt und Reihenfolge vorgegeben.

Etwas anderes ist es mit den Inhalten der Geometrie. Da die konstruktive Geometrie ohnehin in der weiterführenden Schule neu beginnt, kann es sich beim Geometrieunterricht in der Grundschule nur um eine propädeutische (vorbereitende) Geometrie handeln, deren Inhalte keineswegs schon durch die Systematik der euklidischen Geometrie festgelegt sind. Die üblichen Inhalte, z. B. Auslegen von Figuren, Achsenspiegelungen oder Übungen mit dem Gitterpapier sind so keineswegs notwendig und können durch andere Inhalte ersetzt werden.

Das kann zu der Frage führen: Warum denn überhaupt diese Übungen? Wozu benötigt man die Vorstellungen des Auslegens oder der Achsensymmetrie?

Hier ist die Frage nach dem formalen Bildungswert der Mathematik gestellt. In der gesamten Bildungsdiskussion lässt sich bezüglich der Inhaltsauswahl die Polarität zwischen materialer und formaler Bildung aufzeigen. Sollen die Inhalte des Unterricht so ausgewählt werden, dass auf Grund der gelernten Inhalte der Schüler „gebildet" wird, oder sollen Inhalte ausgewählt werden, die die Entwicklung bestimmter individueller Fähigkeiten, Fertigkeiten und Werthaltungen ermöglichen, wobei diese Persönlichkeitsmerkmale das Primäre sind und nicht die Kenntnis der Inhalte?

Die Mathematik wird in Grund- und Hauptschule häufig nur unter dem Aspekt der materiellen Bildung gesehen. Mathematik wird in der Schule unterrichtet, weil man Rechnen können muss, weil man mit Größen umgehen muss, weil man Bruchrechnen und Prozentrechnen beherrschen muss, weil man konstruieren lernen muss usw. Das ist sicher richtig, aber man übersieht dabei, dass Mathematik auch einen formalen Bildungswert hat. Und dieser formale Bildungswert der Mathematik ist es, der dazu geführt hat, dass Mathematik über 2000 Jahre zum klassischen Bildungsinhalt der Menschheit gehört hat. Mathematik war in den sieben „freien" Künsten (Grammatik, Rhetorik, Dialektik, Arithmetik, Geometrie, Musik und Astronomie), die den Fächerkanon der antiken und mittelalterlichen Bildung umfassten, gleich zweimal vertreten. Und dieser formale Bildungswert der Mathematik ist seit Plato von zahlreichen Philosophen und Mathematikern immer wieder betont worden. Für den konkreten Mathematikunterricht in der Grundschule heißt das, dass auch Inhalte behandelt werden sollen, die nicht zur Lösung von Alltagsproblemen benutzt werden.

Beispiel:

(4. Klasse, Lehrplaninhalt: Arithmetik – Eigenschaften von Zahlen)

Bei diesem Inhalt handelt es sich vorzugsweise um Teiler und Vielfache von natürlichen Zahlen. Im Zusammenhang damit werden auch die Primzahlen thematisiert: Eine Primzahl ist eine Zahl, die genau zwei Teiler hat, nämlich 1 und sich selbst. Eine schöne Übung ist das Aufsuchen der Primzahlen bis 100. Dies kann mit dem sog. Sieb des Eratosthenes geschehen:

Man schreibe alle natürliche Zahlen bis 100 auf, am besten in Zehnerblöcken. Dann streiche man von diesen Zahlen zunächst alle durch 2 teilbaren Zahlen außer der 2, dann alle durch 3 teilbaren Zahlen außer der 3, dann alle durch 5 teilbaren Zahlen außer der 5 und noch alle durch 7 teilbaren Zahlen außer der 7. Die jetzt nicht gestrichenen Zahlen sind alle Primzahlen unter 100.

1̸	2	3	4̸	5	6̸	7	8̸	9̸	1̸0̸
11	1̸2̸	13	1̸4̸	1̸5̸	1̸6̸	17	1̸8̸	19	2̸0̸
2̸1̸	2̸2̸	23	2̸4̸	2̸5̸	2̸6̸	2̸7̸	2̸8̸	29	3̸0̸
31	3̸2̸	3̸3̸	3̸4̸	3̸5̸	3̸6̸	37	3̸8̸	3̸9̸	4̸0̸
41	4̸2̸	43	4̸4̸	4̸5̸	4̸6̸	47	4̸8̸	4̸9̸	5̸0̸
5̸1̸	5̸2̸	53	5̸4̸	5̸5̸	5̸6̸	5̸7̸	5̸8̸	59	6̸0̸
61	6̸2̸	6̸3̸	6̸4̸	6̸5̸	6̸6̸	67	6̸8̸	6̸9̸	7̸0̸
71	7̸2̸	73	7̸4̸	7̸5̸	7̸6̸	7̸7̸	7̸8̸	79	8̸0̸
8̸1̸	8̸2̸	83	8̸4̸	8̸5̸	8̸6̸	8̸7̸	8̸8̸	89	9̸0̸
9̸1̸	9̸2̸	9̸3̸	9̸4̸	9̸5̸	9̸6̸	97	9̸8̸	9̸9̸	1̸0̸0̸

Eine wichtige Frage ist, warum man jetzt aufhören kann und nicht auch alle Vielfachen von 11, 13 usw. streichen muss. Die Begründung liegt darin, dass die Vielfachen von 11 bereits bearbeitet wurden, weil sie auch Vielfache der Zahlen 2 bis 9 sind.

$$11 \cdot 2 = 22$$
$$11 \cdot 3 = 33$$
$$\overline{11 \cdot 9 = 99}$$

Diese Begründung ist es, auf die es hier ankommt. Der Schüler soll durch Nachdenken die Lösung finden.

Die Kenntnis der Primzahlen selbst ist als materielles Wissen für den Schüler unwichtig.

Die Kenntnis der Mathematik ist auch für die sach- und fachgerechte Formulierung im Einzelnen wichtig. Hier zwei Beispiele:

Beispiel:

(2. Klasse, Lehrplaninhalt: Arithmetik – Division)

Die Restschreibweise bei der Division, z. B. in der Form

$$31 : 10 = 3 \quad \text{Rest } 1$$

ist fachlich nicht korrekt, weil 3 Rest 1 kein Term, also kein Name für eine Zahl ist. Denn auch

$$7 : 2 = 3 \quad \text{Rest } 1.$$

Demnach müsste 31 : 10 = 7 : 2 sein, also

$$3,1 = 3,5,$$

was natürlich nicht stimmt. Deshalb muss zumindest mündlich der Divisor mitgenannt werden, also

$$31 : 10 \text{ ist } 3 \text{ Rest } 1 \text{ beim Teilen durch } 10$$

Beispiel:

(1. Klasse, Lehrplaninhalt: Arithmetik – Addition)

Das Gleichheitszeichen bedeutet immer „... ist dasselbe wie ..." und niemals „... ergibt ...". Durch die Bedeutung „... ist dasselbe wie ..." wird deutlich, dass beide Seiten der Gleichung völlig gleichberechtigt sind. Es ist also völlig gleich, ob man schreibt:

$$12 + 4 = 16 \text{ oder}$$
$$16 = 12 + 4.$$

Schüler, die das Gleichheitszeichen in der Bedeutung „... ergibt ..." kennen, haben Schwierigkeiten, Aufgaben der folgenden Form zu lösen:

$$\boxed{} = 12 + 4$$

oder

$$7 + 5 = \boxed{} + 4$$

Es ist ein Irrtum zu glauben, dass man den Mathematikunterricht in der Grundschule ohne fachmathematische Kenntnisse bestreiten kann. Fast bei jedem Stundenthema gibt es Probleme, die fachmathematisch betrachtet werden müssen. Eine gute Ausbildung in fachmathematischen Grundfragen (z. B. zum Funktionsbegriff, zum Begriff der Relation, zu den natürlichen Zahlen und des Rechnens mit ihnen, den Größen, der Geometrie usw.) gibt dem Lehrer Sicherheit, sodass er sich auf die didaktischen und methodischen Probleme konzentrieren kann.

4.3.6 Methoden

Sind die Voraussetzungen für den Unterricht analysiert, die Ziele und Inhalte festgelegt, so erfolgt die methodische Planung. Dies ist der Teil der Unterrichtsplanung, der in der alleinigen Verantwortung des Lehrers steht und bei dem er seine Professionalität unter Beweis stellen kann. Schließlich ist die Methodenfreiheit ein verbrieftes Recht des Lehrers, das er sich auch nicht durch zu stringente Unterrichtshilfen nehmen lassen sollte.
Nach Hagmüller (1983, S. 73) sind bei den methodischen Überlegungen folgende Teilaspekte zu berücksichtigen:
– Methodenkonzeptionen
– Lernphasen
– Lehrverfahren
– Sozialformen
– Interaktionsformen.

Bezüglich der Methoden sei zunächst einmal auf die Fachmethodik des Mathematikunterrichts hingewiesen (z. B. Lauter, 1989), die für jeden zu unterrichtenden Inhalt ins Einzelne gehende methodische Vorschläge ausgearbeitet hat. Darüber hinaus gibt es allgemeine *Methodenkonzeptionen*, die auch im Mathematikunterricht sinnvoll eingesetzt werden können.
Von besonderer Bedeutung ist die induktive Methode, die durch didaktische Prinzipien (siehe Kap. IV.) wie das dynamische Prinzip untermauert werden kann. Die induktive Methode entspricht dem Lernen des Kindes, das aus vielfältigen Erfahrungen höhere Gesetzmäßigkeiten entdeckt. Obwohl Mathematik selbst deduktiv strukturiert ist, also von übergeordneten Axiomen und Sätzen Einzelfälle deduziert, empfiehlt sich für den Mathematikunterricht in der Grundschule die induktive Methode.

Beispiel:
(1. Klasse, Lehrplaninhalt: Erwerb grundlegender Erfahrungen)
Dem Kind werden vielfältige Gegenstände aus seinem Erfahrungsbereich vorgelegt, die in verschiedene Kästen einsortiert werden sollen, z. B. Schreibwerkzeuge, Spielsachen, Haushaltsgegenstände, Esswaren usw. Auf diese Weise entwickelt das Kind Oberbegrif-

fe. Sie werden ihm nicht durch den Lehrer vorgegeben, sondern auf Grund des methodischen Vorgehens bildet das Kind die Begriffe selbst.

Beobachten, Entdecken, Vermuten, die Vermutungen formulieren, Überprüfen, Verallgemeinern – das sind die Kennzeichen der induktiven Methode.

Eine weitere für den Mathematikunterricht wichtige Methode ist die genetische Methode. Bei dieser Methode geht man stets vom Bekannten aus, fügt nach und nach weitere Fakten und Schlussfolgerungen hinzu und kommt so zu einem erweiterten Kenntnisbereich.

Beispiel:

(2. Klasse, Lehrplaninhalt: Arithmetik – Addition und Subtraktion im Zahlbereich bis 100)

Das Kind kann im ersten und zweiten Zehner, also im Zahlbereich bis 20 addieren und subtrahieren. Diese Operationen können in den weiteren Zehnerintervallen des Zahlbereichs bis 100 ausgeführt werden, indem die bekannten Rechenregeln auf den neuen Zahlbereich ausgedehnt werden.

Die genetische Methode ist also geprägt durch Klärung der Ausgangssituation, Erweitern der Problematik auf weitere Bereiche, Erörterung der Zusammenhänge, Durchdenken der Schlussfolgerungen.

Durch *Lernphasen* (auch Lernstufen) wird das Unterrichtsgeschehen in gedankliche Abschnitte geteilt. Eine solche Strukturierung des Lernprozesses kann wiederum durch didaktische Prinzipien (Kap. IV) begründet und unterstützt werden, z. B. das Prinzip der Isolierung der Schwierigkeiten oder das Prinzip „enaktiv – ikonisch – symbolisch".

Die Formulierung von Lernphasen hat in der Geschichte der Pädagogik eine lange Tradition, in der z. B. Herbart mit den Formalstufen, vor allem aber Roth mit seinen Lernstufen zu nennen sind. Dies sind:

– Stufe der Motivation
– Stufe der Schwierigkeit
– Stufe der Lösung
– Stufe des Tuns und der Ausführung
– Stufe des Behaltens und Einübens
– Stufe der Anwendung

Beispiel:

(4. Klasse, Lehrplaninhalt: Arithmetik – Runden von Zahlen im Zahlbereich bis 100 000)

In der folgenden Unterrichtsskizze seien die Roth'schen Lernstufen angedeutet.

Stufe der Motivation: Die Lehrerin berichtet, dass sie sich ein Auto kaufen will. Sie hat sich einige Gebrauchtwagen angesehen und die Kilometerstände der Wagen notiert: 31 487, 42 798, 41 009, 52 438, 45 679. Sie benötigt die Kilometerstände als ein Kriterium für den Kauf neben Marke, Preis, Zustand usw.

Stufe der Schwierigkeit: Es fällt aber schwer, die Zahlen zu behalten. Was kann man machen? Die Kinder kennen das Runden bereits vom kleineren Zahlbereich. Auch hier kann gerundet werden. Auf welche Stelle soll man runden?

Stufe der Lösung: Eigentlich sind nur die Tausenderzahlen wichtig. Vorschlag: Runden auf Tausender. Dabei wird bei Hunderterzahlen unter 5 abgerundet, bei Hunderterzahlen 5 und höher aufgerundet.

Stufe des Tuns und der Ausführung: Die Zahlen werden gerundet und der Größe nach geordnet: 31 000, 41 000, 43 000, 46 000, 52 000. Diese Zahlen können jetzt schnell auswendig wiedergegeben werden.

Stufe des Behaltens und Einübens: Hier werden Regeln wiederholt und weitere Beispiele des Rundens auf Tausender durchgeführt.

Stufe der Anwendung: Weitere Anwendungsbeispiele werden in Stillarbeit (Arbeitsblatt) oder als Hausaufgabe durchgeführt, z.B. das Runden von Einwohnerzahlen von Großstädten. Die gerundeten Zahlen können besser auswendig gelernt werden.

Das *Lehrverfahren* gibt an, wie der Kommunikationsprozess zwischen Lehrer und Schüler verlaufen soll und entspricht auf Seite des Schülers dem Lernvorgang. Im Wesentlichen handelt es sich um folgende Lehr- bzw. Lernformen:

Darstellendes Lehrverfahren – rezeptives Lernen
Entdecken-lassendes Lehrverfahren – entdeckendes Lernen

Rezeptives und entdeckendes Lernen werden im Zusammenhang mit der Übung (Kap. IX.) ausführlich dargestellt, sodass wir uns hier auf einige wenige Kennzeichen der beiden Lehrverfahren beschränken können (nach Hagmüller, 1983, S. 82).

Das darstellende Lehrverfahren besteht darin, dass der Lehrer vorträgt, vormacht, erklärt, Zusammenhänge beschreibt, Aufgaben nennt usw. Dadurch steht der Lehrer im Mittelpunkt des unterrichtlichen Geschehens. Der Schüler nimmt die Angebote des Lehrers auf und reagiert darauf durch Antworten, Ausrechnen, Niederschreiben usw. Durch das darstellende Lehrverfahren kann ein Sachverhalt optimal strukturiert dargeboten werden. Andererseits tritt der Schüler im Wesentlichen als rezeptiver und teilweise auch passiver Partner im Lernprozess auf.

Demgegenüber tritt beim entdecken-lassenden Lehrverfahren der Lehrer überall dort zurück, wo sein Einsatz nicht unbedingt erforderlich ist. Er ist lediglich der Organisator von Lernsituationen. Er schafft Freiräume, innerhalb derer die Schüler sich selbst entfalten können. Der Schüler kann sich selbstständig allein oder in der Lerngruppe mit einem Problem auseinandersetzen. Das schließt natürlich die Gefahr von Irrwegen und Umwegen im Lernprozess ein, aber diese müssen in Kauf genommen werden um den Schüler zu selbstständiger Bearbeitung eines Problems und zum Entdecken der Lösung befähigen zu können. Gerade in einem modernen Mathematikunterricht spielt das entdecken-lassende Lehrverfahren eine große Rolle, weil dadurch die allgemeinen Ziele des Mathematikunterrichts (siehe Kap. III.), z.B. Kreativität, besonders gut realisiert werden können.

Eine weitere methodische Entscheidung ist die Wahl der *Sozialform.* Damit wird die Verteilung der Aktivitäten im Unterricht beschrieben.

Die üblichen Sozialformen sind:
– Partnerarbeit
– Gruppenarbeit (Kleingruppe)
– Kreisgespräch (Großgruppe)

- Einzelarbeit
- Frontalunterricht
- Simulationen (z. B. Rollenspiel)

Über die Einsatzmöglichkeiten der verschiedenen Sozialformen im Mathematikunterricht der Grundschule wurde bereits im Zusammenhang mit der Differenzierung (Kap. VI. 4.2) berichtet. Hier sei nur noch einmal daran erinnert, dass die Wahl der Sozialform im Mathematikunterricht beispielsweise durch didaktische Prinzipien begründet werden kann wie etwa durch das Bruner'sche Prinzip „enaktiv – ikonisch – symbolisch".

Im Unterricht der Grundschule ist es besonders wichtig, Wechsel der Sozialformen einzuplanen. Dadurch wird der Unterricht abwechselungsreicher, die Schüler werden motiviert und aktiviert.

Bestimmte Lernformen und Medien im Mathematikunterricht erfordern bestimmte Sozialformen. So kann das Arbeiten mit Material für die Hand des Schülers nur in Einzelarbeit oder in der Kleingruppe erfolgen, während Demonstrationen am Zahlenstrahl besser im Frontalunterricht geschehen.

Schließlich gehört zur Unterrichtsplanung auch die Planung der *Interaktionsformen*. Darunter versteht man die aufeinander bezogenen Verhaltens- und Handlungsformen der am Unterricht beteiligten Personen, also Lehrer und Schüler. Die Planung der Interaktionsformen des Unterrichts ist wichtig um Lehrer- und Schüleraktivitäten aufeinander abzustimmen.

Die Verhaltens- und Handlungsformen des Lehrers können nach folgendem Schema eingeteilt werden (nach Hagmüller, 1983, S. 93)

verbal:	berichten, vorlesen, schildern, erklären, fragen, ergänzen, diktieren, Regeln angeben, Vorschläge machen, Schlussfolgerungen ziehen, zusammenfassen usw.
handelnd:	vorzeigen, vorführen, demonstrieren, anschreiben, anzeichnen, anheften, projizieren (Folien am Tageslichtprojektor, Dias usw.), experimentieren usw.
verbal/ handelnd:	Aufgaben stellen, Arbeitsanweisungen geben, Arbeitsmaterial bereitstellen, Impulse setzen, anordnen, motivieren, bestätigen, verneinen, helfen, Leistungen bewerten, beurteilen, diskutieren, anregen, ermuntern, bestätigen usw.
konzeptionell/ atmosphärisch:	zurückhalten, für positives Klassenklima sorgen, Schüler selbstständig arbeiten lassen, loben, aber auch: tadeln, schimpfen usw.

Dem entsprechen die Verhaltens- und Handlungsformen des Schülers:

verbal:	erzählen, berichten, vorlesen, vorrechnen, aufsagen, erklären, ergänzen, dazwischenrufen, mit dem Nachbarn besprechen usw.
handelnd:	melden, an der Tafel/Wandkarte zeigen, abschreiben, anschreiben, zuschauen, aufräumen, experimentieren, nachschlagen usw.

verbal/ handelnd:	Aufgaben lösen, diskutieren, Auszüge anfertigen, mit Arbeitsmaterial hantieren, dem Nachbarn helfen, vormachen vor der Klasse usw.
konzeptionell/ atmosphärisch:	auf den Lehrer einstellen, mitarbeiten, spontan äußern, aber auch: hinter dem Vordermann verstecken, geistig abwesend sein, langweilen, sich unverstanden fühlen usw.

Für den Mathematikunterricht in der Grundschule sei noch auf einen Punkt besonders verwiesen, nämlich auf die Forderung nach Problemfragen durch den Lehrer, die der Schüler als Impulse auffassen soll.

Beispiel:

(3. Klasse, Lehrplaninhalt: Arithmetik – Einmaleins, nach Wittmann/Müller, 1990, S. 119)
In der Klasse werden Übungen an der Einmaleinstafel durchgeführt.

·	1	2	3	4	5	6	7	8	9	10
1	1	2	3	4	5	6	7	8	9	10
2	2	4	6	8	10	12	14	16	18	20
3	3	6	9	12	15	18	21	24	27	30
4	4	8	12	16	20	24	28	32	36	40
5	5	10	15	20	25	30	35	40	45	50
6	6	12	18	24	30	36	42	48	54	60
7	7	14	21	28	35	42	49	56	63	70
8	8	16	24	32	40	48	56	64	72	80
9	9	18	27	36	45	54	63	72	81	90
10	10	20	30	40	50	60	70	80	90	100

Es werden 4 benachbarte Felder (wie oben markiert) ausgewählt und die zugehörigen Terme der diagonal gegenüberstehenden Felder addiert:

$$2 \cdot 5 + 3 \cdot 6 = 10 + 18 = 28$$
$$3 \cdot 5 + 2 \cdot 6 = 15 + 12 = 27$$

Lehrer:	Was fällt auf?
Schüler:	Der Unterschied ist 1.
Lehrer:	Nimm ein anderes Beispiel!

$$4 \cdot 5 + 5 \cdot 6 = 20 + 30 = 50$$
$$5 \cdot 5 + 4 \cdot 6 = 25 + 24 = 49$$

Lehrer:	Ist das immer so? Jeder probiert noch ein Beispiel aus!
Schüler:	(probieren aus und stellen fest, dass es immer gilt)
Lehrer:	Und wenn man die Differenz statt der Summe bildet?
Schüler:	(rechnen)

$$2 \cdot 5 - 3 \cdot 6 = 10 - 18 = ?$$

Lehrer:	Und wenn man die Glieder vertauscht?
Schüler:	(rechnen)

$$3 \cdot 6 - 2 \cdot 5 = 18 - 10 = 8$$
$$3 \cdot 5 - 2 \cdot 6 = 15 - 12 = 3$$

Die Differenz ist 5

Lehrer:	Und bei dem anderen Beispiel?
Schüler:	(rechnen)

$$5 \cdot 6 - 4 \cdot 5 = 30 - 20 = 10$$
$$5 \cdot 5 - 4 \cdot 6 = 25 - 24 = 9$$

Differenz: 1

Auf diese Weise werden die Schüler angehalten an der Einmaleinstafel Entdeckungen zu machen.

4.3.7 Medien

Der Mathematikunterricht in der Grundschule ist in starkem Maße durch Medien geprägt. Dies geht vor allen auf die psychologischen Grundansätze von Piaget und Bruner (siehe Kap. II. 2 und II. 3) zurück. Aus diesem Grund wird der Medienanalyse ein eigenes Kapitel gewidmet (siehe Kap. VIII.), sodass hier zur Frage der Unterrichtsplanung nur wenige Bemerkungen genügen.

Nach Hagmüller (1983) können Medien im Unterricht folgende Funktionen übernehmen:
- Informationen aufnehmen und speichern (z. B. die Wandtafel),
- Darbietungen perfektionieren (z. B. Dias, Folien),
- Vorgänge reproduzieren (z. B. Hefteintrag),
- Informationen multiplizieren (z. B. Arbeitsblatt),
- Lernprozesse initiieren und individualisieren (z. B. Steckwürfel),
- Lehrinhalte objektivieren (z. B. Schulbücher).

Dem Einsatz der Medien muss in der Unterrichtsplanung große Aufmerksamkeit gewidmet werden, da gerade im Mathematikunterricht der Grundschule hiervon der Lernerfolg abhängen kann. Die Mathematikdidaktik hat in den letzten Jahren eine Fülle von Medien bereitgestellt und ihren Einsatz im Unterricht beschrieben. Allerdings sollte der Lehrer sich der Mühe unterziehen, die Medien tatsächlich im Unterricht geplant einzusetzen.

5 Die Unterrichtsskizze

Die kürzeste und häufigste Form der schriftlichen Unterrichtsvorbereitung ist die Unterrichtsskizze. Nach Krampe/Mittelmann/Kern (1983, S. 57) hat sie folgende Funktionen:
- Klärung der Vorüberlegungen zum Unterricht. Die schriftliche Darstellung zwingt zur klaren Formulierung und Strukturierung.
- Sicherung der organisatorischen Vorbereitungen. Das Notieren verhindert das Vergessen von Unterrichtsschritten, Medien usw.
- Darstellung des Gerüsts des Unterrichts, das so weitgehend ist, dass die einzelnen Unterrichtspassagen klar strukturiert sind, das aber auch dem Lehrer so viel Freiheit lässt, dass der Unterricht nicht eingeengt wird und ein Freiraum für spontane Einfälle (des Lehrers und der Schüler) bleibt.

– Möglichkeit der Selbstkontrolle des Lehrers. Die Unterrichtsskizze ist die Grundlage der Reflexion über den Unterricht mit der Möglichkeit Alternativen zu bedenken.
– Anlage eines Anregungsreservoirs für den späteren Unterricht.

Folgt man den Bedingungs- und Entscheidungsfeldern der Berliner Schule, so müsste jede Unterrichtsskizze Aussagen über die soziokulturellen und anthropologisch-psychologischen Voraussetzungen sowie über Ziele, Inhalte, Methoden und Medien machen. In der konkreten Unterrichtsarbeit sind jedoch die soziokulturellen und anthropologisch-psychologischen Voraussetzungen vorgegeben und über lange Passagen des Schuljahrs konstant, sodass die skizzenhafte Planung des Unterrichts darauf nicht einzugehen braucht.
Wichtig für die Unterrichtsskizze sind dagegen die Entscheidungsfelder Ziele, Inhalte, Methoden und Medien sowie eine genaue Dokumentation der Unterrichtsstunde.
Entsprechend 4.3.4 werden die Ziele in knapper Form der Verlaufsplanung vorangestellt, wohingegen die Inhalte zusammen mit Methoden und Medien in der Verlaufsplanung auftreten.
Es gibt zahlreiche Vorschläge für Stundenschemata, die alle ihre Berechtigung haben. Wir schließen uns hier dem Vorschlag von Krampe/Mittelmann/Kern (1983, S. 58) an, der aus der Praxis entstanden ist und sich als ökonomisch erwiesen hat. Durch das vorgegebene Raster wird eine Archivierung erleichtert.

Name:	Zeit:	Datum:	Klasse:	Fach:

Thema des Lehrplanabschnitts:

Unterrichtsthema:

Lernziele:

Vororganisation (Medienbereitstellung, Tafelbild, evtl. Raumfrage):

Geplanter Verlauf:

Der Unterrichtsverlauf wird chronologisch nach Unterrichtsabschnitten gegliedert. Die Darstellung enthält den Inhalt, die Sozialform, methodische Angaben, teilweise auch geplante Interaktionsformen, die zu verwendenden Medien, speziell auch das beabsichtigte Tafelbild. Dazu kann noch die vorgesehene Zeit angegeben werden, damit eine Zeitkontrolle möglich ist.

Beispiel:
(2. Klasse, Lehrplaninhalt: Arithmetik – Rechnen im Zahlenraum bis 100, nach Krampe/Mittelmann/Kern (1983, S. 84))

Name:	Zeit:	Datum:	Klasse:	Fach:

Thema des Lehrplanabschnitts:

Addition und Subtraktion im Zahlbereich bis 100

Unterrichtsthema:

Addition von Einern zu Zehner-Einer-Zahlen mit Zehnerüberschreitung im Zahlbereich bis 100

Lernziele:

– Addieren von einstelligen Zahlen zu Zehner-Einer-Zahlen durch geeignete Zerlegung,
– Darstellung der Rechenoperation an der Hundertertafel,
– Selbstständiges Nennen und Lösen von entsprechenden Aufgaben,
– Freude haben beim Bearbeiten von motivierenden Übungsaufgaben.

Vororganisation (Medienbereitstellung, Tafelbild, evtl. Raumfrage):

Folie mit Hunderterfeld, 10 Zehnerstreifen, 10 Einerquadrate, Wandtafel,
je Schüler ein Arbeitsblatt mit Hunderterfeld, Zehner- und Einerstäbe, Arbeitsblatt

Geplanter Verlauf:

1. (5') Eckenrechnen (4 Kinder stehen in je einer Ecke des Klassenzimmers. Der Lehrer stellt Aufgaben, wer die Lösung zuerst nennt, darf eine Ecke weitergehen. Wer zuerst in allen Ecken gewesen ist, ist Sieger): Additionsaufgaben zur Ergänzung des nächsten Zehners, z. B. Lehrer: 64, Schüler: + 6 = 70.
2. (5') Hinführung (frontal). Der Lehrer zeigt am Arbeitsprojektor eine Folie mit Hunderterfeld, blaue und rote Einerquadrate.
   Tafelanschrieb (TA): 37 + 8 =
3. (10') Erarbeitung (frontal). Die Schüler legen auf dem Hunderterfeld ihres Arbeitsblatts mit Zehner- und Einerstäben 37. 8 Einerstäbe der anderen Farbe werden auf das Hunderterfeld gelegt, zuerst 3, damit ist die Reihe vollständig, dann noch 5 in die nächste Reihe.
   TA: 37 + 3 + 5 = 45. Die Schüler lösen weitere Aufgaben.
4. (10') Festigung (Partnerarbeit). Je 2 Schüler erhalten ein Hunderterfeld, Zehner- und Einerstäbe. Der eine Schüler nennt eine zweistellige Zahl und legt sie mit Stäben, der andere Schüler ergänzt die einstellige. Der erste Schüler notiert die Lösung. Der zweite Schüler legt die nächste Aufgabe usw.
5. (15') Übung (Einzelarbeit). Die Schüler lösen entsprechende Aufgaben auf einem Arbeitsblatt, wobei die Lernzielkontrolle durch das Anmalen einer farbigen Figur erreicht wird.

6   Der ausführliche Unterrichtsentwurf

Auch der ausführliche Unterrichtsentwurf, der in der Regel nur zu besonderen Anlässen wie Prüfungslehrproben oder Schulratsbesuchen angefertigt
wird, kann prinzipiell nach dem besprochenen Schema der Berliner Schule
aufgebaut werden. Jedoch sollten die Bedingungs- und Entscheidungsfelder
für die konkrete Unterrichtsstunde unabhängig vom geplanten Stundenverlauf analysiert werden. Insbesondere sind auch die Voraussetzungen des Unterrichts genauer zu erörtern. Der Stundenverlauf kann in Einzelabschnit-
ten kommentiert werden. Weiterhin sollte unbedingt eine Nachbesinnung
angefügt werden.

Zum ausführlichen Stundenentwurf gehören natürlich die Angaben zur
Stunde wie Name, Datum und Zeit der Stunde sowie Klasse und Fach. Weiterhin wird der Lehrplanbezug und das Unterrichtsthema angegeben. Es
empfiehlt sich auch, den Anlass der Lehrprobe anzugeben, da sich daraus
evtl. Bedingungen für die Unterrichtsdurchführung ergeben.

Der Bericht über die *sozio-kulturellen Voraussetzungen* enthält dann Angaben über die Zusammensetzung der Klasse nach Geschlecht und Alter, nach
der Zugehörigkeit der Schüler zu sozialen Schichten, über das Leistungsvermögen in Mathematik, aber auch über die Bedeutung des Themas für die
Schüler.

Die Angaben zu den *anthropologisch-psychologischen Voraussetzungen* geben z. B. Auskunft über Wiederholer, besondere mathematische Begabungen
und über mathematikschwache Schüler. Sie enthalten Angaben über Ausländerkinder und Behinderte, sofern diese Eigenschaften für den Unterricht
von Bedeutung sein können. Hierin gehören auch Angaben darüber, wo auf
Grund der psychologischen Konstitution der Kinder Schwierigkeiten bei der
Erarbeitung des Stundenthemas auftauchen könnten.

Beispiel:

(4. Klasse, Lehrplaninhalt: Geometrie – Eigenschaften des Würfels)

In der Stunde geht es u. a. um die Abzählung von Ecken, Kanten und Flächen beim Würfel. Der Lehrer weiß, dass 3 Kinder Schwierigkeiten mit der Raumanschauung haben. Für
diese Kinder muss eine Differenzierungsaufgabe vorgesehen werden. Außerdem sollten
sie nicht vor die Klasse gerufen werden, um etwas zu demonstrieren.

Die *Ziele* können im ausführlichen Unterrichtsentwurf in ähnlicher Form
ausgebracht werden wie in der Unterrichtsskizze, evtl. kann man sie noch
etwas ausführlicher kommentieren.

Große Bedeutung hat aber die fachliche Analyse der *Inhalte,* die sog. Sachanalyse. Hier muss der fachmathematische Hintergrund des Stundenthemas
aufgezeigt werden, zunächst einmal noch ohne Bezug auf die unterrichtliche Realisierung. Denn aus der fachlichen Sachanalyse leiten sich die didaktischen und methodischen Maßnahmen ab.

Beispiel:

(3. Klasse, Lehrplaninhalt: Arithmetik – Schriftliche Subtraktion)

Bei einem Unterrichtsentwurf über das Verfahren der schriftlichen Subtraktion ist zunächst einmal darzustellen, dass es sich bei diesem Verfahren um Stellenwertrechnen handelt. Die Stellenwerte werden also allein berechnet und nicht die Differenz der Zahlen, wie man es beim mündlichen Rechnen tut. Außerdem benötigt man zur Erklärung des Verfahrens zwei Voraussetzungen (Lauter, 1989, S. 148), nämlich dass die Subtraktion durch Ergänzen durchgeführt werden kann und das Gesetz des gleichsinnigen Veränderns der Glieder einer Differenz. Erst diese beiden Voraussetzungen ermöglichen überhaupt ein Verständnis des Subtrahierens nach dem sog. süddeutschen Verfahren, das in verschiedenen Bundesländern verbindlich vorgeschrieben ist.

In diese Inhaltsanalyse gehört auch die Diskussion darüber, wo aus fachlichen Gründen besondere Lernschwierigkeiten zu erwarten sind. Hier kann eine Information über Fehleranalysen helfen (siehe Kap. XIII. 3). So kann im o. g. Beispiel auf die mögliche Verwechslung des Subtraktionsalgorithmus mit dem Additionsalgorithmus, auf Fehler durch mangelhaftes Untereinanderschreiben, auf mögliche Fehler durch die Null usw. aufmerksam gemacht werden.

Ist die fachliche Struktur des Stundenthemas einmal durchleuchtet, so werden daraus die *methodischen Entscheidungen* abgeleitet. Natürlich ist es nicht so, dass die fachliche Struktur die Methodik terminiert. Die Mathematikdidaktik hat vielmehr für fast alle thematischen Bereiche zahlreiche methodische Möglichkeiten und Varianten entwickelt und es ist die ureigenste Aufgabe der Lehrerin, hier Entscheidungen zu treffen. Eng verbunden mit der Entscheidung über die Methode ist auch die über die *Medien*, ja vielfach ist zunächst nach dem möglichen Einsatz der verfügbaren Medien zu fragen und danach die Methode auszuwählen.

Beispiel:

(3. Klasse, Lehrplaninhalt: Arithmetik – Schriftliche Subtraktion)

Bei diesem Thema kann man zunächst danach fragen, welches Arbeitsmaterial eingesetzt werden soll bzw. kann. Möglichkeiten sind:
– Mehrsystemblöcke
– Spielgeld
– ohne Material über die halbschriftliche Subtraktion.

Entscheidet man sich beispielsweise für die Mehrsystemblöcke, so folgt daraus die Sozialform, nämlich die Großgruppe, mit der im Kreisgespräch das Verfahren entwickelt werden kann. Dies ist schon allein dadurch begründet, dass nicht für jedes Kind ausreichend Mehrsystemblöcke (Hunderterplatten, Zehnerstangen und Einerwürfel) zur Verfügung stehen. Will man dagegen mit Spielgeld arbeiten, so könnte der Frontalunterricht und nachfolgende Partnerarbeit geeigneter sein.

Bei der chronologischen *Darstellung des Unterrichtsverlaufs* empfiehlt es sich, das didaktische Vorgehen in den einzelnen Unterrichtsabschnitten zu kommentieren. Hier sollte vor allem auf didaktische Prinzipien (siehe Kap. IV.) hingewiesen werden, die verwendet wurden. Aber auch mögliche Alternativen sind zu erwähnen und didaktisch zu werten.

Beispiel:

(3. Klasse, Lehrplaninhalt: Arithmetik – Schriftliche Subtraktion, nach Krampe/Mittelmann, 1983, S. 93)

Der Lehrer hat sich für die Darstellung mit Spielgeld entschieden. In der 2. Phase des Unterrichts wird das Gesetz des gegensinnigen Veränderns verdeutlicht: Eine Differenz bleibt gleich, wenn Minuend und Subtrahend um die gleiche Zahl vergrößert oder verkleinert werden.

Geplanter Verlauf:

Brigitte und Herbert wollen ihr gespartes Geld miteinander vergleichen. Sie legen den Inhalt der Spardosen vor sich hin.

Wie viel Geld hat Brigitte mehr als Herbert?

100 €	10 €	1 €		H	Z	E
			Brigitte	3	5	4
			Herbert	2	3	6
			Differenz	1	1	8

Die Differenz ist nicht sofort zu bilden, weil Herbert mehr 1-€-Stücke hat als Brigitte. Deshalb werden bei Brigitte 10 1-€-Stücke dazugelegt und bei Herbert 1 10-€-Schein (in der Abbildung fett gedruckt). Dadurch bleibt die Differenz gleich. Jetzt kann man sehen, dass Brigitte 8 1-€-Stücke, 1 10-€-Schein und 1 100-€-Schein mehr hat.

Kommentar: Nach dem Prinzip der Anschauungsebenen ist eine enaktive und ikonische Darstellung angebracht. Dazu ist das Medium „Rechengeld" besonders geeignet, da den Schülern der Umgang mit Geld leicht fällt und hier Sachprobleme angeknüpft werden können. Nach Ausstattung wird die linke Seite gezeichnet oder an die Magnettafel geheftet, während der Stellenwert-Ordner an die Tafel geschrieben wird. Die Zahlen sind so gewählt, dass ein Stellenübergang vorkommt.

Zur Abrundung des Unterrichtsentwurfs gehört auch eine nachträgliche Nachbesinnung, die auch schriftlich festgehalten werden sollte. Hierbei sind vor allem die Unterrichtsphasen zu kommentieren, die Probleme bereitet haben, mit eventuellen Verbesserungsvorschlägen. Auch unterrichtsorganisatorische Dinge, z. B. die Sozialformen oder die Auswahl der Medien sind zu kommentieren. Selbstverständlich sollten auch die Unterrichtsphasen erwähnt werden, die nach Meinung des Unterrichtenden gut gelungen sind.

VIII. Medien

1 Definition und Klassifikationen

„Begriffe ohne Anschauung sind leer, Anschauung ohne Begriffe ist blind." Mit diesem Zitat Kants kann die Bedeutung der Anschauung für jeden Erkenntnis- und Lernprozess umrissen werden. Dies gilt sowohl für die konkrete Anschauung als auch für die „innere" Anschauung, die die Grundlage für die Begriffsbildung darstellt. So wird im Mathematikunterricht z.B. ausgehend von konkretem Material mit Hilfe der Abstraktion der Zahlbegriff gebildet. Medien sind also Vehikel, die von der Anschauung zur Begriffsbildung führen.

Ein Medium ist von seiner Wortbedeutung her ein Mittler oder Vermittler von Information. Unter *Medium* kann also (nach Dichanz/Kolb, 1974, S. 21) ein Informationssystem verstanden werden, welches die Kommunikation zwischen mindestens zwei Partnern ermöglicht oder unterstützt. Da Unterricht als Kommunikationsprozess aufgefasst wird, ist ein Unterrichtsmedium also ein Informationssystem, dessen Inhalt für den Unterricht relevant und abrufbar ist (Nestle, 1986, S. 77).

Der Begriff Medium muss vom Begriff *Werkzeug* unterschieden werden. Werkzeug ist nur der materielle Gegenstand, der die Information speichern kann. Beim Medienbegriff liegt die Bedeutung dagegen auf der Funktion dieses Gegenstands als Informationsträger. So ist z.B. eine Wandtafel zunächst einmal ein Werkzeug für den Unterricht, erst wenn sie mit Texten oder Zeichnungen beschrieben wird, wird sie zum Medium.

Um die Fülle der Unterrichtsmedien zu ordnen, wurden zahlreiche Klassifikationssysteme vorgeschlagen. Die einfachste Form der Klassifizierung ist die in personale und nichtpersonale Medien, wobei (nach Schnitzer, 1977, S. 17) unter der ersten Kategorie die Lehrperson mit Sprache, äußerem Habitus (Alter, Geschlecht, Aussehen, Kleidung), seine Mimik und Gestik, seine Kontaktfähigkeit und sein Kommunikationsvermögen sowie die Ausprägung seiner emotionalen Dimension zu verstehen ist.

Ein weiterer Klassifikationsvorschlag (Kunert, nach Hagmüller, 1983, S. 110) bezieht sich auf die materielle Seite des Unterrichts und unterscheidet Medien nach den Formen der Realität (z.B. Pflanzen), der Nachbildung (z.B. Globus), der Abbildung (z.B. Folie) und der Symbolisierung (z.B. Cuisenaire-Stäbe).

Für den Mathematikunterricht ist die Unterscheidung der Medien in solche, die vorrangig als Hilfe für den Lehrer oder als Hilfe für den Schüler gedacht sind (nach Schnitzer, 1977, S. 20), nützlich. Als Hilfe für den Lehrer dienen sie zur Aktualisierung von Lernstoffen, zur Motivierung und zur Organisation von Arbeitsschritten; als Hilfe für den Schüler dienen sie als Basis für entdeckendes Lernen, als Lernhilfe bei Problemlösungen oder als Möglichkeit der Lernzielkontrolle.

Beispiel:

(2. Klasse, Lehrplaninhalt: Arithmetik)

Medien als Hilfe für den Lehrer:
– Tafelanschrieb,
– an der Wand angehefteter Zahlenstrahl,
– Folien für den Arbeitsprojektor.

Medien als Hilfe für den Schüler:
– Schulbuch,
– Arbeitsblatt,
– Cuisenaire-Stäbe.

In der Einteilung der Medien schließen wir uns der Übersicht von Döring (1969, S. 274) an, die allerdings für die Praxis des Mathematikunterrichts leicht abgeändert wird. Damit sei folgende Einteilung der Medien für den Mathematikunterricht vorgeschlagen:

1. Medien in schriftlicher Darbietung
   – Schulbuch
   – Arbeitsblatt
2. Lehr- und Lernmaterialien
   – Anschauungsmittel
   – Arbeitsmittel für die Hand des Schülers
   – Experimentiergeräte
3. Audiovisuelle Medien

2 Pädagogische Grundfragen beim Einsatz von Medien

Der Einsatz von Medien ist in der Schule heute eine Selbstverständlichkeit. Man sollte jedoch nicht vergessen, dass dies erst durch einen langen historischen Prozess gewachsen ist. Zwar wurden auch in der Antike und im Mittelalter Medien in unserem heutigen Sinn benutzt, ihre didaktische Einordnung in den Unterrichtsprozess fanden sie aber erst in der beginnenden Neuzeit, nämlich ab Comenius (1592–1670). Schon bei ihm geht die Begründung von Medien, nämlich seines Lehrbuchs „Orbis sensualium pictus", das die Welt in Bildern zeigt, von der Kritik am rein verbalen Unterricht aus. Durch ihn ist die *Anschauung* eins der wichtigsten didaktischen Prinzipien geworden, das nach ihm von allen bedeutenden Pädagogen aufgegriffen wurde, allen voran Pestalozzi.

In der Mathematikdidaktik lässt sich der Einsatz von Medien durch mehrere didaktische Prinzipien begründen (siehe Kap. IV.), vor allem durch das operative Prinzip, nach dem der mathematische Abstraktionsprozess bei der konkreten Handlung einsetzt, durch das Prinzip der Variation der Veranschaulichung oder durch das Bruner'sche Prinzip des „enaktiv – ikonisch – symbolisch", das sowohl auf der handelnden als auch auf der ikonischen Stufe Medien erfordert.

Alle diese Prinzipien münden in die *Leitlinien für Medieneinsatz* und Medienauswahl, die Becker (1989, S. 114) formuliert:

– Unterricht, der sich allein auf verbale Informationsvermittlung stützt, ist zumindest fragwürdig. Das gilt für alle Altersstufen, speziell natürlich für die Grundschule.
– Lehrer müssen deshalb stets nach Möglichkeiten der Veranschaulichung suchen und von diesen Gebrauch machen.
– Konkrete Erfahrung sowie die Einbeziehung aller Sinneskanäle sind dort einzuplanen, wo es unter Gesichtspunkten der Lehr-Lern-Ökonomie und der Medienökonomie gerechtfertigt erscheint.

Speziell für den Mathematikunterricht in der Grundschule heißt das, dass ein rein verbaler Unterricht ohne Einsatz von Medien, speziell von Arbeitsmaterial (siehe 4.2.), nicht denkbar ist, dass aber der Einsatz von Medien ökonomisch geplant werden muss. Denn es besteht auch die Möglichkeit, dass zu viele Medien den Erkenntnisprozess behindern und den eigentlichen Kern der unterrichtlichen Aussagen verschleiern, dass – wie man sagt – das Kind mit Medien „erschlagen" wird.

Beispiel:

(1. Klasse, Lehrplaninhalt: Arithmetik – Einführung der Addition)

Für die Addition werden zahlreiche Arbeits- und Demonstrationsmaterialien verwendet, etwa

– Cuisenaire-Stäbe
– Rechenstreifen
– Steckwürfel
– Rechenwaage
– Zahlenleiste
– Maschinenmodelle
– Kringelmengen
– Hundertertafel
– Dingmengen, wie Kastanien, Äpfel usw.
usw.

Ein Unterricht, der alle oder eine größere Anzahl dieser Medien einsetzt, ist weder lern- noch medienökonomisch. Es ist unumgänglich, dass die Lehrerin hier eine gezielte und begründete Auswahl trifft.

Die wichtigsten *Funktionen des Medieneinsatzes* sind (nach Schnitzer, 1977 und Dichanz, 1974):

1. Objektivierung von Lehrstoffen,
2. Abbau von Bildungsdefiziten durch Informations- und Kenntnisangleichung,
3. Erweckung von lernzielorientierter Aufmerksamkeit, Neugier und Spannung, Motivierung der Schüler,
4. Strukturgerechte und altersgemäße Veranschaulichung und Verdeutlichung,
5. Einsicht in Zusammenhänge, Strukturen und Abhängigkeiten von Lerninhalten,

6. Komprimierung wesentlicher Denk- und Handlungsschemata,
7. Steigerung der Lerneffektivität und des Lernengagements,
8. Anregung zu Kreativität im Denken und Handeln,
9. Entlastung des Lehrers,
10. Kontrollmöglichkeiten von Schülerarbeiten.

Vor dem Einsatz von Medien im konkreten Unterricht sind (nach Becker, 1998, S. 122 ff.) von der Lehrerin folgende Fragen zu bedenken:

– Welche Medien gibt es für diese Unterrichtseinheit und Unterrichtsstunde?

Diese Frage kann nicht allein auf Grund des Schulbuchs beantwortet werden. Vielmehr sollte hier unbedingt Fachliteratur herangezogen werden. Schon hier sei auf das für den Mathematikunterricht in der Grundschule wichtige Werk von Besuden: Handbuch mit Handlungsanweisungen für die Verwendung von Arbeitsmitteln im Anfangs-Mathematikunterricht (Besuden, 1989) hingewiesen. Auch ein Blick in den Sammlungsraum mancher Grundschule oder eine Nachfrage bei Kollegen erbringt nähere Information.

– Wie stellt das betreffende Medium den Lerninhalt dar?

Diese Frage kann z. B. für Arbeitsmittel auch in mathematischer Sprechweise gestellt werden: Ist das Arbeitsmittel der zu behandelnden mathematischen Struktur isomorph? Liegt dem Arbeitsmittel dieselbe abstrakte mathematische Struktur zugrunde wie dem zu behandelnden Sachverhalt? Dies soll an einem Beispiel und einem Gegenbeispiel verdeutlicht werden.

Beispiel:

(3. Klasse, Lehrplaninhalt: Arithmetik – Zehnersystem)

Unser Stellenwertsystem mit der Grundzahl 10 kann durch die sog. Mehrsystemblöcke dargestellt werden. Grundelement ist der Einerwürfel, der dem Stellenwert 10^0 entspricht. Eine (Zehner-) Stange mit 10 angedeuteten Einzelwürfeln entspricht dem Zehnerstellenwert, also 10^1, eine Platte mit 10 durch Kerbungen angedeuteten Zehnerstangen entspricht dem Stellenwert $100 = 10^2$. Mit diesem Arbeitsmaterial können sowohl alle Zahlen bis 1 000, die Relationen zwischen ihnen und die Grundrechenarten in mündlicher und schriftlicher Form dargestellt werden.

Dieses Material stellt die mathematische Struktur der natürlichen Zahlen sowie des Rechnens mit ihnen sachgerecht dar.

Der Fall, bei dem eine mathematische Struktur nicht isomorph durch das Arbeitsmittel dargestellt wird, sei durch folgendes Gegenbeispiel erläutert:

Die Multiplikation kann mit Hilfe von Cuisenaire-Stäben so dargestellt werden, dass entsprechende Stäbe gekreuzt aufeinander gelegt werden.

Liegt also z. B. ein Viererstab und ein Fünferstab (in der Abbildung nur von vorne zu sehen) gekreuzt übereinander, so ist dies die Darstellung von 4 · 5.

Mehrfache Produkte können durch das gekreuzte Aufeinanderlegen entsprechender Stäbe dargestellt werden. Die Multiplikation mit einer weiteren Zahl stellt sich also durch gekreuztes Auflegen eines entsprechenden Stabes auf den „Turm" dar. So wird

$$4 \cdot 5 \cdot 3$$

durch ein Auflegen des Dreierstabs auf obigen „Turm" veranschaulicht:

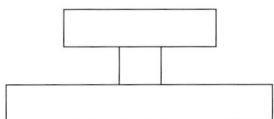

Multiplikation entspricht also dem Auflegen eines Stabes, entsprechend wird die Division durch Wegnehmen eines entsprechenden Stabes dargestellt.

$4 \cdot 5 = 20$

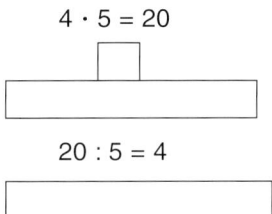

$20 : 5 = 4$

Will man nun 4 : 4 = 1 darstellen, so muss man entsprechend unserer Regel auch den letzten Stab wegnehmen. Es bleibt nichts übrig, was vom Schüler als 0 interpretiert wird. Also 4 : 4 = 0 !!!
Das Modell des gekreuzten Auflegens von Cuisenaire-Stäben eignet sich also nicht zur Darstellung von Multiplikation und Division.

– Welche Lernziele lassen sich durch den Einsatz des Mediums anstreben? Natürlich geht es zunächst um die materiellen Ziele des betreffenden Themas. Im Mathematikunterricht sollte aber auch immer die Frage nach den allgemeinen Zielen des Mathematikunterrichts gestellt werden, sodass zur Frage nach den Lernzielen auch folgende Unterfragen gehören:
Ermöglicht das Medium Situationen, die zum begründeten Argumentieren der Schüler Anlass geben?
Eröffnet das Medium Möglichkeiten zur Kreativität? Wird dem Schüler die Möglichkeit zum Finden und Entdecken von Lösungswegen gegeben? (Dies ist z. B. bei Steckwürfeln der Fall, die wegen ihrer Unspezifiziertheit viele Lösungswege ermöglichen.) Ergeben sich durch den Einsatz des Materials oder Mediums Situationen, bei denen die Schüler Mathematik anwenden können (durch Zählen, Messen, Schätzen, Überschlagen usw.)?

– Kann das Medium (z. B. Arbeitsmittel, Arbeitsblatt, Spiele) selbst hergestellt werden?
Für die Herstellung von Medien durch den Lehrer sprechen folgende Gründe:
– die selbstgefertigten Medien können präziser auf die Ziele des Unterrichts, das Unterrichtsthema, die Methode des Lehrers und das Vorwissen der Schüler ausgerichtet sein,
– die Herstellung ist oft kostengünstiger als der käufliche Erwerb,
– die Herstellung kann mit den Schülern oder mit anderen Kollegen durchgeführt werden und verstärkt so die kollegiale Zusammenarbeit bzw. die Zusammenarbeit in der Klasse.
Auf der anderen Seite spricht gegen die eigene Herstellung von Medien
– der hohe Zeitaufwand,
– die meist nicht perfekte Gestaltung.

Die Lehrerin muss abwägen, ob es sich lohnt, eigene Arbeitsmittel herzustellen. Erfahrungsgemäß ist die eigene Erstellung von Arbeitsblättern für den Mathematikunterricht aus den oben genannten Gründen sinnvoll, wohingegen die Erstellung von audiovisuellen Medien zu aufwendig ist.

– Wie hoch ist der motivationale Wert des Mediums?
Hier ist auch zu beachten, ob das Medium neu für die Schüler ist oder nicht.

Beispiel:

(1. Klasse, Lehrplaninhalt: Erwerb grundlegender Erfahrungen)

Die „logischen Blöcke" haben in der Regel für Schüler einen hohen Motivationswert, vor allem wegen ihrer Farbigkeit und der einfachen Hantiermöglichkeiten mit ihnen. Wurden sie jedoch z. B. auch im Kindergarten benutzt und tauchen dann wieder in der 1. Klasse auf, so fehlt der Neuigkeitswert, den die Kinder in der „großen" Schule erwarten, und sind enttäuscht.

– Aktiviert das Medium verschiedene Sinneskanäle?
Hier genügt wieder der Hinweis auf das Bruner'sche Prinzip „enaktiv – ikonisch – symbolisch", das ja geradezu mehrere Sinnesaktivitäten fordert. Entsprechend sollte vor allem der haptische Sinneskanal, also das Berühren und selbstständige Hantieren mit den Medien in der Grundschule nicht vernachlässigt werden. Erst was man „begriffen" hat, ist verstanden.

– Welche Möglichkeiten der inneren Differenzierung bietet das Medium?
In Kap. VI. 4.4.3 wurde die mediale Differenzierung besprochen. Hier sei nur kurz erwähnt, dass z. B. durch Arbeitsblätter eine Differenzierung erst ermöglicht und gesteuert werden kann.

– Welche unterrichtliche Funktion soll das Medium übernehmen?
Hier ist vor allem an die Unterrichtsstufen von Roth, nämlich der Motivation, der Schwierigkeit, der Lösung, des Tuns und der Ausführung, des Behaltens und Einübens und der Anwendung zu denken. In allen Stufen können Medien eingesetzt werden. An dieser Stelle wird der Zusammenhang der Medienwahl mit der Methodenwahl deutlich.

– Wie sind die räumlichen und unterrichtsorganisatorischen Voraussetzungen für den Medieneinsatz?
So benötigt man für den Einsatz von Arbeitsmaterialien im Einzelunterricht größere ebene Tischflächen. Ist dies problematisch, so arbeitet man besser in der Großgruppe. Schwierig ist auch die gleichzeitige Verwendung von Arbeitsmaterial, z. B. Cuisenaire-Stäbe, Schulbuch und Arbeitsblatt auf dem Tisch.

Das ist nur eine kleine Auswahl von Gesichtspunkten, die bei der Medienverwendung bedacht sein wollen. Sie zeigt, dass Medieneinsatz präzis geplant und durchdacht sein will. Gerade in der Unterrichtsorganisation beim Einsatz von Medien sollte die Lehrerin nichts dem Zufall überlassen.

3 Medien in schriftlicher Darbietung

3.1 Schulbuch

Das Schulbuch für die Hand des Schülers ist eins der ältesten und verbreitetsten Medien. Es wurde in der Vergangenheit zwar hart bedrängt durch andere Medien, z.B. Arbeitsblattsammlungen, Schulfernsehen, Schulfunk etc., aber alle diese Vorstöße haben die Bedeutung des Schulbuchs zumindest im Mathematikunterricht der Grundschule nicht beschneiden können. Es ist abzusehen, dass das Schulbuch auch in Zukunft eine überragende Rolle als Medium im Unterrichtsprozess spielen wird.

Diese Vorrangstellung des Schulbuchs ist durch folgende Vorteile gegeben (nach Schnitzer, 1977, S. 40):

- Das Schulbuch entlastet den Lehrer bei der Erarbeitung von Inhalten, bei der Sicherung, bei der Übung, der Anwendung und dem Transfer von Lernergebnissen.
- Es unterstützt die Differenzierung und Individualisierung, weil es die Möglichkeit zur Vor- und Nacharbeit gibt und bei Lernschwierigkeiten Hilfe anbietet.
- Es vermittelt durch seinen Aufbau Einblicke in die Zusammenhänge des Stoffs und ermöglicht so Überblick und Rückschau.
- Es ermöglicht verschiedene Sozialformen, z.B. Stillarbeit oder Partnerarbeit.
- Die Arbeit mit dem Schulbuch ist eine der ersten Begegnungen des Kindes mit Literatur und Presse.

Die typische Verwendung des Schulbuchs im Mathematikunterricht zu einem Thema erfolgt – meist auf einer oder wenigen Seiten – in folgenden Phasen (nach Steinberg, 1981, S. 95):

1. Einstieg

Auf Grund des Vorwissens kann der Schüler Vorübungen bearbeiten und lösen, die zum neuen Thema hinführen. Dadurch wird der Schüler motiviert und erkennt den Zusammenhang zum bereits besprochenen Inhalt.

Beispiel:

(4. Klasse, Lehrplaninhalt: Geometrie – Inhalt und Umfang von Rechtecksformen, nach Feil/Lauter, 1985, S. 112)

Ein Bild zeigt zunächst einen Gärtner, der neben einem Blumenfeld steht. Das Feld hat 7 gleich große quadratische Beete und ist mit Randsteinen eingefasst. Ein Randstein hat die Länge einer Quadratseite.

Die erste Aufgabe der Schüler ist es, Beete und Randsteine zu zählen und die Anzahlen in eine Tabelle einzutragen.

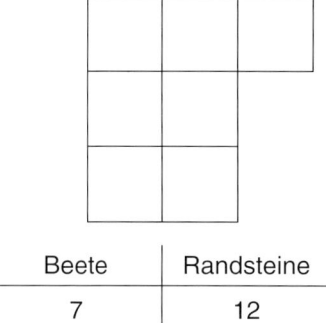

Beete	Randsteine
7	12

2. Entwicklung des Sachzusammenhangs

Aufbauend auf den Vorübungen und der Motivationsphase wird nun der Sachzusammenhang entwickelt und einer Lösung zugeführt.

Beispiel:

(4. Klasse, Lehrplaninhalt: Geometrie – Inhalt und Umfang von Rechtecksformen, nach Feil/Lauter, 1985, S. 112)

An weiteren aus Einzelquadraten zusammengesetzten Figuren, die weiterhin als Beete deklariert werden, wird die Anzahl der Beete und der Randsteine bestimmt. Die Ergebnisse werden in einer Tabelle notiert. Das Ziel ist, dass den Schülern die Unabhängigkeit von Flächeninhalt (Anzahl der Beete) und Umfang (Anzahl der Randstreifen) bewusst wird.

3. Übung – Differenzierung

Lehrer sehen als wichtigste Funktion des Schulbuchs an, Übungsmaterial bereitzustellen. Dies ist so sicher nur zum Teil richtig, denn die oben genannten Funktionen sind von ähnlicher Bedeutung. Über die Bedeutung der Übung siehe Kap. IX. Ein gutes Schulbuch sollte auch Möglichkeiten der Differenzierung geben.

Beispiel:

(4. Klasse, Lehrplaninhalt: Geometrie – Inhalt und Umfang von Rechtecksformen, nach Feil/Lauter, 1985, S. 112)
Als reversible Übung soll der Schüler mit Streichhölzern aus Rechtecken zusammengesetzte Felder legen. Die Hölzer und die gebildeten Quadrate sind zu bestimmen.

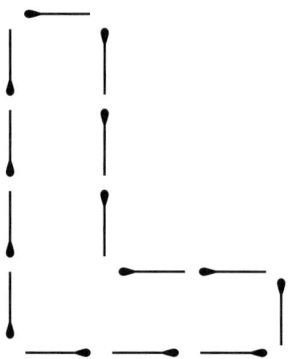

Für den Mathematikunterricht in der Grundschule gibt es neben den klassischen Schulbüchern, aus denen die Übungsaufgaben vor der Lösung ins Mathematikheft übertragen werden, Bücher, in die die Lösungen direkt eingetragen werden. Dies hat insbesondere für die 1. Klasse eine gewisse Berechtigung, weil dem Schüler dadurch aufwendige Schreib- und Zeichenarbeit erspart bleibt, zu der er in der Regel in diesem Alter noch gar nicht fähig ist. Der Nachteil ist, dass dadurch das Schulbuch zum Verbrauchsmaterial wird und nicht mehrere Jahre benutzt werden kann. Ein vernünftiger Kompromiss liegt darin, das Schulbuch nur für die 1. Klasse als Verbrauchsmaterial freizugeben.

Die Auswahl des Schulbuchs ist eine wichtige Aufgabe, die vom einzelnen Lehrer oder dem Kollegium durchgeführt werden muss. Dazu sollen im Kap. XIV. einige Hinweise gegeben werden.

3.2   Arbeitsblatt

Alle oder Teile der Funktionen des Schulbuchs können von Arbeitsblättern übernommen werden. Dieses Medium hat seit einigen Jahrzehnten immer mehr an Bedeutung gewonnen und z. T. inflationsartige Verbreitung erfahren. Die Gründe dafür sind vielseitig. Da sind zunächst einmal die modernen Möglichkeiten einer rationellen und relativ billigen Erstellung von solchen Arbeitsblättern durch Kopiergeräte, Computer usw. Natürlich lassen sich auch die Lehrmittelverlage das Heft nicht aus der Hand nehmen und erstellen Arbeitsblattsätze für jede Altersstufe und praktisch jedes Unterrichtsthema.

Pädagogisch ist der Erfolg des Arbeitsblatts aber primär auf seine Motivations- und Differenzierungsfunktion zurückzuführen. Die Motivation durch ein Arbeitsblatt ist vor allem darin begründet, dass es dem Schüler Gelegenheit zur eigenständigen Bearbeitung gibt. Damit kann der Schüler Eigeninitiative entwickeln, Situationen zu durchdenken, Probleme eigenständig zu lösen, nach eigenem Leistungsvermögen vorzugehen usw., alles Aktivitäten, die im Hinblick auf die Erziehung zur Selbstständigkeit von entscheidender Bedeutung sind.

Weitere pädagogische Funktionen des Arbeitsblatts sind die gezielte und individuelle Steuerung des Unterrichts, vor allem mit vom Lehrer selbst gefertigten Arbeitsblättern, die Möglichkeiten zur Differenzierung und Individualisierung bieten und die Möglichkeiten, das Arbeitsblatt beim entdeckenden Lernen einzusetzen. Darüber hinaus ermöglicht und erleichtert es die Leistungskontrolle und die Dokumentation des Unterrichts.

Beispiel:

(2. Klasse, Lehrplaninhalt: Arithmetik – Zahlenraum bis 100)

Thema des Unterrichts ist die Struktur des Hunderterraums. Dazu hat die Lehrerin das Raster der Hundertertafel auf dem Arbeitsblatt als Sitzplan für ein Theater deklariert. Die Plätze sind teilweise nummeriert. Das Arbeitsblatt hat also folgende Gestalt:

1	2	3				7		A	10
11				B					
21			24			C			
D							38		E
	42				F				
51								G	
		H		65			I		
						77			J
			K				88		
91								L	

1. Auf welchen Plätzen sitzen die Kinder?

A – ☐   B – ☐   C – ☐   D – ☐

E – ☐   F – ☐   G – ☐   H – ☐

I – ☐   J – ☐   K – ☐   L – ☐

2. Zeige diesen Kindern die Plätze:

M – 33   N – 47   P – 60   R – 64

S – 73   T – 79   U – 85   V – 100

3. Gib die Nachbarn an:

	27			32			49	

	53			59			74	

174

4. Gib die Nummern der fehlenden Plätze an:

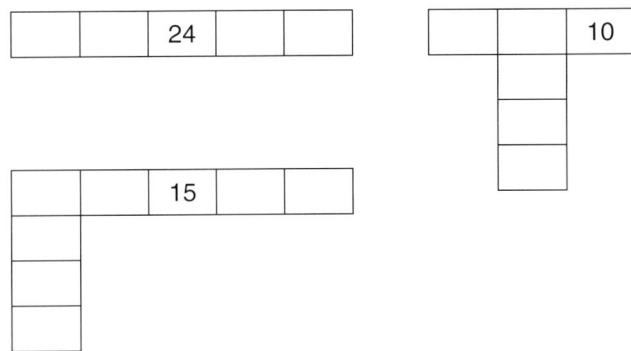

Eine besondere Anwendung des Arbeitsblatts im Mathematikunterricht besteht darin, es als Unterlage für Arbeitsmaterial zu verwenden. Damit ist eine hervorragende Möglichkeit gegeben den Mathematikunterricht bei Kindern sachgemäß zu steuern.

Beispiel:

(1. Klasse, Lehrplaninhalt: Arithmetik – Zerlegung von Zahlen, nach Lauter, 1982–84)

Mit Rechenstreifen der Längen 1, 2, 3 oder 4 kann folgende Figur „Brücke" sehr verschiedenartig ausgelegt werden.

U. a. sind folgende Möglichkeiten gegeben:

3	0	0	0
0	2	3	0
1	2	0	2

usw.

Der methodische Einsatz von Arbeitsblättern ist nicht unproblematisch. Die Lehrerin muss sich vor einer Überfütterung der Schüler mit Arbeitsblättern hüten. Ein oder höchstens zwei Blätter pro Stunde reichen völlig aus, und nicht in jeder Stunde muss ein Arbeitsblatt bearbeitet werden.

Das Arbeitsblatt sollte einen Kopf haben, auf dem Fach und Datum notiert sind und der Schüler seinen Namen eintragen kann.

Nach der Bearbeitung muss das Ergebnis kontrolliert werden. Dazu eignet sich vor allem der Abzug des Arbeitsblatts auf Folie. Die richtig bearbeiteten Aufgaben können dann mit dem Arbeitsprojektor projiziert werden oder ein Schüler, der die richtigen Lösungen bereits hat, kann sie am Arbeitsprojektor auf der Folie notieren. Damit ist gleichzeitig für diesen Schüler eine motivierende Belohnung verbunden.

Nach der Bearbeitung dürfen die Arbeitsblätter nicht einfach weggeworfen werden, sondern sie sollten vom Schüler in einem Schnellhefter gesammelt werden, und zwar für jedes Unterrichtsfach getrennt. Dazu ist es günstig, wenn die Arbeitsblätter schon vorher vom Lehrer gelocht wurden. Auch das Austeilen der Arbeitsblätter sollte überdacht werden. Die Lehrkraft sollte dies nicht selbst übernehmen, sondern zwei oder drei Schüler damit beauftragen.

4 Lehr- und Lernmaterialien

4.1 Anschauungsmittel

4.1.1 Tafel

Die Wandtafel ist zunächst einmal ein Oberbegriff für verschiedene Medien, nämlich (nach Schnitzer, 1977, S. 71):
– Kreidetafel
– Magnettafel
– Flanelltafel
– Stecktafel
usw.

Magnet- und Flanelltafel sind besonders geeignet zum Anheften von Demonstrationsmaterial, das dem Arbeitsmaterial für die Hand des Schülers entspricht, also z. B. farbige Plättchen, Cuisenaire-Stäbe, logische Blöcke u. ä. Besonders die Magnettafel (oder die magnetisch wirkende Kreidetafel) ist dabei vorteilhaft, weil man die Materialien frei auf der Fläche verschieben kann. Somit kann eine Mittelfunktion zwischen der handelnden (enaktiven) und der bildlichen (ikonischen) Ebene erreicht werden und damit wird die Forderung nach intermodalem Transfer (siehe Kap. IV. 3.5) erfüllt.

Das wichtigste Werkzeug im Klassenraum ist zweifellos die Kreidetafel. Für die Gestaltung des Mediums Tafelanschrieb sollten von der Lehrerin stets folgende Kriterien (nach Rommel, 1980) bedacht werden:
– sachliche Richtigkeit,
– relative Vollständigkeit,
– Übersichtlichkeit,
– Übertragbarkeit,
– Ökonomie.

Dazu ein paar Bemerkungen: Die sachliche Richtigkeit ist unabdingbare Notwendigkeit für den Tafelanschrieb. Im Mathematikunterricht kommt es häufig vor, dass der Lehrer Schüleräußerungen als Merksatz an der Tafel notiert. Das ist sicher ein pädagogisch sinnvolles Vorgehen, allerdings schleichen sich auf diese Art häufig sachliche Fehler ein. Gerade mathematische

Merksätze, Regeln usw. müssen exakt formuliert werden, weil die Schüler sie ja in ihr Heft übertragen und behalten sollen. Schon aus diesem Grund ist es unabdingbar, dass der Lehrer das Tafelbild unter Beachtung der sachlichen Richtigkeit genau plant. Zur sachlichen Richtigkeit des Tafelanschriebs gehört auch die konsequente Benennung von Größen.

Auch die relative Vollständigkeit des Tafelanschriebs muss mit der Übertragung durch die Schüler ins Heft begründet werden, ebenso wie die Übersichtlichkeit. Denn in der Regel wird der Lehrer nach Fertigstellung des gesamten Tafelanschriebs die Schüler auffordern, die Ergebnisse im Heft festzuhalten. Eine saubere und vor allem korrekte Heftführung ist nur gewährleistet, wenn schon der Tafelanschrieb sauber und korrekt ist. Nicht günstig ist es, wenn der Lehrer die Schüler auffordert schon während des Entstehens des Tafelanschriebs synchron mitzuschreiben. Damit teilt er die Aufmerksamkeit der Schüler, die noch nicht in der Lage sind mitzudenken und gleichzeitig zu schreiben.

Die Ökonomie des Tafelanschriebs wird deutlich, wenn man z. B. Rechnung und Nebenrechnung deutlich trennt.

Beispiel:

(3. Klasse, Lehrplaninhalt: Größen – Zeitspannen)

In dieser Stunde sollen Übungen zum Umrechnen von Minuten in Stunden und umgekehrt durchgeführt und die Ergebnisse an der Tafel festgehalten werden. Da Schwierigkeiten mit der Umrechnungszahl 60 erwartet werden, wird auf einer Nebentafel die Sechzigerreihe notiert.

Tafelanschrieb:

$$1 \text{ Stunde} = 60 \text{ Minuten}$$
$$1 \text{ h} = 60 \text{ min}$$

			Nebenrechnung:
4 h =	min		$1 \cdot 60 = 60$
2 h 30 min =	min		$2 \cdot 60 = 120$
4 h 5 min =	min		$3 \cdot 60 = 180$
8 h 55 min =	min		$4 \cdot 60 = 240$
			$5 \cdot 60 = 300$
			$6 \cdot 60 = 360$
180 min =	h	min	$7 \cdot 60 = 420$
270 min =	h	min	$8 \cdot 60 = 480$
431 min =	h	min	$9 \cdot 60 = 540$
359 min =	h	min	$10 \cdot 60 = 600$

Eine seitliche Klapptafel, die umgeklappt werden kann, bietet im Mathematikunterricht vielfältige Möglichkeiten für differenzierende Formen. So kann z. B. ein Schüler auf der Rückseite der Tafel, also für die anderen nicht sichtbar, seine Lösungen aufschreiben, die dann später durch Aufklappen für alle Schüler sichtbar werden. Auch der Lehrer kann das Verdecken von Aufgaben oder Lösungen nutzen um den Unterrichtsverlauf abwechslungsreich zu planen.

Bei der Erstellung des Tafelanschriebs sollten folgende Regeln eingehalten werden:

- Es ist besser, das Tafelbild während der Stunde entstehen zu lassen als ein schon vorbereitetes Tafelbild zu präsentieren. Dic sukzessive Entwicklung des Tafelbildes ist von hohem didaktischen Wert, weil damit gleichzeitig eine gedankliche Strukturierung gegeben ist.
- Das Tafelbild sollte wenig rein verbale Aussagen enthalten, weil ein reines Textbild für die Kinder unübersichtlich ist. Vielmehr sollte die Tafel vorzugsweise dazu benützt werden, graphische Gestaltungselemente einzusetzen. Im Mathematikunterricht der Grundschule bieten sich hier vielfältige Möglichkeiten an, z.B. Pfeildiagramme, Tabellen, Baumdiagramme, Rechenbäume, Venndiagramme usw.

Beispiel:

(2. Klasse, Lehrplaninhalt: Arithmetik – Relationen)

Die Relationen im Zahlbereich bis 100 können durch ein Pfeilbild dargestellt werden. Dabei bieten sich drei Aufgabentypen an:

1. Vorschrift und Zahlen gegeben, Pfeilbild gesucht,
2. Vorschrift und Pfeilbild gegeben, Zahlen gesucht,
3. Zahlen und Pfeilbild gegeben, Vorschrift gesucht.

Für alle drei Grundaufgaben können nebeneinander Beispiele auf der Tafel notiert werden. Die Lösung erfolgt dann an der Tafel.

1. ⟶ : „… ist größer als …" Zeichne Pfeile ein!

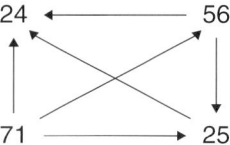

2. ⟶ : „… ist kleiner als …" Setze folgende Zahlen ein: 32, 89, 34, 12

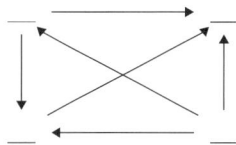

3. Wie heißt die Vorschrift?

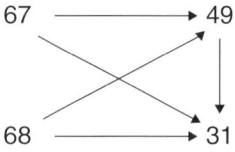

(Lösung: „… hat die größere Zehnerzahl als …")

- Es ist nur selten ratsam, Schüler an die Tafel zu holen, die den Tafelanschrieb übernehmen sollen. Die Schüler sind nicht gewohnt, auf die

Wandtafel zu schreiben. Folglich wird das Tafelbild bei Schülereintrag oftmals unübersichtlich. Wenn dem Schüler der gewünschte Tafelanschrieb nicht gelingt, ist er in pädagogisch unsinniger Weise der Kritik der ganzen Klasse ausgesetzt. Wenn aber der Lehrer doch den Tafelanschrieb durch einen Schüler durchführen lassen will, etwa um bestimmte Schüler zu motivieren, dann sollte er sich vorher vergewissern, dass das Anzuschreibende richtig ist. Außerdem sollte er dem Schüler Anweisungen geben, wo und wie groß er zu schreiben hat.

– Werden in mehreren aufeinander folgenden Stunden zum gleichen Thema Tafelanschriebe verwendet, so müssen sie aufeinander bezogen sein, etwa indem die gleichen Abkürzungen und Schematisierungen benutzt werden. Das Tafelbild ist als ikonische Darstellungsform sehr eindrucksvoll und bleibt über längere Zeit im Gedächtnis des Schülers.

4.1.2 Arbeitsprojektor

Der Arbeitsprojektor, auch Overheadprojektor oder Tageslichtprojektor genannt, der 1968 zum ersten Mal auf der Didakta vorgestellt wurde, gehört heute zum Ausrüstungsstandard einer jeden Klasse oder zumindest Schule. Durch seine universelle Einsatzbreite hat er sich diese Stellung erobert, auch wenn, wie Geisreiter (1977, S. 91) bemerkt, vielen Lehrern die ganze Bandbreite seiner Einsatzmöglichkeiten noch nicht bekannt ist.

Das Besondere dieses Mediums ist (nach Hagmüller, 1983, S. 118) darin zu sehen, dass

– der Lehrer die Klasse von vorne ansehen kann und nicht, wie bei der Tafel, ihr den Rücken zuwenden muss

– der Einsatz auch bei Tageslicht erfolgen kann und dadurch der Kontakt zwischen Lehrer und Schülern erhalten bleibt,

– verschiedenartige Objekte projiziert werden können, z. B. selbstgefertigte Folien, die ganz oder nur halbfertig sind und im Unterricht ergänzt werden, käufliche Transparente, durchsichtige Modelle, Umrisse nichttransparenter Gegenstände usw.

– Erarbeitetes gespeichert und jederzeit wieder aktualisiert werden kann,

– der Arbeitsprojektor schnell eingesetzt und durch unmittelbares Ein- und Ausschalten der Unterrichtsablauf direkt gesteuert werden kann,

– die Folien vom Lehrer zu Hause vorbereitet werden,

– die Folien im Unterricht rasch verändert werden können, z. B. durch teilweises Abdecken, neue Eintragungen, Markierungen usw.

Beispiel:

(1. Klasse, Lehrplaninhalt: Erwerb grundlegender Erfahrungen – Merkmale von Gegenständen)

Unabdingbar für Kinder der 1. Klasse ist das Hantieren mit Material, das Sortieren, Ordnen, Vergleichen usw. Um mindestens in der Anfangsphase den Unterricht zu steuern, können einzelne Vorgänge mit Transparentmaterial am Arbeitsprojektor frontal im Ansatz durchgeführt werden. Man hüte sich allerdings davor, durch diese einleitende Demonstration die Arbeit in der Klasse einspurig zu lenken und die Kreativität der Schüler einzuengen.

Auf der anderen Seite sind beim Einsatz des Arbeitsprojektors auch Nachteile zu bedenken (Hagmüller, 1983):

– Durch vorgefertigte Folien geht dem Schüler das Entwicklungserlebnis verloren, das er z. B. beim Tafelanschrieb hat.
– Der Unterricht wird, wie bei allen technischen Medien, apparaturabhängig und damit „anfällig".

Der Arbeitsprojektor ist in allen Phasen des Unterrichts einsetzbar, z. B. zur Motivation:

Beispiel:

(3. Klasse, Lehrplaninhalt: Sachrechnen, nach Bracht/Pietschner, 1980, S. 9)

Mit dem Arbeitsprojektor wird ein Bild gezeigt, das ein Elternpaar und zwei Kinder auf einem Flughafen zeigt. Ein Plakat kündigt an, dass 3 Flugzeuge ab 15.00 Uhr Rundflüge für jeweils 3 Personen mit 20 Minuten Dauer für 30 € durchführen. Die Flughafenuhr zeigt 14.50 Uhr. Schon mindestens 18 Personen haben sich in eine Warteschlange eingereiht. Offensichtlich wollen die Kinder einen Rundflug machen. Der Vater erinnert aber daran, dass die Familie um 4 Uhr zu Hause sein muss.
Diese Situation ist motivierend und stellt die Problemaufgabe: Reicht die Zeit noch für den Rundflug?

Eine weitere Möglichkeit des Einsatzes des Arbeitsprojektors ist die Vorstellung von Arbeitstechniken, wie oben bereits angedeutet. Eine gute Möglichkeit bietet sich auch zur Eigenkontrolle.

Beispiel:

(4. Klasse, Lehrplaninhalt: Arithmetik – Zahlenraum bis 1 000 000)

Die Lehrerin hat ein Arbeitsblatt zu Übungszwecken verteilt, wo die Tausendernachbarn von vorgegebenen Zahlen einzutragen sind.

1. Welche Tausendernachbarn haben die Zahlen?

	24 576	
	31 780	
	69 513	
	10 002	

2. Trage geeignete Zahlen ein!

32 000		33 000
71 000		72 000
60 000		61 000
59 000		60 000

Der Einsatz des Arbeitsprojektors muss systematisch geplant werden. Dazu gehört auch, dass man sich vor der Unterrichtsstunde über die Projektionsmöglichkeiten informiert, brauchbare Stifte bereitlegt und sicher ist, dass die Schriftgröße auf den Folien nicht zu klein ist.

Weniger geeignet für den Mathematikunterricht als die Arbeitstransparente sind Rollfolien. Um auf früher vorgestellte Ergebnisse zurückzugreifen muss hier oft in aufwändiger Weise zurückgekurbelt werden. Für längere systematische Erarbeitung des Stoffs eignet sich eine große Kreidetafel besser.

4.1.3 Wandbilder, Zahlenstrahl

Im Mathematikunterricht der Grundschule werden schon seit langem Wandbilder eingesetzt. Das sind von Lehrmittelverlagen herausgegebene großflächige Papier- oder Kunststofftafeln, auf denen häufig benötigte graphische Schemata oder wichtige Sachverhalte notiert sind. Solche Schemata sind z. B.

Die Hundertertafel:

Das ist ein quadratisches Feld von 10 x 10 Punkten oder Feldern, die leer oder ausgefüllt sind. Die ursprüngliche Form ist die sog. Kühnel'sche Hundertertafel.

Von diesem Medium sind zahlreiche Varianten und Weiterentwicklungen bekannt, von der althergebrachten „russischen Rechenmaschine" mit Kugeln bis zur Einspluseinstafel (Wittmann/Müller, 1990) und dem Hunderterquadrat (Leutenbauer, 1980 S. 35).

1	2	3	4	5	6	7	8	9	10
11	12	13	14	15	16	17	18	19	20
21	22	23	24	25	26	27	28	29	30
31	32	33	34	35	36	37	38	39	40
41	42	43	44	45	46	47	48	49	50
51	52	53	54	55	56	57	58	59	60
61	62	63	64	65	66	67	68	69	70
71	72	73	74	75	76	77	78	79	80
81	82	83	84	85	86	87	88	89	90
91	92	93	94	95	96	97	98	99	100

Diese Medien eignen sich sowohl für die Erarbeitung des Hunderterraums im 2. Schuljahr als auch für Addition und Subtraktion ohne und mit Zehnerübergang. Interessante Übungen zur Hundertertafel finden sich bei Epping (1982).

Beispiel:

(2. Klasse, Lehrplaninhalt: Arithmetik – Addition im Zahlbereich bis 100, nach Epping, 1982, S. 180)

Aufgabe: 23 + 14. Von der Ausgangszahl 23 geht man um so viele Reihen nach unten, wie Zehner im 2. Summanden vorkommen, also 1. Von der erreichten Zahl (33) geht man um so viele Spalten nach rechts wie der 2. Summand Einer hat, also 4. Man gelangt zur 37. Bei Zehnerüberschreitung zählt man in der nächsten Reihe weiter. Der Rechenweg ist mit dem Zeigestock zu zeigen.

Die Einmaleins-Tafel:

Diese diente zunächst dazu, alle Einmaleinsaussagen den Schülern ständig vor Augen zu führen, damit sie sich festigten.

·	1	2	3	4	5	6	7	8	9	10
1	1	2	3	4	5	6	7	8	9	10
2	2	4	6	8	10	12	14	16	18	20
3	3	6	9	12	15	18	21	24	27	30
4	4	8	12	16	20	24	28	32	36	40
5	5	10	15	20	25	30	35	40	45	50
6	6	12	18	24	30	36	42	48	54	60
7	7	14	21	28	35	42	49	56	63	70
8	8	16	24	32	40	48	56	64	72	80
9	9	18	27	36	45	54	63	72	81	90
10	10	20	30	40	50	60	70	80	90	100

Allerdings sind auch hier eine Reihe von Varianten mit entsprechenden Übungen entwickelt worden, z. B. die unausgerechnete Einmaleinstafel (Wittmann/Müller, 1990).

Der Zahlenstrahl:

Dies sollte in jeder Grundschulklasse ein unverzichtbares Medium sein, das je nach Klassenstufe in unterschiedlicher Ausführung an der Klassenwand befestigt ist. Natürlich sind in der Grundschule nur die natürlichen Zahlen interessant, sodass zwischen den Zahlen keine Zwischeneinteilungen nötig sind. Der Zahlenstrahl dient vor allem als Darstellung des ordinalen Modells der natürlichen Zahlen, sodass er vor allem bei Zählübungen (auch in Zweierfolge, Dreierfolge usw.), bei Nachfolger- und Vorgängerbildung, bei Nachbarzehnern, Nachbarhundertern, Nachbartausendern usw. Orientierung gibt.
Entsprechend dem Schuljahr wird er erweitert: Im ersten Schuljahr bis 20,

0	1	2	3	4	5	6	7	8	9	10	11	12	13	14	15	16	17	18	19	20

im 2. bis 100, im 3. bis 1 000. Wenn im 4. Schuljahr der Zahlenraum über 1 000 erweitert wird, können die Zahlen nur noch ungefähr geortet werden, aber auch das ist eine sinnvolle Übung für das Runden und Überschlagen.
Es gibt viele weitere Wandbilder für den Mathematikunterricht in der Grundschule, etwa für das Rechnen mit Größen. Die Lehrerin muss in jedem Fall entscheiden, ob sie diese Medien einsetzt. Die oben genannten sind die häufigsten und deshalb sicher brauchbar.

4.2 Arbeitsmittel für die Hand des Schülers

4.2.1 Vorbemerkungen

Bereits an mehreren Stellen wurde in diesem Buch die Notwendigkeit des Einsatzes von Arbeitsmaterial für die Hand des Schülers besprochen. Dies ist vor allem durch die psychologischen Grundlagen des Mathematikunterrichts in der Grundschule bedingt, die Piaget und Bruner erforscht haben (siehe Kap. II.). Die didaktischen Prinzipien (siehe Kap. IV.), die für den Mathematikunterricht formuliert wurden, legen vielfältig die Verwendung von Arbeitsmaterial für die Hand des Schülers nahe, sei es nun das operatorische Prinzip, das Aufbauprinzip, das dynamische Prinzip, das Prinzip der Variation der Veranschaulichung oder gar das Prinzip von der enaktiven, der ikonischen und der symbolischen Darstellung. Dabei ist keineswegs festgelegt, dass es sich um standardisierte Materialien, wie z. B. die logischen Blöcke, handeln muss. Nicht welches Material den Schülern zur Verfügung steht, ist wichtig, sondern dass ihnen geeignetes Material zur Verfügung steht.

Natürlich kann und soll der Lehrer selbst Materialien herstellen. Dazu gibt es vielfältige Möglichkeiten, weil auch Halbfertigprodukte angeboten werden, z.B. Kartensätze, die dann vom Lehrer nach seinen Vorstellungen gestaltet werden können.

Es ist sicher richtig, dass der Einsatz von Arbeitsmaterial im Mathematikunterricht nicht einfach ist. Zunächst muss das Material in ausreichender Stückzahl vorhanden sein, die Schüler müssen es kennen und mit seinem Umgang vertraut sein, der Unterricht muss sorgfältig geplant sein, besonders, wenn mit Arbeitsmaterial Aktivitäten in Kleingruppen durchgeführt werden sollen. Dazu kommt, dass der Einsatz des Arbeitsmaterials sicher mit größerer Unruhe im Klassenzimmer gekoppelt ist und die Kinder schnell ins nichtzielgerichtete Spielen verfallen. Das alles sind möglicherweise Gründe, mit dem Einsatz von Arbeitsmaterial zurückhaltend zu sein. Dennoch muss immer wieder die fundamentale Forderung nach Einsatz von konkretem Material im Mathematikunterricht der Grundschule aufrecht erhalten bleiben. Die Argumente für den Einsatz sind so fundamental, dass die Lehrerin sich nicht durch organisatorische Gründe davon abbringen lassen sollte.

Im Folgenden werden einige Arbeitsmaterialien für die Hand des Schülers vorgestellt und ihr Einsatz kurz skizziert. Für die genaue Planung des Einsatzes muss auf die Spezialliteratur, z.B. auf entsprechende Schulbücher, verwiesen werden. Die folgende Darstellung bezieht sich im Wesentlichen auf das „Handbuch mit Handlungsanweisungen für die Verwendung von Arbeitsmitteln im Anfangs-Mathematikunterricht" (Besuden, 1989).

4.2.2 Steckwürfel

Steckwürfel sind ein ganz unspezifisches Arbeitsmaterial, das von mehreren Lehrmittelfirmen angeboten wird. Es sind Plastikwürfel in verschiedenen Farben, die durch Steckverbindungen zusammengesteckt werden können. Ihr Einsatzbereich liegt vor allem in der Arithmetik, aber auch in der Geometrie, bei der Behandlung der Größen und im freien Spiel.

Im Einzelnen lassen sich folgende Aufgaben durchführen:

1. Klassifizieren nach Farben:
   Einsortieren in Kästen entsprechend der Farbe.
2. Abzählen:
   Eine ungeordnete Menge von Steckwürfeln wird vorgelegt. Die Schüler zählen ab, indem sie vorher ordnen oder die Würfel einzeln zur Seite legen.
3. Darstellen von Zahlen – additive Zerlegung:

8 = 3 + 5

4. Addieren und Subtrahieren:

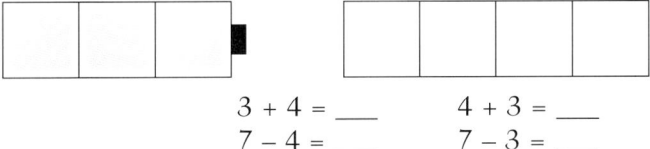

$$3 + 4 = \underline{} \qquad 4 + 3 = \underline{}$$
$$7 - 4 = \underline{} \qquad 7 - 3 = \underline{}$$

5. Zahlbeziehungen:

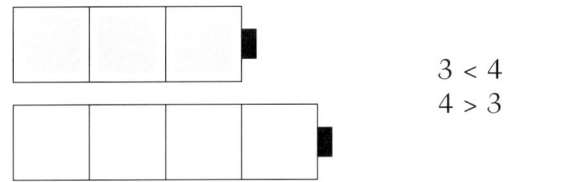

$$3 < 4$$
$$4 > 3$$

6. Multiplizieren und Dividieren:

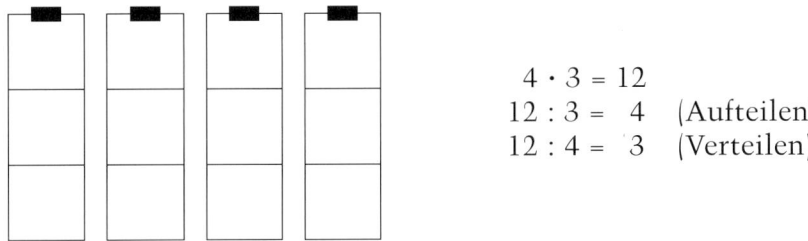

$$4 \cdot 3 = 12$$
$$12 : 3 = 4 \quad \text{(Aufteilen)}$$
$$12 : 4 = 3 \quad \text{(Verteilen)}$$

7. Zum Abmessen von Strecken, insbesondere wenn die Kantenlänge der Würfel 1 cm beträgt.
8. Als Einheitsgewichte beim Abwiegen von Gegenständen auf der Tafelwaage.
9. Als Einheitskörper beim Bauen von größeren quaderförmigen und aus Würfeln zusammengesetzten Körpern.

Steckwürfel können bei der Individualarbeit, der Partnerarbeit oder der Arbeit in Kleingruppen, etwa im Zusammenhang mit einem Arbeitsblatt eingesetzt werden. Der Unterricht kann anfänglich über eine dem Arbeitsblatt entsprechende Folie am Arbeitsprojektor gesteuert werden.
Gerade durch die geringe Spezifizierung sind die Steckwürfel ein universelles Material, das zudem leicht einzusetzen ist. Es sollte in allen Grundschulklassen vielfältige Verwendung finden (siehe auch Homagk/Keune 1989).

4.2.3 Cuisenaire-Stäbe

Die Cuisenaire-Stäbe sind vielleicht das beliebteste Arbeitsmaterial für den Mathematikunterricht in der Grundschule. Sie wurden von dem belgischen Mathematiklehrer Cuisenaire entwickelt und insbesondere durch A. Fricke und H. Besuden (1970) im Mathematikunterricht in Deutschland verbreitet. Es sind farbige Stäbe mit 1 bis 10 cm Länge und 1 cm² Querschnitt, entsprechend der Länge in 10 verschiedenen Farben. Diese Farben sind nicht willkürlich gewählt, sondern nach Zahlverwandtschaften: So sind der Zweierstab rot, der Viererstab lila und der Achterstab braun. Die Dreier-Sechser- und Neunerstäbe sind hellgrün, dunkelgrün, bzw. blau, der Fünferstab ist gelb und der Zehnerstab orange. Der Einerstab ist weiß und der Siebenerstab schwarz.

Folgende Aufgaben sind mit den Cuisenaire-Stäben in Einzel- oder Partnerarbeit auszuführen (nach Besuden, 1989):

1. Freies oder gelenktes Bauen – Auslegen von Figuren:

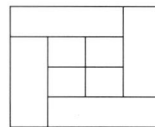

2. Erzeugen von Bandornamenten:

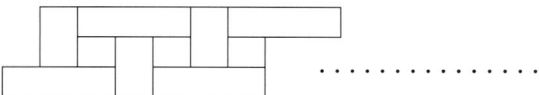

3. Erzeugen von Pfeilbildern entsprechend den Zahlrelationen „größer", „kleiner".

4. Zahlzerlegungen, Ergänzungen, Addition und Subtraktion:

zerlegen:

$5 = 3 + \underline{\quad}$

ergänzen:

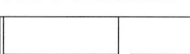

$3 + \underline{\quad} = 5$

addieren:

$3 + 2 = \underline{\quad}$

subtrahieren:

$5 - 3 = \underline{\quad}$

5. Multiplikation:

$3 \cdot 5 = \underline{\quad}$

6. Weniger bekannt ist, dass man die Cuisenaire-Stäbe auch als Messstäbe benutzen kann. Da ihre Länge jeweils Vielfache von 1 cm betragen, ist hiermit sogar ein metrischer Maßstab gegeben.

Die Unterrichtsorganisation kann so aussehen, dass zunächst auf einem Arbeitsblatt die Umrissfiguren für die Stäbe dargestellt sind, sodass die Schüler die Stäbe darauflegen können. Später, wenn die Schüler genügend Übung mit den Cuisenaire-Stäben haben, kann man auch ohne Arbeitsblatt nur auf dem Tisch arbeiten lassen. Wichtig ist nur, dass die Schüler die Stabkombinationen wirklich legen und der Lehrer sie nicht nur an der Magnettafel oder dem Arbeitsprojektor vorlegt. Bezüglich der Sozialform empfiehlt sich zunächst Einzelarbeit, später dann Partnerarbeit. Für Gruppenarbeit sind die Cuisenaire-Stäbe weniger geeignet. Es sei noch darauf verwiesen, dass es die Cuisenaire-Stäbe auch in Transparentmaterial für die Benutzung am Arbeitsprojektor gibt.

4.2.4 Mehrsystemmodelle

Zum Verständnis unseres dekadischen Stellenwertsystems gehören die Vorstellungen des Bündelns und des Stellenwerts. Bündelungen können zu jeder Basiszahl ≥ 2 durchgeführt werden, allerdings sind in den meisten Lehrplänen der Bundesrepublik Deutschland lediglich Bündelungen zur Basis 10 vorgeschrieben. Trotzdem ist es sinnvoll, auch etwa zu den Basen 3 oder 4 Bündelungen durchzuführen, denn diese Zahlen sind auch für das Kind simultan zu erfassen, wohingegen 10 Elemente immer umständlich abgezählt werden müssen.

Als Material für Bündelungen im Zehnersystem oder in anderen Systemen (siehe Lauter, 1989, S. 85) bieten sich zunächst einmal konkrete Gegenstände an, etwa Papiertaschentücher, die ja immer in Packungen zu 10 verpackt sind. In einer ersten methodischen Stufe wird das Bündeln noch konkret ausgeführt, etwa durch Zusammenstecken von Steckwürfeln. Allerdings erfordert dieser Vorgang erheblich Zeit, sodass man zu der zweiten methodischen Stufe übergehen muss, wo die Bündelungen bereits vorgenommen sind. Hier bietet sich vor allem das sog. „Mehrsystemmaterial" von Dienes an. Dies sind Einzelwürfel, Stangen und Platten entsprechend der Bündelungsbasis.

Einer:

Stangen:

Platten:

Mit diesem Material können nun Zahlen (bis 1000) im Stellenwertordner dargestellt werden. Dies dient insbesondere zur Darstellung der schriftlichen Rechenverfahren (siehe Lauter, 1989):

Platten	Stangen	Einerwürfel	
5	3	4	534

Diese methodische Stufe, in der zwar die Bündelungen nicht mehr konkret vorgenommen werden, sondern die Einheiten der verschiedenen Bündelungsstufen schon vorgefertigt sind, wird dann von der dritten methodischen Stufe abgelöst, bei der die Einzelelemente nicht mehr zu erkennen sind. Das können etwa farbige Plättchen sein, wobei den Farben verschiedene Wertigkeiten zugeschrieben werden, etwa

weiß	–	1
grün	–	10
rot	–	100
gelb	–	1000 usw.

In der Reihe der Arbeitsmaterialien zum Stellenwertsystem muss auch das Registerspiel genannt werden, das auch auf die unterschiedlichen Farben der Plättchen verzichtet und den Wert nur nach der Lage im Stellenwertordner bestimmt.

Von geringerer Bedeutung sind Zählwerke analog einem Kilometerzähler, die ebenfalls zur Demonstration des Stellenwertsystems angeboten werden.

4.2.5 Merkmal-Plättchen

Unter Merkmalplättchen, auch „Strukturiertes Material" genannt, versteht man nach Hole (1973, S.158) eine Menge von Dingen (Merkmalgegenstände), die jede Kombination von Merkmalen genau einmal repräsentiert, wobei aus jeder gegebenen Merkmalklasse (z.B. Farbe, Form, Größe usw.) genau ein Merkmal gewählt ist. Ein solches strukturiertes Material, das im Zusammenhang mit vielen Grundschulwerken herausgegeben wird, dient weniger dazu, arithmetische Operationen darzustellen, vielmehr geht es um allgemeinere Ziele: den Erwerb grundlegender Fähigkeiten wie Klassifizieren, Unterscheiden, Ordnen, Transformieren. Spektakulärer war die Darstellung von Mengenoperationen wie Durchschnitts- und Vereinigungsbildung, die aber in zahlreichen Bundesländern nicht mehr zum Stoff des Mathematikunterrichts in der Grundschule gehören.

Dennoch sollte wegen der oben angeführten grundlegenden Lernziele nicht auf das Arbeiten mit strukturiertem Material verzichtet werden. Als Sozialform eignet sich vor allem die Kleingruppe, in der Kinder nach vorgegebenen Regeln mit dem Material arbeiten.

Das klassische strukturierte Material sind die sog. logischen Blöcke von Dienes (1968) mit vier Merkmalklassen: Größe (groß, klein), Farbe (rot, gelb, blau), Form (Kreis, Dreieck, Quadrat, Rechteck) und Dicke (dick, dünn). In der Literatur finden sich zahlreiche Spielvorschläge für dieses Material, von denen die besten von Dienes selbst stammen (1968).

Beispiel:

(1. Klasse, Lehrplaninhalt: Erwerb grundlegender Erfahrungen)

Auf einem Arbeitsblatt sind in der linken Spalte einer Tabelle die möglichen Eigenschaften der Blöcke (als vereinbarte Symbole, nicht wie hier verbal) eingetragen. In die Kopfleiste legen die Kinder bestimmte Klötze und kreuzen die Eigenschaften an, die der Klotz aufweist.

rund	×			
dreieckig		×		
quadratisch				×
rechteckig			×	
rot			×	
blau	×			×
gelb		×		
groß	×		×	×
klein		×		
dick			×	
dünn	×	×		×

Danach werden die Klötze wieder vom Blatt entfernt, die Schüler tauschen das Blatt mit dem Partner aus, und dieser muss nun nach den angekreuzten Eigenschaften Klötze aussuchen und auf das Arbeitsblatt legen. Die Partner kontrollieren sich gegenseitig.

Weitere Übungen mit strukturiertem Material sind z.B. Unterschieds-schlangen legen, wobei die Kinder reihum Klötze anlegen, die sich vom vorhergehenden genau in einem (zwei usw.) Merkmal(en) unterscheiden.

4.2.6 Winkelplättchen und weitere Materialien zur Geometrie

Ein hübsches Arbeitsmaterial sind die sog. Winkelplättchen (Besuden, 1989, S. 11.1). Sie entstehen dadurch, dass man alle möglichen Zusammenstellungen von 4 deckungsgleichen Quadraten herstellt. Das sind (bis auf symmetrische Anordnungen) folgende 5 Figuren:

Die rechteckigen Figuren werden aussortiert. Es bleiben die 3 mittleren Figuren, die wegen ihrer Form L – T – Z – Plättchen genannt werden. Mit diesen Figuren lassen sich elementare geometrische Aktivitäten durchführen, etwa das Auslegen von Figuren, das freie Bauen (Brücke, Hund usw.), Bauen achsensymmetrischer oder drehsymmetrischer Figuren, legen von Bandornamenten und Parkettierungen:

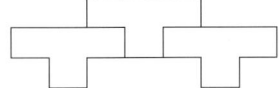

Formenmaterial für geometrische Aktivitäten gibt es in vielgestaltiger Form. Auch kann es schnell vom Lehrer aus Pappe hergestellt und im Sammlungsraum deponiert werden. Für die geometrischen Aktivitäten gilt noch mehr als für die arithmetischen, dass die Schüler mit konkretem Material umgehen müssen. Formgefühl und Raumgefühl entstehen auf Grund konkreter und dann verinnerlichter Handlungen. Geometrie in der Grundschule ohne Arbeitsmaterial ist undenkbar.

4.3 Experimentiergeräte

Wenn die psychologischen Grundlagen des Mathematikunterrichts ernst genommen werden, dann hat das nicht nur für den Unterricht in Arithmetik und Geometrie Bedeutung, sondern mindestens in gleichem Maß auch für die Größen. Dies bezieht sich vor allem auf das Operieren mit konkretem Material. Die Didaktik hat sehr exakt herausgearbeitet, dass sich der Begriff der Größe, z. B. der Länge eines Gegenstandes, des Gewichts, des Geldwerts, des Rauminhalts und der Zeit(spanne) als Abstraktion von konkreten Repräsentanten bildet. (siehe Lauter, 1989, S. 115). Umgekehrt kann jede Größe durch Repräsentanten dargestellt werden, also durch konkrete Gegenstände oder Vorgänge. Die für die Grundschule wichtigen Größenbereiche und die dafür in der Schule möglichen und gebräuchlichen Repräsentanten sind:

Größenbereich	Klasse	Repräsentanten
Geldwerte	ab 1.	Münzen, Scheine, Spielgeld
Längen	2.–4.	Stäbe (z. B. Cuisenaire-Stäbe), Kanten, Papierstreifen, Nägel usw.
Zeitspannen	2.–4.	Vorgänge (z. B. Lösen einer Aufgabe, durch die Klasse hüpfen usw.)
Gewichte	ab 3.	Gegenstände (z. B. Waren aus dem Einkaufskorb)
Volumina spez. Hohlmaße	ab 3.	Gefäße (z. B. Tassen, Flaschen, Jogurtbecher, Vasen usw.)

In der Didaktik ist es gelungen, die unterrichtliche Behandlung der Größen nach einem einheitlichen Konzept zu strukturieren. Ausgangspunkt jeder unterrichtlichen Behandlung ist die Erkenntnis, dass jeder Messprozess ein Vergleich mit Einheitsgrößen ist.
Als erste methodische Stufe wird also immer ein direkter Vergleich von Repräsentanten des betreffenden Größenbereichs durchgeführt:
– Welcher Münzhaufen ist mehr wert?
– Welcher Stab ist länger?
– Welcher Vorgang dauert länger?
– Welcher Gegenstand ist schwerer?
– Welches Gefäß fasst mehr Wasser?

Die zweite methodische Stufe besteht nun darin, die Repräsentanten nicht mehr direkt zu vergleichen, sondern indirekt mit Hilfe willkürlich gewählter Vergleichsrepräsentanten.

Für Längen kann das so aussehen: Kann man den Schrank zwischen Fenster und Tür stellen? Ich messe die Breite des Schranks und die der Lücke mit Bleistiftlängen ab und vergleiche. Als willkürliche Vergleichseinheit für Vorgänge bietet sich rhythmisches Klopfen oder besser Metronomschläge an. Für den Gewichtsvergleich können irgendwelche gleichartigen Gegenstände gewählt werden: Nägel, Steckwürfel usw. und für den Volumenvergleich kann das Fassungsvermögen eines Jogurtbechers genommen werden. Erst in der dritten methodischen Stufe erfolgt dann der Vergleich mit den genormten Maßeinheiten (nach DIN 58122) mit Hilfe der üblichen Messinstrumente.

Für unsere Betrachtung heißt dies, dass für die Behandlung der Größen umfangreiches Arbeitsmaterial und Geräte vorhanden sein müssen, um den Kindern ein konkretes Verständnis von Größen zu vermitteln. Folgende Arbeitsmaterialien, mit denen die Kinder selbst experimentieren sollen, werden für notwendig erachtet:

Größenbereich der Geldwerte:
Spielgeld als Demonstrationsmaterial für die Magnettafel,
Spielgeld (Münzen und Banknoten) für jeden Schüler (in jeder Sparkasse erhältlich).

Größenbereich der Längen:
Schnur und willkürliche Vergleichseinheiten (z. B. Bleistifte) für den indirekten Vergleich, Meterstab, Lineal, Bandmaß, Schieblehre für direkte Messvorgänge.

Größenbereich der Zeitspannen:
Metronom für den indirekten Vergleich mit willkürlichen Einheiten, Sanduhr, Spieluhren zum Einstellen und Ablesen von Zeitpunkten (am besten sind Spieluhren, bei denen sich der kleine und der große Zeiger getrennt einstellen lassen, also nicht durch eine Zahnradübersetzung verbunden sind – keine Digitaluhren), Stoppuhr, Kalender.

Größenbereich der Gewichte:
Mehrere Tafelwaagen, damit alle Schüler Gelegenheit haben, selbst Wiegeversuche durchzuführen, verschiedenartige Gegenstände zum Abwiegen, darunter auch speziell große leichte (z. B. aus Styropor) und kleine schwere Gegenstände (aus Metall). Steckwürfel als willkürliche Vergleichseinheiten, Gewichtssätze, auch Gewichtssteine für mehrere kg.

Größenbereich der Volumina (in der Grundschule nur der Hohlmaße):
Tassen, Kannen, Jogurtbecher, verschiedene Behälter für den direkten und indirekten Vergleich mit willkürlichen Einheiten, Messbecher, Litermaß usw. für den indirekten Vergleich mit genormten Einheiten.

5   Audiovisuelle Medien

Es gibt heute zahlreiche technische Medien, die unter dem Sammelbegriff AV-Medien geführt werden. Hier wäre die Diaprojektion, Filmprojektion, Schallplatte, Tonband sowie Schulfunk und Fernsehen zu nennen. Für den Mathematikunterricht in der Grundschule spielen diese Medien eine eher untergeordnete Rolle, was aber nicht heißen sollte, dass der Lehrer einmal erwägt, ob nicht in einem ideenreichen Unterricht auch diese Medien hin und wieder eingesetzt werden können.

Beispiel:

(3. Klasse, Lehrplaninhalt: Arithmetik)

Der Autor hat einmal beobachtet, dass ein Lehrer eine lange Individualarbeit, bei der die Schüler ein Arbeitsblatt mit routinemäßigen Aufgaben zur schriftlichen Addition und Subtraktion bearbeiteten, mit beruhigender Musik von der Kassette untermalte. Dadurch wurde in der Klasse eine sehr angenehme Arbeitsatmosphäre erzeugt und die Kinder arbeiteten in sichtlich entspannter Form. Solche Möglichkeiten werden im Rahmen der pädagogischen Forschungsrichtung der „Suggestopädie" erkundet.

Die im engeren Sinn audiovisuellen Medien wie Schulfilm, Videofilm, Schulfernsehen und Schulfunk werden im Mathematikunterricht der Grundschule kaum eingesetzt. Zwar gibt es einzelne Produktionen zum Mathematikunterricht, jedoch sind ihre Einsatzmöglichkeiten beschränkt, was nicht nur auf organisatorische Probleme zurückzuführen ist. Vielmehr scheinen hier entwicklungspsychologische Probleme vorzuliegen, die den Lehrer davon abhalten, diese Medien intensiv im Unterricht der Grundschule, speziell im Mathematikunterricht einzusetzen. Dem Grundschulkind gelingt es oft nicht (nach Schnitzer, 1977, S. 118), auditive oder visuelle Angebote inhaltlich gegliedert aufzunehmen und Abläufe wiederzugeben. Jüngere Kinder orientieren sich vielfach an Details und Einzeleindrücken. Der Gehalt des ganzen Films oder der ganzen Sendung wird nicht erfasst.

Intensiver Einsatz von technischen audiovisuellen Medien widerspricht aber auch den bewährten didaktischen Prinzipien des Mathematikunterrichts, etwa dem operativen Prinzip (Kap. IV. 3.2), nach dem die Kinder ausgehend von konkreten Handlungen zur Verinnerlichung des mathematischen Objektes und der Operation gelangen sollen.

Die Bedeutung des Computers für die Grundschule ist noch nicht abzusehen. Der Einsatz des Computers ist vielgestaltig denkbar. Prinzipiell muss seine Bedeutung für den Lehrer von der für den Schüler unterschieden werden. Darüber hinaus kann der Computer als Lerninhalt (Funktionsweise, Bedienungs- und Einrichtungsmöglichkeiten, Peripheriegeräte, Software usw.), als Werkzeug (z.B. für die Textverarbeitung, für die Dateiverwaltung, als Rechengerät usw.) und als Medium (z.B. für die Präsentation von Lehrprogrammen) betrachtet werden. Damit müssen prinzipiell folgende Möglichkeiten bei der Abschätzung der Bedeutung des Computers für den Unterricht beachtet werden. (Die Anzahl der Sterne in dieser Tabelle entspricht nach subjektiver Einschätzung der Bedeutung dieses Einsatzbereiches):

Bedeutung des Computers

	für den Lehrer	für den Schüler
Inhalt	*	
Werkzeug	***	
Medium		**

Das heißt, dass der Lehrer, auch der Grundschullehrer, sehr wohl Computerkenntnisse besitzen sollte, denn er kann den Computer als universelles Werkzeug für seine Arbeit einsetzen. „Keine Lehrerin und kein Lehrer der Primarstufe kommt langfristig daran vorbei, sich mit den Fragen eines reflektierten Computereinsatzes zu beschäftigen, falls die Verantwortung für die Kinder und ihr Lernen ernst genommen wird. Es ist ein Irrglaube, darauf zu hoffen, sich an dieser Diskussion auf Dauer vorbeimogeln oder gar den Kopf in den Sand stecken zu können." (Krauthausen/Herrmann, 1991) Für alle Schreibarbeiten (Unterrichtsvorbereitung, Korrespondenz, Berichte, aber auch für das Entwerfen von Folien für den Arbeitsprojektor) ist der Computer geeignet, ebenso für die Verwaltung und Bearbeitung von Dateien über Schüler (Datenschutzbestimmungen beachten!), Lehrmittel, Literatur usw. und als Rechengerät (Tabellenkalkulation) (siehe dazu Menzel/Thode/Plieninger, 1990). Zur souveränen Benutzung des Computers als Werkzeug sind natürlich in geringerem Umfang auch Kenntnisse über den Computer selbst nötig. Denn der Lehrer muss seinen Computer einrichten und bedienen, er muss Kenntnisse zum Betriebssystem (z.B. MS Windows und über die Peripheriegeräte (Tastatur, Laufwerke, Festplatte, Drucker usw.) haben.

Für den Schüler, zumindest für den Grundschüler, entfallen alle diese Argumente. Wenn der Schüler überhaupt mit dem Computer konfrontiert wird, dann als Medium zur Darbietung von Lehrprogrammen. Der sog. computerunterstützte Unterricht (CUU) hat auch für die Grundschule eine gewisse Bedeutung. Er kann dabei folgende Aufgabe übernehmen (nach Brenner/Gunzenhäuser, 1987, S. 147):

– Zeigen und Erklären, Beschreiben, Informieren,
– Lernkontrolle durch Fragen oder Aufgabenstellungen,
– Rückmeldung für den Lehrer durch Bewertung der Antworten und Lösungen,
– Steuerung des Lernprozesses auf der Basis der Schülerbeiträge.

Ziel des Einsatzes des Computers als Medium ist die Individualisierung des Unterrichts. Die Darbietung des Lehrstoffs kann als Text, als Diagramm oder als bewegte Grafik erfolgen. Dabei erfolgt im Gegensatz zur Lehrerdarbietung die Information entpersonalisiert, was natürlich berücksichtigt werden muss. Da der Unterricht vor allem in der Grundschule auch einen

Bildungsauftrag hat, der wesentlich durch die persönliche Kommunikation zwischen Lehrer und Schüler geleistet wird, ist ein nur durch den Computer gesteuerter Unterricht ausgeschlossen. Ja, nicht einmal größere Teile des Unterrichts kann der Computer übernehmen. Er wird sicher nur zur Ergänzung einzusetzen sein, etwa um individuelle Übungssequenzen durchzuführen, möglicherweise im Stütz- und Förderunterricht. Hier ist abzuwarten, was in den kommenden Jahren auf dem Lehrmittelmarkt angeboten wird. Dem Lehrer wird aber diesbezüglich eine gesunde Skepsis empfohlen.

IX. Übung

1   Vorbemerkungen

Die Bedeutung der Übung im Mathematikunterricht wird von fast allen Lehrern hervorgehoben, ja viele sehen in der permanenten Übung das wichtigste und oftmals sogar das einzige Mittel, zu einem bleibenden und dauerhaften Lernerfolg zu kommen. Zudem gilt Mathematik als das Übungsfach par excellence. Das liegt einmal darin begründet, dass der sukzessive Aufbau der Mathematik, speziell der der Arithmetik, eine ständige Festigung der Grundlagen im elementaren Rechnen erfordert, andererseits darin, dass sich der Stoff des Mathematikunterrichts gut in Übungsformen aufbereiten lässt. Oft wird darüber geklagt, dass in den Schulbüchern zu wenig Übungsaufgaben angeboten werden, und oft ist die Anzahl der Übungsaufgaben das Hauptkriterium für die Wahl eines Schulbuches.

Auf der anderen Seite spielt das Thema „Übung" im Rahmen der wissenschaftlichen Fachdidaktik Mathematik eine eher untergeordnete Rolle. In den klassischen fachdidaktischen Zeitschriften zum Mathematikunterricht stößt man nur sporadisch auf Ausführungen zum Thema Übung, und auch bei den wissenschaftlichen Tagungen zum Mathematikunterricht hört man selten einen Vortrag über Übung.

Übrigens ist diese Erscheinung nicht auf den Mathematikunterricht beschränkt. So schreibt schon Loser (1968): „Wo immer in pädagogischer Absicht das Lehren untersucht wird, findet die Übung erstaunlich wenig Beachtung, weil, ausgehend vom je einmaligen Erlebnis, von der schicksalhaften Zufälligkeit der echten Begegnung, von der geistigen Erweckung im fruchtbaren Moment, die Hochform des Lehrens in der Verlebendigung von Sinngehalten im ringenden Geist und in der ‚suchenden Seele' gesehen wird, der gegenüber das gedächtnismäßige Einprägen durch ständige Wiederholung und Übung als zweitrangig, weil uneigentlich erscheinen musste."

Was ist der Grund für eine solch unterschiedliche Bewertung der Übung im Mathematikunterricht?

Eine Erklärung bietet sich an, wenn man Übung nicht als homogene und undifferenzierte Arbeitsform sieht, sondern je nach Funktion der Übung verschiedene Übungsformen unterscheidet (siehe auch Radatz/Schipper, 1983, S. 191). Häufig versteht man unter „Übung" im Mathematikunterricht das mechanische Üben von Rechensätzen und -regeln, das sicher einen wichtigen Platz im Mathematikunterricht ausfüllt, das aber nicht als die einzige Übungsform des Mathematikunterrichts angesehen werden darf.

Im Folgenden wird es also darauf ankommen, den Begriff „Übung" differenziert zu betrachten und in seiner Vielgestaltigkeit aufzuschließen, des Weiteren aber auch darum, jedem speziellen Übungstyp seinen didaktischen Ort im Unterricht zuzuweisen. Dies kann nur nach einer festgelegten Richtschnur geschehen. Als festgesetzte Richtschnur wollen wir das Lernen nehmen, denn um Lernen geht es in erster Linie im Unterricht und ganz besonders auch beim Thema Übung.

2 Auffassungen vom Lernen

2.1 Entdeckendes Lernen

Als Hochform des schulischen Lernens, speziell auch im Mathematikunterricht, wird das entdeckende Lernen angesehen. Bei dieser Lernform wird davon ausgegangen, dass der Schüler sich mit dem zu lernenden Inhalt selbstständig auseinandersetzt und die Zusammenhänge, Regeln und Strukturen selbstständig erarbeitet.

Beispiel:

(3. Klasse, Lehrplaninhalt: Arithmetik – Einmaleins, nach Müller/Wittmann, 1984)

Vorgestellt wird eine Maschine, die Zahlen von 0 bis 99 verarbeiten kann. Bei Eingabe der angegebenen Zahlen ergeben sich folgende Ausgaben:

E		A
66		36
75		35
81		08
25		10

Wie heißt die Vorschrift?
Die Schüler entdecken, dass sich die Ausgabe als Produkt der Einer- und Zehnerziffer der Eingabe ergibt.
Welche Zahlen sind bei der Ausgabe 36 als Eingabe möglich?
Wir nehmen eine zweistellige Zahl als Lokomotive, an die man mit Hilfe der Maschine weitere Zahlen ankoppeln kann. Der Zug darf nur verschiedene Wagen haben. Wer baut den längsten Zug?

Aufgabe des Lehrers bei dieser Lernform ist einmal das Bereitstellen von geeigneten Lernsituationen, zum anderen obliegt ihm die Aufgabe durch sorgfältig geplante Lernhilfen die Suche nach der richtigen Lösung zu lenken und zu beeinflussen.
Diese Lernform ist mit Recht speziell im Mathematikunterricht so hoch angesehen, weil sie beim Schüler die Fähigkeit erweckt, nicht nur einzelne spezielle Aufgaben, sondern ganze Klassen von Problemen zu lösen. Sie kommt damit der deduktiven Struktur der Mathematik entgegen, die ihre Probleme nicht durch Anwendung und Übertragung ähnlicher Fragestellungen löst, sondern durch übergreifende Denkstrukturen, die durch Abstraktion gebildet wurden.
Weiterhin passt sich entdeckendes Lernen den individuellen Fähigkeiten und Möglichkeiten des Schülers an, z. B. den Entwicklungsstufen, und ist weniger von äußeren Lernbedingungen abhängig.

Entdeckendes Lernen steigert die Selbstsicherheit des Schülers, bestätigt die eigene Tüchtigkeit und führt zu einer intellektuellen Befriedigung.

Die dem entdeckenden Lernen zugeordnete Motivationsform ist die intrinsische Motivation, die als Motor für Lernbereitschaft und Lernausdauer ihre Schubkraft von der Sache selbst nimmt, unabhängig von den äußeren Lernbedingungen.

Allerdings gibt es auch schwerwiegende Argumente gegen das entdeckende Lernen (Bredenkamp/Weinert, 1976, S. 48). Abgesehen von dem Argument, das Ausubel (1964) gegen das entdeckende Lernen anführt, nämlich es sei Zeichen menschlicher Kultur, dass jede Generation der nachfolgenden Generation ihr Wissen weitergebe, damit jedes Individuum nicht dieses selbst neu entdecken müsse, wird vor allem der weitaus größere Zeitaufwand für entdeckendes Lernen angeführt. In diesem Sinn kann die Methode des entdeckenden Lernens als ineffizient bezeichnet werden. Hier mag auch ein Grund dafür liegen, dass sich entdeckendes Lernen so schwer auf breiter Front in der Schule durchsetzt und hier sind auch die Klagen der Lehrer bezüglich der Stofffülle und der damit zusammenhängenden Zeitprobleme verständlich.

Als weiterer Nachteil des entdeckenden Lernens wird die große Fehlerwahrscheinlichkeit und die damit zusammenhängende Verstärkung von Fehlern angeführt. Da Instruktionen von außen nur selten erfolgen, ist die Wahrscheinlichkeit für das Einschlagen falscher Wege beim Erkenntnisprozess und deren Selbstverstärkung relativ hoch. Insbesondere bei impulsiven Kindern, die sich nicht lange mit eigenen Such- und Entdeckungsprozessen beschäftigen, wird daher der Lernerfolg gering und die Fehlerhäufigkeit groß sein.

Die Effektivität des entdeckenden Lernens ist daher in hohem Maße von der Persönlichkeitsstruktur des Schülers abhängig und deshalb nicht für alle Schüler in gleichem Maß geeignet. Entdeckendes Lernen ist nicht mit mechanischem Üben vereinbar. Entdeckendes Lernen impliziert die Vorstellung, dass Erkenntnis unter stetiger Ausschaltung möglicher Irrwege gesucht und gefunden wird, dann aber zum bleibenden Besitzstand des Individuums wird, der durch kein Vergessen und Verfälschen dezimiert oder zerstört werden kann. Ein ständiges Üben und Wiederholen ist daher unnötig und sinnlos.

Das mag der wichtigste Grund für die Missachtung der Probleme der Übung in der heutigen fachdidaktischen Diskussion sein.

2.2   Rezeptives Lernen

Jeder Lehrer, der täglich unterrichtet, weiß, dass entdeckendes Lernen aus den verschiedensten Gründen nicht ständige Unterrichtsform sein kann. Ein Teil der Erkenntnisgewinnung im Unterricht muss deshalb im rezeptiven Lernen (nach Bredenkamp/Weinert, 1976, S. 51) vor sich gehen. Rezeptives Lernen besteht darin, dass der Lehrer dem Schüler den gesamten oder fast den gesamten Lerninhalt einschließlich der Lösung anbietet und von diesem verlangt, das Wissen zu verstehen. Dazu ist vor allem Konzentration beim Schüler Vorbedingung, denn er muss in der Aneignungsphase den Inhalt, die Struktur oder die Regel lernen und behalten.

Beispiel:

(3. Klasse, Lehrplaninhalt: Arithmetik – Schriftliche Subtraktion)

Das Verfahren der schriftlichen Subtraktion

$$\begin{array}{r} 431 \\ - 227 \\ \hline 204 \end{array}$$

mit Ergänzen der jeweiligen Ziffer des Subtrahenden bis zur entsprechenden Ziffer des Minuenden und das Erweitern der Stelle des Minuenden um 10 und des Subtrahenden um 1 im höheren Stellenwert kann vom Schüler niemals selbstständig entdeckt werden. Es muss daher vom Lehrer, natürlich begründet, den Schülern vermittelt werden.

Beim rezeptiven Lernen ist die Aneignungsphase deutlicher von der Speicherungsphase getrennt als beim entdeckenden Lernen. Daraus ergibt sich eine deutlichere und intensivere Phase der Speicherung, die vor allem durch Übung geprägt ist.

Rezeptives Lernen ist geprägt durch größere Klarheit und Strukturierung des Lernguts. Es ist eher möglich, auf präzis gegebenen Vorkenntnissen aufzubauen und den Lernprozess selbst zu steuern. Rezeptives Lernen ist mit weitaus geringerem Zeitaufwand verbunden, was natürlich bei der teilweisen Überfrachtung der Lehrpläne für den schulischen Lernprozess ein wertvoller Vorteil ist. Weiterhin führt rezeptives Lernen zu einem schnelleren Lernerfolg. Zusammen mit dem geringeren Zeitaufwand zeigt sich dann sowohl für den Schüler als auch für den Lehrer schnell die gewünschte Reaktion, was wiederum zur Selbstverstärkung führt.

Natürlich ist rezeptives Lernen nicht mit sinnlosem mechanischem Lernen gleichzusetzen. Vielmehr muss auch beim rezeptiven Lernen in sinnvollen Zusammenhängen gelernt werden.

Die dem rezeptiven Lernen zugeordneten Motivationsformen sind (zwar nicht ausschließlich, aber stärker als beim entdeckenden Lernen) extrinsische Motivationsformen, zum Beispiel kindbezogene Motivation (siehe Kap. V. 3). Da das Lerngut und seine Struktur bei der Darbietung im Wesentlichen vorgegeben wird, fällt das aus der selbstständigen Aktivität des entdeckenden Lernens resultierende Interesse des Schülers an strukturbedingten Zusammenhängen des Lernstoffs weg und muss durch anderweitige Mittel ersetzt werden.

Entsprechend muss auch die Übungsphase anders als beim entdeckenden Lernen mehr auf extrinsische Mittel zurückgreifen, um den Lernerfolg zu sichern.

3 Formen der Übung

3.1 Operatorische Übung

Aus den vorangehenden Überlegungen ist deutlich geworden, dass der Begriff Übung zu unspezifisch und undifferenziert ist, als dass er bei den verschiedenen Lernformen und in den verschiedenen schulischen Situationen einheitlich verwendet werden könnte. Üben, das das schnelle Beantworten von Einmaleinsaufgaben zum Ziel hat, ist sicher etwas anderes als das Üben, das im Suchen des richtigen Lösungsansatzes von Sachaufgaben besteht. Übung ist kein einheitlicher Begriff, sondern bedeutet in den verschiedenen Lernsituationen etwas anderes.

Durch die Arbeiten von Piaget (1970), Aebli (1978) und Fricke (in Piaget, 1970) ist der Begriff der Operation und in diesem Zusammenhang der der ‚operatorischen Übung' entstanden. Nach Potschka (1978) steht an erster Stelle das operatorische Üben, das der Vertiefung und Verbreiterung des Verständnisses dient. „Das Ziel der operatorischen Übung ist nicht der Automatismus, sondern die klarer aufgefasste bewegliche Operation", die durch die Eigenschaften Reversibilität (Umkehrbarkeit), Assoziativität („auch andere Wege führen zum Ziel") und Kompositionsfähigkeit („Operationen können zusammengesetzt werden") gekennzeichnet ist. Das wird am besten durch ein Beispiel verdeutlicht.

Beispiel:

(1. Klasse, Lehrplaninhalt: Arithmetik – Addition und Subtraktion im Zahlbereich bis 10, nach Lauter: Zahl und Form 1, 1978, S. 53)

Ein Junge spielt mit seiner Eisenbahn und setzt Züge zusammen. Er hat 3 Personen- und 4 Güterwagen. Damit sind folgende Rechnungen konkretisiert:

$$3 + 4 = 7 \qquad\qquad 7 - 4 = 3$$
$$4 + 3 = 7 \qquad\qquad 7 - 3 = 4$$

Wichtig ist hier die konkrete oder vorgestellte Handlung: Peter koppelt 3 Personenwagen an 4 Güterwagen oder 4 Güterwagen an 3 Personenwagen. In beiden Fällen entsteht ein Zug von 7 Wagen. Diese Handlung ist rückgängig zu machen: von den 7 Wagen werden die 4 Güterwagen abgekoppelt. Es bleiben die 3 Personenwagen, oder von den 7 Wagen werden die 3 Personenwagen abgekoppelt. Es bleiben die 4 Güterwagen.

Beispiel:

(3. Klasse, Lehrplaninhalt: Arithmetik – Übungen zum 1x1, nach Müller, 1989, S. 258)

Das Hunderterfeld (mit Fünferunterteilung) wird mit einem beweglichen Einmaleinswinkel abgeteilt und die zugehörige Aufgabe ausgerechnet, z. B.:

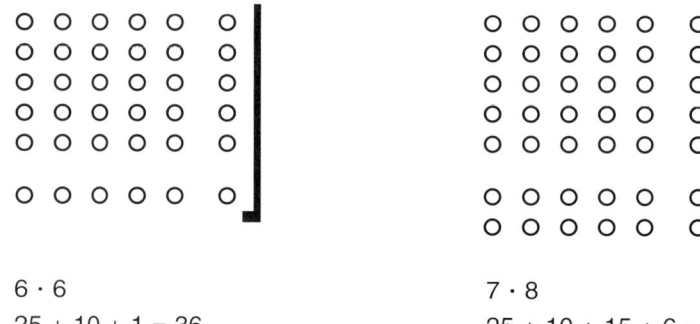

6 · 6

25 + 10 + 1 = 36

7 · 8

25 + 10 + 15 + 6 = 56

Die Stufe der operatorischen Übung ist in der Regel durch den direkten Bezug auf konkretes Material gekennzeichnet. Es geht dabei nicht um eine Handlung als solche, sondern um durchdachte Handlungen, die sich später vom konkreten Material lösen können und nur in der Vorstellung ablaufen. Das obige Beispiel kann mit anderen Zahlen später völlig losgelöst von der konkreten Ebene ablaufen.

Operatorische Übungen sind zu vielen Themen des Mathematikunterrichts denkbar. Hier nur einige Vorschläge, die immer mit konkreten Handlungen verbunden werden können:

1. Schuljahr:

Eigenschaften und Gegenstände aus der Umwelt des Kindes: Spielzeug wird nach Verwendungszweck und Gleichartigkeit sortiert und in Schachteln geräumt, Autos, Farbstifte, Puppen, Bauklötze usw.

Beziehungen zwischen Gegenständen: Gegenstände werden nach Verwendungszweck zusammengelegt, zum Beispiel Bleistift und Papier, Autos und Garage.

Stäbe werden der Größe nach geordnet,

Unterschiedschlangen

Lagebeziehungen bei Dingen und Personen: Das rote Auto steht vor dem blauen, aber hinter dem grünen Lastwagen. Rechts von Peter steht Eva, links neben ihm steht Markus.

Anzahlvergleiche: Auf dem weißen Teller liegen 5 (Kirschen) mehr als auf dem grünen Teller.

Zerlegen in verschiedene Rechenschritte bei Addition und Subtraktion, zunächst dargestellt mit Material, z.B. Stäbe: 7 + 8 = 7 + 3 + 5, 16 − 9 = 16 − 6 − 3

Münzen und Banknoten: Wechselübungen, Kaufen und Verkaufen mit Spielgeld

Sachaufgaben, zum Beispiel Nachstellen von konkreten Verkaufssituationen (beim Bäcker, beim Obstverkäufer usw.)

Geometrische Grundformen: Nachzeichnen von Plättchen durch Umfahren mit dem Bleistift, Ausschneiden und Ausmalen der Formen

2. Schuljahr:

Zahlen durch verschiedene Modelle (Knöpfe, Stäbe, Spielgeld, Meterstab usw.) repräsentieren – Zahlen additiv aufbauen und zerlegen

Grundvorstellungen der Multiplikation: Zeitlich sukzessiv (Richard geht dreimal in den Keller und bringt jedes Mal 4 Flaschen mit), räumlich simultan (in 3 Baumreihen stehen je 4 Obstbäume). Operatorvorstellung (der Gärtner pflanzt dreimal 4 Bäume), kombinatorisches Modell (Susi hat 4 Röcke und 3 Blusen, wie viele Kombinationen kann sie anziehen?)

Grundvorstellungen der Division: Verteilen (12 Äpfel werden gerecht an 3 Kinder verteilt), Aufteilen (12 Äpfel werden in Packungen zu je 4 Äpfeln verpackt), Operatorvorstellung (für je 3 Zehncentmünzen bekomme ich einen Kaugummi)

Längen schätzen und messen: Länge und Breite des Klassenzimmers schätzen, messen mit Schritten, Fußlängen, Meterstab, Maßband

Zeiten messen und mit Zeitspannen rechnen: Schätzen und messen von Zeitspannen für das Lösen einer Aufgabe oder das Hinschreiben eines Satzes mit Hilfe des Metronoms oder der Stoppuhr

Sachaufgaben

Spiegelsymmetrische Figuren: Herstellen von achsensymmetrischen Figuren mit konkreten Plättchen, Pauspapier, Scherenschnitt oder Durchstechen

3. Schuljahr:

Anzahlen schätzen und Runden: Anzahl der Erbsen in einem Glas, der Zuschauer in einem Stadion, der Kinder auf dem Schulhof schätzen, Runden am Zahlenstrahl üben

Vielfache – und Teilerbeziehungen: Markieren der Punkte für Vielfache am Zahlenstrahl, Teiler durch rechteckige Anordnung von Dingmengen bestimmen: z. B.

Teiler von 6 sind 1, 2, 3 und 6, weil es folgende Anordnungen gibt:

Gewichte schätzen, wiegen: Schätz- und Wiegeübungen mit konkreten Gegenständen, etwa mit eingekauften Waren, Überprüfen der auf der Packung angegebenen Gewichte

Rauminhalte vergleichen und ausmessen: Feststellen durch Umfüllen, welches Gefäß mehr Wasser fasst, Messen von Rauminhalten mit dem Messbecher

Zeitspannen schätzen und messen: Konkrete Übungen mit Uhr und Stoppuhr

Flächenvergleiche: durch Auslegen mit gleichartigen Elementarflächen, Ausmessen mit transparentem Gitterpapier

4. Schuljahr:

Beziehungen zwischen Zahlen: durch Darstellen am Zahlenstrahl
Zeitspannen: Konkrete Aufgabcn anhand von Fahrplänen
Sachaufgaben: Darstellen der angesprochenen Sachsituation mit Material oder in zeichnerischer Form (Situationsskizzen), z.B. bei einfachen Schlussrechnungen
Geometrie: Flächen- und Kantenmodelle von Würfel und Quader, Körper aus Einheitswürfeln zusammenbauen, Ausschneiden von verschiedenen Dreiecks- und Vierecksformen, Messen des Umfangs von Dreiecks- und Vierecksformen mit verschiedenen Hilfsmitteln (Schnur, Meterstab, Lineal, Schieblehre usw.)

3.2 Vormechanische Übung

Die operatorische Übung dient dazu, durch Variation der Anfangsbedingungen, durch intensives konkretes und gedankliches Operieren mit den Grundbestandteilen des Begriffs umfassende Einsicht in den Sachzusammenhang zu gewinnen und zu festigen. Ziel ist aber neben umfassender Einsicht auch eine gewisse Geläufigkeit der Operationen, die das Gedächtnis für weiterführende und komplexere Rechenvorgänge entlasten soll. Dies wird erreicht durch die sog. vormechanischen Übungen (Potschka, 1978), die ein Übergangsstadium zwischen den operatorischen Übungen und den mechanischen Übungen bilden und Merkmale dieser beiden Übungsformen aufweisen. (Vormechanische Übungen werden bei anderen Autoren mit anderen Begriffen belegt, z.B. bei Vortmann/Schmid (1975) mit „operative Übungen".) Der didaktische Ort der vormechanischen Übung ist da anzusiedeln, „wo bestimmte Endformen mathematischer Vollzüge dem Schüler bereits bekannt gemacht worden sind, diese aber immer noch in innigster Tuchfühlung mit den darin vorkommenden Grundstrukturen gehalten werden, sodass mathematische Oberflächenschicht und Tiefenschicht gleichermaßen dem Bewusstsein gegenwärtig bleiben" (Potschka).
Danach ist es das hervorstechende Charakteristikum der vormechanischen Übungen, dass die zugrunde liegenden Vorstellungen nicht mehr durch konkrete Operationen hervorgerufen werden, wie es ja bei den operatorischen Übungen geschah, dass aber gegebenenfalls ein Rückbezug zu diesen Operationen immer noch möglich ist. Musterbeispiele für vormechanische Übungen sind die halbschriftlichen Rechenverfahren, die ja auch im fachlichen Aufbau den Übergang zwischen dem mündlichen Rechnen und dem automatisierten schriftlichen Verfahren bilden.

Beispiel:
(3. Klasse, Lehrplaninhalt: Arithmetik – Halbschriftliche Addition)

$$35 + 48 =$$
$$35 + 8 = 43$$
$$43 + 40 = 83$$

Beispiel:

(3. Klasse, Lehrplaninhalt: Arithmetik – Halbschriftliche Multiplikation)

$$
\begin{array}{rcl}
435 \cdot 6 = & & \\
\hline
400 \cdot 6 = & 2400 \\
30 \cdot 6 = & 180 \\
5 \cdot 6 = & 30 \\
\hline
435 \cdot 6 = & \underline{\underline{2610}} \\
\end{array}
$$

Wie später gezeigt werden wird (Kap. XI. 3.3), kommt im heutigen Schulunterricht dem vormechanischen Üben besondere Bedeutung zu. Das liegt speziell daran, dass das mechanische Üben nur für relativ wenige Inhalte des Mathematikunterrichts sinnvoll ist und auch im Hinblick auf die heute überall vorhandenen elektronischen Rechengeräte (Taschenrechner, Computer) an Bedeutung eingebüßt hat, andererseits eine ständige Kontrolle der Rechnungen, die ja beim vormechanischen Rechnen noch möglich ist, auch im Zeitalter der elektronischen Datenverarbeitung wichtiger denn je ist.

3.3   Mechanische Übung

In Kap. 2.2 wurde entwickelt, dass nicht alle Inhalte des Mathematikunterrichts im entdeckenden Lernen gewonnen werden können, sondern auch zahlreiche Inhalte ein rezeptives Lernen bedingen. Die Festigung dieser Inhalte erfolgt durch mechanische Übung.

Mechanische Übung kann auch mit Drill bezeichnet werden. Aebli sagt dazu: „Der an sich unschöne Ausdruck des Drills charakterisiert das Üben ganz gut, denn er sagt deutlich, dass hier nun nicht mehr nach dem ‚Warum' gefragt, begründet und erklärt wird. Hier werden einfach Zahlenkombinationen assoziiert, Verfahren eingeschliffen, Sätze und Formeln auswendig gelernt. Wir dürfen dies mit gutem Gewissen tun, denn die vorangegangenen Phasen des Unterrichts haben ja der gründlichen Pflege des Verständnisses gegolten. Wo aber dieses Üben fehlt, ist auch ein Großteil der vorangegangenen Arbeit nutzlos. Denn es schafft die Bedingungen dafür dass die neue Operation in höhere Zusammenhänge integriert werden kann." (Aebli, 1978, S. 167)

Von Laien und auch von einigen Lehrern wird diese Übungsform oftmals als Üben schlechthin angesehen. So wichtig das mechanische Üben für einige zentrale Inhalte des Mathematikunterrichts ist, so muss der Lehrer doch berücksichtigen, dass beim mechanischen Üben eine Loslösung von dem der mathematischen Operation zugrunde liegenden Begründungszusammenhang erfolgt.

Daraus ergeben sich zwei Bedingungen für den Einsatz dieser Übungsform:

1. Mechanisches Üben setzt voraus, dass der zu übende Inhalt als Grundlage für weiterführende Operationen bedeutsam ist. Dann wird durch die mechanische Beherrschung der Grundoperationen eine Entlastungsfunktion für weiterführende Operationen erreicht. Dies sei hier bewusst an

einem nichtmathematischen Beispiel erläutert: Die mechanische Beherrschung der Grundfunktionen beim Autofahren (Bedienung von Kupplung, Schaltung, Gas usw.) ist die unbedingte Voraussetzung für richtiges, sicheres und durchdachtes Verhalten im Straßenverkehr.

Von den Inhalten des Mathematikunterrichts gilt dies vor allem für die mündlichen und schriftlichen Grundrechenverfahren, wohingegen zum Beispiel das mechanische Üben von speziellen Sachaufgaben nicht sinnvoll ist.

2. Mechanisches Üben setzt ferner voraus, dass die Inhalte vorher bereits im operativen und vormechanischen Sinn geübt wurden. Inhalte, die nur mechanisch geübt wurden, haben ja den schwerwiegenden Nachteil, dass sie im hohen Maße fehleranfällig sind. Nur geringe Abweichungen vom Standardverfahren verursachen Fehler, die irreparabel sind, ja vom Schüler nicht einmal entdeckt werden, weil ein Rückbezug zur mathematischen Begründung nicht möglich ist. Hat ein Schüler zum Beispiel ein schriftliches Rechenverfahren falsch gelernt (was vorkommen kann, wenn die bei den Hausaufgaben mithelfenden Eltern ein anderes als in der Schule gelehrtes Verfahren beherrschen – Ausländerkinder!), so kann er sich selbst kein Urteil über die Richtigkeit des Verfahrens bilden, wenn er es nicht begründen kann.

Aus alledem geht hervor, dass mechanisches Üben sehr gezielt und durchdacht im Unterricht eingesetzt werden muss. Da „stures" mechanisches Üben im Allgemeinen vom Schüler als nicht sehr befriedigend empfunden wird, wohl auch deshalb, weil der mathematische Begründungszusammenhang für ihn nicht einsichtig ist, müssen mechanische Übungen extrinsisch motiviert werden, was zum Beispiel durch Übungsspiele geschehen kann (siehe dazu Kap. X. 4).

Auf das mechanische Üben beziehen sich im Wesentlichen auch die bekannten Übungsgesetze (Odenbach, 1974, S. 59), von denen hier nur einige für den Mathematikunterricht besonders relevante erwähnt werden sollen:

1. Ohne Übungsbereitschaft kein Übungserfolg. Dies ist ein Ansatzpunkt für die erzieherische Funktion des Lehrers. Die Weckung der Übungsbereitschaft kann durch persönliche Zuwendung des Lehrers und durch das Bereitstellen einer günstigen Lernumgebung erfolgen.
2. Erfolgserlebnisse wecken neue Übungsbereitschaft. Der Übungsstoff ist so anzulegen, dass auch schwächere Schüler Erfolgserlebnisse haben, denn diese haben sie am meisten nötig. Bei Übungsspielen kann dies zum Beispiel dadurch erreicht werden, dass ein Zufallselement (Würfel) eingebaut wird. (Siehe dazu Kap. X. 4.3)
3. Auch mechanisches Üben muss in sinnvollen Zusammenhängen erfolgen. Dadurch kann auch beim mechanischen Üben der Rückgriff auf einsichtiges Lernen erfolgen.
4. Der Übungserfolg wird durch Wiederholungen gesichert. Odenbach schlägt vor, „Wiederholungen nicht als Abzüge vom gleichen Klischee"

zu gestalten, sondern den Übungsstoff in verschiedene Situationen zu transponieren. Über einen längeren Zeitraum verteilte Übungen (z. B. Zehnminutenrechnen) sind effizienter als gehäuftes Üben (also reine Übungsstunden).

5. Ein Wechsel in der Übungsform ist unbedingt notwendig.
6. Beim Einprägen sollen beim Kind Auge und Ohr, Sprechen und Bewegung, kurz, möglichst viele Erfahrungsebenen einbezogen werden. Rhythmisches Sprechen, Klatschen in die Hände, Tanzschritte usw. gehören keineswegs aus dem Mathematikunterricht verbannt. Kinder empfinden ganzheitlich und das muss auch beim Üben berücksichtigt werden.

Im Folgenden sollen, wie bei der operatorischen Übung, einige Inhalte aus dem Lehrplan aufgeführt werden, die auf Grund des vorher Ausgeführten mechanisch geübt werden müssen.

1. Schuljahr:

Zahlen von 1–20: Lesen und Schreiben der Zahlen, Zählübungen vor- und rückwärts, gerade bzw. ungerade Zahlen, Zahlenfolgen
Verwendung der Zeichen < und >
Mündliche Addition und Subtraktion, Rechnen im ersten und zweiten Zehner, Ergänzen bis 10, Zehnerübergang

2. Schuljahr:

Zahlen bis 100 schreiben und lesen, Zahlen der Größe nach ordnen, Größer-Kleiner-Beziehung, Einsetzen der Zeichen < und >
Mündliche Addition und Subtraktion, sofern sie nicht vormechanisch geübt werden, also speziell innerhalb der Zehnerabschnitte
Einmaleinsaussagen in Form der Einmaleinsreihen, also z. B. 2, 4, 6, …, aber auch in Form der Einmaleinssätze $1 \cdot 2 = 2$, $2 \cdot 2 = 4$, $3 \cdot 2 = 6$ und so weiter. (Nicht mechanisch geübt werden die Divisionsaussagen, also $12 : 4$, sondern diese Rechensätze werden von den mechanisch beherrschten Einmaleinsaussagen abgeleitet.)
Rechnen mit Geld, insbesondere Wechselübungen

3. Schuljahr:

Zahlen bis 1000 schreiben und lesen, <-, >-Beziehung, wobei die Einordnung entsprechend der Stellenwertschreibweise erfolgt
Schriftliche Addition und Subtraktion (Hier wird die Stellung der mechanischen Übung ganz deutlich. Der Algorithmus muss verstanden sein, bevor man zur Mechanisierung des Verfahrens übergehen kann.)
Kleines Einmaleins, alle Aussagen, wobei die Kommutativität (z. B. $3 \cdot 5 = 5 \cdot 3$) als Kontrolle herangezogen werden kann
Kommaschreibweise bei € und ct, m und cm

4. Schuljahr:

Zahlen bis 1 000 000 schreiben und lesen, als Hilfsmittel dient zunächst wieder der Stellenwertordner

Schriftliches Multiplizieren und Dividieren

Rechnen mit Längen und Gewichten

Rechte Winkel und Parallelen mit dem Geodreieck zeichnen

3.4   Das Zehnminutenrechnen

Das sog. Zehnminutenrechnen ist eine alte und altbewährte Praxis erfahrener Lehrer, die vorübergehend in Vergessenheit geraten war, aber inzwischen wieder vielerorts gepflegt wird. Und das mit Recht, weil sich jeder praktizierende Lehrer von der Wirksamkeit dieser Praxis überzeugen kann. Beim Zehnminutenrechnen handelt es sich um eine Übungsform, die zwar inhaltlich und formal nicht festgelegt ist, wohl aber gewöhnlich zu einem festen Zeitpunkt im täglichen Unterricht durchgeführt wird. In der Regel wird dem Zehnminutenrechnen der Beginn der Unterrichtsstunde eingeräumt. Es gibt aber auch Gründe dafür, das Zehnminutenrechnen an anderen Stellen der Stunde einzusetzen.

Als Gründe für das Zehnminutenrechnen werden genannt:

1. Das Zehnminutenrechnen ist eine *„Aufwärmphase"* („warming up") für die Schüler. Sie fördert bei den Schülern die Konzentration und die Bereitschaft zur Mitarbeit, insbesondere, wenn die Schüler durch die vorangehende Unterrichtstunde noch auf andere (nichtmathematische) Themen konzentriert sind (Leutenbauer, 1980, S. 19). Zu diesem Zweck braucht das Thema des Zehnminutenrechnens nicht einmal im Zusammenhang mit dem Stundenthema zu stehen. Im Gegenteil wird sicherlich eine bekannte Übungs- und Spielform gerne von den Schülern immer wieder aufgenommen.

   Beispiel:

   (2. Klasse, Lehrplaninhalt: Arithmetik – Orientierung im Zahlenraum bis 100)

   Zahlenraten: Ein Schüler denkt sich eine Zahl zwischen 1 und 100. Die Klassenkameraden stellen Fragen um diese Zahl herauszubekommen. Der Schüler darf aber nur mit ja oder nein antworten. Wer die Zahl errät, hat gewonnen und darf sich selbst eine Zahl ausdenken.

   Zunächst raten die Schüler blind drauflos, aber bald entdecken sie die Strategie, mit der < bzw. >-Beziehung nach Intervallen zu fragen, in denen sich die Zahl befindet: „Ist die Zahl kleiner als 50?" und so weiter. Die Schüler sind gezwungen die vorherigen Antworten alle zu berücksichtigen, was nur mit konsequenter Konzentration möglich ist.

2. Das Zehnminutenrechnen dient zur *Vorbereitung des Stundenthemas,* indem dabei die notwendigen Voraussetzungen für die Behandlung aktualisiert werden (Radatz-Schipper, 1983, S. 201). Zur Behandlung eines Themas müssen oft Voraussetzungen benutzt werden, deren Bearbeitung schon lange zurückliegt. Das liegt daran, dass die Mathematik, speziell

die Schulmathematik, einen hierarchischen Aufbau aufweist, wobei bei komplexeren Verfahren die Beherrschung bestimmter elementarerer Themen vorausgesetzt werden muss.

Beispiel:

(3. Klasse, Lehrplaninhalt: Arithmetik – Schriftliche Multiplikation)

Will der Lehrer die Behandlung der schriftlichen Multiplikation (mit einstelligem Multiplikator) beginnen, so muss er voraussetzen, dass die Schüler das kleine Einmaleins mechanisch beherrschen. Er wird daher am Anfang der Stunde in irgendeiner Form Aufgaben aus dem kleinen Einmaleins stellen, einmal um die Kenntnisse bei Schülern aufzufrischen, zum anderen aber auch um sich über den Kenntnisstand der Schüler zu informieren.

3. Eine *Steigerung der allgemeinen Rechenfähigkeit und -sicherheit* wird durch das Zehnminutenrechnen bewirkt. Wie in Kap. 3.3 dargelegt, gibt es eine Reihe von mathematischen Inhalten, die ständig beherrscht und deshalb immer wieder bis zur Perfektion geübt werden müssen. Die Übung dieser Inhalte (z. B. mündliche Additionen und Subtraktionen im Bereich bis 20, Einmaleins und die schriftlichen Rechenverfahren) erfolgt sinnvollerweise im Zehnminutenrechnen, das ja sich schon aus den vorher genannten Gründen anbietet. Damit wird durch eine ständige Wiederholung bekannter Rechenoperationen eine kontinuierliche Steigerung der Rechenfertigkeit erreicht. Es bietet sich an, hier den Schüler bekannte Übungsschemata in spielerischer Form bearbeiten zu lassen, die eventuell auch Gewinnchancen bieten.

Beispiel:

(2. Klasse, Lehrplaninhalt: Arithmetik – Mündliche Addition im Zahlbereich bis 100)

Bingo: Jeder Schüler zeichnet ein quadratisches Neuner-(oder Sechzehner)feld.

Der Lehrer nennt neun Additionsaufgaben, die Ergebnisse werden durch die Schüler beliebig in die freien Felder ihres Schemas eingetragen. Danach liest der Lehrer die Ergebnisse in anderer Reihenfolge vor. Wenn ein Schüler drei Ergebnisse in einer waagerechten oder senkrechten Dreierreihe notiert hat, ruft er „Bingo".

Das Schema kann für beliebige mündliche (oder sogar schriftliche) Rechenübungen eingesetzt werden. Die Vertrautheit mit dem Schema bewirkt dann eine völlige Konzentration auf die Rechnungen selbst. Der durch das beliebige Nennen der Ergebniszahlen bewirkte Zufallseffekt ermöglicht, dass auch Schüler gewinnen können, die nicht zu den besten Rechnern gehören.

Für das Zehnminutenrechnen bieten sich auch andere Situationen als der Stundenanfang an. Es kann auch während der Stunde zur Auflockerung oder gar am Ende der Stunde stattfinden, natürlich teilweise mit anderen Intentionen. So kann es am Ende einer Stunde dazu dienen, den neu gelernten Stoff zu festigen oder, falls das Stundenthema bereits abgehandelt ist, die Zeit bis zum Läuten zu überbrücken. Auf alle Fälle sollten die Schüler diese zehnminütigen Rechenübungen immer als willkommene Unterbrechung nach langwierigen Unterrichtsphasen ansehen und begrüßen. Keinesweg sollten solche Rechenübungen als Strafe oder Disziplinierungsmaßnahmen eingesetzt werden, weil solche Maßnahmen dann den gegenteiligen als den beabsichtigten Effekt bewirken: Die Übungsbereitschaft wird vernichtet und – „Ohne Übungsbereitschaft kein Übungserfolg" (Odenbach).

4   Übungsmaterialien

4.1   Mündliche Übungen

Üben gehört zum Schulalltag wie die Luft zum Atmen. Insbesondere die mündliche Übung, also die Übung, bei der nicht oder nur in geringem Maße schriftliche Vorlagen verwendet werden, wird in jeder Grundschulklasse ausreichend praktiziert und dient in erster Linie zur Festigung und Mechanisierung von rechnerischen Grundfertigkeiten, zum Beispiel dem mündlichen Addieren und Subtrahieren, dem Einmaleins, dem Umrechnen von Größen (Längen, Gewichten, Zeitspannen) und so weiter.

In der einfachsten Form handelt es sich hierbei um das *Abfragen von Rechensätzen* durch den Lehrer, die die Schüler entweder nach Aufforderung oder in vorher festgelegter Reihenfolge beantworten (Frage-Antwort-Methode).

Diese weit verbreitete Methode hat Vor- und Nachteile und ist so zu charakterisieren:

1. Sie benötigt minimale Vorbereitung.
2. Der Lehrer hat eine direkte Steuerungsmöglichkeit, indem er die Aufgaben selbst auswählt, formuliert und gezielt auf den jeweiligen Schüler bezogen stellen kann. Dadurch kann eine Differenzierung und sogar Individualisierung erreicht werden.
3. Die spontane Beantwortung der Aufgaben durch den Schüler bietet dem Lehrer eine Kontrollmöglichkeit über den Leistungsstand einzelner Schüler oder der ganzen Klasse und lässt damit auch Rückschlüsse auf die eigene Lehrleistung zu.
4. Für langsame, aber möglicherweise genau und kritisch denkende Schüler kann diese Art der Übung unangebracht sein, weil bei verzögerter Beantwortung der Fragen die anderen Schüler ungeduldig reagieren. Oftmals wird der aufgeforderte Schüler dem Spott preisgegeben.
5. Auf die Dauer wird die Frage-Antwort-Methode eintönig, sodass sich insbesondere die leistungsfähigen Schüler langweilen.

Die genannten Nachteile legen es deshalb nahe, die Frage-Antwort-Methode nicht als alleinige mündliche Übungsform zu verwenden. In der didaktischen Literatur sind in den letzten Jahren zahlreiche motivierende Übungsformen, auch für das mündliche Üben, beschrieben und vorgeschlagen worden, die hier unmöglich alle aufgeführt werden können. Vielmehr werden wir uns hier und in den folgenden Kapiteln nur auf einige typische und erprobte Formen beschränken, lediglich um verschiedene Möglichkeiten aufzuführen.

Zunächst kann es eine willkommene Abwechselung sein, wenn die Aufgaben nicht vom Lehrer gestellt werden, sondern mit Hilfe einer Zeichnung, Vorrichtung oder ähnlicher Medien.

Beispiel:

(2. Klasse, Lehrplaninhalt: Arithmetik – Addition und Subtraktion im Zahlenraum bis 100, nach Krampe/Mittelmann, 1987)

Rechenuhr: Vor Spielbeginn zeichnet der Lehrer eine „Rechenuhr" an die Tafel, in der das Verknüpfungszeichen und die Operationszahlen notiert sind. Die Schüler rechnen reihum mit diesen Angaben bis zum angegebenen Ziel.

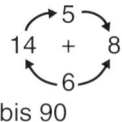

bis 90

Anregend sind *Übungsspiele für den Klassenverband*. Neben den fachdidaktischen Zielen – z. B. Förderung der Rechenfertigkeit – werden hiermit auch soziale Ziele angesprochen: Förderung des Gemeinschaftsgefühls, Rücksichtnahme usw.

Beispiel:

(2. Klasse, Lehrplaninhalt: Arithmetik – Addition und Subtraktion im Zahlenraum bis 100, nach Grass, Hole, Werner, 1974)

Reihum-Spiel: An die Kinder werden Zahlkärtchen mit den Zahlen 1 bis 100 verteilt, sodass jedes Kind 4 oder 5 Kärtchen hat. Ein Schüler nennt eine Additions- oder Subtraktionsaufgabe, deren Ergebnis im genannten Zahlenraum liegt. Der Schüler mit der entsprechenden Zahl ruft laut das Ergebnis, zeigt sein Kärtchen und nennt die nächste Aufgabe.

Eine weitere Variation des mündlichen Übens kann in *Gruppenarbeit* durchgeführt werden. Gegenüber den Übungsformen des Abfragens und denen im Klassenverband treten hierbei natürlich die Vorteile der Gruppenarbeit deutlicher zu Tage, also die Förderung der sozialen Verhaltensweisen: Aufeinanderhören, andere zu Wort kommen lassen, abwarten, bis man an der Reihe ist, seine Meinung begründen, überzeugen und sich überzeugen lassen, unter Umständen seine Meinung korrigieren usw.

In der Gruppenarbeit ist es besser als im Frontalunterricht möglich, differenzierende Maßnahmen vorzunehmen, allerdings erfordert Gruppenarbeit mit Differenzierung einen erheblich größeren Aufwand und muss deshalb sorgfältig vorbereitet und durchgeführt werden.

Als mündliche Übungen in Gruppenarbeit bieten sich vor allem Würfelspiele an, die in großer Zahl in der Literatur beschrieben sind. Als Beispiele seien hier Würfelspiele erwähnt, die mit je einem roten und einem blauen Würfel pro (Vierer-)gruppe arbeiten.

Beispiel:

(1. und 2. Klasse, Lehrplaninhalt: Grundrechenarten, nach Blum, 1984, S. 15)

Jeder Schülergruppe steht ein roter und ein blauer Würfel zur Verfügung, womit reihum gewürfelt wird. Beispielsweise können folgende Rechnungen gelöst werden, wobei r die gewürfelte Zahl des roten Würfels und b die des blauen Würfels bedeutet:

Additive Rechensätze im Raum bis 20:

$$r + r$$
$$b + r$$
$$r + r + r \text{ usw.}$$

Subtraktive Rechensätze:

$$b - r \text{ bzw. } r - b$$
$$10 - r$$
$$20 - b$$
$$60 - r \text{ usw.}$$

Ergänzen:

$$r + \boxed{} = 10$$
$$b + \boxed{} = 20$$
$$r + r + \boxed{} = 20$$

Multiplikative Rechensätze:

$$r \cdot r$$
$$b \cdot r$$
$$r \cdot 10 + b \text{ usw.}$$

Beispiel:

(2. Klasse, Lehrplaninhalt: Arithmetik – Einmaleins, nach Leutenbauer, 1980, S. 283)

Würfelfußball: Dies ist ein Partnerspiel, bei dem man die gewürfelten Zahlen miteinander multipliziert und dann vom Ergebnis nur die gerundeten Zehner nimmt. (Man kann auch einen der Würfel präparieren, indem die Augenzahlen 1, 2, 3 und 4 überklebt und dafür 7, 8, 9 und 0 aufgezeichnet oder entsprechende Würfel benutzt werden). Die gerundete Zehnerziffer gilt als Anzahl der Tore. Vor dem Spiel muss die Rundenzahl vereinbart werden.

	Spieler A		Spieler B
1. Wurf:	4 und 6		3 und 4
Produkt:	24		12
gerundet:	2		1
Torstand:		2 : 1	
2. Wurf:	5 und 4		5 und 6
Produkt:	20		30
gerundet:	2		3
Torstand:		4 : 4	

usw.

4.2   Selbst gefertigte Übungsmaterialien

In der Regel werden zur Übung Medien verwendet, weil dadurch der Unterricht variationsreicher gestaltet werden kann. Es fehlt nicht an Vorschlägen für Medien zum Einsatz in der Übungsphase, wobei hier zwischen selbst gefertigten oder im Wesentlichen selbst gefertigten und käuflichen Materialien unterschieden werden soll.

Selbst gefertigte Übungsmaterialien haben gegenüber den käuflichen mehrere Vorteile:

1. Sie können gezielter nach dem jeweiligen Leistungsstand der Klasse eingesetzt werden.
2. Mit selbst gefertigten Medien können die Darstellungsformen aufgenommen werden, die die Schüler im Unterricht gewohnt sind bzw. die sie von bereits eingesetzten Medien, etwa dem Buch kennen.
3. Selbst gefertigte Medien eignen sich besser zur Differenzierung als käufliche Medien, weil sie nach den speziellen Anforderungen der Differenzierungsgruppen gestaltet und eingesetzt werden können.
4. In der Regel sind selbst gefertigte Übungsmedien preisgünstiger als gekaufte Materialien.

Dem stehen allerdings folgende Argumente entgegen:

1. Käufliche Medien sind professionell gefertigt und deshalb in Material und Ausführung für die Kinder häufig ansprechender.
2. Käufliche Materialien sind in der Regel haltbarer und stabiler.
3. Die Herstellung selbst gefertigter Medien erfordert viel Zeit und Arbeitsaufwand.

Die Vorteile der selbst gefertigten Übungsmaterialien müssen aber didaktisch und pädagogisch so hoch bewertet werden, dass ihnen in vielen Fällen der Vorzug gegeben werden sollte.
Es ist gerade der Vorteil von selbst gefertigten Übungsmedien, dass sie gezielt und individuell sowohl den speziellen Bedürfnissen und Gewohnheiten der konkreten Klasse als auch der Lehrperson angepasst werden können. Deshalb ist es naturgemäß unmöglich, einen Überblick über selbst gefertigte Medien zu bekommen.
Im Folgenden sollen wenige verschiedene Typen selbst gefertigter oder teilweise selbst gefertigter Medien exemplarisch dargestellt werden.
Seit Jahrzehnten bekannt und bei Schülern beliebt ist das Ausfüllen von *Grundschemata*, wobei die sog. Hundertertafel nach Kühnel sicher das bekannteste ist, die in vielen verschiedenen Varianten weiterentwickelt worden ist, etwa als sog. russische Rechenmaschine oder als Hunderterhaus. Dies ist ein quadratisches Schema von 10 mal 10 Plätzen, in das die Zahlen von 1 bis 100 entsprechend ihrer Stelle im Zahlenraum einzutragen sind.

Beispiel:
(2. Klasse, Lehrplaninhalt: Arithmetik – Zahlen bis 100, nach Lauter, 1989, S. 67)
Hunderterhaus: Dieses quadratische Schema kann leicht für jeden Schüler angefertigt werden.

1			4		6				10
11	12			15			18		
		23				27			
31			34	35			38		40
	42		44			47			
					56			59	
61		63					68		
				75					80
	82		84			87			
91			94						100

Die Besetzung der leeren Plätze darf nicht automatisch geschehen. Die einzusetzenden Zahlen werden zusammengestellt und einzeln durchgestrichen, wenn sie richtig eingesetzt wurden.

3	19	29	17	41	57	9	52	46	36	24
45	55	2	64	32	53	69	21	67	73	88
20	71	85	62	76	5	89	74	92	50	78
13	81	30	51	16	98	58	90	7	96	39
72	33	26	70	93	65	22	77	99	48	95

Hierbei handelt es sich um eine typische vormechanische Übung (siehe Kap. 3.2), wobei der jeweilige Platz der Zahl auf Grund der Nachbarzahlen (Vorgänger, Nachfolger, vorhergehender bzw. nachfolgender Zehner usw.) gefunden wird.

Grundschemata spiegeln in der Regel eine Struktureigenschaft des mathematischen Sachverhalts wieder. So wird durch das Hunderterhaus die Anordnung der Zahlen nach Vielfachen von 10, der Basiszahl unseres dekadischen Stellenwertsystems, wiedergegeben.

Die lineare Anordnung der natürlichen Zahlen (Größer-, Kleiner-Beziehung, Vorgänger-, Nachfolgerbeziehung) wird durch die Hunderterschlange oder den Zahlenstrahl dargestellt.

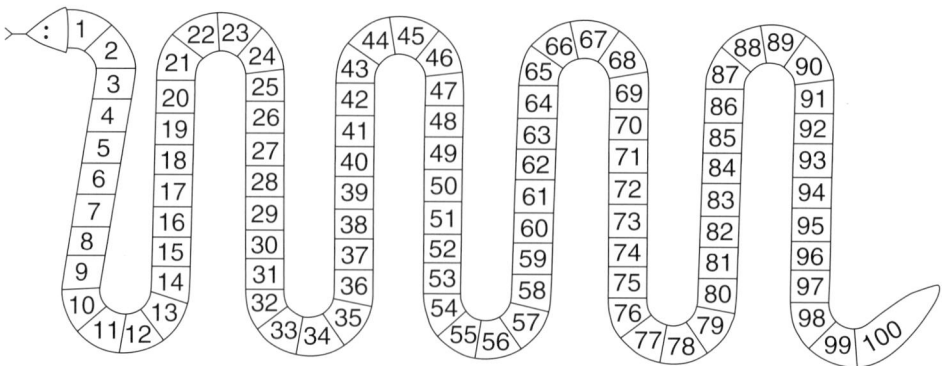

Rechnen ist in der Regel das Ausführen der Zahlverknüpfungen Addition und Multiplikation und ihrer Umkehrungen, der Subtraktion und der Division. Die Struktur der Zahlverknüpfung wird formal dargestellt als Zuordnung eines Zahlenpaares zu einer einzelnen Zahl derselben Zahlenmenge, in der Grundschule also den natürlichen Zahlen:

$$(a, b) \rightarrow c \text{ mit } a, b, c \in N$$

Ein graphisches Schema, das die Struktur der Verknüpfung wiedergibt, muss also 3 Plätze besitzen, von denen zwei dem dritten zugeordnet sind. Das bekannteste und klarste Schema ist der Rechenbaum:

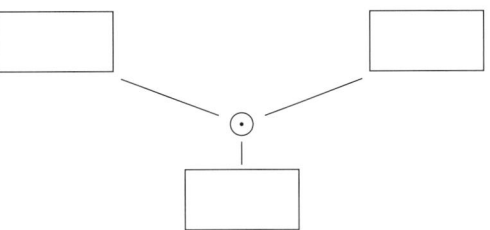

Auch dieses Schema kann zur Übung herangezogen werden, indem bei zwei vorgegebenen Zahlen und vorgegebener Verknüpfung die dritte Stelle richtig auszufüllen ist. Hierbei handelt es sich um eine vormechanische Übung. Dieselbe Verknüpfungsstruktur liegt auch den Schemata der Tabelle, der Zahlenpyramide und dem Zahlenrad zugrunde.

Beispiel:

(2. Klasse, Lehrplaninhalt: Einmaleins)

Einmaleinstabelle: Bei der operatorischen Erarbeitung der Einmaleinsaussagen wird die Tabelle systematisch ausgefüllt, wobei die Rechengesetze, etwa das Kommutativgesetz, die Arbeit erleichtern:

·	1	2	3	4	5	6	7	8	9	10
1	1		3		5				9	10
2	2		6		10		14		18	
3		6		12			21			30
4		8				24				
5	5		15			30			45	
6		12		24			42			
7	7				35		49			70
8		16		32		48				
9			27			54			81	
10			30		50					100

Beispiel:

(2. Klasse, Lehrplaninhalt: Addition im Hunderterraum)

Zahlenrad

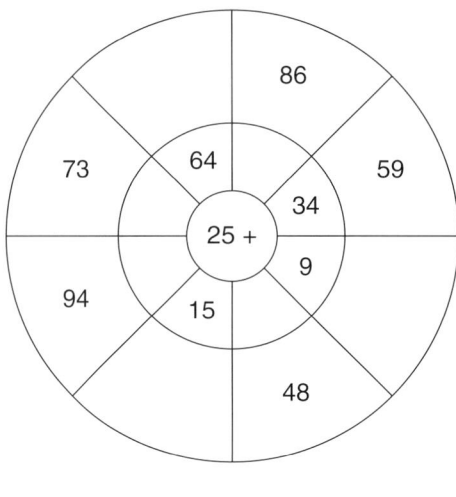

25 + 34 = 59
25 + 9 =
25 +   = 48

Eine weitere Art von Übungsmedien, die leicht selbst gefertigt werden können oder in der einen oder anderen Ausführung schon als Kopiervorlage
vorliegen, sind *Arbeitsblätter*, die bei vollständiger Bearbeitung ein ange-
strebtes Ziel erfüllen. In diese Gruppe gehören Ausmalspiele, Puzzles,
Dominos, Geheimschrift, Kreuzzahlrätsel u. a. (siehe dazu Krampe/Mittel-
mann, 1983).

Beispiel:

(1. Klasse, Lehrplaninhalt: Halbieren, nach Krampe Mittelmann/Kern 1983 S. 79)

Geheimschrift: Den Ergebniszahlen wird nach angegebenem Schlüssel ein Buchstabe
bzw. eine Buchstabenkombination zugeordnet, die dann, zusammen gelesen, ein sinnvolles Wort oder einen Spruch ergeben.

1	2	3	4	5	6	7	8	9	10
E	Ü	R	ER	N	EN	L	CH	K	ST

Halbiere:

6	2	16	12	18	4	10	20	14	8

Gegenüber diesen Spielvorschlägen ist vorgebracht worden, dass das zu erreichende Ziel (z. B. buntes Bild, Spruch) kein Beitrag zur mathematischen
Bildung sei. Das ist sicher richtig, doch zeigt die Erfahrung, dass der (nicht

zu häufige) Einsatz solcher Übungsspiele insgesamt den Spaß und die Freude am Mathematikunterricht steigert. Grundschulkinder empfinden subjektiv und ganzheitlich und trennen nicht in jedem Augenblick, ob sie nun Mathematik lernen oder ein lustbetontes Spiel ausführen. Die Einstellung des Kindes zum Lernen hängt weniger von dem Vorhandensein objektiver Kriterien und Ziele ab, sondern vielmehr von der subjektiven Einstellung zur jeweiligen Tätigkeit.

Leicht anzufertigen sind auch Übungsmaterialien in Kartenspiel- oder Memoryform. Ein beliebtes Kartenspiel ist „Schwarzer Peter", das auch als Übungsspiel im Mathematikunterricht vielfältig eingesetzt werden kann. Dazu wird je eine Rechenaufgabe ohne Ergebnis auf einer Karte notiert, je 2 Karten haben dasselbe Ergebnis, es gibt mindestens 10 Paare von Karten und eine Karte, zu der es keine zugehörige mit gleichem Ergebnis gibt, der „Schwarze Peter". Durch Ablegen und „Ziehen" wird dann der „Schwarze Peter" unter den Mitspielern ermittelt.

Auch Memoryspiele sind je nach Thema leicht herzustellen. Dabei müssen immer 3 oder 4 Karten zusammengehören, die dasselbe Ergebnis erfordern.

Beispiel:

(3. Klasse, Lehrplaninhalt: Größen – Gewichte)

Es werden jeweils 3 gleiche Größenangaben in verschiedener Schreibweise auf 3 verschiedene Karten geschrieben. Z. B.

| 2 kg 8 g | | 2,008 kg | | 2008 g |

Es gibt mindestens 10 Tripel von Karten, die mit verdeckter Schriftseite ausgelegt werden. Ein Kind der Gruppe dreht eine Karte herum. Wenn es ihm gelingt, die 2 dazu passenden Karten anschließend aufzudecken, so kann es diese 3 Karten wegnehmen. Andernfalls dreht es die erste Karte um und das nächste Kind ist dran. Wer die meisten Karten bekommt, ist Sieger.

Zum Schluss sei noch aus der riesigen Menge von Vorschlägen für selbst gefertigte Übungsspiele das Rechenlotto erwähnt, das schon von Peter Petersen für den Unterricht ausgenutzt wurde. Beim Lotto handelt es sich um ein Spiel, bei dem Plättchen mit einzelnen Symbolen, beim Rechenlotto Ergebnisse von Rechenaufgaben, auf die zugehörigen Felder einer Unterlage gelegt werden müssen. Lottospiele eignen sich vor allem für jüngere Kinder, also z. B. Erstklässler, weil sie nicht selbst schreiben müssen, sondern nur die Lotteile auf die zugehörigen Felder legen müssen.

Beispiel:

(1. Klasse, Lehrplaninhalt: Subtraktion im Zahlbereich bis 10, nach Buhl, 1987, S. 4)

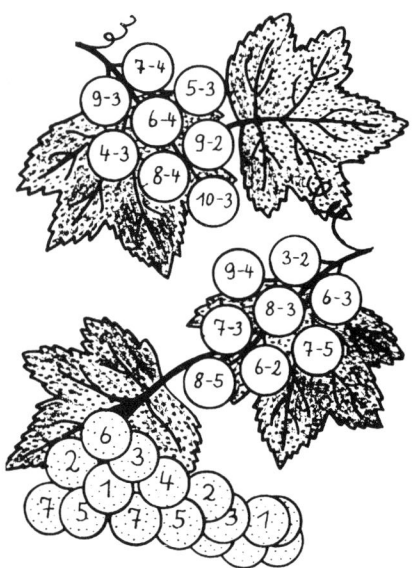

4.3 Käufliche Übungsmaterialien

Im Lehrmittelhandel werden zahlreiche Übungsmedien angeboten, die z. T. gut bekannt sind und sich im Unterricht bewährt haben. In der Regel handelt es sich um Übungsmaterialien für die Individualarbeit, die deshalb besonders für die Differenzierung und Individualisierung des Unterrichts geeignet sind.

Die Frage, ob käufliche Übungsmedien den selbst gefertigten vorzuziehen sind, wurde bereits im Kap. 4.2 angesprochen und kann jetzt mit den gleichen Argumenten beantwortet werden.

1. Käufliche Medien sind professionell gefertigt und deshalb in Material und Ausführung für die Kinder häufig ansprechender.
2. Käufliche Materialien sind in der Regel haltbarer und stabiler.
3. Sie sind bequem im Handel zu kaufen.

Aber es müssen auch die Gegenargumente bedacht werden:

1. Käufliche Materialien können nicht so gezielt im Unterricht eingesetzt werden, weil sie allgemeiner gehalten sind und deshalb in Diktion und Formalismus nicht immer der Klassennorm entsprechen.
2. Eine Differenzierung mit käuflichen Medien ist nur im beschränkten Umfang möglich, weil sie nicht nach den speziellen Anforderungen der Differenzierungsgruppen gestaltet und eingesetzt werden können.

Ein altes Übungsmedium sind die *Rechenkarten von Kade,* das auch in ähnlicher Form selbstgefertigt werden kann. Dabei handelt es sich um Karten, die auf der einen Seite eine Aufgabe enthalten, auf der anderen die Lösung dieser Aufgabe. Die Bearbeitung erfolgt in Partnerarbeit, wobei zwei Kinder sich gegenübersitzen, zwischen ihnen ein Stapel von Karten. Jedes Kind hält abwechselnd dem anderen eine Karte mit der Rechenaufgabe vor, das andere löst die Aufgabe und bekommt die Karte. Dann darf es seinem Partner die nächste Aufgabe stellen. Wird eine Aufgabe nicht gelöst, so wird die Karte unter den Stapel geschoben.

Bekannt als Übungsmaterial ist das *LÜK-System* („Lerne-Übe-Kontrolliere). Es ist außerordentlich vielseitig und kann für viele Aufgabentypen der Grundschulmathematik nicht nur des Rechnens, sondern auch für Sachaufgaben, Rechnen mit Größen usw. eingesetzt werden. Es besteht aus Aufgabenheften, durchnummerierten Plättchen und einer Bodenplatte. Das Aufgabenheft enthält 24 gleichartige Aufgaben, die der Schüler der Reihe nach löst. Das zur Aufgabennummer gehörige Plättchen wird auf die entsprechende Stelle der Bodenplatte gelegt. Nach richtiger Lösung aller Aufgaben werden die Plättchen in die Abdeckung der Bodenplatte gestürzt und es zeigt sich ein regelmäßiges geometrisches Muster.

Ebenfalls in fast allen Schulen zu finden sind die *Rechentrainer von Heinevetter*, die es ebenfalls für fast alle Aufgabentypen der Grundschulmathematik gibt. Sie entsprechen einem Puzzle. Plättchen mit der Aufgabenlösung sind auf die richtige Stelle eines Aufgabenblatts zu legen, wobei die Kontrolle durch die Umrissform gewährleistet ist. Die Umrissform gestattet nur eine gegenseitige Verzahnung und Verankerung der Plättchen auf der Grundplatte bei richtiger Lösung.

Zum Schluss seien noch elektronische Übungsmedien erwähnt. Auch wenn der *Computer* in den meisten Ländern in der Grundschule (noch) nicht als Medium zugelassen ist, so kann man nach Möglichkeit sicherlich die ein- oder andere Übungsform auch mit diesem Gerät durchführen. Es gib z.B. spezielle Computerprogramme, die Aufgaben stellen und auch die Richtigkeit der Lösung kontrollieren. Bei einiger Programmierkenntnis kann ein solches Programm selbst erstellt werden.

Weiterhin gibt es *Taschenrechner*, die ebenfalls Aufgaben stellen, so z.B. den „Little Professor" der Firma Texas Instruments. Man kann hierbei die Rechenart und vier Schwierigkeitsstufen wählen. Der Rechner stellt Aufgaben, die auf Grund eines Zufallsprozesses ausgewählt werden. Der Schüler gibt die Lösung ein. Bei richtiger Lösung reagiert der Rechner mit freudigen Reaktionen einer kleinen (Professor-)Figur, bei falscher Lösung wird die Aufgabe erneut gestellt. Nach zweimaliger falscher Lösung wird die richtige Lösung angegeben.

Dieses Gerät kann brauchbar für die Einzelarbeit als Belohnung eingesetzt werden. Ein Einsatz im Klassenverband ist nicht möglich.

X. Spiele

1 Begriffsbestimmung

Zahlreiche Wissensgebiete beschäftigen sich mit dem Spiel und betrachten es aus den verschiedensten Blickwinkeln: Biologie, Anthropologie, Kulturgeschichte, Psychologie und Pädagogik erforschen und beschäftigen sich mit dem kindlichen Spiel, und entsprechend vielseitig sind die Arbeiten und Veröffentlichungen zu diesem Thema. Auch die Schulpädagogik und die Didaktiken der Fächer können diesen zentralen Bereich kindlicher Denk- und Persönlichkeitsentwicklung nicht außer Acht lassen und so finden sich in vielen pädagogischen und didaktischen Arbeiten, in Schulbüchern und Arbeitsanleitungen zahlreiche Spielvorschläge für den Unterricht.

Spielen ist eine Tätigkeit, die sich nicht nur beim Menschen, sondern auch bei höheren Tieren findet, und die offensichtlich durch einen inneren Trieb hervorgerufen wird. Allerdings ist dieser Trieb sehr schwach und wird z. B. bei spielenden Säugetieren (etwa jungen Katzen) dominant überlagert von anderen Trieben, z. B. vom Fluchttrieb. Junge Tiere spielen nur dann, wenn sie sich sicher und geborgen fühlen. Droht eine Gefahr, so wird das Spiel abrupt unterbrochen und durch Flucht oder Angriff abgelöst.

Es ist sicher erlaubt, dieses Verhalten, was man bei allen Säugetieren beobachten kann, auch auf das menschliche Spiel zu übertragen. Kindliches Spiel kann nur dort stattfinden, wo eine spannungsfreie, freundliche und sorglose Atmosphäre herrscht. Spielen unter Zwang und Stress ist nicht möglich, weil dann dieser schwache und zarte menschliche Trieb sofort von anderen Bedürfnissen ausgelöscht wird.

Beispiel:

(1. Klasse, Lehrplaninhalt: Erwerb grundlegender Fähigkeiten)

In einer der ersten Mathematikstunden in Klasse 1 wird die Lehrerin freies Spiel mit Spielsachen ansetzen, die das Kind möglicherweise sogar von zu Hause mitbringen darf. Dies dient dazu, eine vertrauensvolle Atmosphäre zwischen Kindern und Lehrperson, aber auch zwischen den Kindern untereinander zu schaffen. Es ist selbstverständlich, dass diese Stunde frei von Zwängen verläuft. Die Kinder sollen sich frei äußern und miteinander spielen. Das schließt nicht aus, dass sie schon Oberbegriffe verwenden, etwa „Schreibsachen", „Autos", „Fahrzeuge", „Malsachen" usw. Allerdings wird die Lehrerin hier nur behutsam Impulse und Anregungen geben. Jeder Zwang würde die freie und ungezwungene Spielsituation abrupt unterbrechen.

Für das menschliche und kindliche Spiel lassen sich eine Reihe von Eigenschaften definieren, die Scheuerl (nach Schiffler, 1976, S. 7) nennt:

– Freiheit: Der Spielende ist frei von außerhalb des Spiels liegenden Zwecken,
– Innere Unendlichkeit: Das Spiel drängt nach zeitlicher Ausdehnung, nach ständiger Selbstwiederholung,

- Scheinhaftigkeit: Das Spiel bewegt sich in einem von der Realität abgehobenen Wirkungsbereich und deutet eine Bildhaftigkeit des Handelns an,
- Ambivalenz: Wesentlich für das Spiel ist ein Wechsel zwischen Spannung und Lösung, z.B. dargestellt durch Verlieren und Gewinnen, aber auch durch Versuch und Erfolg,
- Geschlossenheit: Jedes Spiel ist an Regeln und Leitideen, aber auch an räumliche und zeitliche Grenzen gebunden.

Auf diese Eigenschaften werden wir noch eingehen, wenn die Frage nach dem Verhältnis zwischen Lernen und Spielen zu klären ist.

Natürlich fehlt es nicht an psychologischen Erklärungsversuchen für das kindliche Spiel. Da für den Mathematikunterricht die Psychologie von Piaget von besonderer Bedeutung ist, sei hier auch auf seine Spieltheorie hingewiesen, die eng mit seiner Entwicklungstheorie der Intelligenz verbunden ist. In Kap. II.2.1 wurde dargestellt, dass sich die menschliche Intelligenz in einem ausgewogenen Zusammenspiel von Assimilation und Akkomodation entwickelt. Dabei bedeutet Assimilation die Einordnung verschiedener Eindrücke der Umwelt in das dem Individuum innewohnenende Schema, Akkomodation ist die Anpassung dieses inneren Schemas an die Umwelt.

Das Spiel ist nun eine solche Form des Zusammenwirkens von Assimilation und Akkomodation, nämlich in folgender Weise (nach Schiffler, 1976): Das Kind, insbesondere das jüngere Kind, muss sich in Akkomodationsprozessen ständig an die Welt und Gesellschaft der Erwachsenen anpassen, die es kaum verstehen und durchschauen kann. Dies tut es in aller Regel durch Nachahmung des Verhaltens von Erwachsenen. Dadurch entsteht aber ein Ungleichgewicht zwischen Akkomodations- und Assimilationsprozessen beim Kind zugunsten der Akkomodationsprozesse. Um das Gleichgewicht zwischen Akkomodation und Assimilation wieder herzustellen muss das Kind über einen Bereich verfügen, in dem es die Wirklichkeit dem inneren Schema anpassen kann. Das ist das Spiel. Im Spiel verändert das Kind die Wirklichkeit so, dass sie seinem inneren Schema entspricht. Dies ist insbesondere in der Phase des vorbegrifflichen Denkens im Symbolspiel der Fall.

Beispiel:

(1. Klasse, Lehrplaninhalt: Arithmetik)

Eine Lehrerin setzte mit großem Erfolg eine Handpuppe, einen Hund mit weichem Fell und freundlichem Gesichtsausdruck, im Unterricht ein. Dieser Hund mit Namen Alef war sehr gescheit. Ihm fiel auf, wenn Aufgaben falsch gerechnet waren, und er machte sich bemerkbar, wenn weitere Aufgaben zu rechnen waren. Er bemängelte auch vorsichtig, wenn es zu laut in der Klasse war. Kurz: Er war für die Kinder eine wichtige Persönlichkeit. Alef symbolisierte eine Autoritätsperson, die zwischen der Lehrerin und den Kindern stand. In dieser Zwischenwelt konnten die Kinder vertrauensvoll mit Alef umgehen, ihn streicheln und mit ihm reden. Die Anpassung der Kinder an die reale Welt der Schule und des Unterrichts wurde durch diese Scheinwelt, die den Kindern näher stand und die ihrem Schema besser entsprach, erleichtert.

Sicherlich lassen sich durch diesen Ansatz von Piaget nicht alle Aspekte des kindlichen Spiels erklären. Jedoch wird ein wichtiger Gesichtspunkt des

Spiels hiermit sicher erfasst, nämlich die Scheinhaftigkeit des von der Realität abgehobenen Wirkungsbereichs, wie Scheuerl es nennt. Das Kind bewegt sich selbstständig in dieser eigenen Welt, die es gestalten kann, und macht dort seine Erfahrungen. So bildet z.B. auch ein strukturiertes Arbeitsmaterial, mit dem das Kind umgeht, für dieses eine eigene Welt, die leicht zusammenhängend zu erfassen ist und in der es nach vorgegeben Regeln handeln kann.

2   Lernen und Spielen

Die Scheinhaftigkeit des Spiels ist es denn auch, die immer wieder Anlass zu einer Diskussion über das Verhältnis von Lernen und Spielen gibt. Ist Lernen, so fragt man, nicht eine so ernste und wichtige Angelegenheit, die man keineswegs spielend erledigen kann? Soll nicht gerade das schulische Lernen eine Vorstufe zur Arbeit sein? Spielen können die Kinder zu Hause. Dazu ist die Schule nicht da.

Dabei übersieht man aber, dass Spiel die früheste Form der Aktivität ist, mit der sich schon der Säugling mit seiner Umwelt auseinander setzt. Es ist (nach Keller, 1983, S. 269) gar nicht möglich, das spontane Interesse des Säuglings vom Spiel zu unterscheiden. Lernen ist Spielen, und die kognitive Entwicklung erfolgt in dieser Phase durch spielerische Eroberung der Umwelt. Das Kind erfährt im Spiel, dass es seine Umwelt gestalten kann und erprobt neue Handlungsmöglichkeiten. Charakteristisch, nicht nur für dieses frühkindliche Spiel, sind die häufigen spielerischen Wiederholungen der Handlungen, die zunächst das Überraschungsmoment als Motiv haben, wenn eine gewünschte Wirkung eintritt, die dann später aber sicher aus Funktionslust, aus Freude an der Tätigkeit, ausgeführt werden.

Hieran wird auch deutlich, dass Spiel in dieser frühen Phase, und nicht nur in dieser, Lernspiel ist. Überraschung und Funktionslust sind auch noch die Motive für das Lernspiel in der Schule. Kognitive Denkstrukturen werden im Spiel stabilisiert, weiterführende Denkprozesse angeregt.

Ein weiteres Argument gegen das Spiel im Unterricht besteht im Gegensatz zwischen der Freiheit und der Zweckgebundenheit. Nach der im vorigen Abschnitt gegebenen Definition ist der Spielende frei von außerhalb des Spiels liegenden Zwecken, nur mit seinem Spiel beschäftigt. Im Unterricht wird das Lernspiel aber sehr wohl zweckgebunden, nämlich zum Erlernen eines Sachverhalts eingesetzt. So urteilt Grabolle (nach Krampe/Mittelmann, 1987, S. 9): „Das Spiel ist der letzte Freiraum des Kindes, der nicht verplant, nicht verschult werden sollte. Die Umfunktionierung des Spiels zu Lernprozessen führt notwendig zu einer Perversion des Spiels."

Dieser Widerspruch hebt sich aber sofort auf, wenn man bedenkt, dass nur der Lehrer die Zweckgebundenheit des Spiels kennt. Der Schüler erlebt das Spiel subjektiv zweckfrei und kann seiner Neugierde und Funktionslust ungestört freien Lauf lassen. Und so kann der Lehrplan für die Grundschule in

Baden-Württemberg (Ministerium für Kultus und Sport, 1983) davon sprechen, dass spielendes Lernen oder lernendes Spielen wesentliche Teile der Arbeit in der Grundschule sind.

Nicht nur die Psychologie, sondern auch die Mathematikdidaktik begründet den Einsatz des Lernspiels im Unterricht. Hier ist vor allem das sog. dynamische Prinzip (siehe Kap. IV.3.4) zu nennen, das seinerseits wieder durch das entdeckende Lernen begründet werden kann. Nach diesem Prinzip beginnt der Erkenntnisprozess mit einer Spielphase, in der die Komponenten des mathematischen Gegenstands auftauchen. In einer zweiten Phase werden dann diese Komponenten zu der Gesetzmäßigkeit oder dem mathematischen Sachverhalt bewusst strukturiert. Darauf folgt als drittes eine Übungsphase.

Beispiel:

(1. Klasse, Lehrplaninhalt: Arithmetik – Zahlen bis 10)

Die Zahlen bis 10 lassen sich durch die Cuisenaire-Stäbe darstellen. Im Unterricht wird man nicht gleich damit beginnen, die Stäbe der Größe nach ordnen zu lassen, sondern wird den Schülern die Möglichkeit für freies Spiel mit den Cuisenaire-Stäben geben. Dabei kommen die Schüler von selbst darauf, die Stäbe der Größe nach als Treppe anzuordnen. Damit ergibt sich dann die Beziehung zu den Zahlen von 1 bis 10, was auch durch Zählen bewusst gemacht werden kann.

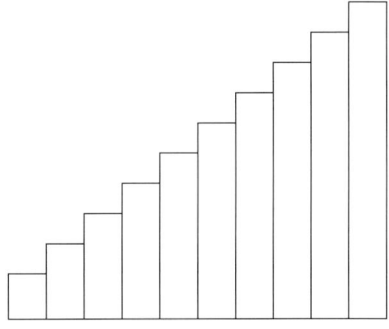

In der dritten Phase wird man dann zur Übung und Festigung die Stäbe mit Zahlen benennen, umsortieren und verschiedenartige Umgruppierungen vornehmen lassen.

Ein weitere fachdidaktische Grundlage für das Lernspiel im Mathematikunterricht sind wieder die Repräsentationsstufen von Bruner. Die drei wichtigsten Arten von Umwelterfahrung spiegeln sich in den Spielen wieder (Keller, 1983, S. 271). Die motorischen Übungsspiele des Kleinkindes entsprechen dem konkreten enaktiven Vollzug und die Anschauung in Bildern der ikonischen Repräsentation. Erst in der letzten Entwicklungsstufe wird die Erfahrung so abstrakt, dass symbolisch-sprachliche Elemente in das Spiel einbezogen werden können.

Auch Lernspiele können also die Möglichkeit bieten, in allen drei Repräsentationsstufen Umwelterfahrungen zu verarbeiten. So vollzieht sich das freie oder gelenkte Spiel mit Arbeitsmaterial in der enaktiven Repräsentationsstufe, Lotto- oder Puzzlespiele in der ikonischen Darstellungsform und Spiele mit Zahlen und Buchstaben (z. B. Würfelspiele, Kreuzzahlrätsel) in der symbolischen Ebene.

Nicht jede Aktivität im Unterricht kann als Spiel bezeichnet werden. Kinder reagieren enttäuscht, wenn z. B. das Lösen von einfachen Rechenaufgaben als Spiel bezeichnet wird. Mit „Spiel" verbinden Kinder Aktivitätsformen, die mehrere oder alle der im folgenden genannten Kriterien erfüllen müssen (nach Krampe/Mittelmann, 1987, S. 10):

- Dem Schüler muss ein möglichst großer *Freiraum* für eigene Entscheidungen eingeräumt werden. Dazu müssen die Rahmenbedingungen für die Aktivität so weit sein, dass das Kind aus einem großen Repertoire von Entscheidungsmöglichkeiten auswählen kann (z. B. beim freien Spiel oder beim Muster-Herstellen mit Arbeitsmaterial) oder es müssen sich durch die unvorhergesehenen Spielzüge eines Spielgegners immer neue Möglichkeiten eröffnen.
- Eine spielerische Aktivität sollte einen *unüblichen Handlungsablauf* bilden. So sind z. B. das Ausmalen von Bildern, aber auch Würfelspiele Aktivitäten, die für den Mathematikunterricht unüblich sind.
- Der Handlungsablauf sollte den Schülern immer wieder kleine *Erfolgserlebnisse* vermitteln. Hierbei ist natürlich die Eigenkontrolle besonders geeignet. Ein solches Erfolgserlebnis besteht schon im Ausfüllen von Rechenschemata (Zahlenschlange, Zielscheibe, Rechenpyramide usw.), wie sie Leutenbauer (1980) angibt.
- Die Aktivität muss dem Leistungsvermögen des Schülers sowohl vom Schwierigkeitsgrad als auch von der zu benötigenden Zeit *angepasst* sein. Dabei muss berücksichtigt werden, dass es kleineren Kindern schwerfällt sich über längere Zeit zu konzentrieren.
- Die zugrunde liegenden Regeln sollen *verständlich* und nicht zu umfangreich sein.
- Das Spielziel sollte *erreichbar und erstrebenswert* sein. Erstrebenswert für Kinder ist z. B. ein Produkt, das vorzeigbar ist, etwa ein Bild oder eine ästhetische Anordnung des Materials, aber auch das Entdecken einer interessanten Gesetzmäßigkeit.
- Die Aktivität muss *frei von Leistungsdruck* durchgeführt werden. Nichtgelingen darf nicht als diskriminierend aufgefasst werden. Dies ist insbesondere bei Wettspielen zu beachten. Speziell von schwächeren Kindern kann eine Aktivität nicht als angenehm und befriedigend empfunden werden, wenn sie immer wieder als Verlierer dastehen.
- Spielen ist durch die *Ambivalenz zwischen Spannung und Entspannung* gekennzeichnet. So sollten auch beim Lernspiel Phasen der Spannung mit Phasen der Entspannung abwechseln.

3   Freies Spiel

Die Lehrpläne für den Mathematikunterricht in der Grundschule enthalten in der Regel auch den Inhalt „Freies Spiel". Man kann sich fragen, was dieses Thema im Mathematikunterricht der Grundschule zu suchen hat. Dazu muss zunächst einmal definiert werden, was man unter „Freiem Spiel" versteht.

Nach B. Daublebsky (zitiert nach Schiffler, 1976, S. 26) ist „‚Freies Spielen' jede Tätigkeit von Kindern, die nicht durch ein bestimmtes Programm oder durch Aufforderungen von Erwachsenen initiiert wird. Im freien Spiel nehmen Kinder Anregungen, die aus der Umgebung kommen, selbsttätig oder durch das Beispiel anderer Kinder auf."

In der Schule kann natürlich die Umgebung so gestaltet werden, dass es den Kindern leicht fällt, selbsttätig Anregungen zum Spiel aufzunehmen. Das ist z. B. durch eine anregende Gestaltung des Klassenzimmers oder des Schulhofes möglich.

Mit freiem Spiel im Unterricht kann im Anfangsunterricht der Übergang der Aktivitätsformen vom Kindergarten zum Grundschulunterricht ermöglicht werden.

Aber auch im Mathematikunterricht kann durch entsprechende Gestaltung des Klassenzimmers „freies Spiel" und „freie Arbeit" initiiert werden. Insbesondere durch Spiel- und Arbeitsmaterialien werden die Kinder zu freiem Spiel angeregt.

Für freies Spiel in der Schule gibt es zahlreiche Gründe, nämlich soziale, pädagogische, psychologische und fachdidaktische. Dies sind u. a. (z. T. nach Schiffler, 1976, S. 26):

- Die im häuslichen Milieu und im Kindergarten angebahnten Spielfähigkeiten sollen weiterentwickelt werden.
- Bei fehlenden außerschulischen Spielmöglichkeiten kann das freie Spiel in der Schule Kompensationsmöglichkeiten bieten.
- Im freien Spiel werden wichtige Lernprozesse angebahnt. So kommt es im freien Spiel des Mathematikunterrichts von selbst zu Tätigkeiten wie Sortieren, Ordnen und Verändern.
- Durch freies Spiel werden Grundvoraussetzungen für schulisches Lernen, z. B. Interesse und Selbstständigkeit, gebildet und gefördert.
- Im freien Spiel werden soziale Verhaltensweisen angebahnt, z. B. Rücksichtnahme, Hilfsbereitschaft.
- Durch den Einbau von freiem Spiel im Unterricht kann einer „Verschulung" entgegengewirkt werden.
- Freies Spiel kann zum Abbau von Spannungen zwischen den Schülern und zwischen Schüler und Lehrer beitragen.
- Der Lehrer kann durch Beobachtung der selbstständig spielenden Kinder Einsichten in den Entwicklungsstand der Kinder bekommen.

Im Mathematikunterricht wird das freie Spiel vor allem dann eingesetzt, wenn ein neues Arbeitsmaterial eingeführt wird.

Beispiel:

(1. Klasse, Lehrplaninhalt: Eigenschaften von Gegenständen)

In Kap. VIII. 4.2.2 wurden die Steckwürfel in verschiedenen Einsatzmöglichkeiten dargestellt. Bei ihrer Einführung ist es aber unbedingt erforderlich, den Kindern ausreichend Zeit für freies Spiel zu geben. Es ist immer wieder erstaunlich, was Kinder mit diesem Material machen können. Sie bauen Brücken, Autos, Raketen, Kräne, Häuser, Treppen usw. und übertreffen in Phantasie und Ausdauer vielfach die Erwachsenen.

Im Mathematikunterricht hat das freie Spiel im Anfangsunterricht auch die Funktion, die Kinder an Spieltechniken zu gewöhnen. Dazu gehört eine engagierte, aber nicht zu hektische Spielhaltung, das Einhalten gewisser Spielregeln (den Nachbar nicht behindern, nach dem Spiel das Spielzeug aufräumen, sich zum Spiel und dem erstellten Produkt zu äußern, die Produkte der anderen Kinder beachten und würdigen usw.). Damit wird nicht nur die Grundeinstellung für die anschließenden gelenkten Spiele vorbereitet, sondern auch eine konzentrierte und kooperative Arbeitshaltung begründet, die sich später in Schule und Berufsleben bewähren muss.

4 Lernspiele

4.1 Zur Didaktik und Methodik von Lernspielen

Wenn von Spielen in der Grundschule die Rede ist, ist meist das Lernspiel im engeren Sinn gemeint. Wie in Kap. 2 dargelegt, sind Lernen und Spielen nicht Gegensätze, weil es auf die subjektive Einstellung dessen ankommt, der die Tätigkeit ausführt. Treffen nun auf die Aktivität möglichst viele der Spielkriterien zu, wie sie in Kap. 2 dargelegt wurden, so wird der Schüler sie als Spiel empfinden.

Wegen der angesprochenen Problematik ist eine Definition des Begriffs „Lernspiel" schwierig. Zunächst einmal wird der Begriff „Lernspiel" sowohl auf ein bestimmtes Material als auch auf den Vorgang des Spielens bezogen. Stellt man den Materialaspekt in den Mittelpunkt, dann sind entsprechend der Analyse von Kluge (1980, S. 81) Lernspiele als didaktische Spielmittel deklariert, die ihre innere Struktur mit den gleichnamigen Gesellschaftsspielen (z. B. Lotto, Würfelspiel, Puzzle) gemeinsam haben, im Unterschied zu diesen aber vom Lehrer unter einem bestimmten Lernaspekt innerhalb eines Lernvorgangs eingesetzt werden. Bezieht man sich auf den Spielvorgang, so bezeichnet man mit „Lernspiel" (nach Schiffler, 1982, S. 112) eine Spielsituation, die mit oder ohne besondere Spielmittel als methodische Maßnahme dazu geeignet ist, überprüfbare Lernziele zu erreichen. Im Lernspiel ist es möglich, ja sogar gewollt, dass Spiel- und Bildungsinhalte sich überlagern. So wird aber weder der Spielcharakter infrage gestellt noch die Spielregeln verändert. Lern- und Spieleffekte korrelieren miteinander.

Zwar weisen Radatz/Schipper (1983, S. 166) darauf hin, dass eine Reihe von Untersuchungen, die sich mit der Frage der Effektivität von Lernspielen befassen, widersprüchliche Ergebnisse erbringen. Jedoch ist die Effektivität von Lernzielen umso eher nachweisbar,

– „je konkreter und begrenzter die mit den Spielen verfolgten Lernziele sind und
– je zielgerichteter die Lernspiele auf die jeweiligen didaktischen Intentionen zugeschnitten sind."

Dem Lernspiel können im Unterricht verschiedene Funktionen übertragen werden. Nach Radatz/Schipper (1983, S. 166) sind dies u. a.:

Übung und Festigung

Dies ist wohl die bekannteste Funktion von Lernspielen. Wie in Kap. IX. dargelegt, kommt man im Unterricht nicht ohne Übung, auch mechanische Übung aus. Um der Ermüdung durch eintönige Übungsformen entgegenzuwirken, kann man Lernspiele zu Übungszwecken einsetzen. Alles, was dazu beiträgt, den Mathematikunterricht abwechslungsreich und schülerorientiert zu gestalten, kann eingesetzt werden.

Beispiel:

(3. Klasse, Lehrplaninhalt: Arithmetik – schriftliche Addition, nach Krampe/Mittelmann, 1985)

Ein Puzzle ist so gestaltet, dass auf einer Vorlage in 4 mal 5 Feldern 20 Additionsaufgaben aufgeführt sind. Die Lösungen befinden sich ebenfalls in 20 Bildteilen im gleichen Format wie die Aufgabenfelder. Werden die Lösungen richtig auf die Aufgabenfelder gelegt, so entsteht ein Bild, das eine winterliche Landschaft mit einem Skispringer zeigt. Ein solches Puzzle kann der Lehrer selbst aus einer einfachen Bildpostkarte herstellen. Der Spielreiz liegt im Zusammensetzen des Bildes. Der Übungszweck ist offensichtlich. Jedoch ist darauf zu achten, dass die Kinder nicht durch Probieren das Ziel, nämlich das zusammengesetzte Bild, erreichen.

Ein besonderer Einsatzort des Lernspiels ist das Zehnminutenrechnen (siehe Kap. IX. 3.4). Hierbei kommt es darauf an, möglichst viele Schüler der Klasse zu beteiligen. Daher empfehlen sich Lernspiele, die im Klassenverband ausgeführt werden können.

Beispiel:

(2. Klasse, Lehrplaninhalt: Arithmetik – mündliche Addition, nach Grass/Hole/Werner, 1974, 2. Schuljahr S. L XI)

Laufen und Rechnen um die Wette: Die Tische stehen so, dass 6 mal 5 Schüler in einer Reihe hintereinander sitzen. Die ersten 6 Schüler stehen an der Tafel und notieren jeweils für ihre Reihe einen der 6 Operatoren + 14, + 15, + 16, + 17, + 18, + 19 am oberen Tafelrand. Der Lehrer gibt eine Zahl, z. B. 50 vor, die notiert wird. Auf diese Zahl wendet jeder Schüler den Operator an und notiert das Ergebnis an der Tafel. Daraufhin läuft er zum nächsten Schüler seiner Reihe und übergibt ihm an dessen Platz die Kreide. Der zweite Schüler wendet auf das Ergebnis wieder den Operator an usw. Dadurch entsteht z. B. folgendes Tafelbild:

+ 14	+ 15	+ 16	+ 17	+ 18	+ 19
50	50	50	50	50	50
64	65	66	67	68	69
78	80	82	84	86	88
92	95	98	101	104	107
106	110	114	118	122	126
120	125	130	135	140	145

Sieger ist die Reihe, die zuerst das richtige Ergebnis an der Tafel stehen hat.

Gewinnen von Einsicht in innermathematische Beziehungen

Entsprechend dem dynamischen Prinzip gewinnen Kinder Einsicht in einen Sachverhalt auf induktivem Wege. Sie beginnen mit einer Spielphase, aus der sich dann die Phase des Bewusstwerdens ablöst. Insbesondere die vielfältigen Beziehungen im arithmetischen Bereich beim additiven und multiplikativen Aufbau der Zahlen lassen sich durch Lernspiele durcharbeiten.

Beispiel:

(1. Klasse, Lehrplaninhalt: Arithmetik – Addition und Subtraktion im Zahlenraum bis 20, nach Wittmann/Müller, 1990, S. 17)

„Räuber und Goldschatz": Zwei Räuber wohnen im Wald in zwei Höhlen, die durch einen Weg verbunden sind. Der Weg ist mit 20 Platten ausgelegt. Eines Tages finden sie einen Goldschatz. Da sie sich nicht einigen können, wem der Schatz gehört, stellen sie ihn auf die Platte Nr. 10, würfeln abwechselnd und verschieben den Schatz so viel zur jeweiligen Höhle, wie der Würfel anzeigt. Wer den Schatz zuerst in seiner Höhle hat, dem gehört er.

Durch dieses Lernspiel wird der Zahlenraum bis 20 immer genauer durchgearbeitet.

Einführung neuer Themen

Ebenfalls nach dem dynamischen Prinzip sind Lernspiele geeignet, in neue mathematische Themen einzuführen. Der spielerische Zugang erleichtert die Aufnahme neuer Inhalte und der sie verbindenden Denkstrukturen.

Beispiel:

(2. Klasse, Lehrplaninhalt: Geometrie – Achsensymmetrie, nach Radatz/Schipper, 1983, S. 175)

Achsensymmetrische Bilder werden entlang der Symmetrieachsen zerschnitten. Die Hälften werden gemischt und an die Kinder der Gruppe verteilt. Reihum legt man eine Bildhälfte auf den Tisch, wer die dazugehörende Hälfte anlegen kann, tut das und bekommt das Bild. Wer zuletzt die meisten Bilder hat, hat gewonnen.

Motivation und Differenzierung

Üben ist für die Schüler oftmals eine langweilige und wenig erfreuliche Tätigkeit. Es ist daher sinnvoll, alle Motivationsmöglichkeiten auszunutzen, die das Üben erleichtern und fördern. Das kann durch Lernspiele geleistet werden, denn Übungserfolg ist ohne Übungsbereitschaft nicht denkbar.

Auch zur Differenzierung lassen sich Lernspiele einsetzen. Insbesondere die schwächeren Schülern sind eher bereit zu längeren Übungsphasen, wenn diese durch Spiele motivierender gestaltet werden können. Ebenfalls können Lernspiele so speziell für bestimmte Schülergruppen ausgewählt werden, dass deren Lern- und Anspruchsniveau genau getroffen werden kann.

Beispiel:

(2. Klasse, Lehrplaninhalt: Arithmetik – Einmaleins)

Ein sehr einfaches, aber besonders auf schwächere Kinder positiv wirkendes Spiel ist das „Hasenjagen". Die Lehrerin zeichnet eine Reihe von Hasenfiguren an die Tafel und versieht sie mit Einmaleinszahlen, also z. B. 81, 35, 48, 56 … Die Schüler nennen dazugehörige Einmaleinssätze, also $9 \cdot 9 = 81$, $7 \cdot 5 = 35$, $6 \cdot 8 = 48$, $7 \cdot 8 = 56$, … Wer eine Zahl richtig getroffen hat, sagt „Peng" und darf den Hasen mit der entsprechenden Zahl auswischen.

Soziales Lernen

Durch Spielen werden zahlreiche soziale Verhaltensweisen trainiert wie das Einhalten der Spielregeln, Warten können, Rücksicht nehmen, Verlieren können. Alle diese Verhaltensweisen lassen sich dem allgemeinen Lernziel Argumentieren (Kap. III. 3.2.1) unterordnen, sind also wesentlich für einen modernen Mathematikunterricht.

Beispiel:

(3. Klasse, Lehrplaninhalt: Arithmetik – Einmaleins, nach Leutenbauer, 1980, S. 282)

Soziale Verhaltensweisen lassen sich besonders gut bei Würfelspielen trainieren. In Partnerarbeit wird mit zwei Würfeln, z. B. einem roten und einem blauen, gewürfelt. Nun ergeben sich eine ganze Reihe von Rechenmöglichkeiten, z. B. (Zahlenbeispiele unter der Annahme, dass der rote Würfel eine 3, der blaue eine 5 zeigt):

– Die Würfelzahlen werden miteinander multipliziert: $3 \cdot 5 = 15$
– Die Summe der beiden Zahlen wird mit der kleineren multipliziert: $(3 + 5) \cdot 3 = 24$
– Die Differenz der Würfelzahlen wird mit der größeren multipliziert: $(5 - 3) \cdot 5 = 10$
– Vom Produkt der beiden Würfelzahlen ist deren Summe abzuziehen: $(5 \cdot 3) - (5 + 3) = 15 - 8 = 7$ (Vorsicht!)
– Die Summe und die Differenz der beiden Würfelzahlen werden miteinander multipliziert: $(5 + 3) \cdot (5 - 3) = 8 \cdot 2 = 16$
– Die Summe wird mit der Punktezahl des blauen Würfels multipliziert: $(5 + 3) \cdot 5 = 8 \cdot 5 = 40$
– Die Würfelzahl des roten Würfels zählt immer doppelt. Es wird das Produkt: $(2 \cdot 3) \cdot 5 = 6 \cdot 5 = 30$ gerechnet.
– Die Schüler bilden mit den geworfenen Augenzahlen eine zweistellige Zahl und addieren/subtrahieren deren Produktwert:
   $35 + 15 = 50$ $53 + 15 = 68$
   $35 - 15 = 20$ $53 - 15 = 38$
   usw.

Es darf nicht verkannt werden, dass im Mathematikunterricht der Spielbegriff sehr undifferenziert benutzt wird. Oftmals wird jede Handlung mit Material als „Spiel" bezeichnet, z. B. das Legen von Mustern oder das Experimentieren. Schiffler (1982, S. 116) bemerkt aber mit Recht, dass ein Vorgang deshalb noch kein Spiel ist, weil er sich an Objekten vollzieht, mit denen man spielen kann.

Folgende Beurteilungskriterien (nach Schiffler, 1982, S. 120) sollten vor Einsatz eines bestimmten Lernspiels im Unterricht bedacht werden:

– Kann diese Aktivität als echtes Spiel mit möglichst vielen der in Kap. 1 genannten Kriterien (Freiheit, innere Unendlichkeit, Scheinhaftigkeit, Ambivalenz und Geschlossenheit) bezeichnet werden?
– Ist das Material echtes Spielmaterial oder nur Arbeitsmaterial?
– Ist die Aktivität abwechslungsreich und interessant? Ist es den speziellen situativen Bedingungen der Klasse angepasst (Alter, Interessen der Schüler, Vorkenntnissen)?
– Was kann durch das Spiel gelernt werden?
– Mit welchen Nebeneffekten ist zu rechnen (Gefühlsausbrüche einzelner Schüler, soziale Folgen wegen der Wettbewerbsituation, sachfremde Benutzung des Spielmaterials)?

– Welche Vorbereitungen für das Spiel sind erforderlich (Erklärung der Spiel-regeln – evtl. am Arbeitsprojektor demonstrieren –, Änderung der Sitzordnung usw.).

Erst wenn diese Kriterien positiv beantwortet werden können, sollte man auch vor den Schülern von einem Spiel sprechen und es als Lernspiel im Unterricht einsetzen.

4.2   Wettbewerbsspiele

Beliebt bei Schülern und auch bei Lehrern sind Spielformen mit Wettbewerbcharakter. Die Schüler haben Freude daran, ihre Kräfte, auch ihre Rechenfähigkeiten, zu messen. Der Gewinner fühlt sich als „Rechenkönig" und lässt sich von den Mitschülern bewundern.

Beispiel:

(2. Klasse, Lehrplaninhalt: Arithmetik – mündliche Addition und Subtraktion, nach Feiks, 1986)

Eckenrechnen: Vier Schüler stellen sich in je eine Ecke des Klassenzimmers. Andere Schüler der Klasse stellen ihnen Aufgaben, z. B. aus dem Bereich der mündlichen Addition und Subtraktion im Zahlenraum bis 100. Wer von den Vieren die jeweilige Aufgabe am schnellsten gelöst hat, darf eine Ecke weitergehen. Gewonnen hat, wer als Erster wieder in seiner Ecke ankommt.

Dennoch muss der Einsatz von Wettbewerbspielen wohldurchdacht sein. Für schwächere Schüler können gewisse „Spielformen" eine Qual sein. Man denke z. B. an den nichtauszurottenden Brauch im Mathematikunterricht, dass sich die Schüler zu Beginn des Unterrichts stellen. Der Lehrer stellt Aufgaben. Wer sie zuerst beantwortet, darf sich setzen. Zum Schluss stehen nur noch die schwachen Rechner. Sie werden zusätzlich zu ihrem Versagen noch dem Gelächter der Klasse preisgegeben. Wird dieses „Spiel" täglich wiederholt, so wird dieses Vorgehen bei den schwachen Schülern nichtwiedergutzumachende Schäden hinterlassen.

Die Situation ist etwas anders, wenn nicht jeder Schüler für sich selbst rechnet, sondern in Gruppen gerechnet wird.

Beispiel:

(3. Klasse, Lehrplaninhalt: Arithmetik – Einmaleins, nach Feiks 1986)

Staffelrechnen: Es werden zwei oder drei Gruppen mit je 10 Schülern gebildet. Jede Gruppe erhält Karten mit den Ziffern 0–9, sodass jedes Kind eine Karte hat. Der Lehrer stellt eine Aufgabe, z. B. 7 · 8. Die Schüler, welche die Ziffern der Lösung (56) haben, treten vor und halten ihre Karten in der richtigen Reihenfolge hoch. Die Gruppe, die eine Ergebniszahl zuerst zeigt, bekommt einen Pluspunkt.

Hier hat sich zwar nicht der Einzelne vor der ganzen Klasse zu verantworten, aber vor seiner Gruppe. Das Verlieren einer Gruppe kann möglicherweise einem einzelnen Schüler angelastet werden.

Die sinnvollste Art und Weise ein Wettbewerbspiel durchzuführen ist dann gegeben, wenn man ein Zufallselement einbaut, also z. B. mit einem Würfel bestimmt, wer die Aufgaben zu lösen hat. Eine andere Art der Zufallsauswahl kann durch den Lehrer selbst gegeben sein.

Beispiel:

(2. Klasse, Lehrplaninhalt Arithmetik – Einmaleins)

Bingo: Jeder Schüler macht sich ein quadratisches Neuner-(oder Sechzehner-)feld.

Der Lehrer nennt neun Einmaleinsaufgaben, deren Ergebnisse die Schüler beliebig in die freien Felder ihres Schemas eintragen. Der Lehrer liest dann die Ergebnisse in anderer Reihenfolge vor. Wenn ein Schüler drei Ergebnisse in einer waagerechten oder senkrechten Dreierreihe notiert hat, ruft er „Bingo".

4.3 Zufallsspiele

Bei echten Zufallsspielen haben die Schüler keinen Einfluss auf das Spielgeschehen. Der Ausgang des Spiels ist nur durch einen Zufallsgenerator, etwa Würfel, bestimmt. Dadurch ergibt sich völlige Chancengleichheit unter den Mitspielern, obwohl der Reiz des Gewinnens nicht verloren geht. So haben auch schwache Schüler die gleiche Möglichkeit, das Spiel zu gewinnen und dadurch zu Erfolgserlebnissen zu kommen. Im Falle des Verlierens trägt man selbst nicht den Makel der Unfähigkeit, sondern man hat es dem fehlenden Glück zuzuschreiben. Zufallsspiele eignen sich daher besonders dazu, soziale Ziele zu verfolgen: Fair spielen, nicht mogeln, beim Verlieren nicht aufgeben, sich mit dem Sieger freuen.

Ein klassisches Zufallsspiel ist „Mensch ärgere dich nicht". Nach diesem Muster sind zahlreiche Rechenspiele gestaltet.

Beispiel:

(3. Klasse, Lehrplaninhalt: Arithmetik – Einmaleins, nach Krampe/Mittelmann, 1983, S. 220)

Das Spiel ist ein Partnerspiel. Den Spielplan kann man sich schnell selbst anfertigen: Er hat 50 Felder, die man der Reihenfolge nach vom Start zum Ziel durchlaufen kann und die mit Zahlen bis 100 versehen sind. Diese Zahlen brauchen nicht nach der natürlichen Reihenfolge notiert zu sein. Es müssen auch nicht alle Zahlen eines Zahlbereichs auftauchen und es können sogar Zahlen mehrfach erscheinen. Es wird abwechselnd gewürfelt und entsprechend der gewürfelten Augenzahl vorgerückt. Beginn nur bei einer 6. Die Regel ist nun so: Man bilde zur erreichten Zahl auf dem Spielfeld eine Einmaleinsaufgabe und gehe so viele Felder vor, wie der kleinere Faktor angibt. Ist man also auf das Feld 35 gelangt, so sage man: 7 · 5 und gehe 5 Felder vor. Kann man keine Aufgabe bilden, so gehe man 3 Felder zurück. Ein Teil der Felder ist durch zwei Kreise besonders markiert. Gelangt man auf ein solches Feld, so muss man einmal aussetzen.

Ein weiteres Beispiel für ein Zufallsspiel ist das folgende

Beispiel:

(1. Klasse, Lehrplaninhalt: Arithmetik – Addition im Zahlenraum bis 12, nach Radatz/ Schipper, 1983, S. 184)

Würfel – Tischtennis: Auf einem Spielplan mit 2 mal 6 rechteckigen Feldern und einem dicken Strich in der Mitte, dem Netz, steht eine Spielfigur als Ball.

Gewürfelt wird mit 2 Würfeln. Das Spiel ist analog zum Tischtennis konzipiert: Der Aufschlag erfolgt vom Außenfeld der eigenen Spielhälfte aus. Der Ball muss über das Netz kommen, sonst wechselt der Aufschlag. Jeder Spieler kann wählen, ob er mit einem oder zwei Würfeln würfelt. Der Ball wird so viele Felder vorgesetzt, wie gewürfelt wurde. Wird zu kurz gewürfelt, dann bekommt der Gegner einen Punkt, ebenso, wenn zu weit geschlagen wurde. Wer zuerst 21 Punkte hat, hat das Spiel gewonnen.

Der Einsatz von Zufallsspielen im Mathematikunterricht ist nicht unproblematisch. Ein zu häufiger Einsatz und die Erkenntnis, dass das Gewinnen des Spiels nicht von der persönlichen Leistung abhängt, sondern eben zufällig ist, kann bei den Schülern dazu führen, die rechnerische Leistung zu vernachlässigen. Dann verkommen gut gemeinte Lernspiele zu reinen Gesellschaftsspielen, die keinen höheren Stellenwert haben als das Spiel „Mensch ärgere dich nicht".

4.4 Strategiespiele

Eine besondere Stellung unter den Spielen im Mathematikunterricht nehmen die Strategiespiele ein. Dabei handelt es sich um Geschicklichkeitsspiele, die auf Grund einer Strategie, also eines langfristig angelegten Plans, zum Erfolg führen. Mathematischer Inhalt dieser Spiele ist weniger die Förderung von Rechenfähigkeit und Rechenfertigkeit bei den Schülern als vielmehr die Weckung und Förderung kognitiver Fähigkeiten wie vorausschauendes und schlussfolgerndes Denken, Analysieren, Kombinieren (Gnirk/Homann/Lubeseder, 1970). Daher können sie unter die Lernspiele eingeordnet werden, wenn sie auch oftmals keinem materiellen Lernziel des Lehrplans entsprechen. Aber auch soziale Ziele können durch Strategiespiele erreicht werden. Aufeinanderhören, die Bereitschaft, sich den Regeln freiwillig unterzuordnen und voneinander zu lernen, warten können, bis man an der Reihe ist; diese Ziele können durch Strategiespiele genauso realisiert werden wie durch andere Lernspiele.

Bei Strategiespielen ist die Wiederholung noch wichtiger als bei anderen Lernspielen. Die Strategie kann nämlich den Kindern nicht verbal mitgeteilt werden, sie müssen sie vielmehr im eigenen Versuch selbst entdecken und erfahren. Wiederholungen des Spiels sind also immer mit weiterführenden Lernprozessen verbunden. Dem muss auch die Praxis des Einsatzes von Strategiespielen im Unterricht Rechnung tragen. Gnirk/Homann/Lubeseder (1970) geben dazu folgende Regeln an:

– Auf dem Weg zur Erarbeitung günstiger Strategien müssen ausreichend lange Phasen des spielerischen Umgangs liegen.
– Beim mehrfachen Durchspielen des Spiels ist partnerschaftliche Hilfestellung nicht nur erlaubt, sondern sogar erwünscht. So ergibt sich eine Verbalisierung als Vorstufe der Strategieerfassung.
– Die Erfassung und Formulierung einer Strategie kann nicht erzwungen werden. Wird sie nicht von den Schülern selbst entdeckt, so lasse man es lieber beim „offenen" Spiel.
– Kinder sind in der Regel nicht in der Lage, die z. T. komplexen Spielregeln verbal zu erfassen. Daher ist es sinnvoll, das Spiel mehrmals vorzumachen und es dann von den Schülern wiederholen zu lassen.

Auf Grund praktischer Erfahrungen mit Strategiespielen stellt Öttle (1987) fest, dass Strategiespiele keineswegs bei allen Schülern zu Erfolgserlebnissen führen. Insbesondere bei leistungsschwächeren Schülern ist die Bereitschaft sich mit Strategiespielen zu befassen von Beginn an geringer als bei guten Schülern. Folglich werden die leistungstärkeren Schüler nicht nur bereitwilliger sich mit Strategiespielen befassen, sie werden auch schneller eine geeignete Strategie entdecken. Gerade bei Strategiespielen wird es also zu sehr unterschiedlichen Leistungen in der Klasse kommen, und daher ist ein differenziertes Vorgehen unbedingt angezeigt. Insbesondere am Anfang sollte der Lehrer solche Spiele auswählen, bei denen auch schwächere Schüler Erfolge erzielen können.

Beispiel:

(4. Klasse, Lehrplaninhalt: Arithmetik – Teilbarkeit, nach Gnirk/Homann/Lubeseder, 1970, S. 55)

Streichholzspiel: 40 Streichhölzer liegen auf einem Haufen zwischen den beiden Spielern. Die Partner nehmen abwechselnd mindestens 1 und höchstens 6 Streichhölzer weg. Es gewinnt, wer das letzte Streichholz nehmen kann.
Nach mehrmaligem Durchspielen entdecken die Schüler, dass ein Spieler gewinnt, wenn sein Gegner 7 Streichhölzer vorfindet. Der Gegner kann dann nicht alle wegnehmen, muss aber mindestens 1 nehmen. Dann kann man den Rest wegnehmen. Diese Komplementbildung zu 7 ist dann auch die wirksame Strategie. Also muss man dem Gegner die Zahlen, die Vielfachen von 7 sind, überlassen, nämlich 14, 21, 28, 35 und immer 7 – x Streichhölzer wegnehmen, wenn der Gegner x weggenommen hat.

4.5 Akzeptanz von Lernspielen

Die Literatur über Lernspiele ist inzwischen so angewachsen, dass sie nicht mehr zu überschauen ist. In fast jeder schulbezogenen Zeitschrift werden Lernspiele, natürlich vorzugsweise zum Mathematikunterricht, angeboten. Allerdings wird selten die Frage gestellt, wie Schüler auf diese Spiele reagieren. Zwar wird man nicht müde zu betonen, dass die Schüler Spaß an diesen spielerischen Aktivitäten haben, eine umfassende vergleichende Untersuchung über Lernspiele fehlt bis heute.

Dennoch gibt es durchaus Hinweise darauf, dass die verschiedenen Lernspiele sehr unterschiedlich von den Schülern aufgenommen werden. So befragte Öttle (1987) die Schüler einer 4. Klasse daraufhin, welche Lernspiele ihnen am besten gefallen hatten. Zur Auswahl standen zwei Strategiespiele („Zahlen suchen" und das im vorigen Abschnitt geschilderte „Streichholzspiel"), ein Würfelspiel, ähnlich dem in 4.3 geschilderten, ein Flächendomino mit Aufgaben zu allen Grundrechenarten, ein Puzzle, ebenfalls zu den schriftlichen Rechenoperationen, und die „Schatzsuche", ein Spiel in Form eines Labyrinths, bei dem man den Weg durch die richtige Lösung der Rechenaufgaben findet.

Die Spiele wurden von den Schülern sehr unterschiedlich bewertet. Während das Würfelspiel die meiste Zustimmung fand, wurde das Streichholzspiel am schlechtesten beurteilt. Die gute Beurteilung des Würfelspiels wird auch durch eine zitierte Schüleräußerung unterstrichen: „Ich kann hier auch gewinnen, obwohl ich nicht ganz so gut rechne wie ihr." Das gute Abschneiden des Labyrinthspiels ist wohl auch durch das Thema vorgegeben. Es war nämlich in Form einer Schatzsuche gestellt. Der Seeräuber fand den Schatz, wenn er alle Rechenaufgaben richtig gelöst hatte. Die Beurteilung war natürlich abhängig von der Leistungsfähigkeit der Schüler. So stuften die guten Schüler das Domino, das erhebliche Rechenfertigkeiten erforderte, als gut ein, während es den Schwachen weniger gefiel.

Berücksichtigt man die Ergebnisse dieser Befragung, so kann man im Hinblick auf die Akzeptanz der Lernspiele durch die Schüler Folgendes feststellen:

- Lernspiele sind hervorragend zur Motivierung der Schüler geeignet, besonders wenn sie in für die Schüler ansprechenden Situationen eingekleidet werden.
- Da viele Lernspiele die Schüler sehr unterschiedlich ansprechen, sollten sie speziell auch zur Differenzierung eingesetzt werden.
- Von besonderem pädagogischen Wert sind Zufallsspiele (z. B. Würfelspiele), weil hierbei auch schwache Schüler Erfolgserlebnisse haben können.
- Strategiespiele sind nicht für alle Schüler interessant. Ihr Einsatz muss gründlich durchdacht und vorbereitet werden. Besonders günstig erwies sich das Vorgehen, wenn der Lehrer mitspielt und zunächst gewinnt. Das gibt den Schülern Denkanstöße, nach einer möglichen Strategie zu suchen.

5   Darstellendes Spiel

Wie der Begriff „Lernspiel", so ist auch der Begriff „Darstellendes Spiel" ein Sammelbegriff für zahlreiche Spielformen, unter die z. B. Sprechszenen, Stegreifspiele, Rollenspiele, Planspiele oder Simulationsspiele zu fassen sind. Es sei daher hier keine allgemein gültige Definition angegeben, sondern (nach Schiffler, 1976) die Funktionsbereiche aufgezeigt, die für das darstellende Spiel charakteristisch sind. Dies sind vor allem:

– Darstellendes Spiel als Mittel der Kommunikation und Sozialisation. Das ist das, was gemeinhin als Rollenspiel bezeichnet wird.
– Darstellendes Spiel als Kunstform, nämlich als elementares Theater, vor allem im Deutsch-, Kunst- oder Musikunterricht.
– Darstellendes Spiel in fachgebundenen Lernprozessen.

Der letzte Funktionsbereich ist auch für den Mathematikunterricht in der Grundschule wichtig. Hier ist das darstellende Spiel in erster Linie methodisches Hilfsmittel um Lernprozesse in Gang zu setzen. Im Einzelnen kann es dazu dienen,

– ein Lernvorhaben einzuleiten und zu motivieren,
– einen Gedanken zu veranschaulichen und zu konkretisieren. Das ist z. B. der Einsatzort des Rollenspiels beim Lösen von Sachaufgaben (siehe Kap. XI. 5.2),
– Gelerntes in einem neuen Zusammenhang zu erproben und
– Lernergebnisse auszuweisen.

Der Einsatz des darstellenden Spiels im Mathematikunterricht ist ungewöhnlich. Schiffler (1976, S. 36) bestätigt auch, dass das darstellende Spiel zu den Sprachfächern und den musischen Fächern eine größere Affinität aufweist als zu den Naturwissenschaften.
In jüngster Zeit gibt es immer mehr praktikable Vorschläge, das darstellende Spiel auch im Mathematikunterricht einzusetzen. Im Folgenden soll über einige dieser erfolgversprechenden Versuche berichtet werden, die auf unterschiedliche Art und Weise das darstellende Spiel im Mathematikunterricht einsetzen.

Beispiel:

(3.–4. Klasse, Lehrplaninhalt: Geometrie – Achsensymmetrie, nach Fraedrich, 1987)

Die Autorin schlägt ein Spiegeltanzspiel vor, das mit Hilfe eines großen Spielplans, auf dem ein Gitternetz gezeichnet ist, durchgeführt wird. In der Mitte des Gitternetzes ist die Mittellinie als Spiegelachse dick gezeichnet. Auf beiden Seiten stehen die Tanzfiguren, die bei geeigneter Größe des Plans Kinder sein können, sonst aber mit Spielfiguren dargestellt werden. Der Spiegeltanz ist als Würfelspiel konzipiert. Spieler A würfelt beispielsweise eine Fünf und darf 5 Schritte nach eigener Wahl entlang den Gitterlinien gehen, z. B. 2 in Spiegelrichtung und 3 nach rechts. Er nennt den Weg und setzt seine Figur entsprechend. Spieler B geht mit seiner Spielfigur das Spiegelbild des von A beschrittenen Weges. Dann verbindet man den neuen Standpunkt mit dem alten, dadurch entstehen auf dem Gitterpapier sichtbare achsensymmetrische Tanzspuren. Wenn eine 6 gewürfelt wird, müssen beide Spielfiguren ihre Plätze tauschen. Auch diese Tanzspuren werden markiert, die zusammenfallen und senkrecht zur Spiegelachse stehen.

Es ist durchaus möglich, dieses Spiegeltanzspiel mit lebenden Figuren auf einem großen Gitternetz, das auf dem Schulhof oder dem Klassenboden gezeichnet ist, durchzuführen.

Beispiel:

(3.–4. Klasse, Lehrplaninhalt: Geometrie – Achsensymmetrie)

Eine ähnliche darstellende Übung führen zwei etwa gleich große Kinder durch. Es wird eine Szene vor dem Spiegel gespielt. Das eine Kind führt irgendwelche Bewegungen durch, das andere ist das Spiegelbild und hat die Bewegungen spiegelbildlich zu machen. Es ist z. B. folgende Szene denkbar: Szene im Bad nach dem Aufstehen am Morgen: Man sieht sich im Spiegel – gähnt – reckt sich – putzt sich die Zähne mit der rechten Hand, wäscht oder duscht sich – kämmt sich – setzt die Brille auf und strahlt sich im Spiegel an. Das Kind und sein Spiegelbild machen alle Bewegungen möglichst gleichzeitig symmetrisch.

Im darstellenden Spiel braucht es nicht bei der Pantomime zu bleiben. Die Autorin Hefendehl-Hebeker (1985, S. 19) hat ein Bühnenstück zu einem mathematischen Märchen geschrieben: „Als die Null ins Zahlenreich kam". Sie schreibt dazu: „Theater im Mathematikunterricht? Was nicht vorstellbar ist, weil es kaum geübt wird, muss nicht gar unmöglich sein."

Beispiel:

(4. Klasse, Lehrplaninhalt: Arithmetik – Gleichungen, nach Hefendehl-Hebeker, 1985, S. 19)

Das Stück ist personifizierte Mathematik, das von Schülerinnen und Schülern gespielt werden kann. Die inhaltliche Grundidee ist einfach: Wenn in einer Gemeinschaft Neulinge auftauchen, besteht die Gefahr von Unruhe und Verwirrung, bis man gelernt hat, miteinander umzugehen. Ein solcher Neuling im Zahlenreich ist die Null.

Ort des Geschehens ist also das Reich der Zahlen mit dem König Arithmeticus, den Ministern Additionatus, Multiplicatus, Numericus und dem Außenminister Exterius, Herrn Schmidt als Gesandter des Reiches der Menschen, Boten und Lakeien und dem Betriebsleiter des Gleichungsbetriebes. Dazu viele Zahlwesen.

In einer Sitzung des königlichen Ministerrats wird über das Nichteinhalten der mathematischen Gesetze geklagt. Außerdem wird berichtet, dass die Menschen neue Rechenbücher einführen wollen. Die Ratsrunde beschließt daher den Gleichungsbetrieb zu besichtigen. Das ist ein Betrieb, in dem die Zahlwesen unter Anleitung des Betriebsleiters richtige Gleichungen aufstellen. Die Besichtigung fällt zur vollen Zufriedenheit aus. Nur versehentlich erscheint einmal die Gleichung

$$4 - 4 = x$$

Die nächste Szene spielt im Büro des Außenministers, wo der Gesandte Schmidt den Außenminister um die Einführung einer neuen Zahl ersucht. Es werden Beispiele aufgeführt, wo ein Zahlzeichen für „nichts" gute Dienste leistet, z. B. beim Konto auf der Bank und beim Sport. Das Menschenreich würde dem Zahlenreich für eine solche Zahl dankbar sein.

In der 4. Szene wird im Gleichungsbetrieb die Einführung der Null bekannt gegeben. Zunächst herrscht große Unruhe. In Zwischenrufen machen die Zahlwesen ihrem Unwillen Luft: Immer werden wir vor vollendete Tatsachen gestellt! Wir machen nicht mit! Schließlich treten dann in der 5. Szene die Nullen ihren Dienst an. Die Rechenregeln werden erklärt. Vieles geht einfach. Nur die Division durch Null stößt auf Schwierigkeiten. Schließlich ordnet der König an: Durch Null darf man nicht dividieren.

Zwar kein Theaterstück, jedoch eine hübsche erzählende Darstellung, die Züge des darstellenden Spiels aufweist und auch szenenweise in darstellendes Spiel umgesetzt werden kann und deshalb hier auch kurz beschrieben sein soll, findet sich bei Paulitsch (1986).

Beispiel:

(4. Klasse, Lehrplaninhalt: Arithmetik, nach Paulitsch, 1986)

Um einen Einblick in diese interessante Darstellung von Mathematik zu vermitteln sei hier der Beginn wörtlich wiedergegeben:

„Wach auf, wir müssen mit dir reden!" – „Du musst uns helfen." – „Wir halten das nicht mehr aus!"

Mühsam öffnete ich die Augen – und war schlagartig wach. – Das war doch wohl nicht wahr: Da standen, saßen, lagen sie überall – auf der Bettdecke, auf dem Kopfkissen, neben dem Bett … – die Zahlen, Buchstaben, Sätze, Definitionen aus meinen Mathematikbüchern! Hätte ich doch bloß die Schultasche nicht offen gelassen! „Was ist denn los?" fragte ich. „Was haltet ihr nicht mehr aus?" „Dass die Kinder Angst vor uns haben!" – „Dass sie nicht mehr schlafen können, wenn sie eine Mathematikarbeit schreiben sollen!" – „Dass sie nicht mit uns umgehen können", schrieen die Zahlen aufgeregt durcheinander.

Das Buch beschreibt dann, was das Menschenkind im Zahlenreich erlebt, eine phantasievolle und liebevolle Darstellung, der man anmerkt, dass die Autorin sich in die Mentalität der Kinder hineindenken kann und bemüht ist, den Kindern die Angst vor der Mathematik zu nehmen.

Hier liegt auch die Stärke des darstellenden Spiels. Durch die Identifizierung mit mathematischen Objekten (z. B. Zahlen) können Aversionen abgebaut werden. Vielleicht sind die vorstehenden Beispiele einigen Lehrerinnen und Lehrern Anregung, selbst Szenen zu mathematischen Themen zu verfassen und im Unterricht einzusetzen.

XI. Rechnen

1 Vorbemerkungen

Wenn man Leute auf der Straße fragt, was ihrer Meinung nach das Ziel des Mathematikunterrichts sei, so wird weithin einstimmig die Antwort gegeben, dass im Mathematikunterricht das Rechnen gelernt werden soll. Schaut man aber in didaktischen Werken und Veröffentlichungen nach, so stößt man recht selten auf das Stichwort „Rechnen". Das liegt z. T. daran, dass in der Öffentlichkeit mehr oder weniger jede mathematische Tätigkeit mit Rechnen identifiziert wird, in der didaktischen Diskussion aber genauer von Arithmetik, Zahlverknüpfungen, Operationen oder Ähnlichem gesprochen wird. Trotzdem ist es sinnvoll, sich auch in der Didaktik genauer Rechenschaft darüber zu geben, was eigentlich unter Rechnen zu verstehen ist.
Schon ein oberflächliches Hinsehen zeigt, dass „Rechnen" keine einheitliche homogene Tätigkeit bezeichnet. Man versteht vielmehr sehr unterschiedliche Tätigkeiten darunter, zum Beispiel:

- das auswendige Hersagen von Rechensätzen, wie etwa die Einmaleinsaussagen,
- das Berechnen der Ergebnisse von umfangreicheren Zahlverknüpfungen im Kopf, z. B. 367 + 255,
- die Durchführung schriftlicher Berechnungen, zum Beispiel die schriftliche Addition, Subtraktion, Multiplikation oder Division größerer Zahlen,
- das Lösen von Sachaufgaben, zum Beispiel Dreisatzaufgaben, von Prozent- und Zinsaufgaben sowie Flächen- oder Volumenberechnungen,
- das maschinelle Rechnen mit Rechenmaschinen, Taschenrechnern oder Computern.

Nimmt man dazu noch die vielfältigen Tätigkeiten im kaufmännischen, handwerklichen und wissenschaftlichen Bereich, die alle mit „Rechnen" bezeichnet werden, etwa statistische, physikalische, chemische und astronomische Berechnungen, so wird klar, dass es sich bei „Rechnen" um einen sehr vielschichtigen Begriff handelt, der auch im Schulunterricht in einer gewissen Komplexheit erscheint. In diesem Kapitel soll versucht werden, die wichtigsten Typen des Rechnens in der Grundschule zu analysieren, sodass der Lehrer hieraus Konsequenzen für die richtige Einordnung und Durchführung der Rechenvorgänge in seinem Unterricht ziehen kann.

2 Was ist Rechnen?

In der traditionellen Rechendidaktik wird das Bestimmen des Verknüpfungsergebnisses einer Zahlverknüpfung (Addition, Subtraktion, Multiplikation, Division) als Rechnen bezeichnet. (Athen/Bruhn, 1977, S. 863) Ein Term, etwa 6 + 7, wird als Aufforderung (Reiz) angesehen, das Ergebnis 13 (als Reaktion) zu nennen. Folglich bekommt das Gleichheitszeichen (=) die Bedeutung von „ergibt".

Diese Auffassung ist unproblematisch bei Aufgaben wie:

$$5 + 7 = \boxed{}$$
$$15 - 3 = \boxed{}$$
$$6 \cdot 4 = \boxed{}$$
$$25 : 5 = \boxed{}$$

Zu erheblichen Schwierigkeiten führt diese Auffassung aber schon bei leichten Umstellungen, etwa bei

$$\boxed{} + 7 = 12$$
$$15 - \boxed{} = 12$$
$$\boxed{} \cdot 4 = 24$$

Auch die Bestimmung von „Ergebnissen" einer Ungleichung wie

$$4 + \boxed{} < 10$$

ist mit der oben genannten Auffassung von Rechnen nur schwer in Einklang zu bringen.

Deshalb ist man in der neueren Didaktik zu einer anderen Auffassung übergegangen. Ausgangspunkt der Überlegungen ist der Begriff des *Terms*. Terme sind Namen für Zahlen. Es wird also zwischen einer Zahl und ihrem Namen unterschieden. Eine (natürliche) Zahl ist das Ergebnis eines Abstraktionsvorgangs. Man kann die Eigenschaft, dass sich die Elemente zweier Mengen so einander zuordnen lassen, dass zu jedem Element der ersten Menge genau ein Element der zweiten Menge und zu jedem Element der zweiten Menge genau eins der ersten gehört, auch so bezeichnen: Beide Mengen haben die gleiche Zahl(-eigenschaft).

Wenn also zum Beispiel auf dem Tisch Tassen und Teller stehen und man zu jeder Tasse einen Teller und umgekehrt zu jedem Teller eine Tasse stellen kann, so haben Tassen und Teller die gleiche Anzahl (Zahleigenschaft).

Eine Zahl ist ein abstraktes Objekt, dem man einen Namen geben kann, zum Beispiel die Standardnamen: 2, 3, 4 usw.

Wie man zum Beispiel ein und dieselbe Person sowohl mit seinem Standardnamen, etwa „Nikolaus", aber auch anders benennen kann, etwa „Klaus", „Niko", „Kläuschen", so kann man auch eine Zahl sowohl mit ihrem Standardnamen (z. B. 6) als auch anders (z. B. 5 + 1, 4 + 2, 9 – 3, 2 · 3, 12 : 2 usw.) benennen.

„Rechnen" bedeutet demnach das *Aufsuchen des Standardnamens einer Zahl*. Ein Platzhalter, der in der Grundschule nicht durch das bekannte x, sondern durch das Kästchen angedeutet wird, ist also eine Aufforderung, Namen von Zahlen einzusetzen.

Dies hat auch Folgen für das Verständnis des Gleichheitszeichens. Es bedeutet stets „… ist dasselbe wie …"

$$= : \ldots \textit{ ist dasselbe wie } \ldots$$

Damit lassen sich auch die obigen Gleichungen, z. B.

$$5 + 7 = \boxed{}$$
$$\boxed{} + 7 = 12$$
$$15 - \boxed{} = 12$$
$$\boxed{} \cdot 4 = 24$$

erklären. In die Kästchen sind also Namen von Zahlen so einzusetzen, dass links und rechts des Gleichheitszeichens Namen für dieselbe Zahl stehen. Üblicherweise ist das der Standardname, also:

$$5 + 7 = \boxed{12}$$

Es kann aber auch seinerseits wieder ein anderer nichtausgerechneter Term sein, etwa

$$5 + 7 = \boxed{6 \cdot 2}$$

Für die Unterrichtspraxis bedeutet das, dass Rechenaufgaben zu stellen sind, bei denen die Platzhalter an allen möglichen Stellen auftauchen.

Beispiel:

(1. Klasse, Lehrplaninhalt: Arithmetik – Addition und Subtraktion)

$$\boxed{} - 5 = 12$$
$$19 - \boxed{} = 16$$
$$17 - 6 = \boxed{}$$

Auch das Verständnis der Ungleichungen ist dadurch leichter. Bei der Ungleichung

$$4 + \boxed{} < 10$$

können alle Zahlen eingesetzt werden, die eine wahre Aussage ergeben, also 1, 2, 3, 4 und 5. Die Konsequenz ist, dass auch Ungleichungen in verstärktem Maße Einzug in die Grundschulmathematik gehalten haben:

Beispiel:

(3. Klasse, Lehrplaninhalt: Multiplikation, nach Picker, 1981, S. 60)

$$50 < 6 \cdot \boxed{} < 100$$
$$40 < 4 \cdot \boxed{} < 70$$

3 Formen des mündlichen Rechnens

3.1 Primitivformen des Rechnens

Mit Rechnen bezeichnen wir, wie in Kap. 1 gezeigt, sehr unterschiedliche geistige Tätigkeiten, ohne uns jemals Rechenschaft über die zugrunde liegenden Vorgänge und Verfahren zu geben.

Die Mathematikdidaktik muss allerdings die Vorgänge beim Erwerb der Rechenfähigkeit und Fertigkeit sehr genau untersuchen um daraus Rückschlüsse für ein optimales Lernen des Rechnens zu gewinnen. Griesel (1971, S. 181) hat in einer leider viel zu wenig beachteten Analyse verschiedene Arten des Rechnens aufgezeigt und damit auch der Mathematikdidaktik einen Weg zum ökonomischen Lernen des Rechnens gewiesen, der im Folgenden dargestellt und durch Beispiele erläutert werden soll.

Jedes Kind und jeder Mensch beginnt das Rechnen mit sog. Primitivformen, wobei dieser Begriff nicht abwertend gemeint ist, sondern zur Charakterisierung der elementaren Rechenformen dienen soll. Mathematisch handelt es sich dabei um die Darstellung der arithmetischen Operationen durch isomorphe Mengenoperationen oder z. B. im Fall der Cuisenairestäbe um Operationen mit Stäben, wobei die Maßzahlen der Längen zur Darstellung der natürlichen Zahlen gewählt werden, oder durch ein anderes geeignetes konkretes Modell. So wird die Addition von Zahlen durch Zusammenlegen von Dingen (Mengen) dargestellt, unabhängig davon, ob die Termini der Mengenalgebra benutzt werden oder nicht. Diesen Primitivformen wird im Lehrplan des 1. Schuljahrs große Bedeutung zugemessen, etwa wenn Handlungen mit Stäben, Streifen, Punktbildern oder Zahlenband empfohlen werden. Zu den Primitivformen gehört auch das viel diskutierte Fingerrechnen. Es herrscht vereinzelt große Unsicherheit und Unklarheit darüber, ob Fingerrechnen bei den Schülern zugelassen und gar gefördert werden soll oder nicht. Auf der Stufe der Primitivformen ist Fingerrechnen eine legale und gute Verdeutlichung der Rechenoperationen. Die Finger sind halt das „handlichste" Arbeitsmaterial, was dem Kind immer und überall zur Verfügung steht. Problematisch wird das Fingerrechnen nur, wenn es in weitere Rechenstufen mitgezogen wird, die die Rechenergebnisse auf ganz andere Art gewinnen.

Die zu den Primitivformen gehörenden Übungsformen sind operatorische Übungen. Das Zurückgreifen auf konkretes Arbeitsmaterial ermöglicht eine Durcharbeitung des Sachverhalts mit allen Eigenschaften der Operation. Dazu zwei Beispiele.

Beispiel:

(1. Klasse, Lehrplaninhalt: Arithmetik – mündliche Addition)

Mit Murmeln wird folgende Situation dargestellt:

a) Peter hat 4 Murmeln, er gewinnt 3 dazu.

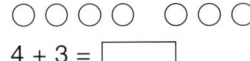

4 + 3 = ☐

b) Peter hat 3 Murmeln. Beim Spiel mit seinem Freund gewinnt er. Nachher hat er 8 Murmeln.

◯◯◯   ◯◯◯◯◯

$3 + \boxed{} = 8$

c) Peter hat schon einige Murmeln. Beim Spiel mit seinem Freund gewinnt er noch 5 dazu. Jetzt hat er 8 Murmeln.

◯◯◯   ◯◯◯◯◯

$\boxed{} + 5 = 8$

Dass auch das Sachrechnen in der Art und Weise des Rechnens in Primitformen, also unter Zuhilfenahme von Material, durchgeführt werden kann, zeigt das folgende Beispiel. Gleichzeitig mag es als Beispiel für die operatorische Durcharbeitung eines Sachbeispiels gelten. Man beachte hier vor allem die Eigenschaften der Operation Reversibilität (Umkehrung der Rechenoperation) und Assoziativität (Rechnen auf Umwegen):

Beispiel:

(2. Klasse, Lehrplaninhalt: Sachrechnen, Einmaleins)

Es wird folgende Situation dargestellt: Familie Brand, bestehend aus Vater, Mutter, den beiden Mädchen Doris und Ulrike und den beiden kleinen Brüdern Martin und Stefan, will einen Sonntagsausflug machen und im Grünen das Picknick halten. Es muss einiges besorgt und eingepackt werden, nämlich für jede Person 2 Brötchen, 3 Tomaten und 4 Zwetschgen.

Die Situation wird mit Steckwürfeln oder anderen Materialien dargestellt:

Brötchen: ◯◯   ◯◯   ◯◯   ◯◯   ◯◯   ◯◯

$6 \cdot 2 = \boxed{}$

Tomaten: ◯◯◯   ◯◯◯   ◯◯◯   ◯◯◯   ◯◯◯   ◯◯◯

$6 \cdot 3 = \boxed{}$

Zwetschgen: ✳✳✳✳   ✳✳✳✳   ✳✳✳✳   ✳✳✳✳   ✳✳✳✳   ✳✳✳✳

$6 \cdot 4 = \boxed{}$

Für die Eltern werden 4 Dosen Bier mitgenommen. Wie viel kann dann jeder trinken?

Dosen: UU   UU

$2 \cdot \boxed{} = 4$

Die beiden Buben und Doris hätten für den Tag gern jeder 3 Dosen Cola.

Cola: UUU   UUU   UUU

$3 \cdot 3 = \boxed{}$

Mutter hat auch 8 Birnen eingesteckt, aber nur die Kinder essen gerne Birnen. Reichen die Birnen, wenn jedes Kind 2 isst?

Birnen: óó   óó   óó   óó

$\boxed{} \cdot 2 = 8$

Auch Äpfel hat die Mutter mitgenommen, für jeden Erwachsenen 2 und für jedes Kind 1

Äpfel: ää   ää   ä   ä   ä   ä

$2 \cdot 2 + 4 \cdot 1 = \boxed{}$

Wie sind nun die Primitivformen des Rechnens zu beurteilen?

Der wichtigste Vorteil liegt zweifellos in der *Anschaulichkeit*. Die enaktive und ikonische Darstellung ermöglicht eine Konkretisierung, die es den Kindern erlaubt, den Sachverhalt völlig zu durchschauen. Ein weiterer Vorteil ist in der *Kontrollmöglichkeit* gegeben. Etwa durch die reversible Aufgabenstellung ist es den Kindern möglich, vom gefundenen Ergebnis zurückzurechnen und somit das Ergebnis zu kontrollieren.

Nachteilig wirkt sich vor allem die *Materialgebundenheit* und die geringe Geläufigkeit des Verfahrens aus, die es praktisch als ausgeschlossen erscheinen lassen, über einen begrenzten Zahlenraum hinauszugehen.

Somit wird klar, dass der Rechenunterricht nicht bei diesen Primitivformen stehen bleiben kann, sondern andere Formen des Rechnens erschließen und üben muss.

3.2 Mechanisches Rechnen

Einfache Rechensätze wie $4 + 2 = 6$ oder $4 \cdot 5 = 20$ werden von Erwachsenen unmittelbar wiedergegeben; quasi erfolgt auf den Reiz $4 \cdot 5$ die Reaktion 20 ohne Einbeziehung einer weitergehenden Vorstellung oder weiterführender Rechenwege. Es handelt sich dabei um mechanisches Rechnen. Jeder Mensch kennt einen mehr oder weniger großen Vorrat von Rechensätzen und kann diese Rechensätze trägheitslos reproduzieren.

Diese Rechensätze wurden gelernt entweder durch wiederholte Durchführung der Primitivformen des Rechnens oder durch bewusstes Auswendiglernen von Rechensätzen. Natürlich ist das Repertoire von auswendig gelernten Rechensätzen individuell verschieden, aber jeder Mensch muss über einen Schatz von Rechensätzen verfügen, die er schnell und zügig wiedergeben und auf die er bei weiterführenden Rechnungen zurückgreifen kann. Zu diesem Repertoire müssen auf alle Fälle die Rechensätze des Einsundeins, also

$$1 + 1, \ 1 + 2, \ \dots \ 9 + 9,$$

die Rechensätze des kleinen Einmaleins sowie die Ergänzungen zu 10, also

$$3 + \boxed{} = 10, \qquad 4 + \boxed{} = 10 \ \dots\dots$$

gehören.

Hier ist nun auch der Ort der mechanischen Übung (siehe Kap. IX. 3.3). Sie dient dem Aufbau, der Festigung und der Pflege eines solchen mechanisch beherrschten Repertoires von Rechensätzen, sog. Stützpunktaufgaben, und zu diesem Zweck ist ein gewisser Drill durchaus angebracht.

Die Vorteile des mechanischen Rechnens liegen einmal in der *schnellen Verfügbarkeit* der Rechensätze, zum anderen in der *Voraussetzungslosigkeit* des Auswendiglernens. Dazu ist kein Arbeits- oder Anschauungsmittel nötig, ja nicht einmal die mathematische Einsicht in die Richtigkeit der Rechenbeziehung.

Damit sind auch schon die Nachteile angesprochen. Die Gefahren und die Grenzen des mechanischen Rechnens und der mechanischen Übung sind:

1. Der *beschränkte Umfang* der mechanisch beherrschten Aufgaben. Der Umfang der von einem Schüler beherrschten Rechensätze ist notgedrungen beschränkt.
2. Mechanisch gelernte Rechensätze und Rechenverfahren werden nicht kontrolliert und sind daher stark *fehleranfällig.*

Tatsächlich treten im Bereich des mechanischen Rechnens ganz typische Fehler auf, zum Beispiel sog. Nähefehler:

$$9 + 6 = 16 \qquad\qquad 8 + 5 = 12$$
$$3 \cdot 6 = 24 \qquad\qquad 7 \cdot 8 = 48$$

Es werden also Rechensätze mit Nachbarsätzen verwechselt, ohne dass das Ergebnis kontrolliert oder hinterfragt werden kann.

Wegen der Unkontrollierbarkeit und der Fehleranfälligkeit, vor allem aber deshalb, weil niemand in der Lage ist, unbeschränkt Rechensätze auswendig zu beherrschen, kann man nicht beim mechanischen Rechnen und Üben stehen bleiben. Jeder Lehrer sollte sich der Grenzen dieses Rechnens bewusst sein und sich nicht ausschließlich auf das mechanische Rechnen und Üben verlegen. Neben der genannten Unvollkommenheit kommt durch die ausschließliche Verwendung dieser Rechenform auch die Schönheit und Eleganz des Rechnens und der Mathematik zu kurz.

3.3 Rechnen durch Zurückführen auf andere Aufgaben

Die Begrenztheit des mechanischen Rechnens verlangt geradezu nach einem weiteren Rechenverfahren, mit dem man in der Lage ist, im Prinzip alle Rechenaufgaben der Grundrechenarten mit natürlichen Zahlen zu lösen, also z. B. auch Aufgaben

$$743 + 128 = \boxed{} \quad \text{oder} \quad 24 \cdot 13 = \boxed{},$$

die vermutlich niemand auswendig reproduzieren kann.

Solche Aufgaben werden gelöst, indem man sie auf andere auswendig gelernte Stützpunktaufgaben zurückführt. Das geschieht mit Hilfe der *arithmetischen Gesetze.*

Über die Rolle der arithmetischen Gesetze im Mathematikunterricht ist viel diskutiert worden. Oft wurden sie als mathematischer Ballast empfunden und deshalb nicht oder nicht ausreichend in den Unterricht einbezogen. Das Lernen dieser arithmetischen Gesetze ist nie Selbstzweck. Auch die Fachtermini Kommutativgesetz, Assoziativgesetz usw. gehören nicht in den Unterricht, wohl aber die Inhalte der Gesetze selbst. Sie erleichtern und ermöglichen erst das Rechnen im erweiterten Zahlbereich.

So ist zum Beispiel das Kommutativgesetz

$$a + b = b + a$$

immer dann nützlich, wenn der erste Summand kleiner gegenüber dem zweiten Summanden ist. 7 + 81 rechnet wohl jeder als 81 + 7.

Im Unterricht reicht die Erklärung, dass bei der Addition die Zahlen vertauscht werden können.

Ähnlich die Rolle des Assoziativgesetzes

$$a + (b + c) = (a + b) + c$$

Es erlaubt verschiedene Zerlegungen und kann dann angewandt werden, wenn eine Zehner- oder Hundertergrenze überschritten werden muss, z.B. beim klassischen Zehnerübergang.

$$8 + 7 = \boxed{}$$
$$8 + 2 + 5 = \boxed{}$$
$$10 + 5 = 15$$

Das Distributivgesetz schafft die Verbindung zwischen der Addition und Multiplikation z.B. bei Rechnungen wie

$$23 \cdot 6 = \boxed{}.$$

die als $20 \cdot 6 + 3 \cdot 6$ ausgeführt werden.
Weitere wichtige Rechengesetze sind die sog. dekadischen Analogien: Wie man im ersten Zehner rechnet, so kann man in allen Zehnern rechnen.

$$73 + 5 = 78, \qquad \text{da } 3 + 5 = 8$$

oder die sog. Nachbaraufgaben:

$$29 + 6 = 35, \qquad \text{da } 30 + 6 = 36$$

Zu den für das Rechnen hilfreichen Gesetzen gehören auch die Gesetze des gegensinnigen Veränderns der Summanden und das des gleichsinnigen Veränderns der Glieder einer Differenz:

$$a + b = (a + n) + (b - n)$$

bzw.

$$a - b = (a + n) - (b + n)$$

Mit dem ersteren lassen sich z.B. mündliche Additionsaufgaben besonders einfach rechnen, wenn einer der Summanden nahe an einer Zehnerzahl liegt, etwa

$$49 + 36 = 50 + 35 = 85$$

Ein ähnlicher Fall liegt vor, wenn bei einer Differenz der Minuend nahe bei einer Zehnerzahl liegt:

$$69 - 35 = 70 - 36 = 34$$

Das Gesetz des gleichsinnigen Veränderns der Glieder einer Differenz hat dazu große Bedeutung bei der schriftlichen Subtraktion (siehe Lauter, 1989, S. 149).

Beispiel:

(2. Klasse, Lehrplaninhalt: Arithmetik – mündliche Addition und Subtraktion)

Die mündliche Addition und Subtraktion im Zahlenraum bis 100 wird entsprechend der Steigerung der Schwierigkeit in 7 didaktischen Stufen durchgeführt, wobei sich die Lösungen der einzelnen Aufgaben konsequent durch Anwendung der arithmetischen Gesetze erklären lassen. Der Lehrer kann in einfachen Worten auf Lösungsmöglichkeiten durch Zergliedern (Assoziativgesetz), Vertauschen (Kommutativgesetz) usw. hinweisen. Dem Leser wird empfohlen, die Lösungsmöglichkeiten der folgenden Aufgaben auf Grund der o. g. arithmetischen Gesetze zu analysieren (siehe dazu auch Lauter, 1989, S. 74).

Die 7 Schritte sind im einzelnen (Z: Zehnerzahl, E: Einerzahl):

1. $Z + Z$ $Z - Z$
   $20 + 30 = 50$ $70 - 40 = 30$

2. $ZE + E$ ohne Zehnerübergang $ZE - E$ ohne Zehnerübergang
   $43 + 6 = 49$ $87 - 3 = 84$

3. $ZE + E$ mit Zehnerübergang $ZE - E$ mit Zehnerübergang
   $27 + 6 = 33$ $85 - 8 = 77$

4. $ZE + Z$ $ZE - Z$
   $43 + 20 = 63$ $85 - 30 = 55$

5. $ZE + ZE$ ohne Zehnerübergang $ZE - ZE$ ohne Zehnerübergang
   $34 + 54 = 88$ $37 - 13 = 24$

6. $ZE + ZE = Z$ $ZE - ZE = Z$
   $36 + 24 = 60$ $55 - 25 = 30$

7. $ZE + ZE$ mit Zehnerübergang $ZE - ZE$ mit Zehnerübergang
   $37 + 48 = 85$ $83 - 35 = 48$

Da sich komplizierte Aufgabentypen jeweils auf verschiedene Art auf einfachere Rechentypen zurückführen lassen, ergibt sich eine Vielzahl verschiedener Rechenwege, zum Beispiel:

$37 + 49$
$30 + 40 + 7 + 9$ $= 86$
$37 + 40 + 9$ $= 86$
$30 + 49 + 7$ $= 86$
$37 + (50 - 1)$ $= 86$
$40 + 50 - 4$ $= 86$

Die vorherrschende Unterrichtsweise bei diesen Rechnungen wird darin bestehen, verschiedene Rechenwege durchzuführen und zu erklären.

Das Rechnen durch Zurückführen auf andere Aufgaben mit Hilfe der arithmetischen Gesetze ist folgendermaßen zu beurteilen:

Vorteile sind:

1. Die umfangreichen *Kontrollmöglichkeiten.*
   Mit Hilfe der Umkehrrechnungen oder anderer Rechenwege ist es auch dem Schüler möglich, das Ergebnis zu kontrollieren. Auf Grund dieser Vielseitigkeit und Sicherheit ist die Technik des Rechnens durch Zurückführen auf andere Aufgaben den beiden vorher genannten Techniken überlegen, allerdings muss sie auf diese Formen zurückgreifen.

2. Die *Materialungebundenheit.*
   Wie beim mechanischen Rechnen, so werden bei dieser Rechenform keine Veranschaulichungsmittel verwendet. Lediglich bei Schwierigkeiten

kann der Lehrer auf bekannte Medien zurückgreifen. Dies ist eine Frage der Differenzierung (siehe Kap. VI. 4.4.3).

Als einziger Nachteil muss genannt werden, dass das gedankliche Zurückführen auf andere Aufgaben Zeit kostet. Es kann also nicht Ziel dieser Rechenform sein, mit großer Schnelligkeit Aufgaben zu lösen. Vielmehr kommt es auf variationsreiches und sicheres Rechnen an. Wenn man bedenkt, dass sich der größte Teil des Grundschulunterrichts in Arithmetik auf die Lösung von Aufgaben bezieht, die sich durch diese Rechenform lösen lassen, so ist damit ein deutliches Signal für den gesamten Unterricht gegeben: Niemals sollte die Schnelligkeit der Lösung im Vordergrund stehen, vielmehr ist unbedingt auf sicheres und genaues Rechnen Wert zu legen.

Die zugehörige Übungsform ist die vormechanische Übung (siehe Kap. IX. 3.2). Sie weist noch Kennzeichen einer operatorischen Durcharbeitung auf, weil sie auf den rechnerischen Gesamtzusammenhang abzielt. Andererseits strebt sie aber auch auf eine geläufige Durchführung hin.

4 Schriftliches Rechnen

4.1 Grundlagen

Im Folgenden sollen lediglich einige übergreifende Aspekte des schriftlichen Rechnens, wie es in den Klassen 3 und 4 in unseren Grundschulen durchgeführt wird, beleuchtet werden. Bezüglich der methodischen Gestaltung des Lehrgangs zu den schriftlichen Rechenverfahren wird auf die einschlägige methodische Literatur verwiesen (z. B. Lauter, 1989).

Das schriftliche Rechnen in den vier Grundrechenarten ist prinzipiell etwas anderes als das mündliche Rechnen. Während das mündliche Rechnen ein Rechnen mit den Zahlen selbst ist, ist schriftliches Rechnen ein Rechnen mit Stellenwerten. Das ist auch der Grund, warum das schriftliche Rechnen erst relativ spät, also im 3. Schuljahr und nach der gesicherten Erarbeitung des mündlichen Rechnens eingeführt wird. Die schriftlichen Rechenverfahren beruhen auf Algorithmen, also auf „Verfahren, mit denen durch systematische Wiederholung einfacher Rechenvorschriften rechnerische Probleme gelöst werden können" (Athen 1976, Band 1, S. 48). Auch Schüler empfinden das schriftliche Rechnen als etwas prinzipiell Neues. So ist auch zu erklären, dass es beim schriftlichen Rechnen zu Fehlern kommt, bei denen das vielbeschworene Zahlgefühl völlig ausgeschaltet erscheint.

Beispiel:

(2. Klasse, Lehrplaninhalt: schriftliche Addition, nach Gerster, 1982, S. 30)

$$
\begin{array}{r} 51 \\ + 417 \\ \hline 68 \end{array}
\qquad
\begin{array}{r} 523 \\ + 73 \\ \hline 96 \end{array}
\qquad
\begin{array}{r} 423 \\ + 73 \\ \hline 96 \end{array}
\qquad
\begin{array}{r} 704 \\ + 8 \\ \hline 12 \end{array}
$$

Im mündlichen Rechnen erscheint es unmöglich zu behaupten, dass die Summe einer dreistelligen Zahl und einer zweistelligen bzw. einstelligen Zahl nur zweistellig sein kann. Dieses Zahlverständnis setzt aber beim Schüler dann völlig aus, wenn es um die Durchführung eines algorithmischen Rechenverfahrens geht. Hier steht das Funktionieren (oder Nichtfunktionieren) des Verfahrens beim Schüler im Vordergrund des Interesses. Was die einzelnen Zahlen bedeuten und in welchen Relationen sie zueinander stehen, interessiert zunächst überhaupt nicht.

Bei der Herleitung der schriftlichen Verfahren ist daher immer darauf zu achten, dass die Einsicht erhalten bleibt, dass es sich um ein Operieren mit Stellenwerten handelt und was dieses für die eigentliche Zahlverknüpfung bedeutet. Der Blick für die hinter den algorithmischen Verfahren stehenden Zahlzusammenhänge muss immer wieder geschärft werden. Um dies zu erreichen gibt es zahlreiche Möglichkeiten, etwa das ausführliche Arbeiten mit dem Stellenwertordner oder das wiederholte Mitnennen des Stellenwerts. Dazu zwei Beispiele:

Beispiel:

(4. Klasse, Lehrplaninhalt: schriftliche Multiplikation)

In einer Zwischenstufe zur Erarbeitung des Verfahrens der schriftlichen Multiplikation werden bei der Multiplikation mit der Hunderter- und Zehnerstelle des zweiten Faktors die Nullen noch mitgeschrieben, um den Zahlenwert (Hunderter bzw. Zehner) nicht in Vergessenheit geraten zu lassen.

$$247 \cdot 523$$
$$\begin{array}{r} 123500 \\ 4940 \\ 741 \\ \hline 129181 \end{array}$$

Beispiel:

(4. Klasse, Lehrplaninhalt: schriftliche Division)

Auch bei der schriftlichen Division kann durch die Sprechweise immer wieder die Bedeutung der Stellenwerte ins Gedächtnis gerufen werden, z. B.

$$492 : 4 = 123$$
$$\begin{array}{r} 4 \\ \hline 09 \\ 8 \\ \hline 12 \end{array}$$

Sprechweise: 4 Hunderter durch 4 = 1 Hunderter,
denn 1 Hunderter mal 4 = 4 Hunderter,
4 Hunderter + 0 Hunderter = 4 Hunderter
9 Zehner : 4 = 2 Zehner usw.

Das schriftliche Rechnen gehörte seit Jahrhunderten zum eisernen Bestandteil eines Rechenlehrgangs. Im Mittelalter hatte es sich gegenüber dem „Rechnen auf Linien", d. h. gegenüber dem Rechnen auf dem Rechenbrett (Abakus) wegen seiner eindeutigen Vorteile (geringerer Zeitaufwand, Materialunabhängigkeit usw.) durchgesetzt. In der didaktischen Diskussion der

246

letzten Jahre ist das schriftliche Rechnen aber dann doch wieder hinterfragt worden, weil sich neue Rechenmöglichkeiten und -techniken im täglichen Leben immer mehr durchsetzen. Gemeint sind die elektronischen Rechengeräte Taschenrechner und Computer, die heute auf Grund der technologischen Entwicklung auch dem Grundschulkind zur Verfügung stehen. Aber nicht nur im Berufs- und Geschäftsleben, sondern auch in den weiterführenden Schulen wird das schriftliche Rechnen immer mehr durch den Einsatz dieser Rechengeräte abgelöst. Man muss sich also fragen, ob eine ausführliche Behandlung des schriftlichen Rechnens in der Grundschule noch gerechtfertigt ist und, wenn ja, welche Modifikationen in der Behandlung auf Grund der neuen Situation angebracht sind.

Bisher hat noch kein ernst zu nehmender Didaktiker für die völlige Streichung des schriftlichen Rechnens plädiert und zwar aus folgenden Gründen (nach Radatz/Schipper, 1983, S. 102):

- Trotz des Vorhandenseins von Taschenrechnern bleibt dem schriftlichen Rechnen bei einfachen Rechnungen eine gewisse Werkzeugfunktion, falls kein Taschenrechner vorhanden ist.
- Die schriftlichen Rechenverfahren sind besonders gute und leicht vermittelbare Beispiele dafür, wie mit relativ einfachen algorithmischen Verfahren anspruchsvolle Probleme gelöst werden können.
- Die schriftlichen Rechenverfahren stärken das Verständnis für das Funktionieren unserer Zahlschreibweise mit Bündelung und Stellenwert sowie der Rechenverfahren, die ja auch im Taschenrechner schaltungsmäßig realisiert sind.
- Wie das schriftliche Rechnen das Rechnen mit dem Abakus aus didaktischen Gründen nicht verdrängen konnte, so wird auch das Rechnen mit dem Taschenrechner das schriftliche Rechnen aus didaktischen Gründen nicht verdrängen. Wie bei allen Evolutionsprozessen, so muss auch beim Rechnen das Individuum in seiner Entwicklung die früheren Entwicklungsstufen durchlaufen, um zu einem vollen Verständnis der zugrunde liegenden mathematischen Strukturen zu gelangen.

Dennoch macht die Änderung der auch dem Grundschüler zur Verfügung stehenden Rechenmöglichkeiten didaktische Akzentverschiebungen nötig. Es wäre nämlich töricht zu ignorieren, dass auch Grundschulkinder Taschenrechner haben und sie benutzen.

Das schriftliche Rechnen muss heute mehr als früher auf Verständnis der mathematischen Grundlagen hin unterrichtet werden, z. B.

- der Grundvorstellungen des Rechnens, etwa der Differenzbildung durch Ergänzen, der Multiplikation mit n als n-maliges Vervielfachen, der Division als Aufteilen oder Verteilen,
- Verständnis des Stellenwertsystems mit Bündelung und Stellenwert,
- Verständnis der arithmetischen Gesetze, etwa des Kommutativgesetzes beim Vertauschen von Summanden als Rechenhilfe, Verständnis der Bedeutung der Null beim Addieren und Multiplizieren usw.

Wenn auch die Forderung nach geläufiger Beherrschung der schriftlichen Rechenverfahren heute sicher noch aufrecht erhalten werden soll, so wird man in diesem Punkt in fernerer Zukunft sicher Einschränkungen hinnehmen können. Heute hängt die Bewältigung zahlreicher Berufs- und Lebenssituationen nicht mehr vom schnellen und zügigen Beherrschen der schriftlichen Rechenoperationen ab, wie dies früher bei Kaufleuten, Buchhaltern, aber auch Handwerkern und Facharbeitern nötig war. Stattdessen wird das genaue und sichere Rechnen, aber auch das Hinterfragen von Ergebnissen und Verfahren an Bedeutung zunehmen. Das wird kurz oder lang auch zu Änderungen im Curriculum führen. So werden schriftliche Multiplikationen mit mehr als dreistelligen Faktoren und schriftliche Divisionen durch drei- und mehrstellige Divisoren in Zukunft sicher unnötig sein. Stattdessen sollten mehr problemhaltige Aufgaben Unterrichtsinhalt sein, z. B. Aufgaben der Art:

Beispiel:

(3. Klasse, Lehrplaninhalt: schriftliche Addition und Subtraktion)
Zu welcher Zahl musst du 329 addieren, damit du 448 erhältst?
Von welcher Zahl musst du 123 subtrahieren, damit du 321 erhältst?
Addiere die Zahlen 243, 476 und 266! Wie groß ist das Ergebnis, wenn jede Zahl um 5 größer ist?

Der Inhalt „schriftlicher Rechenverfahren" steht im Curriculum der Grundschule nicht isoliert, sondern in der strukturierten Hierarchie des Arithmetiklehrgangs. Das heißt, dass die Behandlung der schriftlichen Rechenverfahren sorgfältig vorbereitet wird. So ist auf die Beherrschung der Vorkenntnisse und Grundfertigkeiten zu achten, z. B. auf

– die Kenntnis der Grundvorstellungen der vier Grundrechenarten,
– die mechanische Beherrschung der Aufgaben des Einsundeins, des Ergänzens und des Einmaleins,
– die Kenntnis und das Umgehen mit dem Stellenwertordner,
– die jeweils benötigten Hilfsverfahren, etwa der schriftlichen Addition beim schriftlichen Multiplizieren und der schriftlichen Subtraktion beim schriftlichen Dividieren.

Der Unterrichtsgang bei der Einführung der schriftlichen Rechenverfahren muss systematisch geplant werden, wobei die bewährten didaktischen Prinzipien (siehe Kap. IV.), z. B. operatives Vorgehen, zu beachten sind. Schließlich muss jede unterrichtliche Behandlung aber in das vom Lehrplan geforderte Normverfahren münden. Bei der Endform der schriftlichen Verfahren dürfen keine Alternativen mehr zugelassen werden. Der Grund für diese Forderung liegt im Werkzeugcharakter der Verfahren begründet. Die sichere Beherrschung der Verfahren ist nicht Selbstzweck, sondern macht frei für weitergehende mathematische Tätigkeiten und Erfahrungen.

4.2 Fehleranalysen

In der didaktischen Diskussion wird seit etwa 1980 der Analyse von Schülerfehlern stärkere Beachtung geschenkt. Dies ist sicher eine Auswirkung der Schülerzentrierung des Unterrichts und somit eine der erfreulichsten und fruchtbarsten Entwicklungen der Mathematikdidaktik der letzten Jahrzehnte.

Unter Fehleranalyse im Mathematikunterricht versteht man das Erkennen, die Bestimmung der Ursache und die Suche nach didaktisch-methodischen Sanierungsmöglichkeiten von individuellen Schülerfehlern. Dabei geht man davon aus, dass Schülerfehler in der Regel das Ergebnis eines komplexen Prozesses sind, der beim Schüler bewusst oder unbewusst abläuft. Fehler entstehen also in der Regel nicht durch Zufall oder Unkonzentriertheit des Schülers, sondern auf Grund von falschen Lösungsstrategien, denen der Schüler folgt. Nach Radatz (1980, S. 4) ergeben sich aus einer Fehleranalyse folgende Möglichkeiten:

- als Diagnosehilfe für den Mathematiklehrer für die Praktikabilität und Realisierbarkeit von Unterrichtsverfahren,
- als Differenzierungs- und Individualisierungskriterien sowie als Möglichkeit der Beschaffung von Hinweisen für inhaltsspezifische Fördermaßnahmen,
- als Aufforderung für den Lehrer, sich mit dem einzelnen Schüler zu befassen.

Sicherlich bietet die Fehleranalyse auch Anlass für den Lehrer, sein eigenes Unterrichtsverfahren und seine methodischen Maßnahmen zu überprüfen und gegebenenfalls abzuändern. Für die Eigenkontrolle des Unterrichtsverfahrens durch den Lehrer kann deshalb die Fehleranalyse nicht hoch genug veranschlagt werden.

Wir erwähnen die Fehleranalyse u.a. (siehe auch Kap. XIII. 3) im Zusammenhang mit dem schriftlichen Rechnen, weil dieser Teil des Grundschulcurriculums am besten überschaubar ist und zwar aus folgenden Gründen:

- Die schriftlichen Rechenverfahren sind in der Ausführung genau festgesetzte algorithmische Normverfahren. Der Endzustand des Schülerverhaltens ist also ganz eindeutig beschreibbar.
- Die schriftlichen Rechenverfahren sind ein wesentlicher Bestandteil des Mathematiklehrgangs der Grundschule.
- Durch die schriftliche Fixierung ist die Dokumentation der Schülerfehler objektiv vorgegeben.

Schülerfehler bei den schriftlichen Rechenverfahren wurden genauer von Gerster (1982) untersucht. Bei der schriftlichen Addition konstatierte er folgende Fehlergruppen:

- Fehler beim Einsundeins, also die mangelhafte Beherrschung der mechanisch zu beherrschenden Aufgaben (siehe 3.2). Dies war mit 45 % die stärkste Fehlergruppe.

– Fehler mit der Null. Hier liegt wohl die Fehlerursache in der Verwechselung der Rolle der Null bei Addition und Multiplikation, also 3 + 0 = 3, aber 3 · 0 = 0.
– Fehler bei unterschiedlicher Stellenzahl der Summanden, etwa

$$
\begin{array}{r}
423 \\
+\ \ 73 \\
\hline
96
\end{array}
$$

Hier mag die Fehlerursache darin liegen, dass dieser Aufgabentyp bei der Einführung des Verfahrens vernachlässigt wird.
– Fehler durch die inverse Operation. Statt der Addition wird die Subtraktion durchgeführt. Das liegt wohl auch an dem Subtraktionsverfahren, bei dem ja die Differenz durch Ergänzen, also durch einen additiven Rechensatz gelöst wird.
– Fehler durch Perseveration. Darunter versteht man das Beharren einer Information im Gedächtnis. Etwa beim Beispiel

$$
\begin{array}{r}
32 \\
+\ 46 \\
\hline
76
\end{array}
$$

verbleibt die 6 der Einerstelle des 2. Summanden so im Bewusstsein, dass sie auch beim Endergebnis reproduziert wird.
– Fehler beim Übertrag. So wird von vielen Schülern der Übertrag vernachlässigt, dies speziell auch in besonderen Fällen, etwa bei der Null

$$
\begin{array}{r}
407 \\
+\ 203 \\
\hline
600
\end{array}
$$

Das in unseren Schulen gebräuchliche Verfahren der schriftlichen Subtraktion (siehe Lauter, 1989, S. 148) ist in der methodischen unterrichtlichen Ausgestaltung aus drei Gründen schwieriger als das der schriftlichen Addition.

1. Die Differenz wird durch Ergänzen, also eigentlich durch die Umkehroperation gebildet.
2. Das Gesetz des gleichsinnigen Veränderns der Differenz muss verstanden werden um das Normverfahren der Erweiterungstechnik einsetzen zu können.
3. Es gibt mehrere Verfahren der schriftlichen Subtraktion, die durch die Mithilfe der Eltern, speziell auch bei Ausländerkindern (siehe Kap. XIII. 3.2.2) mit dem in der Bundesrepublik Deutschland vorgeschriebenen interferieren.

Die Fehler lassen sich wiederum nach Gerster im Wesentlichen in die gleichen Kategorien einordnen, die bereits bei der Addition dargestellt wurden. Auf eine Besonderheit sei allerdings noch hingewiesen, weil hier unter Umständen ein Hinweis auf eine irreführende Sprechweise im Unterricht verborgen liegt. In der Lösung der Aufgabe

$$
\begin{array}{r}
853 \\
- \ 459 \\
\hline
406
\end{array}
$$

wurde wohl die 6 in der Einerstelle gefunden auf Grund der Rechnung 9–3. Offensichtlich wird also hier die Rechenrichtung umgekehrt, es wurde die absolute Differenz |3–9| gebildet, also der Unterschied zwischen 3 und 9. Dieser Fehler kann durch die – eventuell sogar vom Lehrer geförderte – Sprechweise „von … bis …" („von 9 bis 3 ist …") hervorgerufen worden sein. In einem solchen Fall muss der Lehrer Rückschlüsse auf seine Unterrichtsmethodik ziehen.

Die schriftliche Multiplikation stellt einen komplexeren Algorithmus als die bisher genannten dar, weil er zusätzlich den der schriftlichen Addition beinhaltet. Folglich treten zusätzlich zu typischen neuen Fehlern die der schriftlichen Addition auf, die aber im Folgenden nicht weiter erwähnt werden.

Als typische Fehler des Multiplikationsalgorithmus zählt Gerster (a. a. O.) auf:

– Fehler beim Einmaleins, wobei besonders wieder die Fehler mit der Null und der Eins, also die Vertauschung der Rolle dieser Zahlen bei der Addition und der Multiplikation, und die Nähefehler (es wird das Ergebnis eines in der Einmaleinsreihe benachbarten Rechensatzes verwendet, z. B. $8 \cdot 6 = 56$) auftauchen.

– Fehler beim Rechnen mit Behaltensziffern, wobei hier auch die Notation der Behaltensziffer eine Fehlerquelle darstellt, z. B.

$$
\begin{array}{r}
35 \ \cdot 5 \\
{}_{2} \quad\quad \\
\hline
255
\end{array}
$$

Offensichtlich wurde hier die Behaltensziffer 2 zuerst zu der 3 addiert und dann multipliziert.

– Stellenwertfehler, wobei es sich um falsche Anordnung der Teilprodukte handelt,

– Abweichung von der Rechenrichtung des Normalverfahrens. Beim Normalverfahren wird ja von rechts nach links, also entgegen der Schreibrichtung gerechnet, außerdem wird der 2. Faktor von links nach rechts, der 1. Faktor aber von rechts nach links bearbeitet, also

$$
\begin{array}{r}
34 \cdot 45 \\
\hline
136 \\
170 \\
\hline
1530
\end{array}
$$

Es ist erklärlich, dass dieser häufige Wechsel der Schreibrichtung beim Schüler zur Verwirrung führen kann. Infolgedessen kommt es zu häufiger Verwechslung bei den Richtungen.

Die schriftliche Division ist das komplexeste der vier schriftlichen Verfahren und wird deshalb nach Gerster (1982, S. 159) nicht einmal von 40 % der Schüler der weiterführenden Schularten vollständig beherrscht. Neben den Fehlern, die schon bei der schriftlichen Multiplikation und bei der schriftlichen Subtraktion erwähnt wurden, kommen hier vor allem Verfahrensfehler dazu. Wenn man auch in der Bundesrepublik Deutschland nach ausführlicher und teilweiser kontrovers geführter Diskussion über die Normform der schriftlichen Division (siehe dazu Lauter, 1989, S. 110) in der Regel wieder zur Restschreibweise zurückgekehrt ist, so ist das Verfahren der schriftlichen Division an sich noch so komplex, dass es zu zahlreichen Verfahrensfehlern kommt. Es wird wieder auf die ausführliche Analyse von Gerster verwiesen und hier nur ein typisches Beispiel erwähnt:

$$
\begin{array}{l}
31224 : 6 = 524 \\
\underline{30} \\
12 \\
\underline{12} \\
02 \\
\underline{00} \\
24 \\
\underline{24} \\
0
\end{array}
$$

Offensichtlich wurde die Division 2 : 6 nicht ausgeführt und folglich im Ergebnis eine Null vergessen.

An diesen Beispielen der schriftlichen Rechenverfahren wurde deutlich, wie die Fehleranalyse im Unterricht sowohl zur Diagnose für Differenzierungsmaßnahmen eingesetzt als auch der Lehrerin und dem Lehrer wertvolle Rückschlüsse über die Effektivität des eigenen Unterrichtsverfahrens geben kann. Zur Fehleranalyse ist inzwischen eine beachtliche Literatur entstanden. Jeder Lehrer kann aber selbstständig ohne großes Literaturstudium Fehleranalysen durchführen, wenn er sich nur bemüht, sich in die (falsche) Denkweise der Schüler zu vertiefen, immer unter der Prämisse, dass die Schüler in der Regel nach zwar falschen, aber nachvollziehbaren Fehlerstrategien vorgehen.

5 Sachrechnen

5.1 Begriffsbestimmung und Struktur

Ganz anders als die bisher betrachteten Rechenformen ist das Sachrechnen zu beurteilen. Es geht dabei nicht nur um die Bestimmung des arithmetisch rechnerischen Ergebnisses. Vielmehr hat Sachrechnen eine ganz eigene Aufgabe im Lehrplan der Grund- und Hauptschule und aller weiterführenden Schulen.

Ureigenstes Ziel des Mathematikunterrichts ist die Befähigung der Schüler zu Abstraktionsprozessen. Situationen, die in ihrer vollen Realität unüberschaubar, undurchsichtig und unberechenbar sind, werden dadurch, dass man vorübergehend von gewissen Komponenten abstrahiert, überschaubar und kalkulierbar. In der abstrakten Ebene kann dann mit mathematischen Mitteln die Lösung eines Teilproblems erzielt werden, die dann wieder in die Realität transferiert werden muss.

Dieser Vorgang ist typisch für viele mathematische Begriffsbildungen, etwa für die des Begriffs der natürlichen Zahl, an den hier erinnert sein soll:

Ausgangspunkt bei der Zahlbegriffsbildung ist immer eine Menge, ob sie nun so genannt wird oder nicht, etwa eine Zusammenstellung von Steckwürfeln. Abstrahiert man nun von der Farbe, der Größe, der Form und der Lage der Steckwürfel und berücksichtigt nur, dass man jedem der verschiedenen Steckwürfel einen Finger der rechten Hand zuordnen kann, so hat man durch diese ein-eindeutige Zuordnung (Äquivalenzrelation) die Zahleigenschaft der Menge abstrahiert und kann sagen, dass es 5 Steckwürfel sind. Die Zahlbestimmung kann also durch eine Abstraktion erreicht werden. Umgekehrt kann die Zahl 5 durch die auf dem Tisch liegenden Steckwürfel repräsentiert werden. Der Zahlbildungsvorgang kann also durch folgendes Stufenbild dargestellt werden:

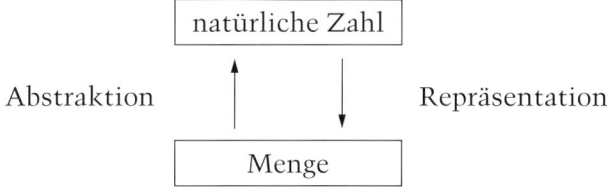

In ganz ähnlicher Weise werden viele mathematische Begriffe gebildet, etwa die verschiedenen Zahlbegriffe, die Größen, auch die der geometrischen Figuren usw.

Abstraktion und Repräsentation sind auch die eigentlichen Ziele des Sachrechnens.

Ausgangspunkt einer jeden Sachaufgabe ist eine konkrete oder fiktive Situation aus den Sachbereichen des täglichen Lebens, des Wirtschaftslebens oder anderer Lebensbereiche. Sie kann in sprachlicher Form (als Textaufgabe), aber auch auf vielfältige andere Weise, z. B. als Bild, Tabelle, Grafik, Rollenspiel, Hörspiel usw. gegeben sein. Diese Situationen sind in der Regel sehr komplex, sodass sie nach verschiedenen Gesichtspunkten hin untersucht werden können.

Ziel der unterrichtlichen Behandlung ist es dann, aus der komplexen Situation den rechnerisch fassbaren Anteil herauszulösen – das sind immer Größen –, den Lösungsweg aufzustellen, eine Lösung in der Ebene der Größenbereiche zu errechnen und dann das Ergebnis wieder in der gegebenen konkreten Situation zu interpretieren. Die Herauslösung des rechnerisch fassbaren Anteils ist ein Abstraktionsvorgang, die Interpretation des

Ergebnisses bedeutet die Repräsentation. Folglich liegt das gleiche Strukturschema vor wie bei der Zahlbegriffsbildung.

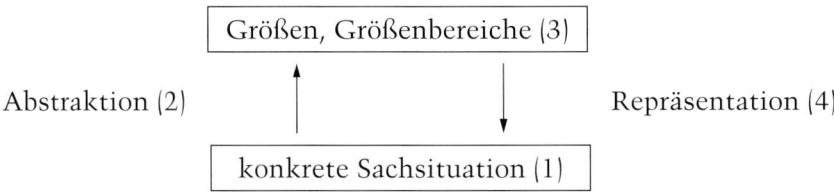

Offensichtlich ergeben sich aus diesem Schema vier methodische Stufen für die Behandlung von Sachaufgaben im Unterricht:

(1) In der ersten methodischen Stufe, die sich noch ganz auf die konkrete Sachsituation bezieht, wird die reale oder fiktive Situation erfasst. Dazu gehört sinnerfassendes Lesen, die Klärung unbekannter Begriffe und die Erfassung aller in der Situation vorgegebenen Randbedingungen. Es wird geprüft, ob alle zur Lösung des Problems benötigten Angaben gegeben sind oder ob noch Informationen beschafft werden müssen.

(2) Die zweite methodische Stufe ist der eigentliche Abstraktionsschritt. Es ist die schwierigste Stufe im ganzen Lösungsprozess, weil hier der Lösungsweg gefunden werden soll. Die Information des Sachproblems muss verdichtet und aufbereitet werden. Dazu wurde eine Reihe von Lösungshilfen entwickelt, von denen einige im nächsten Kapitel vorgestellt werden.

(3) In der dritten methodischen Stufe wird das rechnerische Problem gelöst. Die Lösung vollzieht sich voll in der Ebene der Größen. Natürlich muss hier auch das Schätzen und Überschlagen angesiedelt werden. Insgesamt ist die rechnerische Lösung ein reines Regelrechnen.

(4) Die vierte methodische Stufe besteht in der Interpretation des Ergebnisses in der realen Situation. Sie ist also die Umkehrung der zweiten Stufe. Zumindest soll in der vierten Stufe ein Schlusssatz formuliert werden. Aber auch der Vergleich des Ergebnisses mit den Anfangsbedingungen und die Frage, ob noch weitere Probleme des Sachkomplexes zu lösen sind, gehört hierher.

Beispiel:

(4. Klasse, Lehrplaninhalt: Sachrechnen)

„Vielleicht besitzen eure Eltern ein Auto. Fragt sie nach dem Gewicht, das man zuladen darf. Der KFZ-Schein hilft dabei. Wie viele kg Gepäck kann man zuladen, wenn 4 Personen im Auto sitzen? Als Durchschnittsgewicht der Personen wird 70 kg angenommen." Diese Aufgabe stellt eine komplexe Situation dar. Die Lehrerin kann sie in die Planung einer Urlaubsreise einordnen. Die Situation ist für die Schüler motivierend, weil sie vom Auto handelt. Sie kann in folgenden Schritten erarbeitet werden.

(1) Erfassen der Sachsituation: Sinnerfassendes Lesen, Klärung der Begriffe KFZ-Schein, zulässiges Gesamtgewicht, Leergewicht, Durchschnittsgewicht. Zur Vorbereitung wurde die vorbereitende Hausaufgabe: Fragen nach dem KFZ- Schein gestellt. Zur Konkretisierung hat die Lehrerin ihren KFZ-Schein zur Hand, auf dem ein zulässiges Ge-

samtgewicht von 1880 kg und ein Leergewicht von 1330 kg eingetragen ist. Da der Wagen 5 Sitzplätze hat, ist zu vermuten, dass man noch mindestens 70 kg zuladen kann.

(2) Aufstellen des Lösungsplans: Als Lösungshilfe wird hier der Rechenbaum benutzt. Dazu wurden die Angaben für zulässiges Gesamtgewicht, Leergewicht, Anzahl der Personen und Durchschnittsgewicht auf Kärtchen geschrieben und an die Tafel geheftet:

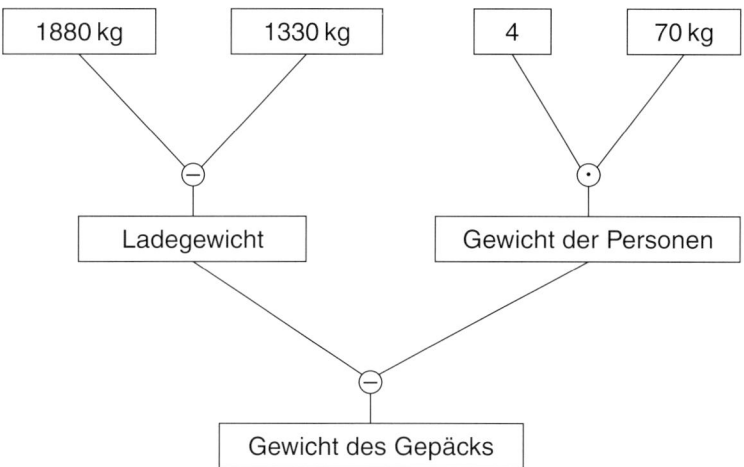

(3) Rechnerische Lösung:
Überschlag: 1900 kg − 1300 kg = 600 kg,
4 · 70 kg ist ungefähr 300 kg,
600 kg − 300 kg = 300 kg

Genaue Lösung:

Ladegewicht:	1880 kg − 1330 kg = 550 kg
Gewicht der Personen:	4 · 70 kg = 280 kg
Gewicht der möglichen Gepäckzuladung:	550 kg − 280 kg = 270 kg

(4) Interpretation des Ergebnisses:
Schlusssatz: Man kann bis zu 270 kg zuladen.
Das Ergebnis stimmt mit dem Überschlag überein.
Auf Grund der Tragfähigkeit könnten fast noch einmal 4 Personen mitfahren.

5.2 Lösungshilfen

Wie im vorigen Kapitel gezeigt wurde, ist die zweite methodische Stufe, das Aufsuchen des Lösungsgangs, die schwierigste. Aber dafür liegen auch zahlreiche Vorschläge für Lösungshilfen vor. Eine Reihe von ihnen lassen sich nach den Bruner'schen Repräsentationsformen (siehe Kap. II. 3.2) einteilen.

1. *Nacherzählen des Textes* oder der Sachsituation mit eigenen Worten durch die Schüler. Durch die Anforderung, einen sinnvollen Nacherzählungstext zu formulieren, identifizieren sich die Schüler mit der Aufgabensituation. Die Lehrerin wird hier natürlich einen Schüler auswählen, dessen mündliche Ausdrucksfähigkeit gut ist.
2. *Szenische Darstellung* der Situation (enaktive Repräsentation). Diese Lösungshilfe ist besonders für die 1. und 2. Klasse geeignet. Auch hiermit

soll erreicht werden, dass die Schüler die Situation verinnerlichen, wenn sie sie sozusagen durchleben.

Beispiel:

(1. Klasse, Lehrplaninhalt: Sachrechnen)

Die Lehrerin bereitet auf einem Tisch vor der Klasse die Auslagen eines Bäckerladens (auch als Zeichnungen) vor. Die Waren sind jeweils mit einem Preisschild ausgezeichnet, z. B. 1 Brötchen: 30 ct, 1 Brezel: 50 ct, 1 Apfeltasche: 1 € usw. Ein Kind spielt die Verkäuferin, die anderen erhalten Spielgeld und kaufen ein:
„Ich möchte ein Brötchen" – „Ich hätte gerne zwei Brezeln" – „Ich hätte gerne eine Apfeltasche und ein Brötchen" usw. Sie bezahlen mit Spielgeld. Die Verkäuferin wechselt und gibt die Waren heraus.

3. *Handelndes Tun* (enaktive Repräsentation). Dies ist insbesondere für jüngere Kinder die beste Möglichkeit, die Sachsituation zu verinnerlichen. Dazu bietet sich vielfältig Arbeitsmaterial an, z. B. Steckwürfel, Cuisenaire-Stäbe, Spielgeld u. a. Die Lehrerin sollte dabei bedenken, dass Arbeitsmaterial auch symbolische Funktion in dem Sinn haben kann, dass z. B. Steckwürfel für Pakete, Stäbe für Kisten usw. fungieren können. Dies erleichtert die Unterrichtsvorbereitung sehr.

Beispiel:

(2. Klasse, Lehrplaninhalt: Sachrechnen, nach Zitterbart, 1976)

Frau Schuster und Frau Schneider kaufen beim Gärtner zusammen 15 Körbe Johannisbeeren. Frau Schuster nimmt 3 Körbe mehr als Frau Schneider.

Lösung mit Material:

☐ ☐ ☐ ☐ ☐ ☐   ☐ ☐ ☐ ☐ ☐ ☐   ☐ ☐ ☐

Frau Schneider   Frau Schuster

Lösungsmöglichkeiten:

a) Die Kinder geben Frau Schuster 3 Körbe (Steckwürfel) vorweg und verteilen den Rest gleichmäßig,
b) Die Kinder verteilen die Körbe (Steckwürfel) gleichmäßig an beide, bis 3 übrig bleiben. Diese geben sie Frau Schuster.

4. *Zeichnen und Skizzieren* (ikonische Darstellung). Die Realität kann in vereinfachter Form durch bildliche Darstellungen wiedergegeben werden. Je nach Abstraktionsfähigkeit reichen die kindlichen Darstellungen von sehr detailreichen Bildern bis zu recht abstrakten Darstellungen, die lediglich das Wesentliche veranschaulichen.

In diese Kategorie gehören auch genormte Darstellungen wie Baumdiagramm, Rechenbaum usw. Diese Darstellungen werden in der Regel jedoch nicht selbstständig von den Kindern als Lösungshilfen eingesetzt. Sie müssen vom Lehrer gezielt angesprochen werden.

Beispiel:

(4. Klasse, Lehrplaninhalt: Sachrechnen)

Frau Maier will ein rechteckiges Tischtuch am Rand mit einer Spitzenborte besetzen. Das Tischtuch ist 170 cm lang und 120 cm breit. Wie viel Borte braucht sie?

Situationsskizze:

170 cm

120 cm   120 cm

170 cm

Lösung: 170 cm + 120 cm + 170 cm + 120 cm = 580 cm

5. *Zergliedern in Terme.* Diesem methodischen Hilfsmittel liegt das didaktische Prinzip der Isolierung der Schwierigkeiten zugrunde. Schon beim Lesen des Textes können zusammengehörende Größen mit gleicher Farbe unterstrichen werden. Im Rechenbaum werden dann die zusammengehörenden Größen nebeneinander angeordnet.

Beispiel:

(4. Klasse, Lehrplaninhalt: Sachrechnen, nach Zitterbart, 1976)

In einem Dreifamilienhaus beträgt die Monatsmiete für zwei Wohnungen im Erdgeschoss je 385 €. Die dritte Wohnung liegt im Dachgeschoss. Das Haus soll jährlich insgesamt 11 400 € Miete erbringen. Wie hoch muss die Monatsmiete im Dachgeschoss sein?

Lösung:
1. Monatliche Einnahmen beider Wohnungen im Erdgeschoss:
   2 · 385 € = 770 €
2. Jahresmiete beider Wohnungen:
   12 · 770 € = 9 240 €
3. Jahresmiete der Dachgeschosswohnung:
   11 400 − 9 240 € = 2 160 €
4. Monatsmiete der Dachgeschosswohnung:
   2 160 € : 12 = 180 €

6. *Kurztext.* Sinn dieser methodischen Hilfe ist es, die gegebenen Informationen überschaubarer zu machen. Texte von Sachaufgaben enthalten in der Regel zahlreiche Angaben, die für die rechnerische Lösung der Aufgabe unwichtig sind. Diese werden bei der Formulierung eines Kurztextes eliminiert. Wichtig ist ferner, dass der gekürzte Text systematisch angeordnet ist, etwa dass entsprechende Größen untereinander stehen.

Beispiel:

(2. Klasse, Lehrplaninhalt: Sachrechnen)

Herr Berger zahlt im Bus für sich und seine 4 Kinder 5,40 €. Wie hoch ist der Fahrpreis für ein Kind, wenn Herrn Bergers Karte 1,80 € kostet.

Kurztext:
Fahrpreis für 1 Erwachsenen und 4 Kinder: 5,40 €
Fahrpreis für 1 Erwachsenen: 1,80 €

Lösung: Fahrpreis für 4 Kinder:
5,40 € − 1,80 € = 3,60 €
Fahrpreis für 1 Kind:
3,60 € : 4 = 0,90 €

Generell hängt die Auswahl der Lösungshilfen, die der Lehrer zu treffen hat, vor allem vom Aufgabentyp, natürlich auch vom Leistungsstand der Klasse ab.

6   Taschenrechner und Computer

6.1   Taschenrechner

Lehrpläne und Erlasse der Länder der Bundesrepublik Deutschland sehen den Einsatz des Taschenrechners in der Grundschule nicht vor, mit gutem Grund. Denn der Erwerb der mündlichen und schriftlichen Rechenverfahren ist zentrales Ziel des Mathematikunterrichts in der Grundschule. Trotzdem ist die Tatsache nicht wegzudiskutieren, dass Grundschulkindern zu Hause Taschenrechner zur Verfügung stehen und sie wohl auch Taschenrechner bedienen können. Als Konsequenz daraus kommt auch die Grundschule nicht darum herum, in irgendeiner Form auf den Taschenrechner einzugehen.

Zunächst sollte den Kindern bewusst gemacht werden, dass der Taschenrechner kein Wunderding ist, sondern ein Gerät, das vom Menschen bedient wird. Bedienungsfehler werden natürlich vom Gerät genau so akzeptiert wie die richtige Tastenfolge. Das Ergebnis ist also nur dann richtig, wenn auch die Bedienung, also die Eingabe der Daten und die Betätigung der Operations- und Funktionstasten richtig war.

Auch wenn der Taschenrechner korrekt bedient wurde, so ist er dennoch nicht in allen Fällen dem menschlichen Rechner überlegen. Kopfrechnen ist oftmals schneller als Rechnen mit dem Taschenrechner.

Beispiel:

(2. Klasse, Lehrplaninhalt: Einmaleins)

Der Lehrer wählt je zwei Schüler zum Wettrechnen aus, wobei der eine die vom Lehrer gestellten Aufgaben auf dem Taschenrechner ausrechnet, der andere die Aufgaben im Kopf rechnet. Insbesondere bei Aufgaben des kleinen Einmaleins ist der Kopfrechner dem Taschenrechner weit überlegen. Aber auch bei Aufgaben der mündlichen Addition und Subtraktion im Zahlenraum bis 100 liegt der Zeitvorteil keineswegs immer beim Taschenrechner.

Die allgegenwärtige Verwendung des Taschenrechners im Berufs- und Geschäftsleben macht es aber auch der Schule und speziell hier dem Mathematikunterricht zur Aufgabe, auf eine sinnvolle und verantwortungsbewusste Verwendung des Taschenrechners hinzuarbeiten. Dabei tritt folgendes Problem auf: Der Schüler weiß, dass der Taschenrechner absolut sicher rechnet. Er nimmt daher das vom Rechner angezeigte Ergebnis als absolut richtig hin, ohne es zu hinterfragen oder kritisch zu beurteilen. Er beachtet dabei aber nicht, dass die Eingabe der Daten und die Bedienung der Operationstasten durch den Menschen in hohem Maße fehleranfällig ist. Eine vergessene Ziffer, eine falsche Operationstaste, eine falsche Kommaeingabe verfälschen das angezeigte Ergebnis. Die richtige Verwendung des Taschenrechners bedingt also eine ständige kritische Überprüfung des Rechenergebnisses. Dazu ist ständiges Überschlagsrechnen erforderlich, was wiederum ein fundiertes „Zahlgefühl" voraussetzt.

Überschlagsrechnungen sind beim Schüler äußerst unbeliebt, weil er sie als überflüssig ansieht. „Das Ergebnis kommt ja bei der ausführlichen schriftlichen oder mündlichen Rechnung doch heraus und zwar genau. Was soll man sich vorher der Mühe der Überschlagsrechnung unterziehen, dessen Ergebnis ja doch nicht stimmt."

Auch das sog. Zahlgefühl, was immer das auch sei, gewinnt man nur durch ständiges Vergegenwärtigen der Zahl und durch Überschlagsübungen. Dazu kann auch ausnahmsweise der Taschenrechner selbst eingesetzt werden.

Beispiel:

(4. Klasse, Lehrplaninhalt: Arithmetik, nach Meißner, 1986)

Hierbei handelt es sich um ein Taschenrechner-Spiel, bei dem eine Operationszahl, z. B. 28 vorgegeben wird. Durch Multiplikation mit dieser Operationszahl muss versucht werden, in ein bestimmtes Intervall, z. B. [961, 983] zu gelangen. Dazu fertigt sich der Schüler eine Tabelle an, in der er die Versuche notiert, z. B.

```
              ┌──────────┐
              │   x 28   │
              └──────────┘
?  ─ ─ ─ ─ ─ ─ ─ ─ ─ ─ ─ ─ ─ ─ ▶ [961, 983]
```

Eingabe	Ausgabe
12	336
23	644
28	784
35	980 Treffer!

Meißner beschreibt die Verhaltensweisen der Schüler bei häufiger Anwendung des Spiels u. a. so: Die Schüler entwickeln ein gutes Zahlgefühl, was sich beim Schätzen der Startzahl äußerte. Sie entdecken ohne Anleitung eigene Strategien, z. B. „Annähern" oder „Schachteln".

Die Haltung der Grundschule zum Taschenrechner mag sich möglicherweise in Zukunft verändern, etwa in der Weise, dass in Klasse 3 oder 4 doch erste Taschenrechner-Übungen durchgeführt werden. Um so stärker sollte aus dem skizzierten Grund Wert auf mündliches Rechnen gelegt werden. Beim schriftlichen Rechnen könnten dagegen möglicherweise Einschränkungen hingenommen werden.

6.2   Computer

Auch wenn aus dem Ausland öfter vom Einsatz des Computers als Rechenwerkzeug in der Grundschule berichtet wird – hierbei wird in der Regel auf die Programmiersprache LOGO verwiesen (Löthe, 1984), so ist an einen allgemeinen Einsatz des Computers als Rechenwerkzeug in der Grundschule vorerst nicht zu denken, und zwar aus den gleichen Gründen, die schon beim Taschenrechner genannt wurden.

Etwas anders sieht die Situation aus, wenn der Computer nicht als Rechenwerkzeug, sondern als Medium angesprochen wird, also als Gerät zur Vermittlung von Rechenkenntnissen. Darüber wurde an anderer Stelle berichtet (siehe Kap. VIII. 5).

XII. Leistungsmessung

1 Grundsatzfragen

Erfolgskontrollen sowie Leistungsüberprüfung und -messung gehören in der Grundschule zur täglichen Praxis. Wenn Lernprozesse planbar sind – und dies ist im heutigen Schulsystem eine unausgesprochene Selbstverständlichkeit –, so benötigen Lernende und Lehrende eine unmittelbare Information über den Erfolg von Lern- und Lehrprozessen. Wichtig ist dabei die Information über den Lernfortschritt, die nicht unbedingt in einer zahlenmäßig festgelegten Note vorliegen muss. Und schon hier sei auf eine mögliche Rückkopplung zwischen Überprüfbarkeit und unterrichtlicher Behandlung aufmerksam gemacht. Vielleicht unbewusst behandelt mancher Lehrer *die* Inhalte bevorzugt, die sich gut überprüfen lassen.

Mit Becker (1988, S. 9) wollen wir hier zwischen *Erfolgskontrolle* und *Leistungsmessung* unterscheiden. Die Erfolgskontrollen haben ausschließlich die Funktion der Rückkopplung und geben Lehrer und Schüler Auskunft darüber, was gelehrt und gelernt worden ist. Leistungsmessungen dienen dagegen der Zensurengebung und haben damit schwerpunktmäßig Selektionsfunktion. Die Ergebnisse der Leistungsmessung entscheiden oftmals über den weiteren schulischen und außerschulischen Lebensweg des Schülers.

Erfolgskontrollen werden im Unterricht häufig durchgeführt, die wichtigste Form ist sicherlich dadurch gegeben, dass der Lehrer Wiederholungs- und Verständnisfragen stellt. Auch die Überprüfung der Hausaufgaben und der bearbeiteten Arbeitsblätter sind wichtige Formen von Erfolgskontrollen.

Für den Schüler bedeuten Erfolgskontrollen einen Beitrag zur Selbstkontrolle des Lernprozesses. Dadurch gelangt er mehr und mehr zur Mit- und Selbstbestimmung des eigenen Lernprozesses. Er weiß, wo noch Lerndefizite zu beseitigen sind und kann sich, vor allem im Vergleich zu seinen Klassenkameraden, bezüglich seines Leistungsstandes realistisch einschätzen.

Für den Lehrer geben die Erfolgskontrollen Rückschlüsse auf sein Lehrverhalten und dessen Erfolg. Weiter geben sie ihm Einblicke in das individuelle Lern- und Leistungsvermögen seiner Schüler.

Die Leistungsüberprüfung und *Leistungsmessung* erfolgt in der Regel in Zensuren, die für die mündlichen oder schriftlichen Einzelleistungen, die Zeugnisnoten in den einzelnen Fächern, aber auch für Betragen und Mitarbeit gegeben werden. An dieser Stelle sei darauf hingewiesen, dass sich der Leistungsbegriff im Schulfach Mathematik nicht nur auf die fachbezogene Leistung, also auf die Leistungen im inhaltlich präzis anzugebenden „Lehrstoff" bezieht, sondern auch auf latente kognitive Leistungen (z. B. Kombinieren, Interpretieren), affektiv-soziale Leistungen (z. B. Eigeninitiative, Engagement) und psychomotorische Leistungen (z. B. Genauigkeit und Arbeitstempo), allerdings werden diese Leistungsdimensionen noch kaum zur Leistungsmessung herangezogen (siehe dazu Hanisch, 1989). Durch Erlasse und Richtlinien sind die Lehrkräfte verpflichtet, die Leistungsbeurteilung mit Hilfe von Noten durchzuführen, in Baden-Württemberg z. B. durch die Verordnung des Ministeriums für Kultus und Sport vom 5. Mai 1983: Die Lehrer beurteilen die schulischen Leistungen der Schüler mit Noten und ermitteln daraus die Zeugnisnote.

Grundlage der Leistungsbewertung in einem Unterrichtsfach sind alle vom Schüler im Zusammenhang mit den im Unterricht erbrachten Leistungen (schriftliche, mündliche und praktische Leistungen). Für die Ermittlung der Zeugnisnote gibt es (zumindest in Baden-Württemberg) kein vorgeschriebenes Verfahren. Der Fachlehrer sollte lediglich zu Beginn seines Unterrichts bekannt geben, wie er die verschiedenen Leistungen bei der Notengebung gewichtet.

Als Notenschlüssel hat die Konferenz der Kultusminister 1968 folgende gemeinsame und verbindliche Definition festgelegt:

1 = „sehr gut" soll erteilt werden, wenn die Leistung den Anforderungen im besonderen Maße entspricht.

2 = „gut" soll erteilt werden, wenn die Leistung den Anforderungen voll entspricht.

3 = „befriedigend" soll erteilt werden, wenn die Leistung im Allgemeinen den Anforderungen entspricht.

4 = „ausreichend" soll erteilt werden, wenn die Leistung zwar Mängel aufweist, aber im Ganzen den Anforderungen noch entspricht.

5 = „mangelhaft" soll erteilt werden, wenn die Leistung den Anforderungen nicht entspricht, jedoch erkennen lässt, dass die notwendigen Grundkenntnisse vorhanden sind und die Mängel in absehbarer Zeit behoben werden können.

6 = „ungenügend" soll erteilt werden, wenn die Leistung den Anforderungen nicht entspricht und selbst die Grundkenntnisse so lückenhaft sind, dass die Mängel in absehbarer Zeit nicht behoben werden können.

In den Klassen 3 und 4 werden in Mathematik obligatorisch mindestens acht schriftliche Arbeiten im Schuljahr angefertigt. Darüber hinaus können schriftliche Arbeiten zur Übung und Wiederholung angefertigt werden.

In der Grundschule tritt in den meisten Ländern, z. B. in Baden-Württemberg, in den Klassen 1 und 2 an Stelle des Jahreszeugnisses eine Verbalbeurteilung, der sog. *Schulbericht.* Dieser dient (Ministerium für Kultus und Sport, 1983) vor allem der Förderung des Schülers. Er orientiert sich in erster Linie an den Möglichkeiten des einzelnen Schülers und nicht an denen anderer Schüler und deren Leistungen. Im Schulbericht werden drei Bereiche berücksichtigt, der Verhaltensbereich, der Arbeitsbereich, der Aussagen über das Arbeitsverhalten des Schülers macht, und der Lernbereich, in dem auch Einzelheiten über den Stand des Lernens in einzelnen Fächern verzeichnet sind. Grundlage des Schulberichts sind die vom Schüler im Unterricht und als Hausaufgabe gefertigten schriftlichen und praktischen Arbeiten und seine mündlichen Äußerungen.

Beispiel:

(1. Klasse, Schulbericht)

Verhalten: Mit zunehmender Dauer des 1. Schuljahrs wurde Petra selbstbewusster und selbstständiger. Im Unterricht war sie noch oft zurückhaltend und weniger kontaktfreudig. Petra verhielt sich meist bedächtig und wenig temperamentvoll. Gegenüber ihren Lehrern war sie zurückhaltend und still.

Arbeiten: Im Allgemeinen folgte Petra dem Unterrichtsgeschehen still und aufmerksam. Zeitweise war sie noch sehr ermüdbar. Bei der Arbeit bedurfte sie noch oft persönlicher Zuwendung und mancher Ermutigung des Lehrers. Mit ihren mündlichen Beiträgen blieb sie stets bei der Sache. Petra führte ihre schriftlichen Arbeiten sorgfältig aus und gab sich besondere Mühe bei den Hausaufgaben.

Lernen: Petra liest bekannte Texte schon zügig. Ihre Sprechweise ist noch leise und zögernd, sodass manchmal einzelne Laute nicht klar genug artikuliert werden. Petra arbeitete bei schriftlichen Arbeiten oft recht langsam, aber sorgfältig und genau. In *Mathematik* rechnet Petra schon sehr sicher bis 20. Manchmal bedurfte sie beim Rechnen anschaulicher Hinweise. Ein Wechsel der Aufgabenstellung bereitete ihr noch Schwierigkeiten. Im Sport zeigte sie viel Mut und Selbstvertrauen, war äußerst geschickt und flink und ermüdete kaum.

Zensurengebung ist nicht unumstritten, aber in unserem Gesellschaftssystem nicht mehr wegzudenken. Wer einen Beruf ausüben will, muss Examina vorweisen. Wer studieren will, muss sich auf Grund benoteter Schulleistungen für ein Studium qualifiziert haben. Wer eine weiterführende Schule besuchen will, muss schon in der Grundschule bestimmte benotete Leistungen vorweisen. „Aus dieser Sicht ist jede Versetzung, ja jede Klassenarbeit und mündliche Prüfung viel stärker ein Baustein im Gebäude des Berechtigungswesens als eine detaillierte Information über den Lernerfolg" (Ingenkamp, 1976, S. 16).

Diese Beurteilungsfunktion im Rahmen des Berechtigungswesens übt der Lehrer im Auftrag der Gesellschaft aus.

Dabei waren die Aufgaben des Lehrens und des Beurteilens keineswegs immer miteinander verbunden gewesen. Vielmehr erfolgte Unterricht und Lernen jahrtausendelang ohne die Erteilung von Zeugnissen. Nach Dose (1967) lassen sich die ersten Zeugnisnoten in deutschen Schulen im 16. Jahrhundert nachweisen als freiwillige Einrichtungen. Arme Schüler baten um die Ausstellung von Zeugnissen, wenn sie sich für Freiplätze, Freitische oder Stipendien bewarben.

2   Funktionen der Zensur

Im heutigen Schulsystem lassen sich aber neben der Berechtigungsfunktion eine Reihe weiterer Funktionen der Zensuren aufzeigen.

Zusammengefasst kann man der Notengebung im Allgemeinen und speziell natürlich auch im Fach Mathematik folgende Funktionen zuordnen (nach Dicker, 1979, S. 22):

Die Berichtsfunktion:

Die Zensur stellt eine Kommunikation zwischen Lehrer und Schüler bzw. zwischen Lehrer und Eltern her, indem sie über den Leistungsstand des Schülers Auskunft gibt. Dabei ist zu beachten, dass sich etwa eine zensierte Klassenarbeit in Mathematik lediglich auf einen kleinen Teilausschnitt des Fachs bezieht. Klassenarbeiten werden ja in der Regel nur nach Abschluss einer Unterrichtseinheit, d. h. nach den Phasen der Erarbeitung, Vertiefung, Übung und Anwendung angesetzt. Weitergehende Interpretationen sind in der Regel unbegründet.

Beispiel:

(3. Klasse, Lehrplaninhalt: Arithmetik und Größen)

Nachdem im Unterricht die Behandlung der schriftlichen Addition und der schriftlichen Subtraktion abgeschlossen ist, stellt die Lehrerin eine Klassenarbeit, in der vor allem diese mechanisierten Rechenverfahren abgeprüft werden. Markus erhält als Note eine 3. Im Anschluss daran werden in der Klasse die Gewichte g, kg und t eingeführt und das Rechnen mit ihnen besprochen. In der nächsten Klassenarbeit werden Umrechnungen mit Gewichten und Sachaufgaben verlangt. Markus schreibt eine 4.

In dieser Situation darf nicht der Schluss gezogen werden, dass sich Markus in Mathematik allgemein verschlechtert hat. Die Ergebnisse der beiden Klassenarbeiten sind lediglich Momentaufnahmen und besagen, dass Markus im Bereich des Rechnens mit Gewichten noch größere Defizite hat. Möglicherweise hat er das Umrechnen von Maßeinheiten noch nicht verstanden oder hat beim Lösen von Textaufgaben größere Schwierigkeiten als z. B. beim mechanischen Ausführen der schriftlichen Rechenverfahren.

Ein weiterer Fehlschluss aus den Noten im Fach Mathematik ist der, dass der Schüler bei durchgehend guten Noten als „mathematisch begabt" und bei überwiegend schlechten Noten als „mathematisch unbegabt" deklariert wird. Es gibt zwar in Mathematik, wie etwa auch im Fach Musik, Hochbegabungen. So waren z. B. Archimedes oder C. F. Gauß solche mathematischen Hochbegabungen. Das sind aber äußerst seltene Fälle. In meiner ganzen Tätigkeit als Mathematiklehrer und Professor für Didaktik der Mathematik sind mir höchstens zwei solcher Hochbegabungen begegnet. In der Regel hat die Leistungsfähigkeit in Mathematik ganz andere Gründe als die Begabung. Oftmals sind es gerade in der Grundschule Vorliebe oder Abneigung gegenüber einer Lehrperson, die eine weitaus größere Rolle für die Leistungen des Schülers in Mathematik spielen. Zahlreiche Anfragen bei Schülern und Studenten haben immer wieder bestätigt, dass Vorliebe oder Abneigung und damit Erfolg oder Misserfolg im Fach Mathematik mit Lehrerpersönlichkeiten zu tun hatten, die dem Schüler irgendwann in der Schullaufbahn begegnet sind und entweder Interesse und Freude an der Mathematik geweckt und gefördert oder aber vor allem durch Erzeugen von Angst jeglichen Spaß an diesem Fach unterdrückt haben.

Die Kontrollfunktion:

Hier sind zwei Aspekte zu unterscheiden, die Außenkontrolle für den Lehrer, der die Leistung des Schülers kontrolliert und sich damit ein Bild über den Leistungsstand des Schülers verschafft, und die Innenkontrolle, mit der sich der Schüler einen Überblick verschaffen kann, wie ihn der Lehrer hinsichtlich der Leistung einstuft und wie sein Leistungsstand bezüglich der Mitschüler ist.

Wie bei der Berichtsfunktion, die sich mehr auf den Lernfortschritt bezieht, so reicht auch bei der Kontrollfunktion die reine Zensur in der Regel nicht aus, um dem Schüler seinen Stand im Vergleich zu seinen Mitschülern anzugeben. Vielmehr muss auch hier das Gespräch mit dem Lehrer gesucht werden, in dem die Beurteilungskriterien, nach denen beurteilt wird, dargelegt werden.

Die pädagogische Funktion:

Im Wesentlichen ist hier die Zensur ein Mittel zur Motivierung sowohl in sachlicher als auch in sozialer Hinsicht. Die Note „gut" kann z. B. einem Schüler darlegen, dass er das in der Klassenarbeit verlangte Pensum beherrscht und er auf diesem Wissen und Können aufbauen kann, um die folgende Thematik zu erarbeiten. Er wird mit größerer Sicherheit und Zuversicht an neue Aufgaben herangehen. Die Note „gut" kann ihm aber auch sagen, dass er in der Klasse nicht mehr zu den „Schlechten" in Mathematik gehört. Diese Erkenntnis stärkt sein Selbstbewusstsein und verbessert seine Gesamtdisposition zum Lernen.

Problematisch ist die Rolle der Zensur als Disziplinierung- und Zuchtmittel. Es gab und gibt leider noch Lehrkräfte, die mit erhöhten Leistungsanforderungen und entsprechend absinkenden Zensuren Disziplinschwierigkeiten begegnen wollen. Störungen in der Klasse begegnen sie mit erhöhten Anforderungen oder sogar direkt mit schlechten Noten, etwa mit der Begründung: „Wer stört, passt nicht auf. Folglich lernt er nichts und daher ist die schlechte Note begründet."

Nach Dicker (1979, S. 23) liegen zu der Frage der Note als Disziplinierungsmittel keine empirischen Befunde vor, sodass die Wirkung weder bestätigt noch widerlegt werden kann. Sicher ist aber, dass ein solches Lehrerverhalten das kooperative Zusammenarbeiten von Lehrer und Schüler in der Klasse untergräbt, sodass auf die Dauer ein unerfreuliches Klima herrscht.

Die Auslesefunktion:

Jede benotete mündliche oder schriftliche Leistung bildet einen Beitrag zur Zeugnisnote und ist damit ein Element im schulischen Auslesesystem. Eindeutig ist, dass die beruflichen und damit wirtschaftlichen Chancen mit der Höhe des Bildungsabschlusses steigen. Nach aller Erfahrung sind insbesondere die Noten in Mathematik häufig ein Selektionskriterium. Die Lehrerin, die Mathematikleistungen benotet, trägt also eine hohe Verantwortung für den künftigen beruflichen Werdegang und damit für die künftige wirtschaftliche und gesellschaftliche Stellung des Kindes.

Die rechtliche Funktion:

Entsprechend der Bedeutung der Zeugnisnoten für die zukünftige berufliche Laufbahn hat die Note, zumindest indirekt, eine rechtliche Funktion. Sie ist zwar kein Verwaltungsakt, sie dient aber der Vorbereitung eines Verwaltungsaktes, etwa der Versetzung. Gerichtliche Klagen gegen Zensuren haben nur dann Erfolg, wenn die formalen Bedingungen, unter denen die Benotung zustande kam, nicht den Bestimmungen entsprechen. Bisher hat kein Gericht Noten aus inhaltlichen Gründen bemängelt. Dicker meint (S. 24), dass dieser Tatbestand bei manchen Lehrern unbewusst dazu führt, die juristische Seite der Note zu stark und damit die pädagogische Funktion der Note zu wenig zu berücksichtigen.

Die Sozialisierungsfunktion:

In der Grundschule erfährt der Schüler zum ersten Mal, dass in der Gesellschaft Leistungen erbracht werden müssen, die durch Noten öffentlich bewertet werden. In der Familie oder im Kindergarten wurden nicht diese objektiven Maßstäbe angelegt, wie sie jetzt in der Schule gelten und wie sie typisch sind für das Leben in einer Leistungsgesellschaft. Die Notengebung ist somit ein echter Beitrag zur Sozialisation des Kindes in unserer Gesellschaft.

Die prognostische Funktion:

Wenn die Lehrerin am Ende der Grundschulzeit die Grundschulempfehlung für ein Kind abgibt, so gibt sie damit indirekt eine Prognose für den weiteren schulischen Erfolg oder Misserfolg des Schülers ab. Wie Dicker zeigt, wird der prognostische Wert der Grundschulzensuren durch empirische Untersuchungen stark angezweifelt, weil ein zu hoher Anteil mit guten Zensuren keinen späteren Schulerfolg aufweist und dagegen ein zu hoher Anteil mit schlechten Noten dennoch erfolgreich ist. Dennoch spricht in der konkreten Erfahrung vieles dafür, dass Grundschullehrerinnen und Grundschullehrer in der Regel ein sicheres Urteil zumindest über den Leistungsstand der Kinder am Ende der Grundschulzeit haben. Das schließt nicht aus, dass der spätere Schulerfolg in den weiterführenden Schulen wegen vieler unberechenbarer Faktoren in der Entwicklung des Kindes nur schwer vorhersagbar ist.

3 Einflussfaktoren auf die Leistungsbeurteilung

Die nüchterne zahlenmäßig festgelegte Note bei der Beurteilung einer Leistung täuscht Neutralität und Objektivität vor, die so in der Realität gar nicht vorliegt. Vielmehr beeinflussen zahlreiche personale und situative Faktoren die Leistungsbeurteilung mehr oder weniger stark. Der Lehrer soll sich immer wieder Rechenschaft darüber geben und bedenken, welche Faktoren die Leistungsbewertung beeinflussen können. Das ist vielleicht die beste Versicherung dagegen, die Leistungsbewertung als absolut und unproblematisch aufzufassen.

Normfestlegung:

Jeder Lehrer, der eine Schülerleistung beurteilt, vergleicht diese mit einer Norm, die er mehr oder weniger selbst festgesetzt hat. Zwar ist er bei der Festlegung der Norm an die offiziellen Vorgaben wie z. B. den Lehrplan gebunden. Innerhalb dieses Rahmens gibt es aber noch viele Variationsmöglichkeiten zur Festlegung der geforderten Norm. So ist es z. B. im Fach Mathematik ein Unterschied, ob der Lehrer die reine Rechenleistung oder die Denkleistung beim Lösen der Aufgabe stärker betont und bewertet.
Ferner hängt die Note davon ab, auf welche Norm sich der Lehrer bezieht. Ist es die Klassennorm, die z. B. durch vorherige Mittelwertbildung errechnet wurde oder ist es, wie meistens, ein individueller Maßstab, der sich zunächst in einem Punktesystem äußert, dem dann anschließend die Noten zugeordnet werden.

Die Lehrerpersönlichkeit:

Selbstverständlich ist die Leistungsbeurteilung von der Lehrerpersönlichkeit abhängig. Schon 1929 stellte Kießling (nach Dicker, 1979, S. 6) fünf Typenpaare von Lehrerpersönlichkeiten heraus, die die Schülerleistung z. T. nach ganz unterschiedlichen Kriterien beurteilen. So beurteilt z. B. der „pedantische Typ" die Leistung nach Einzelverstößen, während der „großzügige Typ" die Leistung im Ganzen zur Beurteilung heranzieht. Für den „objektiven Typ" ist die Zensur Selbstzweck, für den „subjektiven Typ" ist sie Mittel zum Zweck, um erzieherisch wirken zu können. Weitere Typenpaare sind der „konstante" und der „fluktuierende Typ", der „normative" und der „psychologische Typ" sowie der „kritische" und der „suggestible Typ", der sich z. B. durch die Vorjahrsnote beeinflussen lässt. Weitere Einflüsse der Leistungsbeurteilung auf die Person des Lehrers sind Umwelteinflüsse (Wetter), die individuelle Situation des Lehrers („Launen"), persönliche Verbindungen zu den Schülern oder deren Eltern oder der bekannte „Halo-Effekt". Dieser Effekt (vom engl. halo = Hof) beeinflusst die Einstellung zu einem Menschen durch Eigenschaften, die im Augenblick nicht zu beurteilen sind.

Die Schülerpersönlichkeit:

Auch die Persönlichkeit des Schülers beeinflusst durch nicht zu beurteilende Merkmale die Leistungsbeurteilung in einem Fach, z. B. Mathematik. So hat der Lehrer in der Regel schon eine Voreinstellung über die Leistungsfähigkeit des Schülers und neigt dazu (siehe Dicker, 1979, S. 8), bei sonst leistungsstarken Schülern mehr Fehler zu übersehen als bei leistungsschwächeren Schülern. Auch die Anstrengungsbereitschaft wird möglicherweise in das Urteil einbezogen. So beurteilen Lehrer unter Umständen die Leistung eines Schülers besser, wenn er eventuell durch längere Krankheit Lerndefizite hinnehmen musste. Auch die äußere Erscheinung des Schülers und die soziale Stellung der Eltern kann die Beurteilung der Leistung beeinflussen. Dicker erwähnt auch Untersuchungen, die aussagen, dass Lehrer häufiger bessere Noten an Mädchen verteilen als an Jungen, wobei hier nicht geklärt ist, ob nicht Mädchen tatsächlich höhere Leistungen erbringen als Jungen.

Alle diese Faktoren, die die Leistungsbeurteilung beeinflussen können, treffen natürlich auch auf das Fach Mathematik, wie auf jedes andere Fach, zu. Mathematiknoten sind genauso viel oder wenig verlässlich wie die Noten anderer Fächer, auch wenn in der Öffentlichkeit der Mathematiknote oftmals eine höhere Zuverlässigkeit und Objektivität zugebilligt wird als anderen Noten.

4 Anforderungen an eine Leistungsüberprüfung

4.1 Objektivität

An jede Leistungsmessung, in welcher Form sie auch erfolgt, müssen die Kriterien angelegt werden, die in der Testtheorie formuliert und entwickelt worden sind. Dies sind (nach Ingenkamp, 1976, S. 38)
– Objektivität,
– Zuverlässigkeit oder Reliabilität,
– Gültigkeit oder Validität.

Von *Objektivität* einer Leistungsmessung spricht man, wenn die Messergebnisse unabhängig sind vom Untersucher. Verschiedene Untersucher müssen also bei der Messung desselben Merkmals zum gleichen Ergebnis kommen.
In der Testtheorie wird der Begriff der Objektivität spezifiziert in die drei Teilaspekte: Durchführungs-, Auswertungs- und Interpretationsobjektivität.
Die *Durchführungsobjektivität* wird dadurch gewährleistet, dass alle zu untersuchenden Personen die gleichen Untersuchungsbedingungen vorfinden. Dies können sowohl äußere Bedingungen wie Tageszeit, Raumatmosphäre, gleiche Bearbeitungszeit usw., als auch Bedingungen sein, die von der Person des Untersuchers, also in der Regel des Lehrers, abhängen.

Beispiel:
(3. Klasse, Lehrplaninhalt: Sachrechnen)
In zwei Parallelklassen wird dieselbe Klassenarbeit zum Thema Sachrechnen geschrieben, in der für die Ausrechnung der Sachaufgaben häufig das Einmaleins benötigt wird. In dem einen Klassenraum hängt noch von den vorangegangenen Stunden eine Einmaleinstafel an der Wand, in dem anderen nicht. Außerdem gibt die Lehrerin der einen Klas-

se mehr Hinweise zum Verständnis der Sachaufgaben als die der anderen Klasse. Dazu wird die Klassenarbeit in der einen Klasse in der ersten Stunde, in der anderen in der vierten Stunde geschrieben.

In diesem Fall ist die Durchführungsobjektivität selbstverständlich nicht gewährleistet. Die Ergebnisse können nicht ohne weiteres zwischen den beiden Klassen verglichen werden.

In der eigenen Praxis kam folgender Fall vor: In mehreren Klassen sollte ein Test durchgeführt werden um ein Leistungsbild für eine repräsentative Stichprobe von mehreren hundert Schülern zu bekommen. Die Testbögen wurden den Lehrpersonen der ausgewählten Klassen vorher ausgehändigt. Leider war versäumt worden, den Lehrkräften entsprechende Anweisungen zu geben. Daraufhin wiederholte ein Teil der Lehrkräfte den Inhalt des Tests vor der eigentlichen Testdurchführung, ein anderer Teil nicht. Selbstverständlich war dadurch die Objektivität des Tests nicht gegeben und die Ergebnisse unbrauchbar.

Die *Auswertungsobjektivität* ist dann gegeben, wenn genau festgelegt ist, welches Schülerverhalten nach welchen Kriterien zu bewerten ist. Dies ist im Allgemeinen bei standardisierten Tests entsprechend der Testkonstruktion festgelegt, z. B. dadurch, dass eine von mehreren Antworten auszuwählen ist. Für Klassenarbeiten und insbesondere für die Messung mündlicher Leistungen fehlt hier aber jede verbindliche Regel. Vielmehr haben die Lehrkräfte sich in der Regel individuelle Beurteilungsverfahren zurechtgelegt, auf die (siehe 6) speziell eingegangen wird.

Interpretationsobjektivität liegt dann vor, wenn mehrere Beurteiler aus dem Auswertungsergebnis gleiche Folgerungen ziehen. Hier ist insbesondere die Problematik der Vergleichbarkeit der Noten angesprochen. Dies spielt insbesondere eine Rolle bei der Versetzung der Grundschüler in weiterführende Schulen. Hier greifen auch die staatlichen Vorschriften, die zur Regelung dieses Problems erlassen wurden.

Die Objektivität ist (nach Ingenkamp, 1976, S. 41) das Basiskriterium jeder sozialwissenschaftlichen Messung. Ohne Objektivität kann keine Leistungsmessung, also im schulischen Bereich kein Test, keine Klassenarbeit und selbstverständlich auch keine mündliche Leistungsüberprüfung den Anspruch der Gültigkeit aufrechterhalten.

4.2   Zuverlässigkeit oder Reliabilität

Unter *Zuverlässigkeit* oder *Reliabilität* versteht man den Grad der Genauigkeit, mit der eine Leistungsmessung ein bestimmtes Merkmal misst. Im Bereich naturwissenschaftlicher Messungen ist der Sachverhalt klar: Eine Messung mit dem Ergebnis 125,85 m ist, wenn sie richtig durchgeführt wurde, zuverlässiger als das Ergebnis „ungefähr" 126 m. Im pädagogischen Bereich ist dies nicht so einfach, weil die zu messenden Merkmale nicht immer stabil sind. So ist z. B. die Leistungsfähigkeit eines Schülers beim Rechnen mit Zeitspannen von vielen Faktoren abhängig, z. B. von der Übung, von der Anwendung, von den Aufgaben selbst, von der Dauer, die seit der letzten Verwendung dieser Rechnungen vergangen ist usw.

Um die Reliabilität einer Leistungsmessung zu überprüfen gibt es verschiedene Methoden, wobei die Wiederholungsmethode oder Retestmethode für den „normalen" Schulunterricht die größte Bedeutung hat. Sie besteht darin, dass dem Schüler nach einem bestimmten Zeitintervall dieselbe Leistungsüberprüfung noch einmal vorgelegt wird. Die Problematik dieser Methode liegt auf der Hand, weil sowohl auf der einen Seite mit Übungseffekten als auf der anderen Seite mit Vergessenseffekten beim Schüler zu rechnen ist.

4.3 Gültigkeit oder Validität

Die *Gültigkeit* oder *Validität* einer Leistungsmessung sagt aus, ob das zu messen vorgegebene Merkmal tatsächlich gemessen wurde und nicht etwas anderes. Dies bezieht sich insbesondere auf die Inhaltsgültigkeit. Die Problematik liegt hierbei darin, dass auf Grund äußerer Verhaltensmerkmale, z. B. der schriftlichen Lösung von Aufgaben, auf die innere Verhaltensänderung im angesprochenen Bereich, also das Lernen eines bestimmten Sachverhalts, geschlossen werden soll.

Im Mathematikunterricht bedeutet Validität einer Leistungsmessung etwa, dass wirklich die Leistung in Mathematik und nicht etwa das Leseverständnis bei Sachaufgaben abgeprüft wird.

Beispiel:

(4. Klasse, Lehrplaneinheit Sachrechnen, nach Schif, 1987, S. 13)

In einem Test wurde untersucht, wie die Fähigkeit des Lösens von Sachaufgaben von der Formulierung und Gliederung des Textes abhängt. Dabei wurden u. a. folgende Textversionen zur Lösung vorgelegt:

1. Version:

„Der Lehrer der 4. Klasse hat von den 24 Schülern seiner Klasse 576 € eingesammelt.
a) Die Hälfte des Geldes bezahlt er bei der Bahn für die Fahrtkosten. Wie hoch ist der Fahrpreis pro Schüler?
b) Der sechste Teil des Gesamtbetrages ist für ein Kindertheater berechnet. Welchen Betrag zahlt jeder Schüler für den Theaterbesuch?
c) Der Rest des Geldes wurde für das gemeinsame Mittagessen eingesammelt. Wie viel kostet es für jeden Schüler?"

2. Version:

„Die Klasse 4 der örtlichen Grundschule unternimmt eine Klassenfahrt in die Landeshauptstadt, wofür der Lehrer 576 € von seinen Schülern für Fahrtkosten, einen Besuch einer Theateraufführung und Essenskosten einsammelt. Die Kosten verteilen sich folgendermaßen: Während für die Fahrt die Hälfte des Gesamtbetrages ausgegeben wird, beläuft sich die Rechnung für den Theaterbesuch auf den 6. Teil des eingezogenen Geldes. Der Rest wird benötigt, um das gemeinsame Mittagessen zu bezahlen.
„Wie viel zahlt somit jeder der 24 Schüler für die Fahrt, wie viel für den Theaterbesuch und wie viel fürs Essen?"
In der Auswertung wird festgestellt, dass doppelt so viele Schüler die Aufgabe in der ersten Version lösen wie in der zweiten Version. Dies ist darauf zurückzuführen, dass der

Text in der ersten Version klar gegliedert ist, die Fragen einzeln bei den Angaben stehen, sodass die Operationen leichter zugeordnet werden können und der Text weniger anspruchsvoll ist als bei der 2. Version.

Offensichtlich haben beide Versionen nicht dieselbe Validität. Wenn es rein auf die Fähigkeiten ankommt, die beim Sachrechnen (siehe Kap. XI. 5) erwartet werden, so ist sicher die 1. Version geeigneter. Will man allerdings die Fähigkeit, einen komplexen Text zu analysieren, mit abprüfen, so kann auch die zweite Version verantwortet werden.

Eine spezielle Form der Inhaltsgültigkeit ist die *Lehrplangültigkeit.* Die inhaltlichen Angaben des Lehrplans können von unterschiedlichen Experten unterschiedlich interpretiert werden. Durch Formulierung und Operationalisierung von Lernzielen hat man hier versucht, größere Validität bei Leistungsmessungen zu erreichen. Neuere Lehrpläne bemühen sich, durch ausführliche Hinweise zu den einzelnen Inhalten für größere Validität bei Leistungsmessungen zu sorgen.

Beispiel:

(3. Klasse, Lehrplaneinheit Arithmetik)

Der Lehrplan für die Grundschule in Baden-Württemberg formuliert als verbindlichen Inhalt:

„Beziehungen zwischen Zahlen"

Diese sehr unscharfe Formulierung würde sehr unterschiedliche Testaufgaben zulassen, die von der Anordnung (Vorgänger/Nachfolgerbeziehung) bis zur Primfaktorzerlegung reichen würde.

Deshalb werden in den Hinweisen folgende Erläuterungen gegeben: „Darstellung in Pfeilbildern und Tabellen: Ist größer/kleiner als – Ist die Hälfte/das Doppelte von – Hat die größere Einer-, Zehner-, Hunderterzahl als".

5 Mündliche Überprüfung

5.1 Problematik mündlicher Leistungsmessung

Wie im ersten Kapitel erwähnt, sind die Grundlage der Leistungsbewertung in einem Unterrichtsfach alle erbrachten Leistungen, also auch die mündlichen Leistungen. Auch in der Lehrerschaft herrscht Übereinstimmung darüber, dass mündliche Leistungen zu beurteilen sind und dass sie für die Zeugnisnoten herangezogen werden.

Weithin unklar ist aber, was eigentlich mündliche Leistungen sind und welche mündlichen Leistungen zur Bewertung herangezogen werden sollen. Bong (1983, S. 76) stellt in einer Umfrage fest, dass ein Teil der Lehrer (ca. 10 %) mündliche Leistungen nicht beurteilen, etwa die Hälfte der Lehrer beurteilt nur einen allgemeinen Gesamteindruck oder die Häufigkeit des Meldens des Schülers. Auf die Frage, welche weiteren Kriterien zur mündlichen Leistungsmessung herangezogen werden, wurden von 46 Lehrern genannt: Häufiges Melden (6), Hausaufgaben (12), Vorrechnen an der Tafel (23), Abfragen von Regeln (19), andere Arten von mündlichen Leistungen, z. B. Lösungsvorschläge, richtige Antworten, Stellungnahmen zu Lehrer-/Schüleraussagen, Qualität der Beiträge, Beiträge, die den Unterricht bereichern, Kombinationsvermögen (17).

Bei der Beurteilung mündlicher Leistung fühlt sich ein Großteil der Lehrer unsicher oder sehr unsicher.

Um den Ort der mündlichen Leistungsbeurteilung richtig einzuschätzen, muss dieses Verfahren mit den anderen Leistungsmessungsverfahren verglichen werden, nämlich schriftlichen Tests und Klassenarbeiten. Mit diesen Formen lassen sich Kenntnisse von Sachverhalten, Gesetzen und Sätzen sowie spezielle mathematische Techniken gut überprüfen. Dies erfolgt in aller Regel in Form von Routineaufgaben. Legt man die Lernziele entsprechend der Taxonomie von Bloom (Kap. III. 2) zugrunde, so lassen sich die des Wissens, des Verstehens, der Anwendung und der Analyse vorzugsweise durch schriftliche Verfahren abprüfen. Weniger sind die kognitiven Strategien der Synthese und Bewertung einer schriftlichen Überprüfung zugänglich. Dazu zählt Bong u. a. folgende kognitive Strukturen:

– Lösungen und Ergebnisse situationsadäquat interpretieren,
– Lösungswege sinnvoll vermuten und finden, Verallgemeinerungen erkennen und formulieren,
– Aussagen und Begründungen überprüfen.

Das mündliche Verfahren ermöglicht durch die gegenseitige Kommunikation von Schüler und Lehrer gerade die Überprüfung solcher Verhaltensweisen. Es gleicht damit der sog. klinischen Methode (siehe dazu Wittmann, 1982, S. 36), mit der Piaget die Fortschritte in der psychologischen Entwicklung bei Kindern analysiert hat. Und in der Tat handelt es sich bei der mündlichen Leistungsüberprüfung um einen ähnlichen Vorgang, bei dem vor allem die Fortschritte in der Entwicklung mathematischen Denkens beurteilt werden sollen.

Die klinische Methode besteht in einer Art Interview, das der Lehrer mit dem Kind durchführt. Im Gegensatz zum Test ist hierbei das Verhalten des Interviewers durch keine starre Versuchsplanung festgelegt. Es handelt sich vielmehr um ein geistiges Abhorchen, und man versucht, den Gedankengängen des Kindes immer näher zu kommen, bis man das Rätsel ihrer Struktur gelöst hat.

Selbstverständlich ist die Gefahr der Beurteilungsfehler beim mündlichen Verfahren größer als bei schriftlichen Verfahren. Es ist deshalb allgemeine Praxis, die mündlichen Leistungen nur mit einem schwächeren Gewicht in eine Gesamtbenotung eingehen zu lassen, obwohl es hierfür zumindest in Baden-Württemberg keine bindende Verwaltungsvorschrift gibt. Bong (1983) schlägt vor, die mündlichen Leistungen höchstens mit einem Drittel zu gewichten. Bei einer klaren schriftlichen Note wird die Gesamtnote damit erst dann verändert, wenn die mündliche Note von der schriftlichen um mehr als eine ganze Note abweicht.

In der Praxis, die mündlichen Leistungen schwächer zu bewerten als die schriftlichen, steckt natürlich auch eine Gefahr, nämlich die, dass die

Schüler dem Unterricht nicht mehr die ungeteilte Aufmerksamkeit zollen. Sie gewöhnen sich vielmehr an, „auf die Arbeit hin" zu lernen.

5.2 Durchführung mündlicher Leistungsmessung

Die Überprüfung mündlicher Leistungen im Unterricht kann in verschiedener Form erfolgen.

Die einfachste Form ist sicher die, dass sich der Lehrer nach dem Unterricht Notizen über die Leistungen der Schüler macht, die ihm in der Stunde in positiver oder negativer Hinsicht besonders aufgefallen sind. Hier wird also neben der positiven oder negativen mathematischen Leistung speziell die Mitarbeit im Unterricht bewertet.

Vorteil dieser Methode ist es, dass die Schüler von der Überprüfung selbst nichts merken. Folglich kann nicht Prüfungsangst entstehen, wie es bei bewussten Prüfungen häufig der Fall ist. Es kommt auch nicht zu den gruppentypischen Erscheinungsformen wie Verlust des sozialen Status in der Klassengemeinschaft infolge offensichtlichen Versagens oder den bekannten Reaktionen des Neids oder der Schadenfreude bei den anderen Schülern.

Der große Nachteil dieser Methode liegt in der Zufälligkeit der Überprüfung. Die Schüler werden in ganz unterschiedlicher Art überprüft. Die aktiven, redegewandten und vorlauten Schüler fallen häufiger auf, die bescheidenen, zurückhaltenden und introvertierten Schüler werden zu wenig beachtet und dementsprechend möglicherweise falsch bewertet. Außerdem ist es im praktischen Unterrichtsalltag der Lehrkraft kaum zuzumuten, nach jeder Unterrichtsstunde eine lückenlose Buchführung über die ihr aufgefallenen Schülerleistungen anzufertigen.

Diese Zufälligkeit der Leistungsmessung wird weitgehend vermieden durch den Vorschlag von Bong (1983), der Lehrer solle vor Beginn der Stunde zwei oder drei Schüler auswählen, die er dann während des Unterrichts besonders beobachtet. Auch hierbei werden negative Begleiterscheinungen einer bewussten Überprüfung (z. B. Prüfungsangst) weitgehend ausgeschlossen. Auch die Zufälligkeit der Schülerauswahl ist vermieden, jedoch ist die Vergleichbarkeit der Prüfungsleistungen zwischen einzelnen Schülern nicht gegeben.

Eine dritte Möglichkeit besteht darin, einzelne Schüler in ein diagnostisches Prüfungsgespräch zu ziehen, allerdings möglichst nicht vor versammelter Klasse. Der besondere Vorteil eines solchen Überprüfungsverfahrens besteht darin, dass der Lehrer die spezifische Denkweise, die besonderen Schwächen und Stärken des Schülers erfährt und so vor allem den Lernfortschritt des Schülers beurteilen kann. In dieser Hinsicht ähnelt diese Überprüfungsmethode der der Interviewmethode von Piaget. Im Gegensatz zu dieser Methode ist es jedoch ratsam dem Schüler einige Informationen zu geben, z. B.

– auf welchen Bereich und welche Themen sich die mündliche Überprüfung bezieht,

– wie das Prüfungsgebiet abzugrenzen ist,
– wie die Beurteilungskriterien sind usw.

Entsprechend der Interviewmethode soll die Lehrkraft vor allem darauf achten, dass sich das Kind wohl fühlt. Ein paar aufmunternde Worte überzeugen das Kind davon, dass man ihm nichts Böses will. Auch ein Lob bei richtigen Teilantworten entkrampft die Prüfungssituation. Der Lehrer sollte mehr als Partner des Schülers erscheinen denn als Prüfer. Die Sprache sowie Tempo und Ablauf der Überprüfung muss dem Niveau des Kindes angepasst sein.

Beispiel:

(2. Klasse, Lehrplaninhalt: Arithmetik)

Die Lehrerin führt ein Gespräch mit Kathrin:

L: „Kathrin, ich möchte wissen, wie gut du im Kopf addieren und subtrahieren kannst. Überlege nur immer ruhig, bevor du antwortest. Wenn du die Aufgabe nicht lösen kannst, helfe ich dir dabei. Klar?"

K: „Ja"

L: „Wie viel ist 20 + 70?"

K: „90"

L: „Richtig. Jetzt die nächste Aufgabe: Wie viel ist 37 + 8?"

K: „44"

L: „Du musst noch mal nachrechnen. Vielleicht rechnen wir zunächst 7 + 8. Was ist 7 + 8?".

K: „15".

L: „Siehst du, kann dann 37 + 8 = 44 sein? Zeige mir doch mal mit den Stäben, wie du rechnest? Lege zunächst 37."

K: (legt 3 Zehnerstäbe und einen Siebenerstab)

L: „Richtig. Und jetzt 8 dazu. 8 kannst du aber zerlegen. Wie?"

K: „In 3 und 5."

L: „Mach es. Was kommt heraus?"

K: „45"

L: „Richtig. Jetzt wollen wir genauso ein paar andere Aufgaben rechnen. Wie viel ist 31 + 45? Du darfst die Cuisenaire-Stäbe dazu nehmen."

K: „76"

usw.

Auf diese Art erhält der Lehrer ein gutes Bild über den Leistungsstand der Schülerin. Die hier zu vergebende Note kann nicht so einfach angegeben werden, weil die Situation des Kindes und der Klasse nicht genau angegeben ist. Sie steht aber auch nicht im Vordergrund, sondern vielmehr die Beobachtung des Wissenstandes und des Lernfortschritt des Kindes durch den Lehrer.

In einem solchen Fall wird auch der Umstand relativiert, dass die ganze Klasse Zeuge dieser mündlichen Überprüfung wird. Die einfühlsame Lehrerin wird es sogar verstehen, die anderen Schüler der Klasse mit in dieses Prüfungsgespräch zu ziehen, sei es, um Kathrin durch andere Schüler helfen zu lassen oder sei es nur, um die einseitig auf Kathrin ausgerichtete Aufmerksamkeit abzulenken.

6 Klassenarbeit

6.1 Problematik

Die wohl wichtigste und gebräuchlichste Methode der Leistungsmessung im Mathematikunterricht ist die Klassenarbeit. Trotz dieser Bedeutung gibt es kaum verbindliche Vorschriften und Regelungen über Vorbereitung, Durchführung und Auswertung von Klassenarbeiten. So gibt es z. B. – zumindest in Baden-Württemberg – keine Regelungen darüber, wie viele Klassenarbeiten pro Jahr höchstens geschrieben werden dürfen, wie viele Klassenarbeiten den Schülern in der Woche zugemutet werden dürfen, ob eine Klassenarbeit wegen eines schlechten Durchschnitts dem Schulleiter vorzulegen ist und von diesem annulliert werden kann, ob neben der Note auch noch der Klassendurchschnitt anzugeben ist usw., alles Praktiken, die bei einzelnen Lehrern oder an einzelnen Schulen gebräuchlich sind. Dagegen sollen (Ministerium für Kultus und Sport Baden-Württemberg, 1983) „Klassenarbeiten in der Regel nur nach Abschluss einer Unterrichtseinheit, also nach den Phasen der Erarbeitung, Vertiefung, Übung und Anwendung angesetzt werden. Sie sind in der Regel anzukündigen."

Dennoch haben sich in der Praxis bei Konstruktion, Durchführung und Bewertung von Klassenarbeiten eine Fülle von inoffiziellen Verfahren herausgebildet, nach denen in einer Vielzahl von Schulen vorgegangen wird. Solche Verfahrensweisen sind z. B. (nach Dicker, 1979, S. 64 ff.):

– Lehrer wählen für Klassenarbeiten nach subjektiver Einschätzung jeweils 25 % schwere, 50 % mittlere und 25 % leichte Aufgaben aus.
– Drei Viertel aller Grundschullehrer sind der Auffassung, dass die Mehrheit der Schüler (– nicht alle Schüler –) Zeit genug haben müssen, um alle Aufgaben der Arbeit bearbeiten zu können.
– Weit über 90 % der Grundschullehrkräfte bewertet zuerst die Aufgaben einer Arbeit nach Punkten und ordnet erst dann Punktzahl und Notenstufen einander zu. In der Regel werden die verschiedenen Aufgaben der Arbeit mit unterschiedlicher Punktzahl gewichtet.
– Fast 80 % der Grundschullehrer unterteilt jede Aufgabe der Klassenarbeit in Rechenschritte und ordnet dann jeder richtigen Lösung eines Rechenschritts eine bestimmte Punktzahl zu.
– Der eigentliche Notenschlüssel wird von zwei Dritteln der Grundschullehrer vor dem Schreiben der Arbeit auf Grund der erreichbaren Punkte festgelegt. Nur etwa 12 % der Grundschullehrer benutzt einen festen Notenschlüssel bei der Zuordnung von Punkten zu Noten, der immer angewendet wird.

Unabhängig von der Aufgabenzusammenstellung, die durch das Thema der behandelten Unterrichtseinheit, durch die freie Entscheidung der Lehrperson bestimmt ist, aber auch durch die Normerfüllung, also die Bearbeitungsphase durch die Schüler, gibt es beim Beurteilungsprozess der Klassenarbeit folgende (kritische) Phasen:

1. die Gewichtung der Aufgaben,
2. die Vergabe der erreichten Punkte,
3. der Notenschlüssel.

In allen drei Phasen gibt es Unwägbarkeiten, Unsicherheiten und subjektive Freiräume.

Bei der Gewichtung der Aufgaben der Klassenarbeit ordnet der Lehrer den Aufgaben oder Teilaufgaben entsprechende Anteile an der Gesamtpunktzahl auf Grund seiner subjektiven Einschätzung der Schwierigkeitsgrade zu. Wie Kikowatz (1982) gezeigt hat, gibt es hier sowohl bei der Zuteilung der Gesamtpunktzahl als auch bei der Gewichtung der einzelnen Aufgaben zwischen Lehrern erhebliche Unterschiede.

Beispiel:

(3. Klasse, Lehrplaninhalt: Arithmetik/Sachrechnen, nach Kikowatz 1982)

Die Klassenarbeiten aller Schüler einer 3. Klasse wurden vier Grundschullehrern, die die Klasse nicht kannten, zur Bewertung vorgelegt. Dieselbe Arbeit wurde mit maximalen Punktzahlen zwischen 42 und 73 Punkten belegt. Ein und dieselbe Aufgabe wurde bei einem Lehrer mit 14,3 %, von einem anderen Lehrer mit 24 % der Gesamtpunktzahl belegt.

Auch die Vergabe der erreichten Punkte ist in hohem Maß von subjektiven Entscheidungen des Lehrers bestimmt. Für die Vergabeentscheidung werden einzelne Teilschritte und Teillösungen bewertet. Auch die Einschätzung der Fehlerbedeutung variiert bei verschiedenen Lehrpersonen.

Beispiel:

(3. Klasse, Lehrplaninhalt: Arithmetik/Sachrechnen, nach Kikowatz 1982)

In der genannten Klassenarbeit ist folgende Aufgabe zu lösen:
An unserer Grundschule sind 118 Schüler, davon sind 37 im dritten Schuljahr.

Frage: _____

Antwort: _____

Roland bringt folgende Lösung:

Frage: Wie viele sind es ohne das 3. Schuljahr?

Antwort: Ohne das 3. Schuljahr sind es 151 Schüler

1	8	8
−	3	7
1	5	1

Offensichtlich handelt es sich um einen Flüchtigkeitsfehler des Schülers beim Eintragen der Anzahl in den Stellenwertordner. Während ein Lehrer diese Lösung mit 83 % der für diese Aufgabe vorgesehenen Punktzahl bewertet, gibt ein anderer Lehrer lediglich 33 % der Aufgabenpunktzahl.

Der dritte Problempunkt ist der Notenschlüssel, also die Zuordnung von Punktzahl und Note. In der Praxis gibt es hier zwischen verschiedenen Lehrkräften große Differenzen. So berichten Mittelmann und Krampe (1987), dass Lehrer bei der halben maximalen Punktzahl die Note „befriedigend", andere aber schon die Note „mangelhaft" erteilen. Bei einem Viertel der Punktzahl gibt es auch Lehrer, die noch „ausreichend" erteilen, andere die Leistung aber mit „ungenügend" bewerten.

Ein begründeter Lösungsvorschlag wird in 6.4 gemacht.

6.2 Aufstellen der Klassenarbeit

Im Mathematikunterricht der Grundschule sind die Lernprozesse weitgehend vorstrukturiert und folgen der Sachlogik, sodass die Lernziele aufeinander aufbauen. Infolgedessen kann die Lehrerin oftmals auf früher formulierte Prüfungsaufgaben zurückgreifen. Man sollte sich jedoch nicht nur auf dieses Verfahren verlassen und dies nicht nur, weil die Schüler von ihren Vorgängern Informationen über die gestellten Aufgaben haben könnten. Vielmehr ist der Unterricht in jeder Klasse auch weitgehend seinen eigenen Gesetzen unterworfen und unterscheidet sich wesentlich von dem vorangegangener Jahre. Die Klassenarbeit sollte dem Rechnung tragen und sich auf den konkreten Unterricht in der Klasse beziehen.

Besonderer Wert ist auf die *Verständlichkeit* der Aufgabenstellung zu legen. Wie bereits mehrfach dargelegt, soll ja eine Klassenarbeit in Mathematik die mathematischen Fähigkeiten der Kinder und nicht primär ihr Sprachverständnis abprüfen. Die Sprache muss daher der der Kinder angepasst sein: Kurze Sätze, wenig Nebensätze, möglichst keine Fremdworte.

Der Lehrer muss sich vorher über den *Grad der Offenheit* der gestellten Aufgaben Gedanken machen. Es ist z. B. zu überlegen, ob eine Textaufgabe mit einer Frage abgeschlossen wird oder nicht. Je größer die Offenheit und je geringer die Zahl der Angaben, desto weniger werden die Schüler in ihrem Lösungsverhalten festgelegt und desto schwieriger gestaltet sich die Korrektur (Becker, 1988, S. 40). Im Mathematikunterricht neigt man eher zum Gegenteil, also zu geschlossenen Aufgaben. Damit wird zwar die Korrektur eindeutiger und leichter, dem Einfallsreichtum und der Kreativität der Kinder sind jedoch bei der Lösung der Aufgaben damit enge Grenzen gesetzt.

Empfehlenswert ist eine *Variation in der Aufgabenform,* also z. B. das Mischen von reinen Rechenaufgaben und Textaufgaben. Dadurch vermeidet man beim Schüler Ermüdungen. In einer Klassenarbeit sollten auch vorwiegend Aufgaben gestellt werden, die in ähnlicher Form im Unterricht bereits behandelt worden sind. Neuartige Problemstellungen zur Feststellung der mathematischen Denkfähigkeit sind, wie bereits besprochen, besser mündlich abzuprüfen.

Schwierig ist das Abschätzen der *Bearbeitungszeit,* also die Frage, wie viele Aufgaben werden gestellt. Hinweise dazu erhält der Lehrer durch gezielte Beobachtung einzelner Schüler im normalen Unterricht bei der Lösung entsprechender Aufgaben. Ein nicht näher zu begründender Erfahrungswert ist auch der, dass die Lehrkraft zur Lösung der Aufgaben, die im Mathematikunterricht der 3. und 4. Klasse gestellt werden, rund ein Drittel der Zeit benötigt, die die Schüler zur Bearbeitung brauchen. Es ist sinnvoll, nicht zu viele Aufgaben zu stellen, sodass die Schüler die Klassenarbeit in weniger als einer Unterrichtsstunde bequem schaffen können.

Das folgende Beispiel einer Klassenarbeit bezieht sich auf die Inhalte der Klasse 4. Sie entspricht einer sog. Orientierungsarbeit im Lande Baden-Württemberg, die bei der Entscheidung für die weiterführende Schule mitherangezogen wurde. Folglich bezieht sie sich auf die wichtigsten Inhalte der Klasse 4.

Beispiel:

(4. Klasse, Lehrplaninhalt: Zusammenfassung der Rechenleistung vor dem Übergang zu einer weiterführenden Schule)

1. Schreibe richtig untereinander und addiere:
   2 093 + 64 + 233 501 + 433 + 22 400

2. 584 483
   − 6 029
   − 27

3. Multipliziere die Zahlen 40 289 und 37 miteinander!

4. Dividiere 26 145 durch 9!

5. Trage die richtigen Zahlen in die leeren Kästchen ein!

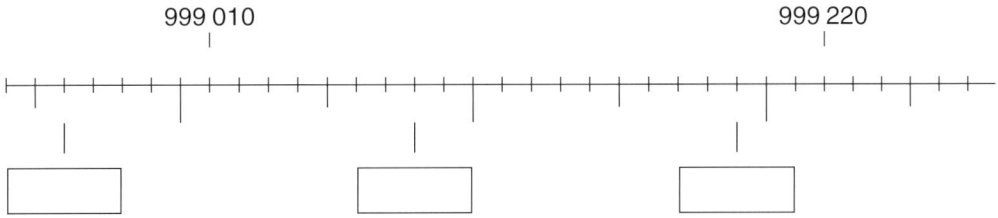

6. Rechne um:
   20 m 3 cm = _____ m
   302 kg = _____ g
   5 802 g = _____ kg
   7 h = _____ min
   218 min = _____ h _____ min

7. Der Berg Matterhorn ist 4 505 m hoch. Ein anderer Berg, der Ätna, ist 1 231 m niedriger. Der Mount Everest ist 5 566 m höher als der Ätna.
   Wie hoch ist der Ätna?
   Wie hoch ist der Mount Everest?

8. Ein Verein kauft 27 Basketbälle, ein Ball kostet 23,75 €. Wie viel muss der Verein bezahlen?

9. Ein LKW wiegt leer 3 400 kg, er darf nur mit so viel Gewicht beladen werden, bis er 9 900 kg wiegt. Darf er dann mit 45 Sandsäcken beladen werden, wenn ein Sack 50 kg wiegt?

10. Fülle aus:

19.43 Uhr – – – – – – – – → 21.17 Uhr

23.07 Uhr – – +̲ ̲1̲ ̲h̲ ̲2̲2̲ ̲m̲i̲n̲ – → _____

_____ – – – +̲ ̲2̲ ̲h̲ ̲3̲ ̲m̲i̲n̲ – → 11.01 Uhr

11. Anna sieht bei ihrer Freundin einen Tierfilm im Fernsehen an. Der Film beginnt um 14.53 Uhr und dauert 1 h 38 min. Anna muss um 17.00 Uhr zu Hause sein. Deshalb nimmt sie den Bus um 16.23 Uhr.
    a) Um wie viel Uhr ist der Film zu Ende?
    b) Kann Anna den Film bis zum Schluss sehen?
    c) Um 18.00 Uhr hält der Bus vor Annas Haus. Wie lange war Anna im Bus unterwegs?

6.3 Durchführung der Klassenarbeit

Auch die Durchführung der Klassenarbeit hat nach bestimmten bewährten Regeln zu erfolgen, einmal, um der Forderung nach Objektivität gerecht zu werden, zum anderen aber auch, um den Bedürfnissen der Kinder entgegenzukommen, die eine Klassenarbeit immer als Stresssituation empfinden.
Es ist daher eine Selbstverständlichkeit, mit der Klassenarbeit pünktlich zu beginnen. Dadurch wird keine Bearbeitungszeit verschenkt, die Kinder werden aber auch nicht unnötig lange auf die Folter gespannt und in ihrer Stresssituation belassen.
Der Lehrer gibt nur die unbedingt nötigen Anweisungen und hält sich darüber hinaus weitgehend zurück. Sie beobachtet von einem festen Platz aus die Schüler und lenkt sie nicht durch Herumgehen im Klassenraum ab. Hat ein Schüler Fragen, so meldet er sich mit einem vorher mit der ganzen Klasse verabredeten Zeichen. Die Lehrkraft geht zum Platz des Schülers und beantwortet die Frage, wenn es nötig ist, individuell und leise.
Die Endzeit der Bearbeitung, z. B. bestimmt durch das Pausenzeichen, ist strikt einzuhalten.

6.4 Bewertung der Klassenarbeit

Klassenarbeiten in Mathematik werden in aller Regel mit einem Punktsystem bewertet. Es hat sich dabei als günstig erwiesen, mit möglichst hohen Punktzahlen zu arbeiten. Dadurch können auch kleinere Teilleistungen bewertet werden und man umgeht das lästige Arbeiten mit halben oder gar Viertelpunkten.

Im Unterrichtsalltag ist es dem Lehrer nicht zuzumuten, für die gestellten Aufgaben nach den Verfahren der Testtheorie die Schwierigkeitsgrade und Trennschärfenkoeffizienten zu bestimmen. Es empfiehlt sich vielmehr, die Punkteverteilung nach den subjektiven Vorstellungen der Schwierigkeit der einzelnen Rechenschritte vorzunehmen.

Als Beispiel wird die Klassenarbeit des vorigen Kapitels zunächst entsprechend dem Schwierigkeitsgrad der Aufgaben mit Punkten versehen.

Beispiel:

(4. Klasse, Lehrplaninhalt: Zusammenfassung der Rechenleistung vor dem Übergang zu einer weiterführenden Schule)

Teilaufgabe 1: insgesamt 4 Punkte, 1 Punkt für das stellengerechte Untereinanderschreiben, 3 Punkte für die richtige Rechnung.

Teilaufgabe 2: insgesamt 2 Punkte, 1 Punkt für das Verfahren der Subtraktion mit mehreren Subtrahenden, 1 Punkt für die richtige Rechnung.

Teilaufgabe 3: insgesamt 3 Punkte, 2 für die richtige Multiplikation, 1 Punkt für die Addition und das richtige Endergebnis.

Teilaufgabe 4: insgesamt 2 Punkte.

Teilaufgabe 5: insgesamt 3 Punkte, 1 Punkt je Zahl.

Teilaufgabe 6: insgesamt 5 Punkte, pro Teilaufgabe 1 Punkt.

Teilaufgabe 7: insgesamt 4 Punkte, 1 Punkt für das Verständnis der Aufgabe, 2 Punkte für die Rechnung, 1 Punkt für den Schlusssatz.

Teilaufgabe 8: insgesamt 4 Punkte, 1 Punkt für die Umwandlung in Cent (da nicht mit Kommazahlen gerechnet wird – Multiplikation nur im Bereich der natürlichen Zahlen –), 2 Punkte für die Rechnung, 1 Punkt für die Umwandlung und den Schlusssatz.

Teilaufgabe 9: insgesamt 4 Punkte, 3 Punkte für die Rechnungen, 1 Punkt für den richtigen Vergleich und den Schlusssatz.

Teilaufgabe 10: insgesamt 3 Punkte, für jedes Teilergebnis einen Punkt.

Teilaufgabe 11: insgesamt 3 Punkte, für die Beantwortung jeder Frage einen Punkt.

Damit ergibt sich eine Maximale Punktzahl (MPZ) von 37 Punkten.

Zur Übersicht legt man eine Korrekturtabelle an, die in der 1. Spalte die Namen der Kinder (hier als Beispiel nur von 5 Kindern), in der 1. Zeile die Aufgabennummern und darunter die für diese Aufgabe zu erreichende Punktzahl enthält. In diese Tabelle trägt man die von den einzelnen Schülern erreichten Punktzahlen ein.

Beispiel:

(4. Klasse, Lehrplaninhalt: Zusammenfassung der Rechenleistung vor dem Übergang zu einer weiterführenden Schule)

Korrekturtabelle

Teilaufgabe:	1	2	3	4	5	6	7	8	9	10	11	Gesamtpz.
Punktzahl:	4	2	3	2	3	5	4	4	4	3	3	37 (MPZ)
Name												PZ
Kathrin	4	2	0	2	0	2	3	4	0	3	1	21
Tanja	4	1	3	2	0	1	0	2	0	1	0	14
Jochen	3	2	2	2	3	3	3	2	4	3	2	29
Helga	4	0	1	0	3	1	3	3	2	1	1	19
Yvonne	4	2	2	2	2	3	4	2	3	2	1	27

Nun erfolgt die schwierige Zuordnung von Noten zu den erreichten Punktzahlen. Zwar wird öfter vorgeschlagen, hier eine Normalverteilung (Gaußverteilung) zugrunde zu legen, doch ist dies sowohl aus statistischen Gründen als auch aus Praktikabilitätsgründen unsinnig. Vielmehr sprechen viele Gründe dafür, die Zuordnung zwischen Punktzahlen und Noten auf die einfachste Art und Weise vorzunehmen, die möglich ist, nämlich linear. Damit wird erreicht, dass jeder Note dasselbe Punktzahlintervall zugeordnet wird. Es ist ja auch mit nichts zu begründen, warum der Note „befriedigend" 6 Punktwerte, der Note „gut" aber nur 3 Punktwerte entsprechen soll.

Als weitere (willkürliche, aber weit verbreitete) Festsetzung sei vereinbart, dass die halbe Maximalpunktzahl noch mit „ausreichend" bewertet wird. Weiterhin sei die Note „sehr gut" nur bei der vollen oder fast vollen Punktzahl zu erreichen. Dementsprechend beginnt die senkrechte Koordinatenachse mit 1 und nicht mit 0. Mit diesen vernünftigen Vereinbarungen ergibt sich folgende Zuordnung:

Beispiel:

(4. Klasse, Lehrplaninhalt: Zusammenfassung der Rechenleistung vor dem Übergang zu einer weiterführenden Schule)

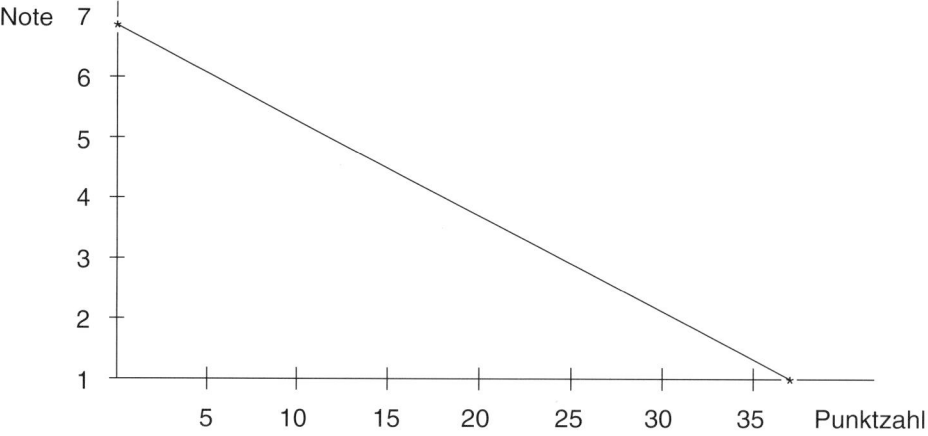

Bei einer anderen maximalen Punktzahl kann diese Grafik entsprechend verändert werden. Man kann auch die Gleichung dieser Geraden aufstellen. Sie lautet:

$$N = (-6/MPZ) \cdot PZ + 7$$

wobei N die Note, MPZ die maximale Punktzahl und PZ die vom Schüler erreichte Punktzahl ist.

Rundet man das Ergebnis auf halbe Noten, so ergibt sich im Falle unseres Beispiels die letzte Spalte der folgenden Zuordnungstabelle:

Beispiel:

(4. Klasse, Lehrplaninhalt: Zusammenfassung der Rechenleistung vor dem Übergang zu einer weiterführenden Schule)

Zuordnungstabelle zwischen Noten und Punkten

Maximale Punktzahl (MPZ): 37

Punkte	Note	mit halben Noten
37	1	1
36	1,2	1
35	1,3	1,5
34	1,5	1,5
33	1,6	1,5
32	1,8	2
31	2,0	2
30	2,1	2
29	2,3	2,5
28	2,5	2,5
27	2,6	2,5
26	2,8	3
25	2,9	3
24	3,1	3
23	3,3	3,5
22	3,4	3,5
21	3,6	3,5
20	3,8	4
19	3,9	4
18	4,1	4
17	4,2	4
16	4,4	4,5
15	4,6	4,5
14	4,7	4,5
13	4,9	5
12	5,1	5
11	5,2	5
10	5,4	5,5
9	5,5	5,5
8	5,7	5,5
7	5,9	6
6	6,0	6
5	6	6
4	6	6
3	6	6
2	6	6
1	6	6
0	6	6

Damit kann die Korrekturtabelle um die Notenspalte erweitert werden:

Korrekturtabelle mit Noten

Teilaufgabe:	1	2	3	4	5	6	7	8	9	10	11		
Punktzahl:	4	2	3	2	3	5	4	4	4	3	3	37 (MPZ)	
Name												PZ	Note
Kathrin	4	2	0	2	0	2	3	4	0	3	1	21	3,5
Tanja	4	1	3	2	0	1	0	2	0	1	0	14	4,5
Jochen	3	2	2	2	3	3	3	2	4	3	2	29	2,5
Helga	4	0	1	0	3	1	3	3	2	1	1	19	4
Yvonne	4	2	2	2	2	3	4	2	3	2	1	27	2,5

Auch die Rückgabe der Arbeit sollte überlegt durchgeführt werden. Becker (1988, S. 73) warnt vor sinnentleerten Ritualen, wie dem Ordnen der Hefte nach den Noten oder dem Ratenlassen der Schüler, wer welche Note hat. Pädagogisch sinnvoll ist vielmehr das sofortige Austeilen der unsortierten Hefte. Auch für die Lehrerin sollte die Klassenarbeit ein Mittel sein, über ihren Unterricht nachzudenken. Klassenweite Leistungsdefizite können auch als Lehrdefizite der Lehrperson interpretiert werden.

7 Tests

7.1 Standardisierte Tests

Klassenarbeiten sind Leistungsmessungen, die auf eine bestimmte Klasse bezogen sind und deshalb eigentlich nur Leistungsvergleiche innerhalb der Klasse ermöglichen. Will man sich jedoch einen Überblick darüber verschaffen, wie einzelne Schüler oder die ganze Klasse leistungsmäßig einzuordnen sind, so kann dazu ein sog. „standardisierter Test" eingesetzt werden.

Unter einem standardisierten Test versteht man nach Feller (1983, S. 68) ein wissenschaftlich entwickeltes, hinsichtlich der Objektivität, Reliabilität und Validität analysiertes, unter Standardbedingungen durchgeführtes normiertes Verfahren, das normorientiert oder lernzielorientiert sein kann. In der Regel ist es an Stichproben von 2 000 bis 3 000 Schülern entwickelt worden.

Ein normorientierter Test beschreibt die relative Stellung des Getesteten zu den anderen Individuen der Stichprobe, er dient also dem Vergleich des einzelnen Schülers zu den Schülern derselben Klassenstufe.

Ein lernzielorientierter Test ist nach (z. B. im Lehrplan) festgelegten Kriterien ausgerichtet. Das Ergebnis dieses Tests sagt etwas darüber aus, ob die gewünschten Lernziele (etwa der 3. Klasse der Grundschule in Baden-Württemberg) erreicht wurden. Diese Aussage kann unabhängig von anderen Schülern gemacht werden.

Die Unterscheidung in normorientierte oder lernzielorientierte Tests ist jedoch keine prinzipielle Alternative. Nach Ingenkamp (1976, S. 48) besteht zwischen beiden Testarten nur ein gradueller Unterschied, da Lernziele, vor allem die des Lehrplans, ja nicht ohne Bezug auf den lernenden Menschen gesetzt werden. Die meisten auf dem Markt befindlichen standardisierten Tests sind schwerpunktmäßig normorientiert und wurden zum Vergleich mit einer großen Schülerstichprobe entwickelt.

Standardisierte Tests können noch eine weitere Funktion haben, nämlich die der Diagnose. Ein diagnostischer Test will (nach Glück, 1971, S. 88) ein detailliertes Bild der Stärken und Schwächen der Versuchsperson in einem Gebiet liefern. Er soll die Fehler erfassen und die Ursachen ermitteln, die zu den falschen Ergebnissen geführt haben. Man erwartet, dass man die Ursachen für Mängel der Versuchsperson in diesem Gebiet bestimmen und die Richtung für eine Therapie angeben kann. Somit kann ein diagnostischer Test auch zur Analyse des Lernprozesses verwendet werden.

Bei diagnostischen Tests wird daher zur Auswertung auch angegeben, welche typischen Fehler auftauchen. Hierbei zeigt sich, was auch alle Untersuchungen zur Fehleranalyse (siehe Kap. XIII. 3) ergeben, dass Schüler Fehler kaum aus Gedankenlosigkeit machen, sondern dass sie in aller Regel eine regelrechte Strategie anwenden, die zwar falsch ist, aber konsequent durchgehalten wird.

Ein typischer diagnostischer Test ist der ZR 4+ (Krüger u. a., 1965) für die 4. Klasse Grundschule, der die wichtigsten Inhalte des 4. Schuljahrs abprüft, nämlich Beherrschung des Zahlensystems, das Kopfrechnen in den vier Grundrechenarten, die Sicherheit in den schriftlichen Lösungsverfahren und das Rechnen mit Größen.

Beispiel:

(4. Klasse, Lehrplaninhalt: Arithmetik, nach ZR 4+)

Eine Aufgabe des ZR 4+ heißt:

Wie heißt die vorhergehende Zahl?
Vor 91 000 steht: _____

Im Lösungsheft liest man:
Richtige Lösung: 90 999
Typische Fehler: 90 000, 91 999, 99 999

Standardisierte Tests unterscheiden sich auch hinsichtlich der Beantwortungsart durch den Schüler. Es gibt Tests, die mit Auswahlantworten beantwortet werden müssen, und solche, die freie Antworten erfordern.

Standardisierte Tests mit *Auswahlantworten* können sich sowohl hinsichtlich der Anzahl der angebotenen Wahlmöglichkeiten (2 oder mehr) als auch hinsichtlich der Anzahl der geforderten richtigen Lösungen (1 oder mehr) unterscheiden. Die häufigste Art ist die Auswahlantwort mit Vierer-Auswahl und Einer-Lösung. Bei einem solchen Verfahren gelingt es nach Ingenkamp (1976, S. 53) meistens, genügend sinnvolle Alternativen (Distraktoren) zur richtigen oder besten Lösung zu finden. Dadurch wird die Möglichkeit, die richtige Lösung zu erraten, so gering, dass sie vernachlässigt werden kann. Ein solcher standardisierter Test mit Vierer-Auswahl und Einer-Lösung ist der „kombinierte Schultest" von Mietzel (1974), der neben Wortverständnis, Leseverständnis, Rechtschreibung, Zeichensetzung, Sprachbeherrschung, Kartenverständnis usw. auch das Verständnis mathematischer Probleme und rechnerischer Probleme abprüft. Hier zur Erläuterung einige Testfragen für das 3. Schuljahr.

Beispiel:

(3. Klasse, Lehrplaninhalt: Arithmetik, nach Mietzel, kombinierter Schultest, 3. Schuljahr, Verständnis mathematischer Probleme, Form A)

Ein Zug fährt um 21 Uhr in Braunschweig ab und kommt um 1.45 Uhr in Köln an. Wie lange war er unterwegs?
a   5 Std. 15 Min.
b   20 Std. 55 Min.
c   4 Std. 45 Min.
d   16 Std. 15 Min.

Welche Zahl erhältst du, wenn du zu der Zahl 5 noch 9 Hunderter, 3 Zehner und 8 Einer addierst (hinzuzählst)?
a   935
b   943
c   888
d   394

Wie musst die Zahl neuntausendundneun richtig geschrieben werden?
a   9 009
b   90 009
c   9 900
d   9 090

Die andere Möglichkeit zur Bearbeitung standardisierter Tests ist die *freie Beantwortung.* Sie kann verbal, numerisch oder in bildlicher Form geschehen. Am häufigsten kommt die Kurz-Antwort vor. Sie verlangt von der Testperson die eigenständige Formulierung der Antwort, was bei Rechenaufgaben unproblematisch ist.

Standardisierte Tests mit freier Beantwortung erfordern so präzise Aufgabenstellungen, dass eindeutig zwischen richtigen und falschen Antworten unterschieden werden kann, was im Fach Mathematik besonders einfach ist.

Als Beispiel für einen standardisierten Test mit freier Beantwortung sei der Stufentest „Mathematische Sachzusammenhänge 4" von Kopka (1976) erwähnt.

Beispiel:

(3. Klasse, Lehrplaninhalt: Sachaufgaben, nach Kopka, Stufentest, Mathematische Sachzusammenhänge, Form A)

Drei aufeinander folgende Aufgaben des Tests lauten:

Birgits Vater hat Nachtschicht und kommt um 6 Uhr früh nach Hause. Er legt sich gleich ins Bett und steht 1 Stunde vor dem Mittagessen auf.
Gegessen wird um 2 Uhr, also

kann er knapp _____ Stunden schlafen.

Rolf spart für ein Fahrrad. Das Rad kostet 157 €. Er hat schon 37 € zusammen. Zu seinem 12. Geburtstag schenkt ihm Tante Erna 20 € und sein Opa 25 €.

Es fehlen ihm noch _____ €.

Ein Ballen Vorhangstoff enthält 30 Meter. 10 Ballen wurden morgens vom Lager geholt. Bis 10 Uhr wurden davon zuerst 12 Meter Stoff, dann 6 Meter, dann 15 Meter als ganze Stücke verkauft.

Dazu mussten _____ Ballen angeschnitten werden.

An diesen Aufgaben wird besonders deutlich, dass sie sich kaum von denen in einer Klassenarbeit unterscheiden. Der entscheidende Unterschied zwischen einer Klassenarbeit und einem standardisierten Test liegt nicht in unterschiedlicher Aufgabenformulierung, sondern darin, dass die Aufgaben eines standardisierten Tests einer empirischen Aufgabenanalyse unterzogen worden sind, bei der Schwierigkeitsgrad, Trennschärfe, Reliabilität und Validität der Aufgaben auf Grund der großen Stichprobe systematisch bestimmt wurden. All diese Angaben sind aus den Begleitheften der Tests zu entnehmen.

7.2 Informelle Tests

Eine Mittelstellung zwischen einem standardisierten Test und einer Klassenarbeit nimmt der sog. informelle Test ein. Als einen informellen Test bezeichnet man eine objektive Leistungsmessung, die der Lehrer einzeln oder in Kooperation mit anderen für eine bestimmte Lerngruppe, z. B. eine Klasse, konstruiert, ohne sie an einer so großen Stichprobe wie der standardisierte Test zu validieren (Ingenkamp, 1976, S. 57). Im Gegensatz zur Klassenarbeit sind die Aufgaben beim informellen Test durch sorgfältige Analysen erprobt. Durch die genaue Planung der zu erbringenden Antworten können mehr Aufgaben bearbeitet werden und damit wird die Möglichkeit zufälliger Lösungen herabgesetzt.
Der Nachteil von informellen Tests ist allerdings die fehlende Normierung an ausgewählten Stichproben. Informelle Tests sollen ja nur der Lehrerin Aussagen über Stärken und Schwächen einzelner Schüler machen und nicht unbedingt den Vergleich mit anderen Lerngruppen, z. B. anderen Klassen ermöglichen.
Als Beispiel sei hier ein Auszug aus einem informellen Test angegeben, der das Thema „Gewicht" behandelt.

Beispiel:
(4. Klasse, Lehrplaninhalt: Größen – Gewicht, nach Petersen, 1987, S. 15)

1. Schätze das Gewicht!

Apfel _____ ausgewachsener Elefant _____

10-ct-Stück _____ Tischtennisball _____

volle Sprudelkiste _____ Hühnerei _____

2. Wie viele kg sind 2000 g?   2000 g = _____ kg

   Wie viele kg sind ½ t?   ½ t = _____ kg

   Wie viele g sind 1 t?   1 t = _____ g

3. Wandle in die angegebene Einheit um!

   2 kg 355 g = _____ g   1 t 800 kg = _____ kg

   12 kg 60 g = _____ g   10 t 5 kg = _____ kg

   4,900 kg = _____ g   48,508 kg = _____ g

   usw.

4. Rechne aus!

   250 g + 5 kg 500 g + 10 kg   = _____

   2 t 50 kg + 40,150 t + 2 200 kg   = _____

   10 t 900 kg – 5 t – 800 kg   = _____

   usw.

5. Frau Müller bereitet ein Fest vor:

   Beim Metzger kauft sie 7 verschiedene Wurstsorten zu je 250 g ein. Wie viele kg Wurst nimmt sie mit nach Hause?

   _____

   Eine Käseplatte richtet sie mit 6 verschiedenen Käsesorten her. Von 5 Sorten hat sie je 180 g, von der 6. Sorte nur 150 g. Wie viele kg Käse sind auf der Platte?

   _____

   usw.

6. In einem Fahrstuhl steht auf einem Schild:

   ┌─────────────────────────────┐
   │   1 200 kg Traglast oder   │
   │   15 Personen   │
   └─────────────────────────────┘

   Welches Gewicht nimmt man für eine Person an?

7. Wenn du fertig bist, wiege an dem Tisch mit der Waage die Kreide und das Mathematikbuch und trage die Ergebnisse ein!

   Kreide: _____

   Mathematikbuch: _____

Diesen selbst gefertigten informellen Test kann die Lehrkraft am Ende der Unterrichtseinheit „Gewichte" oder zur Vorbereitung der Orientierungsarbeiten nach Belieben einsetzen. Dadurch lassen sich sowohl jeweils die eigenen Klassen vergleichen, der Test kann aber auch zur Feststellung der Leistung einzelner Schüler herangezogen werden.

XIII. Lernschwierigkeiten

1   Vorbemerkungen

„Lernschwierigkeiten sind normale Erscheinungen in normalen Lernprozessen" (Floer, 1984, S.112). Mit dieser Auffassung wird das Problem der Lernschwierigkeiten heute charakterisiert und auf einer Ebene diskutiert, die sich von einseitigen Erklärungsversuchen und Schuldzuschreibungen distanziert. Lernschwierigkeiten sind ein universelles und vielschichtiges Problem und alle Erklärungsversuche für sich allein genommen treffen jeweils nur eine Komponente dieser vielschichtigen Erscheinung. Sowohl Begründungen von Lernschwierigkeiten auf Grund von Lernbehinderungen des Schülers als auch Erklärungsversuche, die am System Schule ansetzen, können immer nur zu Teilinterpretationen herangezogen werden.

Lernschwierigkeiten können sich auf Grund verschiedenster Ursachen einstellen. Diese reichen von Lernbehinderungen und Teilleistungsschwächen des einzelnen Schülers bis zu Fehleinschätzungen des eingeschlagenen methodischen Weges und außerschulischen Bedingungen.

Im Folgenden wird versucht, Lernschwierigkeiten danach zu klassifizieren, wo ihre Ursachen liegen können, beim Schüler, beim Lehrer, bei der angewandten Methode oder im außerschulischen Bereich. Weiterhin werden zwei für die heutige schulische Diskussion bedeutsame Problemfelder im Zusammenhang mit Lernschwierigkeiten behandelt, nämlich die Fehleranalyse und das Problem der Ausländerkinder.

2   Arten von Lernschwierigkeiten

2.1   Lernschwierigkeiten durch die Person des Schülers

2.1.1 Allgemeine Lernbehinderungen

Lernschwierigkeiten im Mathematikunterricht können natürlich zunächst die Folge einer allgemeinen Intelligenzschädigung des Schülers sein. Üblicherweise wird hier, wie auch im Bereich Sonderschulen, eine schwerere Behinderung, die geistige Behinderung (z.B. bei mongoloiden Kindern) und die leichtere Form, die Schwachbegabung oder Lernbehinderung unterschieden. Die Unterscheidung zwischen normaler Intelligenz, Schwachbegabung und geistiger Behinderung ist ein Problem der Psychologie und wird dort u.a. mit Hilfe von Intelligenzmessungen durchgeführt. Die Grundschullehrer sind in dieser Frage überfordert und müssen sich auf die Hilfe von dazu ausgebildeten Personen, z.B. Sonderschullehrern oder Schulpsychologen verlassen.

Wie schwer die Erarbeitung mathematischer Grundbegriffe mit geistig behinderten Kindern ist, geht aus einer Arbeit des Verfassers hervor, die er mit Lehrkräften der Sonderschule für geistig Behinderte durchführte (Harsch, u. a., 1983). Die Kinder, die zwischen 8 und 11 Jahren waren, zeigten ein sog. Intelligenzalter von 3 bis 6 Jahren.

Beispiel:

(2. Klasse Sonderschule für geistig Behinderte, Lehrplaninhalt: Arithmetik, nach Harsch 1983)

Für die für den Zahlbegriff grundlegenden Vorstellungen des „gleich viel" – „mehr" musste eine Behandlungszeit von 1 Monat angesetzt werden,
für „mehr" – „weniger" bei Mengen mit bis zu 5 Elementen: 3 Monate,
für eindeutige und provozierte Zuordnungen: 2 Monate,
für die Behandlung der Zahlen 2 und 3 einschließlich des Schreibens der Ziffern: 2 Monate,
für die Behandlung der 3 einschließlich der Zerlegung und des Schreibens der Ziffer: 1 Monat,
für die Behandlung der 4 einschließlich Aufgliedern und Schreibübungen: 1 Monat.

Natürlich gibt es Definitionen für Lernbehinderungen. So gibt Bach (zitiert nach Willand, 1983, S. 30) folgende Definition: Im Allgemeinen wird ein Kind als lernbehindert angesehen, wenn seine seelisch-geistige Gesamtsituation um etwa ein bis zwei Sechstel unterhalb des Regelbereichs liegt, sich also im Rahmen dessen befindet, was bei einem Intelligenzquotienten von etwa 60/65 bis 80/85 unter mäßigen sonstigen Bedingungen an Lernleistungen zu erwarten ist.

Selbstverständlich ist eine Definition von Lernbehinderung lediglich auf Grund einer verminderten Intelligenz problematisch. Man ist dadurch verleitet, alle Lernbehinderungen auf diesen Faktor zurückzuführen, wobei offensichtlich auch andere Faktoren für Lernbehinderungen verantwortlich sind, etwa erschwerte Lernsituationen, Defizite im Grundschulunterricht selbst oder die spezielle Lebensproblematik des Schülers. So wird deshalb die allgemeine Lernbehinderung überwiegend heute definiert vor dem Hintergrund der Anforderungen in Grund- und Hauptschule. Die ständige Konferenz der Kultusminister hat 1977 lernbehinderte Kinder so definiert: „Als ‚lernbehindert' gelten Kinder und Jugendliche, die umfänglich und andauernd in ihrem Lernen beeinträchtigt sind, dadurch deutlich von der Altersnorm abweichende Leistungs- und Verhaltensformen aufweisen und trotz des Angebotes besonderer Lernhilfen in der Grund- und Hauptschule nicht oder nicht hinreichend gefördert werden können" (zitiert nach Grissemann, 1989, S. 25).

Es ist hier nicht der Ort eine Mathematikdidaktik für Sonderschulen für Lernbehinderte darzustellen. Dies wird auch für den Lehrer an einer „normalen" Grundschulklasse nicht wichtig sein. Es seien aber doch einige Vorschläge (nach Ottmann, 1980) wiedergegeben, die für den Mathematikunterricht in der Sonderschule für Lernbehinderte gelten, die dann auch im differenzierten Unterricht der Grundschule bei Kindern mit leichteren Lernbehinderungen angewandt werden können.

- Mehr noch als bei normalen Grundschulkindern sollen die Kinder die mathematischen Begriffe und Operationen aus Handlungen abstrahieren. Hierbei ist an die Aktivitätsstufen von Bruner (siehe Kap. IV. 3.5) zu denken. Dabei sollen die Kinder diese Stufen mit eigener Lerngeschwindigkeit durchlaufen. Die Lösung kann auf verschiedene Art erarbeitet werden, etwa durch Anmalen, Ausschneiden oder durch Zeichnen von Linien und Pfeilen.
- Besonders wichtig für diese Kinder ist die Freude am Tun. Der affektive Bereich soll ebenso zur Geltung kommen wie der kognitive und der motorische Bereich.
- Wegen des häufig festzustellenden mangelnden Sprachverständnisses der Schüler sollen die Anweisungen möglichst averbal gestaltet werden, also durch bildliche Darstellungen, Vormachen und so weiter. Sprachverständnis und Sprechfähigkeit sollen nicht Gradmesser des Erfolges sein.

Beispiel:
(1. Klasse Sonderschule für Lernbehinderte, Lehrplaneinheit Eigenschaften von Gegenständen, nach Ottmann, 1980, S. 33)

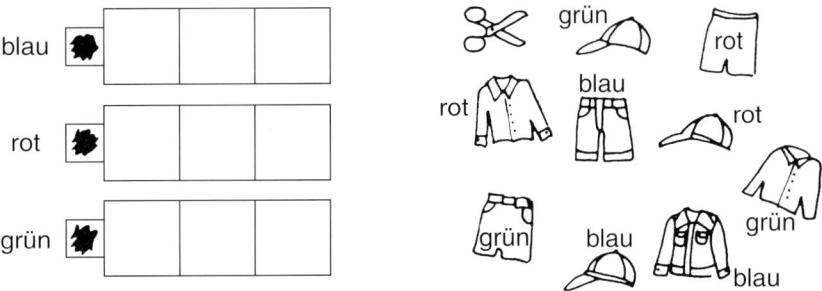

Die Kinder sollen die Kleidungsstücke zunächst anmalen und dann ausschneiden. Die Ausschnitte werden dann in die leeren Kästchen der Zeilen einsortiert, dass Mützen, Hosen und Jacken jeweils untereinanderstehen.

2.1.2 Lernbehinderungen im kognitiven Bereich

2.1.2.1 Teilleistungsschwächen

Teilleistungsschwächen sind in anderen Fächern der Grundschule seit langem bekannt und werden oft diskutiert. Man denke nur an die Problematik der Lese- und Rechtschreibschwächen im Deutschunterricht. Für den Mathematikunterricht in der Grundschule ist die Frage der Teilleistungsschwächen zwar auch seit längerem bekannt, wird aber lange nicht so breit diskutiert wie im Fach Deutsch. Schon die Frage der Existenz primärer Rechenstörungen ist umstritten. Dabei sind primäre Rechenstörungen solche, die sich unabhängig von anderen zerebralen Funktionen entwickeln (Weinschenk, 1970, S. 46). Sekundäre Rechenstörungen entstehen dagegen als Folge der Schädigung oder des Ausfalls anderer zerebraler Leistungen. Während ein Teil der Autoren zu dem Ergebnis kommt, dass isolierte Rechenstörungen nicht aufzufinden sind, also eine sog. „Akalkulie" oder „Dyskalkulie" im engeren Sinn gar nicht existiert und Rechenstörungen immer in Begleitung anderer Ausfälle auftauchen, beharren andere darauf, dass es z. B. angeborene Rechenstörungen bei sonst normaler Intelligenz gibt.

Weinschenk berichtet ausführlich über den folgenden Fall:

Beispiel:

(nach Weinschenk, 1970, S. 87)

Magdalena, elfjährig, das einzige Kind von begüterten Eltern, besuchte zunächst 1,5 Jahre die Dorfschule, wo die Einführung des Rechenunterrichts mit Stäben geschah. Das Mädchen versagte vollkommen. Dann kam sie in die Stadtschule. Dort leistet sie in allen Fächern Überdurchschnittliches, bis auf die Fächer Rechnen und Geographie. Bei der Untersuchung durch die Psychologin Elisabeth Helle ergaben sich u. a. folgende Befunde:

Bei der Addition zeigten sich im Zahlenraum bis 10 bei richtigen Antworten die folgenden Merkwürdigkeiten: Aufgaben mit Summanden 1 oder 5 (9 + 1 , 5 + 4) wurden schnell und sicher gelöst. Aufgaben mit zweitem größeren Summanden wie 1 + 6 löste sie nur, wenn sie die Summanden vertauschte. Im Zahlenraum 6 bis 9 herrschte merkwürdige Dunkelheit. Aufgaben wie 3 + 4, 2 + 6 konnte sie nur mit den Fingern rechnen und die Rechendauer verlängerte sich um das Drei- bis Fünffache. Dasselbe wiederholte sich bei sämtlichen Additionsaufgaben des beliebig erweiterten Zahlenraums ohne Zehnerüberschreitung.

Schwieriger noch als die Addition fällt ihr die Subtraktion. Schon im Zahlenraum bis 10 finden sich unter 20 Aufgaben 12, die sie nur mit Hilfe der Finger lösen kann, darunter noch 4 Fehlreaktionen: 8 − 6 = 0, 8 − 7 = 2, 8 − 4 = 3, 8 − 4 = 5. Die Addition mit Zehnerüberschreitung macht ihr große Schwierigkeiten. Sie nimmt fast ausnahmslos die Finger zu Hilfe. Auf die Frage: „Was liegt zwischen 4 und 8?" reagiert sie nur mit einem verständnislosen Blick: „Das verstehe ich nicht." Obwohl sie ein gutes Gedächtnis hatte, beherrschte sie das kleine Einmaleins in keiner Weise. Schon die Reihe mit 2 wird von vorne an durch sukzessiven Aufbau mit 2 mittels Addition zustande gebracht. Division war für Magdalena ein Buch mit sieben Siegeln.

Die Intelligenzuntersuchung dieses Mädchens erbrachte einen IQ von 107, die Gedächtnisprüfung ergab ebenfalls überdurchschnittliche Leistungen.

Bei der Untersuchung ergaben sich stets Hinweise darauf, dass die Begabungsschwäche des Mädchens im rechnerischen Bereich durch personelle Faktoren (Entmutigung, Fehlerziehung – Äußerung des Vaters: „Ein Mädchen muss nicht rechnen können; wenn du nur gut Klavier spielen kannst, dann bin ich glücklich.") verstärkt waren. Die Versuchsleiterin kommt zu folgendem Schluss: „Zusammenfassend glauben wir also bewiesen zu haben, dass die erstaunliche Rechenschwäche unserer intelligenten Versuchsperson zurückzuführen ist auf eine erhebliche Fähigkeit zur Reproduktion optischer Daten (Visualität), der damit natürlicherweise verbundenen Lernunlust im Rechnen und aus der Struktur ihres auf psychopathischer Grundlage beruhenden Charakters."

Es ist fraglich, ob die Diskussion über primäre und sekundäre Teilleistungsschwächen im rechnerischen Bereich weiterführt. Mathematikspezifische Teilleistungsschwächen kann man dagegen phänomenologisch definieren, etwa (nach Radatz/Schipper, 1983, S. 219):

Mathematikspezifische Teilleistungsschwächen bestehen in einem Versagen in einem Teilbereich der Mathematik (z. B. Rechenversagen) bei anderen zumindest befriedigenden Leistungen in anderen Unterrichtsinhalten. Sie lassen sich auffassen als minderentwickelte Wahrnehmung, Speicherung und Verarbeitung mathematischer Informationen im Vergleich zur sonstigen intellektuellen Entwicklung und bei mindestens durchschnittlichen Gesamtintelligenzleistungen.

Will man Teilleistungsschwächen, die im Mathematikunterricht bedeutsam sein können, klassifizieren, so eignet sich besonders ein System, das die Möglichkeit gezielter Maßnahmen zur Behebung dieser Schwäche umfasst. Eine solche Klassifikation wurde von Lorenz (1984, S. 76) vorgeschlagen:

1. Störungen im taktil-kinästetischen Bereich

Diese Störungen sind zunächst unauffällig, beeinflussen aber die Rechenfähigkeit und vor allem die Raumvorstellung. Sie treten z. B. auf bei Kindern auf Grund eines langen Krankenhausaufenthalts oder des Tragens eines Gipskorsetts. Offensichtlich wird das Raumvorstellungsvermögen dieser Kinder vermindert, weil sie kein eigenes oder ein gestörtes Körperschema entwickeln. Dabei ist Raumvorstellung nicht nur für geometrische Fähigkeiten von Bedeutung, auch im arithmetischen Bereich ist Raumvorstellung wichtig, etwa bei der Kleiner/Größer-Beziehung von Zahlen, beim Runden und Überschlagen und auch beim vorstellenden Rechnen. Diesem Sachverhalt entspricht auch der Bericht eines Lehrers in einer Schule für Körperbehinderte, der große Schwierigkeiten der Schüler im arithmetischen Bereich konstatierte.

2. Störungen bei der auditiven Wahrnehmung, Speicherung und Reihung

Die Teilleistungsschwäche der auditiven Wahrnehmung wirkt sich natürlich auf das schulische Verhalten des Kindes insgesamt aus. Diese Kinder fallen im Unterricht wegen mangelnder Aufmerksamkeit, hoher Ablenkbarkeit und Unkonzentriertheit auf. Mathematikproblematisch sind aber Störungen bei der Speicherung auditiver Reize. Zahlreiche Aufgaben verlangen die kurzfristige Speicherung, so etwa das Verarbeiten (Aufschreiben, Weiterrechnen) von großen Zahlen wie 456 328, das Behalten von Zwischenergebnissen beim Kopfrechnen, z. B. beim Einmaleins und beim schriftlichen Rechnen. Bei Textaufgaben muss der sprachliche Zusammenhang einige Zeit gespeichert bleiben. Auf Grund dieser Zusammenhänge kommt es zu einer höheren Fehleranfälligkeit beim Rechnen. Dies wird besonders deutlich, wenn man bedenkt, dass im Mathematikunterricht der Grundschule ca. 500 neue Begriffe verstanden werden müssen (Lorenz, 1984, S. 79).

Auditive Teilleistungsschwächen werden in der frühen Kindheit erst sehr spät bemerkt. Die volle Auswirkung dieser Schwächen kommt aber erst in der Schule zum Tragen, da der Schulunterricht ja überwiegend auf Grund sprachlicher Kommunikation verläuft.

3. Störungen im visuellen Bereich

Hierbei handelt es sich um Teilleistungsschwächen bei der Wahrnehmung und dem Speichern von visuellen Reizen und dem Operieren mit ihnen. Wie bei den taktilen Teilleistungsschwächen, so sind auch die visuellen Störungen keineswegs nur im geometrischen Bereich von Bedeutung. Vielmehr ist ja die Mathematik in der Grundschule reich an ikonischen Darstellungen und Schemata, zu deren Aufnahme teilweise sehr differenziertes Sehen erforderlich ist.

Beispiel:

(2. Klasse Lehrplaneinheit Arithmetik, nach Radatz/Schipper, 1983, S. 220)

Die abgebildete Dingmenge ist nach der Basiszahl 3 zu bündeln:

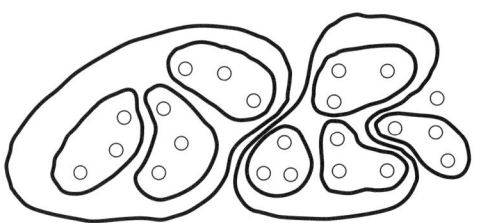

Neun.	Drei.	Ein.
2	1	1

Schwächen im visuellen Bereich lassen sich weiter aufschlüsseln in:

– Schwächen in der Figur-Grund-Diskrimination, etwa beim Analysieren von Venndiagrammen,
– Schwächen in der Wahrnehmungskonstanz, der Erkennung von Figuren bei verschiedenen Lagen und räumlichen Anordnungen:

Beispiel:

(4. Klasse, Lehrplaninhalt: Geometrie)

Ein häufiges Fehlurteil ist die Deklarierung eines Quadrats, das auf der Spitze steht, als Raute.

Quadrat   Raute

– Schwächen bei der Wahrnehmung räumlicher Beziehungen, die vor allem dann zustande kommen, wenn räumliche Gebilde zweidimensional abgebildet werden.
– Schwächen bei der Wahrnehmung der Reihenfolge optischer Impulse. Dies spielt eine besondere Rolle bei der ikonischen Darstellung (siehe Kap. IV. 3.5), bei der ja zwei oder mehr Zustände gleichzeitig dargestellt werden müssen.

Beispiel:

(1. Klasse, Lehrplaninhalt: Arithmetik)

So wird z. B. die einfache Addition 5 + 3 = ☐ häufig bildlich so dargestellt:

Das Kind muss in der linken Darstellung den Anfangszustand einer Handlung und in der rechten den Endzustand erkennen. Häufig werden beide Teildarstellungen zusammengezogen und das Kind gibt als Ergebnis 16 an.

Auf Schwächen in der Wahrnehmung der Reihenfolge optischer Impulse sind wohl auch die jedem Grundschullehrer bekannten spiegelbildlichen Zifferndarstellungen (speziell der 1, 3, 4 und 7) zurückzuführen. Diese Erscheinung kann aber auch entwicklungspsychologisch bedingt sein und sich später verlieren.

4. Störungen bei der Intermodalität

Mathematische Vorstellungen werden im Allgemeinen vielschichtig gelernt und gespeichert, nämlich z. B. als sprachliche Begriffe und als visuelle Bilder. Durch sprachliche Äußerungen werden dann die entsprechenden bildlichen Vorstellungen hervorgerufen und umgekehrt. Es gibt Kinder, bei denen dieser intermodale Transfer gestört ist.

Beispiel:

(2. Klasse Lehrplaninhalt: Arithmetik, nach Lorenz, 1984, S. 91)

Beate (8 Jahre) besucht die 2. Klasse einer Grundschule. Sie hat keine Schwierigkeit, Zahlen, Aufgaben und Texte abzuschreiben, vorzulesen und erfolgreich zu bearbeiten. Es gelingt ihr aber nie, gehörte Zahlen oder Zahlendiktate aufzuschreiben und damit zusammenhängende Kopfrechenaufgaben zu lösen.

2.1.2.2 Subjektive Erfahrungbereiche

Im Zusammenhang mit Lernschwierigkeiten im kognitiven Bereich sei auch der Forschungsbereich der sog. „subjektiven Erfahrungsbereiche" (Bauersfeld, 1983, S. 1) erwähnt. Hierbei handelt es sich um ein Modell der Speicherung von Erfahrung durch das Individuum, das durch die jeweilige *situative Bindung* der Erfahrung gekennzeichnet ist. Die subjektiven Erfahrungsbereiche umfassen alle durch das Individuum als subjektiv wichtig empfundenen Erfahrungen einer Situation. Sie sind deutlich voneinander getrennt. Das Kind baut entsprechend seiner Erfahrung voneinander getrennte „Mikrowelten" auf, in denen es selbstständig rechnerische Erfahrungen macht. So schildert Lawler (zitiert nach Bauersfeld, 1983, S. 16) bei seiner Tochter Miriam allein 4 solcher „Mikrowelten", nämlich:

Beispiel:

(nach Bauersfeld, 1983, S. 17)

– die „Zähl-Welt", in der Miriam schon vor dem 5. Lebensjahr mit ihren Fingern Objekte abzählen konnte. Mündlich gestellte Aufgaben wie 17 + 6 werden an den Fingern abzählend gelöst: „achtzehn, neunzehn, … dreiundzwanzig – dreiundzwanzig ist die Antwort."

- die „Geld-Welt", in der die rechnerischen Erfahrungen mit Geldstücken gespeichert sind. Miriam weiß, dass 15 Cents plus 15 Cents 30 Cents sind (weil ihre beliebte Kaugummisorte 15 Cents das Päckchen kostet und ihr Taschengeld von 30 Cents ihr erlaubt zwei Kaugummipäckchen zu kaufen).
- die „Dekaden-Welt". Dazu muss man wissen, dass Miriam Erfahrungen mit dem Computer und der Programmiersprache für Kinder „LOGO" hatte, wo die Bewegung einer Schildkröte in Zehnerschritten gesteuert wurde. Miriam kann 90 + 90 = 180 rechnen, obwohl sie 9 + 9 nicht rechnen kann.
- die „Papiersummen-Welt", in der Zahlen auf dem Papier spaltenweise schriftlich addiert werden.

Diese Erfahrungsbereiche sind streng voneinander getrennt und Miriam löst dasselbe Problem jeweils mit den Mitteln der verschiedenen Welten.

- Die Frage „Wie viel ist fünfundsiebzig und sechsundzwanzig?" löst sie abzählend „siebzig, neunzig, sechsundneunzig, siebenundneunzig, … hundert, eins-null-eins."
- Die Frage „Wie viel ist fünfundsiebzig Cents und sechsundzwanzig?" unmittelbar anschließend gestellt, wird mit „Das sind drei Quarter, vier und ein Penny (das 1-Cent-Stück wird umgangsprachlich Penny genannt), ein Dollar eins" beantwortet.
- Die später schriftlich in vertikaler Anordnung gegebene gleiche Aufgabe löst Miriam spaltenweise mit Übertrag.

Mit der Vorstellung der subjektiven Erfahrungsbereiche erklärt sich auch die jedem Grundschullehrer bekannte Tatsache, dass Kinder Aufgaben, die sie mit unbenannten Zahlen nicht lösen können, auf Anhieb lösen, wenn dieselbe Aufgabe mit Geldwerten gestellt wird.

2.1.2.3 Lernbehinderungen auf Grund der Sprache

Bei den zahlreichen Lernbehinderungen im kognitiven Bereich sei hier speziell auf die Probleme aufmerksam gemacht, die mit der Verwendung der mathematischen Fachsprache zusammenhängen. Mathematik wird häufig als erste Fremdsprache für die Grundschulkinder bezeichnet. Wie bereits erwähnt, werden allein im Mathematikunterricht der Grundschule ca. 500 neue Begriffe verwendet. Dazukommt, dass die gleich lautenden Ausdrücke der mathematischen Fachsprache und der Umgangssprache völlig verschiedene Inhalte aufweisen können.

Beispiel:
(1.–4. Klasse, teilweise nach Radatz/Schipper, 1983, S. 217)
Fachsprachlich: Senkrechte zu g durch P.
Interpretation des Schülers:

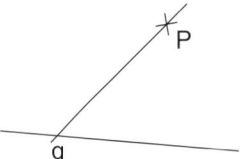

Weitere Beispiele für unterschiedliche Bedeutung der Begriffe in Mathematik und in der Umgangssprache:

Menge:
Fachsprachlich: Zusammenfassung wohlunterschiedener Objekte
Umgangssprachlich: große Anzahl von Objekten

Bruch:
Fachsprachlich: Schreibweise für eine positive rationale Zahl
Umgangssprachlich: Zerbrochenes

Gruppe:
Fachsprachlich: spezielle mathematische Struktur
Umgangssprachlich: kleine Schar (von Menschen)

ungerade Zahl:
Fachsprachlich nicht durch 2 teilbare natürliche Zahl
Die kindliche Deutung bleibt dem Leser überlassen

Dazu kommen die für Kinder irreführenden Interpretationen, z. B. *Null* als „Nichts", was bei der Stellenwertschreibweise und bei Kommazahlen zu Fehlern führt.

Hingewiesen wurde schon mehrfach auf die Unterschiede zwischen Lehrer- und Schülersprache. Dies braucht nicht einmal mit den schichtenspezifischen Problemen der Schüler zusammenzuhängen. Vielmehr ist die Sprache des Lehrers geprägt von komplizierteren Satzkonstruktionen und Satzverschachtelungen, durch Fremdwörter und Begriffe, die dem kindlichen Sprachschatz fremd sind.

Auf eine besondere Lernschwierigkeit im Zusammenhang mit der Sprache sei hier hingewiesen, und zwar auf die sog. Inversion bei der Schreibweise mehrstelliger Zahlen (Klöckener, 1990, S. 15). Es wurde festgestellt, dass 53 % der Schüler zweistellige Zahlen inversiv schreiben, also z. B. bei der Zahl 53 gemäß der deutschen Sprechweise zuerst die 3 und dann die 5. Diese Erscheinung konnte speziell bei den schwächeren Schülern festgestellt werden. Die Schreibrichtungsinversion ist eine bedeutsame Fehlerquelle (Lauter, 1989, S. 70). Sie führt zur Vertauschung von Ziffern bei der maschinellen Zahlverarbeitung, z. B. beim Telefon, der Schreibmaschine, dem Taschenrechner und dem Computer. Lehrer tun ihren Schülern keinen Gefallen, wenn sie ihnen erlauben oder sie sogar dazu anleiten, Zahlen invertiert zu schreiben, also etwa bei 53 zuerst die 3 und dann unter Wechseln der Schreibrichtung die 5. Dabei ist die Schreibrichtungsinversion leicht vermeidbar, wenn rechtzeitig, nämlich bei der Einführung des Hunderterraums, in Klasse 2 darauf Einfluss genommen wird.

Die Schreibrichtungsinversion ist nur ein Teilbereich von Fehlern, die durch Zerpflücken der Einheiten zustande kommen.

Beispiel:

(2.–3. Klasse, nach Borgards, 1973, S. 194)

Statt   24 wird geschrieben   42
Statt   90 wird geschrieben   09
Statt 102 wird geschrieben   1 002
Statt 120 wird geschrieben   102
Statt 110 wird geschrieben 10 010

Es wird gelesen   204 als vierundzwanzig
Es wird gelesen   101 als einhundertzehn

Es wird gelesen   120 als einhundertzwei
Es wird gelesen 1 012 als einhundertzwölf
Es wird gelesen   178 als einhundertsiebenundachtzig.

2.1.3 Lernbehinderungen im affektiven Bereich

Viel zu einfach wäre die Annahme, dass Lernbehinderungen nur auf Ursachen im kognitiven Bereich zurückzuführen sind. Der Mensch als ganzheitliches Wesen ist nicht denkbar ohne Affekte und Emotionen und diese spielen selbstverständlich auch beim Lernen von Mathematik eine wichtige Rolle.

Als affektive Ursachen für Lernschwierigkeiten nennen Radatz/Schipper (1983, S. 220) vor allem Angst, (fehlende) Motivation und die Einstellung zur Mathematik.

Angst des Schülers ist ein allgemeines Phänomen, tritt aber im Mathematikunterricht besonders häufig auf. Dabei kann Angst gesehen werden als Einstellung des Schülers, Leistungs- und Prüfungssituationen als persönliche Bedrohung zu sehen und darauf physiologisch, verhaltensmäßig-motorisch und subjektiv-kognitiv zu reagieren (nach Becker, 1988, S. 27). Die Möglichkeit des Auftretens von Angst ist besonders hoch, wenn

– der Schüler Operationen, die er zur Lösung der Aufgabe benötigt, noch nicht verstanden hat,
– der Schüler in Mathematik ein generelles Kompetenzdefizit aufweist, also „schon immer eine schlechte Note in Mathematik hatte",
– eine geringe soziale Unterstützung vorherrscht, wenn also z. B. sich einige Mitschüler über sein Scheitern freuen oder dem Lehrer das Versagen gleichgültig ist oder er „es ihm einmal zeigen will",
– wenn wenige oder keine Möglichkeiten der sozialen Kompensation vorliegen, der Schüler also etwa in der folgenden Sportstunde nicht durch gute Leistungen glänzen kann,
– die Situation für den Schüler unsicher und nicht zu durchschauen ist, er also z. B. nicht weiß, warum gerade er heute geprüft wird.

Die Lehrerin hat durchaus Möglichkeiten, solche für Schüler bedrohlich erscheinende Situationen zu entschärfen.

Beispiel:

(3.–4. Klasse, nach Becker, 1988, S. 28)

Ein Schüler soll an der Tafel eine Aufgabe vorrechnen. Diese Situation kann vom Lehrer bedrohlich gestaltet werden, indem er darauf aufmerksam macht, dass der Schüler jetzt zeigen könne, was er kann, indem er sein Notenbuch zückt, indem er sich zwischen Schüler und Klasse postiert, um jedes Vorsagen zu verhindern.

Eine bessere Möglichkeit ist die, dass der Lehrer nach Aufgabenstellung alle Schüler auffordert, jeweils mit dem Tischnachbarn über den Lösungsweg nachzudenken und sich Notizen zu machen. Dann bittet er einen Schüler die Aufgabe an der Tafel vorzurechnen, wobei dieser seine Aufzeichnungen mitnehmen kann. Dazu noch eine Bemerkung wie: „Wenn du nicht weiterkannst, helfen wir dir." Die Mitschüler werden aufgefordert, den Rechenweg zu verfolgen und den Rechner nicht zu stören. Wird eine Korrektur erforderlich, bittet der Lehrer den rechnenden Schüler, den letzten Schritt noch einmal zu überdenken, wobei unter Umständen ein anderer Schüler oder gar der Lehrer hilft.

Radatz/Schipper (1983, S. 220) weisen darauf hin, dass weder die guten Schüler noch die ganz schlechten Schüler die größte Schulangst aufweisen, sondern die Mehrheit der Schüler im mittleren Leistungsbereich. Die Lehrerin muss also immer bei einem großen Anteil ihrer Schüler mit Angst und folglich mit Lernschwierigkeiten rechnen. Durch „vertrauensbildene Maßnahmen" ist diese Angst zwar zu mildern, wohl aber nie völlig zu beseitigen.

Bezüglich Lernbehinderungen durch *fehlende Motivation* verweisen wir auf das entsprechende Kapitel (V.).

Wenig beachtet, aber auf Grund persönlicher Erfahrung von großer Bedeutung für Lernschwierigkeiten, ist die Einstellung der Kinder zum Fach Mathematik. Diese wurde natürlich in den selteneren Fällen selbst gebildet, etwa durch Abneigung gegenüber einem Lehrer. Vielmehr wird sie durch Äußerungen der Eltern, Geschwister oder anderer Erwachsener induziert. Wenn ein Vater äußert, dass er in Mathematik schlecht war und trotzdem „etwas geworden ist", so suggeriert man dem Schüler dadurch, dass das schwierige Fach eigentlich keine Bedeutung hat und deshalb zu vernachlässigen ist.

2.2 Lernschwierigkeiten durch Lehrer, Methode und außerschulische Bedingungen

Lehren und Lernen ist ein zweiseitiger Kommunikationsprozess zwischen Lehrer und Schüler. Treten Lernschwierigkeiten beim Schüler auf, so ist prinzipiell zu fragen, ob diese Schwierigkeiten nur einseitig, also durch die Person des Schülers, verursacht werden, oder ob nicht auch die Person des Lehrers ebenso für Lernschwierigkeiten der Schüler verantwortlich sein kann. Gerade für den Mathematikunterricht ist ja die Tatsache bekannt, dass sich die Leistungen bei Lehrerwechsel radikal ändern können.

Dies ist zunächst einmal eine Frage des Unterrichtsstils, den der Lehrer pflegt. An dieser Stelle soll nicht die ganze pädagogische Diskussion des Lehrerverhaltens und der Unterrichtsstile aufgegriffen werden, vielmehr sei nur an einige mathematikspezifische Besonderheiten erinnert.

Ein spezifisches Problem ist die Aufgabenformulierung durch den Lehrer. Neben der Abstraktheit mancher Formulierungen können auch einfache Wörter der Umgangssprache für einzelne Schüler, z. B. Ausländerkinder, unverständlich sein. Lörcher (1984, S. 114) erwähnt in diesem Zusammenhang Wörter wie: „ergänzen", „überschlagen", „vergleichen", „vermindern" usw. Ebenso ist es mit Darstellungen, die den Kindern fremd sind.

Beispiel:

(2. Klasse, Lehrplaninhalt Arithmetik – Operatorpfeile)

Pfeildarstellungen, sowohl Relations- als auch Operatorpfeile sind beliebte Darstellungsmittel. Sie sind aber oftmals für Kinder nicht ohne weiteres verständlich oder sogar irreführend.

Eine Darstellung wie

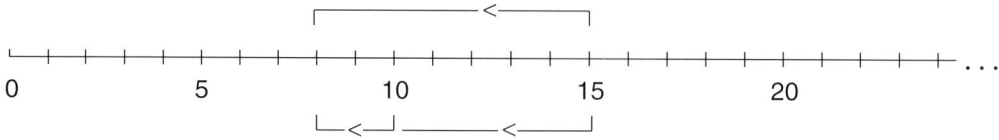

muss daher sehr gründlich mit den Kindern besprochen werden, bevor Aufgaben dieser Art zu lösen sind.

Ein Problem bei schwächeren Kindern ergibt sich bei dem Einsatz der didaktischen Prinzipien (siehe Kap. IV.). Das sog. operative Prinzip fordert die simultane Behandlung von Aufgabe und Umkehraufgabe. Dies geschieht insbesondere in der sog. operativen Durcharbeitung, wo z. B. Additions- und Subtraktionsaufgaben nebeneinander gestellt werden. Aber schon die unmittelbare Verknüpfung solcher Aussageformen wie

$23 + \boxed{} < 30$

$35 - \boxed{} > 30$

führt bei schwachen Schülern zu großen Schwierigkeiten.

Eine weitere Lernschwierigkeit ergibt sich bei der Verfolgung des Prinzips der Variation der Veranschaulichung (siehe Kap. IV.3.7), demzufolge ja ein mathematischer Sachverhalt dann besser abstrahiert und universeller erfasst wird, wenn er an mehreren Modellen veranschaulicht wird. Wir erinnern in diesem Zusammenhang an das

Beispiel:

(2. Klasse, Lehrplaninhalt: Arithmetik – Multiplikation)

Die Grundvorstellungen der Multiplikation können durch verschiedene Modelle bewusst gemacht werden, etwa durch

a) die sog. zeitlich-sukzessive Vorstellung: „Peter geht dreimal in den Keller und holt jedes Mal 4 Flaschen herauf",

b) die räumlich-simultane Vorstellung: „In einem Café stehen drei Tische mit je 4 Stühlen",

c) Die Operatorvorstellung: In die „Für-1-gib-4-Maschine" werden 3 Spielmarken eingegeben,

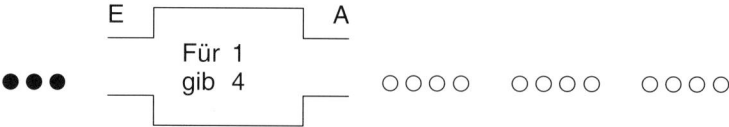

d) Die kombinatorische Vorstellung: „Monika hat 3 Röcke und 4 Blusen. Wie viele Kombinationen aus Rock und Bluse kann sie anziehen?"

Für schwache Kinder überlagern sich diese Vorstellungen. Auch fällt es ihnen schwer, in den Modellen a) und b) einerseits und c) andererseits nicht etwas völlig Verschiedenes zu sehen.

Lörcher (1984, S. 122) führt nach eingehenden Untersuchungen inhaltlich drei Gebiete an, bei denen es häufig wegen fehlender Erklärungen im

Grundschulunterricht zu Lernschwierigkeiten bei den Grundschülern kommt, nämlich
– bei Maßumwandlungen,
– bei Zeitrechnung,
– bei Überschlagsrechnung.

In allen drei Fällen wird oftmals sowohl im Unterricht als auch im Schulbuch nicht darauf geachtet, dem Schüler ein brauchbares Verfahren mitzugeben, sodass es in allen drei Bereichen zu Fehlstrategien des Schülers kommt. Die Schwierigkeit bei Maßumwandlungen besteht einmal in der mangelnden Vorstellung bestimmter Größen („Zeige eine Strecke, die 1 cm, 1 dm, 1 m, 10 m, 100 m, 1 km lang ist, suche einen Gegenstand, der ca. 1 kg schwer ist usw.") bzw. im Verwechseln der Umwandlungszahlen. Das Problem bei der Zeitrechnung liegt darin, dass der Lehrer übersieht oder den Schülern sogar erlaubt, einen schriftlichen Additions- bzw. Subtraktionsalgorithmus anzuwenden, was dazu führt, dass mit 100 statt mit 60 Minuten gerechnet wird.
Auch beim Überschlagsrechnen wird versäumt, dem Schüler ein Standardverfahren mitzugeben. Ohnehin sind Überschlagsrechnungen beim Schüler nicht beliebt, weil er dabei, wie er sagt, „ja doch alles zweimal rechnen muss."
Eine weitere Quelle für Lernschwierigkeiten sind der Lehrplan und das Schulbuch. Diese Lernschwierigkeiten fallen besonders dann auf, wenn Schüler, aus welchen Gründen auch immer, die Schule oder sogar das Bundesland wechseln. Da die Kinder sehr an der einmal erlernten Darstellung und Sprechweise hängen, empfinden sie auch eine nur geringe Änderung als völlig neuen Lerninhalt. Hier ist vor allem an grafische Veranschaulichungen zu denken, an Pfeildiagramme oder Maschinendarstellungen, die von Schulbuch zu Schulbuch, von Klasse zu Klasse anders aussehen können.

Beispiel:
(2. bis 4. Klasse, Lehrplaninhalt: Arithmetik)
Man beachte die verschiedenen Operator- bzw. Maschinendarstellungen in der Literatur, z. B.

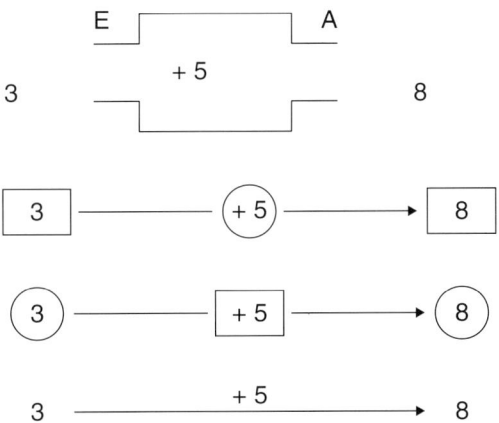

Eindeutige und sachgerechte Darstellungen im Schulbuch müssen ein wichtiges Kriterium für die Auswahl des Buches sein (siehe Kap. XIV.).

Auch Faktoren, die nicht in der Person des Schülers, der des Lehrers oder der Methode begründet sind, können für Lernschwierigkeiten der Schüler verantwortlich sein. Hier ist vor allem an das Elternhaus und die häusliche Umgebung des Schülers zu denken. Ein besonderes Problem ist dabei, dass die Kinder häufig zu Hause sich selbst überlassen sind. Dabei ist es nicht einmal so sehr das Problem der Hausaufgaben, und hier soll auch nicht über Sinn und Unsinn der Hausaufgaben diskutiert werden, die von den Eltern mitbeaufsichtigt werden oder auch nicht; vielmehr ist es die Frage der häuslichen Anregung der Kinder durch Gespräche mit Erwachsenen. Das Elternhaus ist vielleicht der Faktor, der die allgemeine Lernbereitschaft der Kinder und damit natürlich auch die Leistungen in Mathematik am weitesten mitbeeinflusst. Man denke auch an die Sprachentwicklung der Kinder, die ja ebenfalls wesentlich durch das Elternhaus geprägt wird. Auch für den Mathematikunterricht ist dies von großer Bedeutung.

3 Fehleranalyse

3.1 Grundlagen

Wie Lernschwierigkeiten, so gehören auch Schülerfehler zum normalen Mathematikunterricht. Dies sollte der Lehrer auch Eltern darlegen, bei denen das Weltbild zusammenstürzt, wenn ihr Kind Fehler in den Hausaufgaben macht.

Erwachsene, auch Eltern und Lehrer, sind geneigt, Schülerfehler auf mangelnde Konzentrationsfähigkeit, Unlust, Faulheit und Langeweile der Schüler zurückzuführen. Wenn diese Ursachen richtig wären, dann wäre es nicht möglich, Fehler in einem bestimmten mathematischen Teilgebiet, etwa der Arithmetik, nach bestimmten Typen zu klassifizieren.

Dagegen sprechen alle systematischen Untersuchungen auf diesem Gebiet eindeutig dafür, dass Kinder Fehler nach ganz bestimmten Fehlermustern machen. Zufallsfehler spielen in aller Regel eine untergeordnete Rolle.

Obwohl in den letzten Jahrzehnten durch zahlreiche Untersuchungen zahlreiche Erkenntnisse zur Fehlerstrategie und Fehleranalyse gewonnen wurden, wird in der Praxis immer noch zu wenig darauf zurückgegriffen. Die Notwendigkeit einer Auseinandersetzung der Lehrer mit Fehleranalyse sei an folgendem Beispiel erläutert.

Beispiel:

(3. Klasse, Lehrplaninhalt: Arithmetik – schriftliche Subtraktion)

In einer Klasse wurden bei einer Klassenarbeit Aufgaben zur schriftlichen Subtraktion gestellt, von denen acht den Fall des Übertrags beinhalteten.

Ein Schüler löste alle diese Aufgaben auf folgende Weise: Er bildete auch im Fall des Übertrags die Differenz zwischen größerer und kleinerer Ziffer, auch wenn die kleinere

Ziffer im Subtrahenden steht. Gerster (1982, S. 52) deklariert diesen Fehler als Fehler durch falsche Rechenrichtung. Der Schüler rechnet also z. B.

$$
\begin{array}{r}
6\,2\,4 \\
-\,5\,5\,8 \\
\hline
1\,3\,4
\end{array}
$$

Dieser Fehler kommt also insgesamt achtmal vor. Wie soll der Lehrer nun diesen Fehler bewerten, als 8 Fehler (damit bekäme die Arbeit sicher nicht die Note „ausreichend", auch wenn keine anderen Fehler vorliegen), oder als einen Fehler? Dabei kann dieser Fehler sogar durch den Lehrer begründet sein, eventuell durch die von ihm bevorzugte Sprechweise „von … bis …", also „von 8 bis 14 ist …".

Hiermit wird auch der Sinn der Fehleranalyse deutlich:

1. Durch Fehleranalyse bekommt der Lehrer eine Möglichkeit, Schülerfehler systematisch zu erfassen und gezielt Gegenmaßnahmen zu planen.
2. Der Lehrer kann Rückschlüsse auf seine eigene Unterrichtsmethode ziehen und diese u. U. modifizieren, wenn dadurch Schülerfehler vermieden werden können.
3. Fehleranalyse fördert den individuellen Kontakt zwischen Schüler und Lehrer. Der Schüler fühlt sich angenommen und wird sich mit seinen Schwierigkeiten bereitwilliger dem Lehrer mitteilen.

Allerdings sind auch die Grenzen der Fehleranalyse zu sehen (nach Radatz, 1980, S. 4):
- Nicht bei allen Schülerfehlern kann die Fehlertechnik eindeutig analysiert werden.
- Oftmals stehen die Fehlertechniken in enger Wechselbeziehung zueinander.
- Es gibt keine voll befriedigende Methode der Fehleranalyse. Es ist schwierig, den Prozess der Lösung durch den Schüler zu verfolgen, außerdem braucht es sehr viel Zeit, sich in den Gedankengang des Schülers hineinzudenken.

Als grundsätzlicher Ansatz hat sich der von Radatz (1980) als Erfolg versprechend erwiesen, nämlich die Ursachen für Schülerfehler in der Informationsaufnahme und Informationsverarbeitung durch den Schüler zu sehen. Der Schüler muss also Informationen aufnehmen, speichern, wieder abrufen, verarbeiten, erweitern und neu organisieren. Dieser ganze Bereich lässt sich phänomenologisch in einzelne Unterbereiche aufschlüsseln:
- Fehlerursachen im Sprach- und Textverständnis. Dieser Punkt wurde in 2.1.2.3 bereits besprochen.
- Fehlerursachen durch Veranschaulichungen und Diagramme. Auch auf diesen Punkt wurde bereits in 2.2 eingegangen.
- Fehlerursachen wegen falscher Assoziationen und Einstellungen.

Beispiel:

(2. Klasse, Lehrplaninhalt: Arithmetik – Addition, nach Radatz, 1980, S. 45)

Mit Hilfe des Operatormodells sind folgende Aufgaben zu lösen. Die Schülerantworten sind unterstrichen.

$$— + 7 →$$

E	A
31	38
20	27
86	79

Offensichtlich übt der angegebene Operator + 7 einen solchen Reiz aus, dass der Schüler zu der jeweils angegebenen Zahl 7 addiert, ohne die Rechenrichtung zu beachten.

– Fehler auf Grund des Gebundenseins an eine sehr spezifische Repräsentation.

Beispiel:

(4. Klasse, Lehrplaninhalt: Arithmetik – Zahlen bis 1 Million, nach Radatz, 1980, S. 47)

Die Kinder waren gewohnt, die Stufenzeichen für Tausender, Hunderter, Zehner und Einer nur mit höchstens einer Zahl zu belegen, sodass eine ungewohnte Schreibweise für 7014, nämlich 70 H 14 E, als falsch deklariert wurde.

– Fehlerursachen durch Nichtberücksichtigung relevanter Bedingungen und unvollständiges Anwenden von Regeln. Als Beispiel sind hier z. B. die Übertragsfehler bei den schriftlichen Rechenverfahren zu nennen.
– Verlieren von Zwischenschritten im Lösungsprozess. Dieser Fehlertyp kommt oft bei der Lösung von Sachaufgaben vor.
– Fehlerursachen durch eine einfache Versuch-Irrtum-Strategie. Auch dies ist häufig bei Sachaufgaben zu beobachten. Impulsive Schüler rechnen los, bevor sie den Inhalt der Aufgabe verstanden haben und verknüpfen ziemlich wahllos die angegebenen Zahlenwerte.
– Fehler durch nicht ausreichende Kenntnisse. Dies ist das Fehlermuster, das im Bewusstsein der Allgemeinheit vorherrschend ist. In der Schulwirklichkeit ist es keineswegs die wichtigste Fehlerursache.

Beispiel:

(4. Klasse, Lehrplaninhalt: Arithmetik – Zahlen bis 1 Million, nach Radatz, 1980, S. 52)

Verdopple die kleinste dreistellige Zahl und addiere die größte vierstellige Zahl!

Fehllösungen der Schüler:

333 + 333 = 666   666 +   444 =   1 110
oder
111 + 111 = 222   222 + 9 999 = 10 221

Offensichtlich sind hier die Begriffe „dreistellige Zahl" und „vierstellige Zahl" unbekannt.

Schließlich sei noch angemerkt, dass Fehleranalyse ein zentrales Anliegen des pädagogischen und erzieherischen Auftrags der Lehrerin ist. Schülerfehler analysieren heißt, sich in die Gedankengänge des Schülers hineindenken, ihn als selbstständig denkenden Menschen ernst nehmen, ihn aber auch in aller Bescheidenheit und ohne Überheblichkeit sachlich auf seine Fehler aufmerksam machen.

3.2 Schülerfehler im arithmetischen Bereich

3.2.1 Mündliches Rechnen

Typische Schülerfehler treten sowohl beim mündlichen als auch beim schriftlichen Rechnen auf.

Schon beim Zählen gibt es eine Reihe von typischen Fehlern. Auf die Inversion beim Schreiben von Zahlen, also auf das Vertauschen von Ziffern, wurde bereits unter 2.1.2.3 hingewiesen. Auch die Rolle des Vorgängers und Nachfolgers natürlicher Zahlen ist keineswegs so eindeutig wie man denken soll. Floer (1984, S. 95) macht darauf aufmerksam, dass, wenn man die Hundertertafel den Kindern vor Augen stellt, die 74 zur 64 ein genauso guter Nachfolger ist wie 65.

Ein besonderer Fehlertyp beim mündlichen Rechnen ist die sog. *Ranschburg'sche Hemmung*. Mit diesem Begriff wird eine Anomalie des Gedächtnisses bezeichnet, die der ungarische Psychologe Paul Ranschburg (1870–1945) eingehender erforschte. Sie tritt dann auf, wenn in einem Wort oder einer Zahl gleiche oder ähnliche Elemente mit anderen gemischt auftreten. Es kommt dann zu Vertauschungen oder Verschmelzungen der Elemente.

Beispiel:

(4. Klasse, Lehrplaninhalt: Arithmetik – Zahlen bis 1 Million, nach Borgards, 1973, S. 196)

Aus	2 124	wird	2 421
Aus	1 325	wird	1 523
Aus	2 325	wird	2 523
Aus	22 325	wird	25 223
Aus	22 325	wird	2 325
Aus	25 223	wird	2 523

Eine genauere Analyse zeigt, dass die Unterschiede der Elemente in den größeren Einheiten zur Deutlichkeit und Stabilität beitragen. Der Lehrer kann dies ausnutzen, indem er sprachlich die Unterschiede zwischen den Elementen betont: 2124, 1325. Sind die Elemente gleich, so sollen die Doppelelemente als ein Element deutlich gemacht werden: 22(Tausend)-325 usw.

Ebenso ein psychologisch bedingter Fehler ist die sog. *Perseveration*, das Nachwirken von Reizen, wie er das Nennen von Ziffern darstellt. Der Reiz bleibt länger als nötig im Kurzzeitgedächtnis und wird reproduziert.

Beispiel:

(3. Klasse, Lehrplaninhalt: Arithmetik, nach Radatz, 1980, S. 196)

$$78 + 8 = 88$$
$$6 \cdot 60 = 660$$
$$44 : 4 = 14$$

Vertauschen und Verwechseln ist auch ein häufiger Fehler bezüglich der Operationen. So wird statt addiert subtrahiert und umgekehrt.

Beispiel:

(3. Klasse, Lehrplaninhalt: Arithmetik, nach Radatz, 1980, S. 196)

$$680 + 130 = 550$$
$$85 - 14 = 99$$

Eine weitere, häufig auftretende Fehlerkategorie sind die sog. *Nähefehler*. Sie treten z. B. bei der Addition und Subtraktion als das Verrechnen um + 1 oder – 1 auf. Hierbei ist der Fehler durch eine falsche Zähltechnik verursacht, z. B. 8 + 5 = ?. Das Kind zählt, möglicherweise noch mit Hilfe der Finger: 8, 9, 10, 11, 12. Bei der Multiplikation erscheint dieser Fehlertyp dann, wenn statt der richtigen eine benachbarte Multiplikationsaussage erscheint.

Beispiel:

(3. Klasse, Lehrplaninhalt: Arithmetik, nach Radatz, 1980, S. 196)

$$82 + 7 = 88$$
$$96 - 8 = 89$$
$$7 \cdot 9 = 54$$

Eine ständige *Fehlerquelle* ist die *Null*. Ständig werden die Rollen der Null bei Addition und Multiplikation verwechselt. Das führt dann zu folgenden Fehlern:

Beispiel:

(2.–4. Klasse, Lehrplaninhalt: Arithmetik, nach Radatz, 1980, S. 196)

$501 + 128 = 609$	Teillösung $0 + 2 = 0$
$80 - 21 = 60$	Die Subtraktion von der Null ist nicht lösbar.
$8 \cdot 70 = 568$	Teillösung $8 \cdot 0 = 8$
$800 \cdot 20 = 160$	Vernachlässigen von Nullen

Auch beim mündlichen Rechnen kommen Stellenwertfehler vor. Meist wird dabei vergessen, die Zehnerstelle in Abhängigkeit vom Ergebnis der Einerstelle zu erhöhen oder zu erniedrigen.

Beispiel:

(2.–4. Klasse, Lehrplaninhalt: Arithmetik, nach Radatz, 1980, S. 196)

$$76 + 8 = 74$$
$$76 + 8 = 94$$
$$36 \cdot 3 = 98$$

3.2.2 Schriftliches Rechnen

Im Bereich der schriftlichen Grundrechenarten liegen natürlicherweise wesentlich umfangreichere Untersuchungen vor als beim mündlichen Rechnen, weil hier durch den schriftlich fixierten Rechengang und das Rechenergebnis eine gesichertere Analyse der Fehlerstrategie möglich ist. In seinem umfassenden Buch hat Gerster (1982) nicht nur zahlreiche Fehlertypen bei den schriftlichen Grundrechenarten analysiert, er hat auch diagnostische Tests entwickelt, mit denen die Lehrerin feststellen kann, welche Fehler gemacht werden, um dann entsprechende Gegenmaßnahmen zu ergreifen.

Die *schriftliche Addition* ist das am wenigsten fehleranfällige Verfahren. Die mittlere Fehlerquote in den Klassen 3 bis 6 liegt nur bei 5 %. Als typische Fehler bei der schriftlichen Addition nennt Gerster (1982, S. 28) vor allem Fehler beim Einsundeins, Fehler mit der Null, Fehler durch unterschiedliche Stellenzahl, durch die inverse Operation und beim Übertrag. Als ein typischer Fehler beim Einsundeins ist der *Nähefehler* anzusehen.

Beispiel:

(3. Klasse, Lehrplaninhalt: Arithmetik – schriftliche Addition, nach Gerster, 1982, S. 28 ff.)

$$\begin{array}{r} 5\,6 \\ +\ {}_1 7 \\ \hline 6\,2 \end{array}$$

Hierbei handelt es sich um einen sog. Nähefehler, der auch schon vom mündlichen Rechnen her bekannt ist. Offensichtlich wurde das Ergebnis durch eine falsche Zählstrategie – möglicherweise unter Zuhilfenahme der Finger – bestimmt.
Ein *Fehler mit der Null* liegt im folgenden Beispiel vor:

$$\begin{array}{r} 2\,7\,6 \\ +2\,0\,2 \\ \hline 4\,0\,8 \end{array}$$

Offensichtlich wurde 0 + 7 = 0 gerechnet, also mit 0 multipliziert statt addiert.
Eine weitere Fehlerquelle ist die *unterschiedliche Stellenzahl* der Summanden:

$$\begin{array}{r} 5\,1 \\ +4\,1\,7 \\ \hline 6\,8 \end{array}$$

Gerster weist darauf hin, dass bei der Einführung der schriftlichen Addition in den Schulbüchern fast ausschließlich Summanden mit gleicher Stellenzahl verwendet werden, sodass im Unterricht der o. g. Typ einfach zu wenig beachtet wurde.
Das Umkippen in die *inverse Operation* ist auch schon vom mündlichen Rechnen her bekannt. Es kommt auch bei der schriftlichen Addition vor:

$$\begin{array}{r} 2\,7\,6 \\ +2\,0\,2 \\ \hline 7\,4 \end{array}$$

Der bekannteste Fehlertyp bei der schriftlichen Addition ist zweifellos der *Übertragsfehler*, der in mehreren Varianten vorkommt, z. B.:

$$\begin{array}{r} 5\,4 \\ +2\,7 \\ \hline 7\,1 \end{array}$$

$$\begin{array}{r} 4\,0\,7 \\ +2\,0\,3 \\ \hline 6\,0\,0 \end{array}$$

Die *schriftliche Subtraktion* ist ein wesentlich komplizierteres Verfahren als die schriftliche Addition. Dies liegt vor allem daran, dass nach den bei uns üblichen Verfahren die Differenz durch Ergänzen gebildet wird und das Gesetz des gleichsinnigen Veränderns vom Schüler verstanden werden muss (siehe dazu Lauter, 1989, S. 148 ff.). Die Fehlertypen sind ähnlich wie bei der schriftlichen Addition. Neben den Fehlern beim Einsundeins, beim Übertrag mit der Null, bei unterschiedlicher Stellenzahl und durch die inverse

Operation tritt hier allerdings noch ein Fehler auf, den Gerster Fehler durch falsche Rechenrichtung nennt, der aber auch als Unterschiedsbildung verstanden werden kann.

Beispiel:

(3. Klasse, Lehrplaninhalt: Arithmetik – schriftliche Subtraktion, nach Gerster, 1982, S. 40 ff.)

Dieser Fehler auf Grund der *falschen Rechenrichtung* sieht so aus:

$$
\begin{array}{r}
6\,1\,3 \\
-\quad 2\,5 \\
\hline
6\,1\,2
\end{array}
$$

Offensichtlich hat das Kind, möglicherweise angeleitet durch die Sprechweise „von … bis …" die Technik der Unterschiedsbildung als nützlich bei den Aufgaben ohne Übertrag erkannt und behält sie bei, auch wenn die Zahl im Minuend kleiner ist als im Subtrahend. Interessant ist auch hier wieder der Fehler bei unterschiedlicher Stellenzahl:

$$
\begin{array}{r}
6\,8\,7 \\
-\quad 8\,2 \\
\hline
0\,0\,5
\end{array}
$$

Ein Sonderfall dieses Typs liegt dann vor, wenn einmal die (für Schüler der Grundschule unlösbare) Aufgabe gestellt wird, bei der der Minuend kleiner als der Subtrahend ist. Ein Schülerbeispiel:

$$
\begin{array}{r}
4\,3 \\
-\,1\,0\,2 \\
\hline
1\,4\,1
\end{array}
$$

Die *schriftliche Multiplikation* ist schwieriger als die beiden besprochenen Rechenverfahren, weil sie Einmaleinskenntnisse erfordert, zusätzlich große Konzentration bei der Ermittlung der Teilprodukte und auch das Verfahren der schriftlichen Addition voraussetzt. Gerster konstatiert folgende Hauptfehlergruppen: Fehler mit dem Einmaleins, Fehler beim Rechnen mit der Behaltensziffer, Stellenwertfehler und Abweichung von der Rechenrichtung.

Beispiel:

(4. Klasse, Lehrplaninhalt: Arithmetik – schriftliche Multiplikation, nach Gerster, 1982, S. 122 ff.)

$$
\begin{array}{r}
4\,1\,2 \cdot 2\,4 \\
\hline
8\,1\,4 \\
1\,6\,1\,8 \\
\hline
9\,7\,5\,4
\end{array}
$$

Bei *Fehler mit der Behaltensziffer* gibt es mehrere Möglichkeiten, das Vergessen, die Berücksichtigung in der falsche Spalte oder die zusätzliche Notation im Teilprodukt, etwa:

$$
\begin{array}{r}
4\,6\,9 \cdot 4 \\
\hline
1\,6\,2\,7\,6
\end{array}
$$

Stellenwertfehler kommen vor, wenn einer der Faktoren Nullen enthält oder die Teilprodukte falsch notiert werden:

$$
\begin{array}{r}
2\,1\,3 \cdot 3\,0 \\
\hline
6\,3\,9
\end{array}
$$

$$46 \cdot 51$$
$$\underline{230}$$
$$\underline{46}$$
$$276$$

Die schriftliche Multiplikation ist dadurch gekennzeichnet, dass bei zwei mehrstelligen Faktoren der erste von rechts nach links, der zweite von links nach rechts abgearbeitet wird. Schülerfehler kommen vor, wenn bei einem oder sogar bei beiden Faktoren die *Rechenrichtungen* gegenüber dem Normverfahren vertauscht werden. Die Abweichung vom Normverfahren ist zwar nicht falsch, allerdings muss dann die Rechenstaffel auch entsprechend anders gestaltet werden. Falsch ist z. B.

$$807 \cdot 34$$
$$\underline{3228}$$
$$\underline{2421}$$
$$34701$$

Die *schriftliche Division* ist das schwierigste der schriftlichen Rechenverfahren, weil es sowohl die Multiplikation als auch die Subtraktion voraussetzt. Außerdem gibt es eine Fülle von originären Schwierigkeiten des Verfahrens, etwa die Abschätzung des ersten Teilquotienten bei mehrstelligem Divisor. In mehreren Lehrplänen ist die volle Problematik der schriftlichen Division dadurch entschärft, dass bis zum Ende der 4. Klasse nur Divisoren bis 20 zugelassen sind.

Gerster nennt für die schriftliche Division die Hauptfehlergruppen Fehler bei der Berechnung eines Teilprodukts, beim Herunterholen, Verfahrensfehler und Fehler im Quotienten. Dazu folgendes Beispiel:

Beispiel:

(4. Klasse, Lehrplaninhalt: Arithmetik – schriftliche Division, nach Koblischke, 1983)

Das *fehlerhafte Herunterholen* wird an diesem Beispiel deutlich:

$$741267 : 3 = 24722 \quad \text{Rest } 1$$
$$\underline{6}$$
$$14$$
$$\underline{12}$$
$$021$$
$$\underline{21}$$
$$006$$
$$\underline{6}$$
$$07$$
$$\underline{6}$$
$$1$$

Beispiel:

(4. Klasse, Lehrplaninhalt: Arithmetik – schriftliche Division, nach Gerster, 1982, S. 172 ff.)

Ein Beispiel für die Fehlergruppe *„falscher Quotient"* mit Nullen im Quotient, bei dem auch noch eine falsche Restschreibweise angewendet wird, ist das folgende:

```
2 8 0 4 0 : 7 = 4 5 + 5
2 8
‾‾‾
0 0
‾‾‾
0 0
‾‾‾
   0 4
    0
  ‾‾‾
    4 0
    3 5
   ‾‾‾
      5
```

Bezeichnend für viele dieser Fehllösungen ist, dass sie notiert werden, obwohl eine einfache Überschlagsrechnung sie als solche entlarven würde. Man sieht hierbei, dass sich die schriftlichen Rechenverfahren beim Schüler verselbstständigen. Es kommt gar nicht mehr darauf an, dass das Ergebnis stimmt, sondern dass das Verfahren, auch wenn es falsch ist, durchgezogen wird. Hier wird die Notwendigkeit der Überschlagsrechnung deutlich. Man muss den Schüler ständig dazu auffordern, eine Überschlagsrechnung durchzuführen und das Ergebnis der Rechenaufgaben so zu kontrollieren.

3.3 Schülerfehler bei Größen und Sachaufgaben

Erfahrungen zu Größen und das Rechnen mit Größen sind Themen des Mathematikunterrichts der Grundschule, die oftmals im Unterricht zu kurz kommen. Das liegt vor allem daran, dass die konkrete Einführung zu schnell durchgeführt wird und dann lediglich auf abstrakter Ebene mit Größen gerechnet wird, ohne ständig den Realitätsbezug herzustellen.
So kommt es, dass es gerade an der Vorstellung konkreter Größen fehlt. Das gilt besonders für Gewichte und Zeitspannen, wie sich bei Schätzübungen zeigte.

Beispiel:

(4. Klasse, Lehrplaninhalt: Größen – Gewichte, nach Petersen, 1987, S. 18)
Die Schätzungen der Schüler für die Gewichte folgender Gegenstände schwanken zwischen:

Tischtennisball (2 g):	0,002 g –	10 kg
10-ct-Stück (4 g):	1 g –	10 kg
Hühnerei (100 g):	0,2 g –	60 kg
Apfel (190 g):	0,55 g –	30 kg
Sprudelkiste (17 kg):	35 g –	1 t
Elefant (6 t):	10 kg –	1 000 t

Fast 60 % aller Gewichtsschätzungen wichen um mehr als zwei Drittel vom wahren Wert ab.

Selbst wenn man die meisten Schätzfehler auf Verwechseln der Einheiten zurückführt, so ist dieses Ergebnis, vielleicht auch gerade darum, niederschmetternd und eine Aufforderung an alle Lehrer möglichst konkret dieses Teilgebiet zu behandeln.

Weiterhin kommen beim Rechnen mit Größen Fehler im rechnerischen Bereich vor, die schon unter 3.2 besprochen wurden. Petersen (1987) zählt hier z. B. auf:

– Perseverationsfehler,
– Rechenfehler, z. B. Fehler beim Einsundeins und Einmaleins,
– Fehler im Zusammenhang mit Nebenrechnungen, z. B. beim Abschreiben und
– sachaufgabenspezifische Fehler, z. B. bei Verwendung von Fachausdrücken, Fremdwörtern usw.

An dieser Stelle sind aber spezielle Fehlerursachen wichtig, z. B.
– Fehler bei den Umwandlungsfaktoren,
– Fehler bei den Einheiten,
– Fehler bei der Kommaschreibweise.

Bezüglich der Umwandlungsfaktoren gibt es große Lernschwierigkeiten, wenn das folgende einfache Schema nicht beherrscht wird:

$$1\,mm \xrightarrow{\cdot 10} 1\,cm \xrightarrow{\cdot 10} 1\,dm \xrightarrow{\cdot 10} 1\,m \xrightarrow{\cdot 10} 10\,m \xrightarrow{\cdot 10} 100\,m \xrightarrow{\cdot 10} 1\,km$$

$$1\,mm^2 \xrightarrow{\cdot 100} 1\,cm^2 \xrightarrow{\cdot 100} 1\,dm^2 \xrightarrow{\cdot 100} 1\,m^2 \xrightarrow{\cdot 100} 1\,a \xrightarrow{\cdot 100} 1\,ha \xrightarrow{\cdot 100} 1\,km^2$$

$$1\,mm^3 \xrightarrow{\cdot 1000} 1\,cm^3 \xrightarrow{\cdot 1000} 1\,dm^3 \xrightarrow{\cdot 1000} 1\,m^3$$

$$1\,ml \xrightarrow{\cdot 1000} 1\,l \xrightarrow{\cdot 1000} 1\,m^3$$

Diese Volumina gefüllt mit Wasser wiegen:

$$1\,g \xrightarrow{\cdot 1000} 1\,kg \xrightarrow{\cdot 1000} 1\,t$$

Beispiel:

(4. Klasse, Lehrplaninhalt: Größen – Gewichte, nach Petersen, 1987, S. 18)
Typische Umrechnungsfehler sind:

```
3 · 7 t 300 kg = 210 900 kg
        20 g =  20 000 kg
      0,004 t =   4 000 kg
     10 t 5 kg =     105 kg
```

Der einzige Größenbereich, der nicht in dieses Schema passt, ist der der Zeitspannen, und deshalb kommt es hier auch zu ganz typischen Fehlern, die vor allem darin bestehen, dass 1 Stunde als 100 Minuten gerechnet wird.

Beispiel:

(4. Klasse, Lehrplaninhalt: Größen – Zeitspannen)
In vielen Schülerarbeiten finden sich Umrechnungen wie:

```
          100 Minuten = 1 Stunde
          120 Minuten = 1 Stunde 20 Minuten
3 Stunden 25 Minuten = 325 Minuten usw.
```

Der häufigste Fehler bei der Verwendung der Einheiten ist die Umwandlung unter Nichtbeachtung der vorgegebenen Einheit.

Beispiel:

(4. Klasse, Lehrplaninhalt: Größen – Gewichte, nach Petersen, 1987, S. 18)

$$5\,kg\;860\,g = 5860\,kg$$
$$250\,g + 5\,kg\;500\,g + 10\,kg = 765\,kg \text{ (Addition aller Maßzahlen)}$$

Fehler bei der Kommasetzung kommen dadurch zustande, dass das Komma nicht als Trennung zwischen den Einheiten, sondern als Trennung zwischen Tausendern und Hundertern aufgefasst wird.

Beispiel:

(4. Klasse, Lehrplaninhalt: Größen – Gewichte, nach Petersen, 1987, S. 18)

48,508 kg = 48 50800 g (zusätzlich Verwendung des Umwandlungsfaktor 100)

Beim Größenbereich der Zeitspannen sei noch auf eine fehlerträchtige Besonderheit hingewiesen:

Zeitspannen müssen von Zeitpunkten unterschieden werden (Lauter, 1989, S. 179). 17.45 Uhr ist ein Zeitpunkt, 8 Stunden 30 Minuten ist eine Zeitspanne. Nur Zeitspannen sind Größen und nur mit Größen kann man rechnen (Addieren und Subtrahieren). Auf keinen Fall kann man Zeitpunkte und Zeitspannen addieren. Will man z. B. aus der Abfahrtzeit und der Fahrtdauer die Ankunftzeit des Zuges bestimmen, so darf das nie mit einem der schriftlichen Addition entsprechenden Verfahren geschehen.

Beispiel:

(4. Klasse, Lehrplaninhalt: Größen – Zeitspannen, nach Gösele, 1981)

Typische Fehllösungen sind:

Abfahrt:	16.35 Uhr
Fahrzeit:	56 min
Ankunft:	gesucht

$$\begin{array}{r} 16.36 \text{ Uhr} \\ +\quad 56 \text{ min} \\ \hline 16.92 \text{ Uhr} \end{array}$$

Ankunft:	11.17 Uhr
Fahrzeit:	45 min
Abfahrt:	gesucht

$$\begin{array}{r} 11.17 \text{ Uhr} \\ -\quad {}_1 45 \text{ min} \\ \hline 10.72 \text{ Uhr} \end{array}$$

oder

11.12 Uhr

Im Sachrechnen kulminieren sich die Schwierigkeiten der Arithmetik und des Rechnens mit Größen. Folglich wird das Sachrechnen von fast allen Lehrern als der Inhalt bezeichnet, der die größten Lernschwierigkeiten bei den Schülern aufweist. Die Schwierigkeiten können sich dabei ergeben aus (nach Radatz, 1984, S. 18)

- der Sachstruktur (Kontext unbekannt, zu komplex, aus der Erwachsenenwelt entnommen usw.),
- der mathematischen Struktur (zu viele Teilschritte, Komplexität der Rechenoperationen, zu hohe Anforderungen an die mathematischen Kenntnisse des Schülers),
- der sprachlich syntaktischen Struktur (Fremdworte, Satzstrukturen, Fachsprache usw.),
- der Prozessstruktur (falsche Lösungshypothesen, Teilinformationen werden nicht berücksichtigt usw.)

Wie die Sachstruktur alleine bei gleicher mathematischer, sprachlicher Struktur sowie gleicher Prozessstruktur variieren kann, sei an diesem Beispiel demonstriert:

Beispiel:

(1. Klasse, Lehrplaninhalt: Sachrechnen, nach Radatz, 1984, S. 20)

Die mathematische Struktur ist die Subtraktionsgleichung $a - b = c$, allerdings mit der gesuchten Größe an unterschiedlichen Stellen (a, b oder c)

„Fritz hat 8 Murmeln. Davon schenkt er Luise 5 Murmeln." $(8 - 5 = x)$

„Fritz hat 8 Murmeln. Dann schenkt er einige der Luise. Jetzt hat er nur noch 3 Murmeln." $(8 - x = 3)$

„Fritz hat einige Murmeln. Dann schenkt er Luise 5 Murmeln. Jetzt hat er nur noch 3 Murmeln." $(x - 5 = 3)$

„Fritz und Luise haben zusammen 8 Murmeln. Fritz hat davon 3 Murmeln." $(8 - 3 = x)$

„Fritz hat 8 Murmeln, Luise hat 5 Murmeln. Wie viele Murmeln hat Luise weniger?" $(8 - x = 5)$

„Fritz hat 8 Murmeln. Luise hat 5 Murmeln weniger." $(8 - 5 = x)$

„Fritz hat 5 Murmeln. Das sind 3 Murmeln weniger als Luise." $(x - 3 = 5)$

Fritz hat 8 Murmeln und Luise hat 3 Murmeln. Wie viele Murmeln muss Fritz weglegen, damit er so viel hat wie Luise?" $(8 - x = 3)$

Aus diesen Fehlerursachen resultieren gewisse Fehlertypen, nämlich (nach Bremer/Dahlke, 1980):

Fehlerhafte Verkürzungen des Lösungsplans

Bei mehrgliedrigen Aufgaben werden einzelne Lösungsschritte ausgelassen, während andere fehlerfrei bearbeitet werden. Das kann daran liegen, dass
- der Sachzusammenhang nicht richtig erfasst wird,
- der Sachzusammenhang zwar erfasst wird, aber der Zusammenhang nicht bis zum Aufstellen der Lösung behalten wird,
- der Schüler einzelne Teilaufgaben nicht lösen kann.

Beispiel:

(1. Klasse, Lehrplaninhalt: Sachrechnen, nach Lauter, 1982, S. 103)

Die Schüler lösen folgende Aufgabe: „Der Hausmeister soll in der Halle 100 Stühle aufstellen. Die Kinder der 4a und 4b bringen je 20 Stühle, die Klasse 1a stellt 30 Stühle auf. Wie viele Stühle fehlen noch?

Eine Fehllösung besteht darin, dass als Lösung 70 angegeben wird. Es wurden nur die Stühle, die von den drei Klassen gebracht werden, berechnet und nicht die Differenz zu 100.

Identifikationsfehler

Hierbei handelt es sich um Fehler, dass textliche Angaben nicht den richtigen mathematischen Operationen oder Begriffen zugeordnet werden. Ein typisches Beispiel ist die Verwechselung von Umfang und Flächeninhalt eines Rechtecks.
Der Grund für diesen Fehler liegt darin, dass Schüler die mathematischen Begriffe nicht identifizieren und unterscheiden können. Wenn z. B. bei der Lösung einer Sachaufgabe statt addiert subtrahiert wird, liegt der Verdacht für diesen Fehlertyp vor.

Fehler durch direktes Übersetzen einer Sachhandlung in eine Operation

Dieser Fehler ist darin begründet, dass mit bestimmten Schlüsselworten im Text der Aufgabe eine mathematische Operation gekoppelt wird.

Beispiel:

(1. Klasse, Lehrplaninhalt: Sachrechnen, nach Bremer/Dahlke, 1980, S. 16)

„Als Fritz 6 Jahre alt war, war er halb so alt wie heute. Wie alt ist er heute?" Das Wort „halb so alt" verleitet dazu, die Hälfte der angegebenen Zahl zu berechnen.

Fehler im Strukturieren des Lösungsplans bei mehrstufigen Aufgaben

Dieser Fehler besteht im Wesentlichen darin, dass von den Angaben der Aufgabe losgerechnet wird, das Ziel der endgültigen Lösung aber nicht erreicht wird. Im Lösungsgang wurde eine falsche Richtung eingeschlagen.

Beispiel:

(1. Klasse, Lehrplaninhalt: Sachrechnen, nach Lauter, 1982, S. 103)

„Paul hat 15 €. Er überlegt, ob er einen Wasserball für 3 € und neue Turnschuhe für 8 € oder einen Schwimmring für 5 € und eine neue Badehose für 7 € kaufen soll."
Schülerfehler bestehen darin, dass zwar 11 € bzw. 12 € berechnet werden, diese Beträge aber dann nicht jeweils von 15 € subtrahiert, sondern addiert werden.

Fremd- und Zufallsstrategien

Das auffälligste an Sachaufgaben sind für die Schüler die Zahlangaben. Vielmals werden deshalb mit ihnen willkürlich Operationen ausgeführt nach dem Motto: Lieber falsch als gar nicht rechnen. Für die Denkweise der Schüler nennen Bremer/Dahlke (1980) folgende Beispiele:
– In der Grundschule neigen Schüler dazu, große Zahlen zu addieren und kleine zu multiplizieren.
– Wenn in einer Aufgabe drei oder mehr Zahlen vorkommen, wird addiert.

Beispiel:

(3. Klasse, Lehrplaninhalt: Sachrechnen, nach Bremer/Dahlke, 1980 S. 19)

„8 gerade Schienenstücke einer Spielzeugeisenbahn ergeben einen Schienenstrang von 1,60 m Länge. Wie lang ist der Schienenstrang aus 2 Schienenstücken?"

Bei zwei Versuchspersonen wurden Lösungsansätze wie:

160 – 8 = 152
160 – 2 = 158
160 : 2 = 80
160 – 6 = 154
160 : 6 = ?

der Reihe nach durchprobiert und wegen eines unrealistischen Ergebnisses verworfen.

4   Ausländerkinder

Die Zusammensetzung unserer Grundschulklassen ist heute so vielgestaltig, dass man nur noch in den seltensten Fällen ausschließlich Kinder mit der Muttersprache Deutsch vor sich hat. Neben den „klassischen" Gastarbeiterkindern aus den bekannten Gastarbeiterländern finden sich die Kinder der Aussiedler und Asylanten in unseren Schulen. Je vielgestaltiger die Zusammensetzung der Klassen wird, desto größer werden die Lernschwierigkeiten mit diesen Kindern.

Vielfach wird die Meinung geäußert, dass Mathematik ausländischen Kindern nicht mehr Schwierigkeiten bereitet als deutschen Kindern, weil ja Mathematik auch sprachfrei vermittelt werden könne. Dabei wird Mathematik als System nonverbaler Zeichen und Symbole betrachtet, das ausländischen Kindern genauso vermittelt werden könne wie den deutschen. Nach Wimmer (1985) weisen aber zahlreiche Untersuchungen darauf hin, dass dies so nicht stimmt. Insbesondere bei Aufgaben, die ein Begriffsverständnis, motorische Fertigkeiten und Wahrnehmungsfähigkeit, sowie natürlich ein sprachliches Verständnis (Sachaufgaben) voraussetzen, weisen Ausländerkinder größere Defizite gegenüber deutschen Kindern auf. Sprachliche Schwierigkeiten im Mathematikunterricht tauchen auch bei den Kindern auf, die schon länger in Deutschland sind. Das liegt daran, dass es sich bei der Sprache der Mathematik um eine ausgeprägte Fachsprache handelt, die sich durch zahlreiche wissenschaftliche Begriffe und hohe Informationsdichte auszeichnet (siehe 2.1.2.3).

Daraus folgt (nach Wimmer, 1985), dass ausländische Kinder auch im Mathematikunterricht einer besonderen Förderung bedürfen, die ihre spezifische Lernsituation berücksichtigt. Die Lehrerin kann im Rahmen der Differenzierungsmaßnahmen, speziell auch im Stütz- und Förderunterricht, auf diese speziellen Bedürfnisse eingehen. Das setzt allerdings voraus, dass sie die spezifischen Lernbedingungen ihrer Schüler kennt.

Wo liegen nun die Probleme des Mathematikunterrichts im Einzelnen? Ottmann (1982) nennt folgende Punkte:

- Sprachschwierigkeiten,
- fehlende Kenntnisse in Mathematik,
- unterschiedliches didaktisches Vorgehen,
- mangelnde Motivation,
- fehlende Grundfertigkeiten.

Über Sprachschwierigkeiten wurde bereits in 2.1.2.3 berichtet.

Bei Ausländerkindern, die schon im Heimatland zur Schule gegangen sind, muss man bedenken, dass in diesen Ländern die Lehrpläne z. T. erheblich von unseren abweichen und daher oft *mangelnde oder andere Kenntnisse* vorhanden sind.

Beispiel:

(Lehrplaninhalt: Schriftliche Rechenverfahren)

Die schriftliche Multiplikation, die bei uns erst im 4. Schuljahr ansteht, wird in einfachen Fällen in der Türkei schon im 2. Schuljahr behandelt. Es heißt im türkischen Lehrplan (nach Lörcher, 1981, S. 104): schriftliche Multiplikation zweistelliger Zahlen mit 2, 3, 4 oder 5 ohne Übertrag. Im 3. Schuljahr werden zweistellige mit ein- und zweistelligen Zahlen multipliziert, im 4. Schuljahr werden dann vierstellige mit höchstens dreistelligen Zahlen multipliziert. Große Unterschiede ergeben sich auch bei den Größen. Im Allgemeinen werden sie in Deutschland früher als in anderen Ländern behandelt (siehe dazu Lörcher 1981).

Bezüglich des *unterschiedlichen didaktischen Vorgehens* im Mathematikunterricht ist Folgendes zu beachten. In den verschiedenen Herkunftsländern werden unterschiedliche Verfahren für die schriftlichen Rechenverfahren gelehrt. Durch unterschiedliche Lernerfahrung oder durch die Mithilfe der Eltern kommt es so zu Interferenzen dieser Verfahren, die in aller Regel zu Fehlern führen.

Beispiel:

(3. Klasse, Lehrplaninhalt: Schriftliche Subtraktion)

Bei einer Subtraktionsaufgabe in einer Klassenarbeit findet sich bei einem türkischen Mädchen folgende Lösung:

$$\begin{array}{r} {}^{65}7\,1\,2 \\ -\ 2\,7\,5 \\ \hline 3\,4\,7 \end{array}$$

Schon der erste Blick zeigt, dass hier nicht unser Subtraktionsverfahren angewendet wird, denn offensichtlich ist die Hunderterstelle des Minuenden verändert. Das deutet auf das sog. Borgeverfahren hin. Allerdings hat die Schülerin nicht jeweils von der nächsthöheren Stelle eine Einheit in 10 kleinere Einheiten getauscht, sondern hat immer die höchste Stelle verändert.

In der Tat wird in der Türkei das Borgeverfahren gelehrt. Nach dem dortigen korrekten Verfahren sähe die Lösung so aus:

$$\begin{array}{r} {}^{6}7{}^{0}1\,2 \\ -\ 2\,7\,5 \\ \hline 4\,3\,7 \end{array}$$

Eine Aufstellung der verschiedenen schriftlichen Rechenverfahren in den Ländern Spanien, Portugal, Italien, Türkei, Griechenland und Jugoslawien findet sich bei Ottmann (1982). Hier nur eine kurze Zusammenfassung.

Die schriftliche Addition ist in allen genannten Ländern im Wesentlichen gleich, allerdings wird nur in Jugoslawien der Übertrag notiert wie bei uns. In Italien notiert man das Plus- und das Gleichheitszeichen mit, nämlich:

```
    3 7 5 +
    8 4 6 =
  ─────────
  1 2 2 1
```

Das Subtraktionsverfahren ist nur in Jugoslawien so wie bei uns. In allen anderen Ländern wird abgezogen und nicht ergänzt. In Italien, Spanien und der Türkei wird abgezogen und, wie oben gezeigt, das Borgeverfahren angewendet.

Die schriftliche Multiplikation ist nur in Jugoslawien so wie in Deutschland. Als Beispiel sei hier die spanische Version gezeigt, die in der Türkei und Griechenland gleich und in Italien ähnlich ist:

```
      3 1 8
   x    4 2
  ─────────
      6 3 6
  1 2 7 2
  ─────────
  1 3 3 5 6
```

Das schriftliche Divisionsverfahren ist das unterschiedlichste. Zur Veranschaulichung sei hier nur das türkische Verfahren dargestellt mit der Aufgabe 318:15:

```
    3 1 8 │ 1 5
  − 3 0   │ 2 1
  ───────
      0 1 8
    − 1 5
    ─────
      0 3
```

Die *mangelnde Motivation und Konzentration,* die bei vielen ausländischen Kindern zu verzeichnen ist, rührt möglicherweise von einer Überforderung her. Diese ist verursacht durch das Leben in zwei Kulturen, die unterschiedlichen Ansprüche und die Spannung, die deutsche Schule und Umgebung einerseits und muttersprachlicher Zusatzunterricht und häusliches Milieu andererseits auf die Kinder ausüben.

Vielfach beobachtet man bei Ausländerkindern *fehlende Grundfertigkeiten,* die die deutschen Kinder bereits vom Kindergarten her mitbringen. Hierbei handelt es sich um solche Tätigkeiten wie ausmalen, ausschneiden, Farben unterscheiden, Gegenstände ordnen usw.

Beispiel:

(1. Klasse, Äußerung einer Lehrerin, nach Ottmann, 1982, S. 33)

„Es gibt viele Kinder, die bis zum 6. Lebensjahr kaum aus der Wohnung kommen. Wenn die Eltern bei der Arbeit sind, werden sie eingeschlossen. So ergibt sich ein Entwicklungsrückstand von weit über einem Jahr. Sie kennen muttersprachlich keine Farben, haben auch nicht den geringsten Zahlbegriff. Die Umweltorientierung einschließlich Richtungsangaben fehlt, Feinmotorik und Kombinationsgabe sind unterentwickelt."

Als Hilfen kann der Lehrer die Möglichkeiten der Differenzierung (siehe Kap. VI) nutzen. Insbesondere werden folgende Maßnahmen empfohlen (Wimmer 1985):

– intensive Konkretisierung und Visualisierung, wobei die enaktive und ikonische Form der Darbietung besonders betont werden sollen,
– Kleinschrittigkeit, behutsames Vorgehen und gründliche Erarbeitung jedes einzelnen Lernschrittes,
– einfache Sprache. Bei Anweisungen werden für dieselbe Handlung immer wieder dieselben Ausdrücke verwendet. Dies führt zur festen Verknüpfung von Handlung und Sprachmuster. Handlungen stets mit Sprache begleiten! Die fachsprachlichen Aspekte der Mathematik sind nur vorsichtig und behutsam einzuführen.

XIV. Beurteilung von Schulbüchern

1   Ausgangslage

„Das beste Lehrmittel ist immer noch der Lehrer, das beste Lernmittel das Schulbuch." Diese Einschätzung (nach Glattfeld, 1981, S. 15) braucht auch im Zeitalter der audiovisuellen und neuen Medien nicht korrigiert zu werden. Das liegt an den unbestreitbaren Vorzügen, die das Schulbuch gegenüber anderen Medien aufweist, nämlich:
– Das Schulbuch enthält den gesamten Stoff einer Klasse.
– Es ist preisgünstig, vor allem im Verhältnis zu technischen Medien.
– Es ist arbeitsökonomisch zu verwenden. Sein Einsatz benötigt keine großen Vorbereitungen.
– Es ist für Lehrer und Schüler gleichermaßen in der Schule und zu Hause ständig verfügbar.
– Es enthält nicht nur die laut Lehrplan verbindlichen Inhalte, sondern auch ihre didaktisch-methodische Umsetzung.

Es ist selbstverständlich, dass von vielen Seiten versucht wird, auf die Gestaltung dieses wichtigen Mediums Einfluss zu nehmen, nicht nur die Schuladministration, die ja den demokratisch legitimierten Auftrag für die Überwachung der Einhaltung des Lehrplans hat, sondern auch die Politiker der verschiedenen Richtungen, die Verlage, die Eltern- und Lehrerverbände, alle haben ein mehr oder weniger berechtigtes Interesse an der Gestaltung und dem Einsatz des Schulbuchs. Dabei wird oft vergessen, dass die berechtigtsten Interessen am Schulbuch die Lehrer und Schüler haben, denn diese müssen Tag für Tag damit umgehen.
Über die Akzeptanz von Schulbüchern bei Schülern gibt es kaum verlässliche Nachrichten, lediglich ein paar Meinungsäußerungen und statistisch nicht relevante Untersuchungen. Jedenfalls lässt sich das Grundschulkind kaum von inhaltlichen oder didaktischen Vorstellungen beeinflussen, sondern urteilt z. B. nach der farblichen Gestaltung oder der Übersichtlichkeit. Besonders wichtig ist auch für Kinder die Illustration. So sind etwa eingestreute gezeichnete Comic-Figuren sehr beliebt.

Beispiel:
(3. und 4. Klasse, nach Feil/Lauter, 1985)
In diesem Lehrbuch wird als ständige Begleitfigur der sog. „Zero" eingesetzt, eine Art Zauberer mit Zipfelmütze und langem Zauberermantel, der alles kann und den Schülern die Rechenverfahren vormacht und erklärt. Immer, wenn es schwierig wird, weiß Zero Rat und hilft den Kindern auf die Sprünge.
In einem anderen Schulbuch (Schmidt, 1976) wird eine Familie mit Kindern vorgestellt, die immer wieder im Verlauf des Lehrgangs auftritt und verschiedene Inhalte demonstriert. Durch diese Fotos soll der Erfahrungsbereich der Kinder angesprochen und in den Unterricht einbezogen werden.

Der Lehrer hat für seine berufliche Tätigkeit das Recht der Methodenfreiheit. Im Rahmen dieses Rechts steht es ihm prinzipiell frei, die Medien, also auch das Schulbuch, nach dem in seiner Klasse gearbeitet werden soll, selbst zu bestimmen. In der Regel muss er aber hier Einschränkungen hinnehmen. Zunächst einmal darf er nur ein Schulbuch einführen, das von der Kultusbehörde seines Bundeslandes in einer offiziellen ministeriellen Entscheidung zum Gebrauch freigegeben wurde.

Diese Entscheidung wird in der Regel nach bestimmten Kriterien getroffen, etwa:
- Übereinstimmung mit der verfassungsmäßigen Ordnung,
- Lehrplankonformität der Stoffauswahl und -anordnung,
- Berücksichtigung bewährter oder erfolgversprechender didaktischer Grundsätze,
- angemessene und zielgruppengemäße sprachliche Gestaltung,
- Angemessenheit der Ausstattung.

Eine weitere Einschränkung für die Wahl des Schulbuchs durch den Lehrer ist durch den Schulträger, in der Regel die Kommune, gegeben. Natürlich ist es dem Schulträger nicht zuzumuten, den Wunsch eines jeden Lehrers nach einem nur von ihm ausgesuchten Schulbuch zu erfüllen. Denn in der Regel kann bei der Abnahme eines großen Kontingents von gleichen Büchern, etwa für alle Schulen der Stadt, mit erheblichen Preisabschlägen gerechnet werden. Schließlich ist auch eine Absprache über das Schulbuch unter den Kollegen der Schule üblich und auch nötig. Meist sichtet eine Kommission von einigen Lehrern die möglichen Schulbücher und entscheidet sich für ein Werk. Diese Entscheidung wird dann in der Regel von allen Klassen- und Fachlehrern übernommen. Daraus wird ersichtlich, wie das durch die Methodenfreiheit garantierte Recht auf freie Wahl eines Schulbuchs durch äußere Zwänge eingeengt wird.

Immerhin muss die Auswahl eines Schulbuchs, ob sie nun durch den Einzelnen oder durch eine dazu beauftragte Kommission erfolgt, nach bestimmten Kriterien durchgeführt werden und darf nicht der subjektiven Zu- oder Abneigung für einzelne Bücher, Verlage oder Autoren überlassen sein.

Im Folgenden seien dem Lehrer oder der Lehrerin, denen eine solche Aufgabe zufällt, einige Kriterien an die Hand gegeben, wobei sie allerdings die Gewichtung selbst durchführen müssen. Auf jeden Fall sollte die Analyse auch so durchgeführt werden, dass verschiedene Themen in den in Frage kommenden Werken in der direkten Gegenüberstellung verglichen werden.

2 Beurteilungskriterien

2.1 Fachliche Kriterien

Die wichtigste und notwendige (aber in keiner Weise hinreichende) Forderung, die an ein Schulbuch gestellt werden muss, ist *fachliche Richtigkeit*. Diese an sich selbstverständliche Forderung ist keineswegs immer selbstverständlich erfüllt.

Im Einzelnen müssen bei der Beantwortung der Frage nach der fachlichen Richtigkeit u. a. folgende Teilbereiche berücksichtigt werden:

Sind alle im Lehrplan geforderten Inhalte ausreichend berücksichtigt und dargestellt?

Dass alle im Lehrplan geforderten Inhalte berücksichtigt sind, wird in aller Regel ja durch das Zulassungsverfahren gewährleistet. Probleme können bei der Gewichtung der einzelnen Themen auftauchen. Wenn im Lehrplan Richtstundenzahlen ausgebracht sind, geben diese einen Hinweis darauf, wie intensiv dieser Stoff zu behandeln ist. Ergeben sich im Schulbuch dazu stärkere Abweichungen, so kann dies ins Gewicht fallen.

Beispiel:

(2. Klasse, Lehrplaninhalt: Größen)

In einem Schulbuch (dem Autor bekannt) sind lediglich 12 % der Seiten dem wichtigen und schwierigen Thema Größen gewidmet, obwohl der Lehrplan Baden-Württemberg 30 von 150 Stunden, also 20 % als Richtzeit vorsieht. Das ist ein Indiz dafür, dass das Buch dieses Thema nicht in dem Maße berücksichtigt, wie der Lehrplan es vorsieht, und die Akzente anders setzt.

Werden die mathematischen Zeichen richtig verwendet?

Die mathematischen Symbole (z. B. $=$, $+$, $-$, $\cdot$, $:$, $\cap$, $\in$) sind jeweils für bestimmte mathematische Bereiche definiert. So sind etwa die Operationszeichen $+$, $-$, $\cdot$ und $:$ nur für Zahlen und Größen definiert und dürfen auch nur dort benutzt werden. Eine Verwendung von Zahloperationszeichen bei Mengen oder umgekehrt von Mengenzeichen bei Zahlen ist unzulässig.

Beispiel:

(1. Klasse, Lehrplaninhalt: Arithmetik)

In älteren Schulbüchern findet sich oft folgende Darstellung:

$$ó\ ó\ ó\ ó + ó\ ó\ ó = ó\ ó\ ó\ ó\ ó\ ó\ ó$$

die als 4 Kirschen plus 3 Kirschen gleich 7 Kirschen gelesen wird. Hier wird das Pluszeichen nicht zwischen Zahlen, sondern zwischen Dingsymbolen (oder Mengen) verwendet, was unzulässig ist. Dinge kann man nicht addieren (bzw. subtrahieren, multiplizieren, dividieren), sondern nur mit Zahlen können diese Operationen durchgeführt werden. (Auch die Redensart, „Äpfel und Birnen kann man nicht addieren, man kann nur Äpfel und Äpfel addieren" ist unsinnig. Gegenstände können niemals addiert werden. Addieren kann man nur Zahlen oder Größen.)

Ein weiteres Beispiel für eine nichtfachgerechte Verwendung mathematischer Symbole bezieht sich auf das Gleichheitszeichen.

Beispiel:

(1. Klasse, Lehrplaninhalt: Arithmetik)

In einem Schulbuch wird das Gleichheitszeichen (=) nur bei Aufgaben der Form
a + b = x (bzw. a − b = x, a · b = x, a : b = x)
und niemals bei Ausdrücken wie
x = a + b (bzw. x = a − b, x = a · b, x = a : b) verwendet.
Das Gleichheitszeichen hat aber immer die Bedeutung „… ist dasselbe wie …" und heißt niemals „… ergibt …". Eine Gleichung ist wie eine Waage. Es ist gleichgültig, ob die Seiten vertauscht werden.
Wird das Gleichheitszeichen nur in der erstgenannten Form benutzt, so gewöhnt sich der Schüler an diesen Gebrauch und die Bedeutung „… ergibt …". Aussageformen der zweiten Art sind ihm dann ungewohnt oder sogar unverständlich.

Ein weiterer fachlicher Einwand bezieht sich auf die Verwendung der Abkürzungen für Maßeinheiten.

Beispiel:

(2. Klasse, Lehrplaninhalt: Arithmetik)

In einem Schulbuch werden die Benennungen Std. für Stunden und Min. für Minuten benutzt. Für die Benennungen der genormten Größen für Geldwerte, Längen, Zeitspannen, Gewichte, Volumina (Hohlmaße) usw. gibt es durch DIN 58122 genormte Abkürzungen, nämlich

Geld:	€, ct
Längen:	km, m, dm, cm, mm
Zeitspannen:	h, min, s
Gewichte:	t, kg, g
Volumina (Hohlmaße):	l

die sinnvollerweise auch nach den Lehrplänen verbindlich sein sollten.

Es kommt auch schon einmal vor, dass Bezeichnungen für mathematische Begriffe wechseln. Das kann zu Verwirrungen führen.

Beispiel:

(1. bis 4. Klasse, Lehrplaninhalt: Arithmetik)

In einem Werk für den Mathematikunterricht in der Grundschule werden in der 1. Klasse Maschinendarstellungen rechteckig gezeichnet, in den Klassen 2 und 3 rund und in Klasse 4 fehlt jede Umrandung.

Es ist zwar nicht fachlich falsch, aber entspricht nicht einer korrekten mathematischen Schreibweise, wenn Gleichungen nicht genau untereinander stehen. In einem Buch steht folgendes Beispiel:

Beispiel:

(3. Klasse, Lehrplaninhalt: Arithmetik)

$$4 \cdot 18 = \underline{\qquad}$$
Erika rechnet:

$$18 \cdot 4 =$$
$$\overline{\quad 9 \cdot 4 = 36}$$
$$\underline{+ \quad 9 \cdot 4 = 36}$$
$$18 \cdot 4 = 72$$

Neben der fachlichen Richtigkeit gibt es aber noch weitere fachliche Gesichtspunkte, die bei der Beurteilung berücksichtigt werden müssen. Glattfeld (1981, S. 150) macht für Schulbücher der Sekundarstufe auf das *Verhältnis zwischen „reiner" und „angewandter" Mathematik* aufmerksam. Diese Fragestellung muss im Bereich der Grundschule dahingehend modifiziert werden, ob ein ausgewogenes Verhältnis zwischen rein arithmetischen Aufgaben und Sachaufgaben besteht. Daneben sollten aber auch Themen der reinen Mathematik schon in Grundschulbüchern berücksichtigt werden. Hier ist z. B. an zahlentheoretische Probleme zu denken, die im Zusammenhang mit dem Lehrplanthema „Teiler und Vielfache" angeschnitten werden können.

Beispiel:

(4. Klasse, Lehrplaninhalt: Teiler und Vielfache)

Im Unterricht wird die Relation „… ist Teiler von …" in einer Tabelle dargestellt:

	1	2	4	7	12	16
1	x	x	x	x	x	x
2		x	x		x	x
4			x		x	x
7				x		
12					x	
16						x

Diese Tabelle muss analysiert werden, etwa durch folgende Fragen:
– Warum ist die erste Zeile ganz mit Kreuzen besetzt?
– Warum ist die Diagonale ganz mit Kreuzen besetzt?
– Warum findet sich in der 1. Spalte nur ein Kreuz?
– In welchen Spalten gibt es genau 2 Kreuze? – Warum?
– Welche Beziehung wird dargestellt, wenn ich die Tabelle nicht von rechts nach links, sondern von oben nach unten lese?

Von einem guten Schulbuch erwartet man auch Aufgaben wie die oben beschriebene. Ebenso erwartet man von einem Schulbuch die Berücksichtigung mathematischer Strukturen und Gesetzmäßigkeiten. Es wurde bereits mehrfach darauf hingewiesen, dass z. B. die arithmetischen Gesetze sinnvolles Rechnen erst ermöglichen. Entsprechend sollten diese wesentlichen Voraussetzungen und Hilfen für das Rechnen schon in der Grundschule kindgemäß thematisiert werden. Dies kann schon durch den Hinweis auf sinnvolle Zerlegungen oder Umstellungen geschehen.

Beispiel:

(3. Klasse, Lehrplaninhalt: Arithmetik)

Zerlege sinnvoll (Benutzung des Assoziativgesetzes):

$$385 + 9 \quad = \underline{}$$
$$385 + 5 + 4 = 394$$

Stelle um (Benutzung des Kommutativgesetzes):

$$23 + 445 = \underline{\hspace{1.5em}}$$
$$445 + 23 = 468$$

Rechne in zwei Schritten (Benutzung des Distributivgesetzes):

$$12 \cdot 8 = \underline{\hspace{1.5em}}$$
$$10 \cdot 8 = 80$$
$$2 \cdot 8 = 16$$
$$12 \cdot 8 = 96$$

Ein weiteres fachliches Kriterium für ein Schulbuch in Mathematik ist die Frage, ob es Querverbindungen zu anderen Fächern aufzeigt. Das Grundschulkind denkt inhaltlich ganzheitlich. Folglich darf der Unterricht in Mathematik nicht isoliert dastehen, sondern muss, wo immer möglich, Querverbindungen zu anderen Fächern aufzeigen. Dies ist meist auch schon durch den Lehrplan vorgegeben. Besonders intensiv sind die Beziehungen zum Fach Heimat- und Sachunterricht. Bei zahlreichen mathematischen Themen können auch im Schulbuch Querverbindungen geschlagen werden.

Hier einige Beispiele:

mathematisches Thema	Thema des Heimat- und Sachunterrichts
Flächenformen	Straßenverkehr
Messen von Längen	Klassenzimmer und Wohnraum
Zeiteinheiten	Orientierung in Raum und Zeit
Achsensymmetrie	Bauen von Flugapparaten
Geldwerte	Post
Punkte im Gitterpapier	Der Ort, in dem wir leben
Zeitspannen	Fahrzeiten der Verkehrsmittel in der Stadt
Schlussrechnen	Einkaufen und Verkaufen

2.2 Didaktische Kriterien

2.2.1 Lernzielorientierung

Die Lernzieldiskussion der vergangenen Jahrzehnte hat darauf aufmerksam gemacht, dass nicht nur mathematische Inhalte zu unterrichten sind, sondern dass von einem sinnvollen Unterricht besondere Ziele erwartet werden, die sich neben der fachlichen Seite auch auf anthropologische und soziale Aspekte beziehen. Ein Schulbuch für den Mathematikunterricht muss daher sowohl die fachlichen Ziele als auch die übergeordneten allgemeinen Lernziele (siehe Kap. III.) berücksichtigen. In erster Linie denkt man hier an die Förderung der Argumentationsfähigkeit, der Kreativität und des Mathematisierens.

Bei der Beurteilung eines Schulbuchs können folgende Fragen Orientierungshilfe in dieser Hinsicht geben:

– Bietet das Buch ausreichend Situationen an, die ein analysierendes und begründendes Unterrichtsgespräch ermöglichen?

Beispiel:

(4. Klasse, Lehrplaninhalt: Sachrechnen)

Ein Schulbuch zeigt auf einer Seite ein Bild einer Uferszene, auf dem 2 Schiffe zu erkennen sind. Schilder weisen aus, dass das eine Schiff, Möwe, 325 Sitzplätze, das andere, Schwalbe, 183 Sitzplätze hat. Ebenso sind die Fahrpreise für Erwachsene und Kinder für eine große und eine kleine Rundfahrt genannt sowie die Dauer dieser Fahrten und die Abfahrtzeiten der Schiffe.
Der Unterricht kann dann so erfolgen, dass zunächst einmal sinnvolle Fragen erarbeitet werden, z. B. die Fahrtkosten für eine Familie, die ganze Klasse, die Möglichkeit, eine Rundfahrt innerhalb eines vorgegebenen Zeitrahmens durchzuführen usw.

– Regt das Buch zum kreativen Weiterdenken an?

Beispiel:

(3. Klasse, Lehrplaninhalt: Geometrie – Symmetrie)

Gerade geometrische Übungen, die im Erfinden von Ornamenten, z. B. Entwerfen von Bändern oder Rosetten auf dem Gitterpapier, bestehen, regen die Phantasie an.

– Gibt das Buch Anregungen, Situationen aus der Umwelt und dem täglichen Leben unter mathematischen Gesichtspunkten zu sehen und aufzubereiten?

Beispiel:

(4. Klasse, Lehrplaninhalt: Sachrechnen, nach Schmidt, 1976)

Der Bereich der Zahlen bis zu 1 000 000 wird an einem konkreten Beispiel dargestellt, und zwar am Beispiel der Einwohnerzahlen der Stadt Braunschweig von 1551 bis 1975. Ein Stabdiagramm zeigt das Anwachsen von 16 192 bis 266 855 Einwohnern. Weiterhin werden die Einwohnerzahlen bestimmter Jahre miteinander verglichen, z. B. von 1969 und 1920 usw.

Auch die mathematischen Grundtechniken des Klassifizierens, Ordnens, Generalisierens, Konkretisierens, Analogisierens und Formalisierens sollten im Schulbuch gepflegt werden. Im Übrigen sollten zumindest im Lehrerhandbuch auch die materiellen Lernziele jedes Abschnitts eindeutig präzisiert werden.

Beispiel:

(3. Klasse, Lehrplaninhalt: Arithmetik – Schriftliche Subtraktion)

Zum Thema „schriftliche Addition und Subtraktion" werden im Lehrerhandbuch folgende Lernziele genannt:
Die Schüler sollen die Normalverfahren der Addition und Subtraktion beherrschen.
Die Schüler sollen mehrere Subtrahenden auf verschiedene Weise subtrahieren können.
Die Schüler sollen bei Addition und Subtraktion die Umkehraufgaben zur Probe benützen.
Die Schüler sollen Aufgaben mit Leerstellen und Aufgaben mit fehlenden Ziffern lösen.
Bei einem guten Schulbuch sind die allgemeinen Lernziele und die speziellen eines jeden einzelnen Kapitel aufeinander bezogen, d. h. in vielen materiellen Lernzielen lassen sich auch die allgemeinen Lernziele realisieren.

2.2.2 Angemessenheit

Unter der Angemessenheit eines Schulbuchs wollen wir die Orientierung an der Altersstufe verstehen. Durch die Erforschung der psychologischen Grundlagen des Mathematiklernens durch Piaget ist hinreichend gesichert, dass Kinder mit Hilfe konkreter Materialien lernen. Darauf beruht das operative Prinzip für den Mathematikunterricht in der Grundschule (siehe Kap. IV. 3.2). Ein moderner Mathematiklehrgang für die Grundschule benötigt Arbeitsmaterial für die Hand des Schülers, nicht etwa als Anschauungsmittel, sondern zum konkreten Handeln. Das Arbeitsmaterial muss mit dem Schulbuch abgestimmt sein. In guten Grundschulwerken wird das Schulbuch auch als Vorlage zum Legen des Arbeitsmaterials benutzt. Die Schüler können das Arbeitsmaterial auf die entsprechende Schulbuchseite legen.

Beispiel:

(1. Klasse, Lehrplaninhalt: Arithmetik – Zerlegungen)

Beim gleitenden Zehnerübergang legen die Schüler Stäbe und schreiben dazu die Gleichungen:

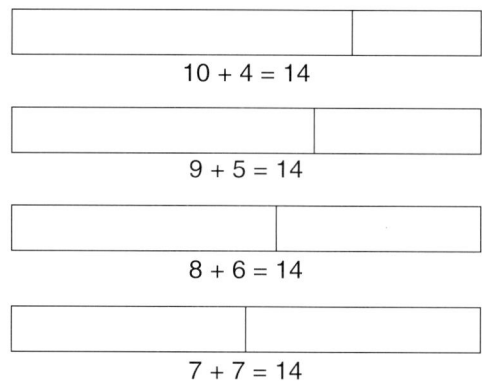

Als Beispiel für die Missachtung des operativen Prinzips im Schulbuch seien die Schulbücher der früheren DDR erwähnt, die völlig auf ein Arbeitsmaterial verzichteten. Aber auch in den westlichen Bundesländern wird dieses Prinzip nicht immer durchgehalten. Eine bloße Abbildung des Arbeitsmaterials genügt nicht, es muss auch begleitend zum Lehrwerk für jeden Schüler zur Verfügung stehen.

Ein gutes Schulbuch konkretisiert die psychologischen Ergebnisse. So ist es sinnvoll, wenn im Schulbuch der ersten Klasse Zuordnungsübungen zur Zahlbegriffsbildung durchgeführt werden.

Beispiel:

(1. Klasse, Lehrplaninhalt: Arithmetik – Gewinnung des Zahlbegriffs)

Der Begriff der natürlichen Zahl kann durch die eineindeutige Zuordnung gewonnen werden. In einer Klasse ist die Anzahl der Kinder gleich der Anzahl der Stühle, wenn jedes Kind auf genau einem Stuhl sitzt und kein Stuhl übrigbleibt. Dies kann überprüft werden, indem nacheinander jedem Kind ein Stuhl zugeordnet wird, d. h. dass es sich auf einen Stuhl setzt. Diese oder ähnliche Zuordnungsübungen werden durch die Psychologie zur Fundierung des Zahlbegriffs nahe gelegt.

Zur Beachtung des operativen Prinzips im Schulbuch gehört auch die Berücksichtigung von Umkehraufgaben. Jede mathematische Operation kann umgekehrt werden und darauf sollte das Schulbuch eingehen.

Beispiel:

(3. Klasse, Lehrplaninhalt: Größen – Gewicht)

In den meisten Schulbüchern werden Aufgaben zum Wiegen von bestimmten Gegenständen gestellt. Sinnvoll ist aber auch, die umgekehrte Aufgabenstellung, nämlich z. B. 1 kg Sand, 200 g Nägel usw., abzuwiegen.

Dasselbe gilt für die anderen Größenbereiche, also z. B.

a) Messen der Länge einer vorgegebenen Strecke,
b) Strecken bestimmter Länge zeichnen.

a) Bestimmen des Volumens einer bestimmten Wassermenge,
b) Eine Wassermenge mit einem bestimmten Volumen bereitstellen.

a) Messen der Zeit, die ein bestimmter Vorgang braucht,
b) Eine Tätigkeit während einer festgesetzten Zeit durchführen.

2.2.3 Lebensbezug

Von einem Schulbuch für Mathematik erwartet man eine realistische Darstellung der heutigen Lebenswelt. Das bezieht sich z. B. auf Preise, Postgebühren, Fahrpreise usw. Aber auch die Lebensgewohnheiten, die durch die dargestellten Situationen und die Sachaufgaben geschildert werden, müssen denen entsprechen, die die Kinder kennen.

Beispiel:

(3. Klasse, Lehrplaninhalt: Sachrechnen, nach Hammermüller, 1987, S. 36)

In dem offiziellen Schulbuch für den Mathematikunterricht in der Grundschule der ehemaligen DDR finden sich Aufgaben, die schon beim Meinungsaustausch zwischen Lehrern der ehemaligen beiden deutschen Teile auf großes Unverständnis der Kollegen aus den alten Bundesländern gestoßen sind und selbstverständlich von den Schülern in den alten Bundesländern nicht verstanden würden:

„Die Klasse 3a sammelte 165 kg Eicheln und 40 kg Kastanien. Die Klasse 3b sammelte 50 kg Eicheln weniger als die Klasse 3a und doppelt so viele Kastanien wie die Klasse 3a. Wie viele Kilogramm Eicheln und wie viele Kilogramm Kastanien sammelte die Klasse 3b?"

Ähnliches gilt für folgende Aufgabe:

Beispiel:

(2. Klasse, Lehrplaninhalt: Sachrechnen, nach Wolf, 1986, S. 44)

Ebenfalls im Schulbuch der ehemaligen DDR steht folgende Aufgabe, die für Kinder der westlichen Bundesländer nicht verständlich sein dürfte:
„In diesem Jahr konnte ein Betrieb 34 Urlaubsplätze im Winter und 37 im Sommer vergeben. 53 Urlaubsplätze sind an der See, die übrigen im Gebirge. Wie viele Urlauber konnten ins Gebirge fahren?"

Zur Darstellung des aktuellen Lebensbezugs gehört auch eine realistische Darstellung der Frau. Es stimmt eben nicht, wenn das Buch den Eindruck erweckt, dass Frauen nur im häuslichen Bereich oder nur in gering qualifizierten Berufen auftreten, dass Mädchen weniger Sport treiben und passiver sind als Jungen. Schulbücher werden auch von den Kultusministerien hinsichtlich der Darstellung von Frauen einer genauen Analyse unterzogen, wie das folgende Beispiel zeigt.

Beispiel:

(1. bis 4. Klasse, nach Backes u. a., 1988, S. 341)

Die Gutachterinnen stellen u. a. fest, dass der Anteil der Frauen an den abgebildeten Personen 32,2 % gegenüber dem der Männer mit 67,8 % beträgt, dass nur 35,6 % aller im Text genannten erwachsenen Personen Frauen sind. Im Werk sind insgesamt nur 127 Mädchen gegenüber 210 mal Jungen aktiv, den Mädchen werden 49 verschiedene Aktivitäten zugeschrieben, den Jungen 60. Als Unternehmungen, die nur Jungen vorbehalten sind, werden genannt: wandern, zur Jagd gehen, ins Ferienlager fahren, in Jugendherberge fahren, Freunde einladen, durch die Stadt gehen, während nur bei zwei Unternehmungen Jungen nicht beteiligt sind, nämlich Ausflug machen und Karussell fahren. Als sportliche Aktivitäten, in denen Mädchen nicht dargestellt werden, werden genannt: Fußball spielen, rudern, weitspringen, Handball spielen, Tennis spielen und Federball spielen. Eine „weibliche Sportart", die Jungen nicht betreiben, kommt dagegen nicht vor.

Bei den Männern werden 23 verschiedene Berufe genannt, während Frauen nur 4 Berufe, nämlich Verkäuferin, Kassiererin, Bankangestellte und Packerin ausüben.

Damit kommen die Gutachterinnen zum Schluss, dass „alle vier Bände des untersuchten Schulbuchs" (dem Autor bekannt) „starke Rollenklischees aufweisen. Die Rolle der Frau wird eindeutig auf das traditionelle Rollenbild festgelegt und im Wesentlichen auf die Mutterrolle (hier als Konsumentin von Lebensmitteln und Haushaltwaren) fixiert. Wenn Frauen, was selten genug vorkommt, berufstätig sind, sind sie vorwiegend Verkäuferinnen bzw. Marktfrauen oder werden als ‚Fräulein' apostrophiert. Die private Lebenswelt von Kindern und Erwachsenen scheint auf das klassische Familienbild (Vater, Mutter, zwei Kinder) beschränkt zu sein. Alleinerziehende Elternteile, Wohngemeinschaften, ausländische Familien, Behinderte kommen nicht vor."

Zum aktuellen Lebensbezug gehört sicher auch, dass das Leben in der Stadt gleichberechtigt dem auf dem Land gegenübergestellt, wenn nicht gar bevorzugt wird. Häufig werden die Berufe des Bauern und des Handwerkers gegenüber anderen Berufen, etwa dem der Facharbeiter in der Industrie, bevorzugt.

2.2.4 Berücksichtigung didaktischer Prinzipien

Die Didaktik der Mathematik hat für den Mathematikunterricht in der Grundschule zahlreiche didaktische Prinzipien formuliert und begründet (siehe Kap. IV.). Es ist eine Selbstverständlichkeit, dass diese Prinzipien auch in den Schulbüchern berücksichtigt werden. Dies bezieht sich sowohl auf die allgemein-didaktischen Prinzipien, wie dem Prinzip der Schülerorientierung oder dem Integrationsprinzip, als vor allem auch auf die mathematikdidaktischen Prinzipien, die hier noch einmal angesprochen werden sollen.

Über das operatorische Prinzip wurde bereits im letzten Abschnitt gesprochen. Von ähnlicher Bedeutung ist aber auch das Aufbauprinzip. Dieses Prinzip legt induktives Vorgehen im Mathematikunterricht nahe, weil das Denken der Kinder vom speziellen Fall zur allgemeinen Erkenntnis verläuft. Nach diesem Prinzip wäre es nicht angebracht, die Behandlung eines Themas mit der allgemeinen Regel oder dem allgemeinen Satz zu beginnen und davon spezielle Erscheinungen abzuleiten. Vielmehr gelangt das Kind durch viele Einzelerkenntnisse erst allmählich zur Einsicht in den allgemeinen Sachverhalt.

Beispiel:

(3. Klasse, Lehrplaninhalt: Arithmetik – Subtraktion mehrere Zahlen)

Sollen von einem Minuenden mehrere Subtrahenden abgezogen werden, so gibt es dafür einen Algorithmus, bei dem die Subtrahenden addiert und dann sofort zum Minuenden ergänzt wird.

Dieses Verfahren ist so zunächst für die Schüler unverständlich. Im Unterricht werden daher – für die Schüler sofort verständlich – die Subtrahenden einzeln abgezogen. Eine Zwischenstufe besteht darin, die Subtrahenden zu addieren und dann vom Minuenden abzuziehen. Erst dann kann der endgültige Algorithmus verstanden werden.

Die Behandlung folgender Aufgabe sieht damit so aus:

In einem Tanklastzug sind 10 000 l Öl. Mehrere Familien bekommen Öl. Es werden nacheinander 2 317 l, 3 745 l, 1 588 l und 2 076 l geliefert. Wie viele Liter sind dann noch im Tanklastzug?

1. Rechenweg:

10 000 l	7 683 l	3 938 l	2 350 l
− 2 317 l	− 3 745 l	− 1 588 l	− 2 076 l
7 683 l	3 938 l	2 350 l	274 l

2. Rechenweg:

$$
\begin{array}{r}
2\,317\ \text{l} \\
+\ 3\,745\ \text{l} \\
+\ 1\,588\ \text{l} \\
+\ 2\,076\ \text{l} \\
\hline
9\,726\ \text{l}
\end{array}
\qquad
\begin{array}{r}
10\,000\ \text{l} \\
-\ 9\,726\ \text{l} \\
\hline
274\ \text{l}
\end{array}
$$

3. Rechenweg:

$$
\begin{array}{r}
10\,000\ \text{l} \\
-\ 2\,317\ \text{l} \\
-\ 3\,745\ \text{l} \\
-\ 1\,588\ \text{l} \\
-\ 2\,076\ \text{l} \\
\hline
274\ \text{l}
\end{array}
$$

Von ähnlicher Bedeutung ist das sog. dynamische Prinzip, das nahe legt die Behandlung eines mathematischen Inhalts mit einer Spielphase zu beginnen. Auch im Schulbuch sollten deshalb Spielvorschläge gegeben werden, die in der Klasse nachgespielt werden können. Dies können z.B. Würfelspiele sein, aber auch Rollenspiele, etwa zur Darstellung von Verkaufssituationen.

Auch das mathematische Variationsprinzip, nach dem alle möglichen Variablen eines mathematischen Inhalts variiert werden sollen, um diesen Sachverhalt umso besser zu erfassen, sollte im Schulbuch berücksichtigt werden. Dies bezieht sich insbesondere auf die verschiedenen Modelle, die die Mathematikdidaktik bereitgestellt hat.

Beispiel:

(1. Klasse, Lehrplaninhalt: Arithmetik – natürliche Zahlen)

Nach dem mathematischen Variationsprinzip ist es nicht zu empfehlen, in einem Lehrgang, also auch in einem Schulbuch, den Zahlbegriff nur über Eigenschaften von Mengen, also als Kardinalzahl, einzuführen. Vielmehr sollten auch die anderen Zahlaspekte

– als Ordinalzahl (nämlich z. B. durch Zählen, als Hausnummer, als Zahl auf dem Trikot der Fußballspieler usw.), als Maßzahl von Größen (bei Längen, Geld, Gewichten und Zeitspannen), als Operator (in der Bedeutung 3 mal, 4 mal usw.) – angesprochen werden und zur Geltung kommen.

Zum mathematischen Variationsprinzip gehört auch unbedingt eine Variation in der Aufgabenstellung in der Form des folgenden Beispiels.

Beispiel:

(1. Klasse, Lehrplaninhalt: Arithmetik – Addition)

In allen Schulbüchern der Grundschule sollten Aufgabenstellungen variiert werden:

$$12 + 5 = \boxed{}$$
$$12 + \boxed{} = 17$$
$$\boxed{} + 5 = 17$$

Auch das Prinzip der Variation der Veranschaulichung hat sich im Mathematikunterricht der Grundschule als tragend erwiesen und sollte im Schulbuch berücksichtigt werden. Beispiele dazu finden sich in Kap. IV. 3.7.

2.3   Methodische Kriterien

Bei der Beurteilung eines Schulbuchs werden methodische Kriterien schon immer mit besonderer Aufmerksamkeit beachtet, z. B. steht für Lehrer die Frage nach der Reichhaltigkeit und Qualität des Übungsmaterials im Vordergrund. Das ist sicher eine wichtige Frage, aber nicht die einzige, nach der ein Schulbuch beurteilt werden muss.

Die Übungsaufgaben sind wiederum nach den besprochenen didaktischen Kriterien zu beurteilen. Neben der Anzahl der Übungsaufgaben muss auch die Struktur beachtet werden.

Beispiel:

(4. Klasse, Lehrplaninhalt: Arithmetik – Multiplikation und Division, nach Hayen, S. 18).

Die folgende Aufgabe ist nach dem operativen Prinzip gestaltet, hebt also auch auf die Umkehraufgaben ab:

Bei Jürgens Modelleisenbahn sind die geraden Gleisstücke 22 cm lang. Wie lang ist eine Bahnstrecke aus 9 Gleisen? Wie rechnest du? Jürgen will eine Strecke von 198 cm Länge bauen. Wie viele Gleisstücke benötigt er dazu? Wie rechnest du? Bei Franks Modelleisenbahn ergeben 11 Gleise eine Länge von 198 cm. Wie lang sind seine Gleisstücke? Wie rechnest du?

Vielfach werden zu neueren Schulbuchwerken auch Arbeitshefte geliefert, in die der Schüler die Lösungen direkt eintragen kann. Das entbindet ihn von aufwendiger Abschreib- und Zeichenarbeit. Allerdings sollte der Lehrer auch darauf bestehen, dass die Kinder ein Mathematikheft führen und dort Übungsaufgaben aus dem Schulbuch eintragen und lösen. Die Aufgaben sollen auch so gestaltet sein, dass sie weitgehend selbstständig bearbeitet werden können. Dabei ist es sinnvoller, verschiedene Aufgaben aus dem gleichen Sachbereich zu wählen, als zu oft den Sachbereich zu wechseln.

Beispiel:

(3. Klasse, Lehrplaninhalt: Sachrechnen, nach Schmidt Bd. 3, S. 61).

Sachaufgaben zum Thema Multiplikation und Division werden am Beispiel der Geschwindigkeiten des Radfahrens, Mopedfahrens und Autofahrens zusammenhängend behandelt.
In Aufgabe 1 werden Geschwindigkeiten der drei Fahrzeuge an Tachometern abgelesen. In Aufgabe 2 werden Fahrstrecken auf Grund der abgelesenen Geschwindigkeit bestimmt. In Aufgabe 3 werden umgekehrt Fahrzeiten für bestimmte Strecken für Fahrrad, Moped und Auto berechnet. In Aufgabe 4 wird eine andere Geschwindigkeit als die vorhin abgelesene für einen anderen Mopedfahrer berechnet. In Aufgabe 5 ist gefragt, wie lange der Autofahrer, der Mopedfahrer und der Radfahrer für die Strecke von München nach Nürnberg brauchen würde. Auch die 6. Teilaufgabe ist eine konkrete Streckenberechnung. Die letzte Teilaufgabe lautet schließlich: „Der Radfahrer, der Mopedfahrer und der Autofahrer fahren gemeinsam um 8.00 Uhr in Nürnberg ab. Sie benützen die Landstraße nach Augsburg. Welche Strecke hat jeder bis 10.00 Uhr zurückgelegt? Wie groß ist ihr gegenseitiger Abstand um 10.00 Uhr?"

Fragen nach der methodischen Gestaltung des Schulbuchs müssen auch die Motivationsmöglichkeiten beachten. Die Motivation kann durch Zeichnungen und Abbildungen zu Beginn eines neuen Themas gegeben sein. So verwenden zahlreiche Schulbücher heute Fotos oder auch Comicfiguren. Man sollte sich aber bewusst sein, dass es sich dabei meist um eine extrinsische Motivation handelt. Besser sind auf jeden Fall intrinsische Motivationssituationen.

Beispiel:

(2. Klasse, Lehrplaninhalt: Relationen, nach Picker, 1980, S. 23).

Hierbei geht es um die Erarbeitung eines Pfeildiagramms, speziell um den Gegenpfeil (z. B. bei symmetrischen Beziehungen) und den Ringpfeil, der bei reflexiven Beziehungen erscheint. Ein Foto zeigt 3 Kinder, die mit Bällen spielen. 2 Kinder werfen sich einen Ball gegenseitig zu. Die Flugrichtung des Balls entspricht Pfeil und Rückkehrpfeil. Ein Kind wirft den Ball gegen die Wand und fängt ihn wieder auf. Es spielt mit sich selbst. Dies wird durch den Ringpfeil dargestellt.

Auch Differenzierungsmöglichkeiten sollte ein Schulbuch enthalten. Hierbei sind im Wesentlichen zwei Formen der inneren Differenzierung möglich, nämlich die quantitative und die qualitative (siehe Kap. VI. 4.3).
Die quantitative Differenzierung besteht darin, zusätzlich Übungsaufgaben der gleichen Schwierigkeitsstufe anzubieten, um Unterschiede in der Bearbeitungszeit bei verschiedenen Schülern auszugleichen. Dazu ist nur ein ausreichendes Aufgabenangebot erforderlich. Durch die quantitative Differenzierung werden den stärkeren (und schnelleren) Schülern Aufgaben mit erhöhtem Schwierigkeitsgrad geboten, die auch zum Probieren und Knobeln Anlass geben. Meist sind diese Aufgaben in den Schulbüchern durch besondere Kennzeichnungen, z. B. ein Stern oder eine Eule, markiert.
Besonderer Wert sollte auch auf die sprachliche Gestaltung eines Schulbuchs gelegt werden. Dazu gehört einerseits eine korrekte Formulierung des mathematischen Sachverhalts, andererseits aber auch eine kindgemäße Sprache. D. h. man sollte lange Nebensatzkonstruktionen und komplizierte Fremdworte vermeiden.

Beispiel:

(1. bis 4. Klasse, Lehrplaninhalt: Arithmetik).

Vokabeln wie Assoziativgesetz, Distributivgesetz usw. haben im Mathematikunterricht der Grundschule keinen Platz. Andererseits braucht man aber auch keine Hemmungen haben, die Operationszeichen richtig zu benennen. „Plus", „minus", „multiplizieren", „dividieren" usw. werden erfahrungsgemäß von den Kindern gern aufgenommen und in unkomplizierter Weise benutzt. Sprachliche Probleme im Mathematikunterricht sind meist nicht Probleme der Fachsprache, sondern der Satzkonstruktion und Grammatik, die oftmals gerade im Mathematikunterricht nicht kindgemäß sind.

Von großer Bedeutung ist auch die Übereinstimmung zwischen Arbeitsmaterial und Schulbuch. Am besten ist es, wenn im Schulbuch nicht nur das Arbeitsmaterial abgebildet ist, sondern wenn auch die Abbildungen ein Auflegen des Arbeitsmaterials gestatten. So ist es möglich, den Unterrichtsprozess durch das Schulbuch zu steuern und die Kinder zum selbstständigen Aus- und Anlegen zu bringen.

2.4 Formale Kriterien

Wichtig für die Einführung eines Schulbuchs oder eines ganzes Werkes sind natürlich auch äußere und formale Bedingungen.

Neben den fachlichen, didaktischen und methodischen Kriterien spielen formale Kriterien der Buchgestaltung keine unwesentliche Rolle.

Hier ist zunächst das Format zu beachten. Während früher die Bücher im sog. Schulbuchformat (16,5 cm x 23,5 cm) erschienen, wird heute das Format DIN A 4 bevorzugt. Sicherlich hat das große Format den Vorteil der besseren Lesbarkeit, der größeren Deutlichkeit und vor allem den, dass man das Buch als Unterlage für das Arbeitsmaterial benutzen kann. Allerdings muss man auch berücksichtigen, dass dadurch der Arbeitsplatz des Kindes auf dem Tisch wesentlich eingeengt wird. Wird gleichzeitig neben dem Schulbuch auch noch ein Arbeitsheft im großen Format und Arbeitsmaterial benutzt, so ist ein geordnetes Arbeiten auf dem Tisch kaum noch möglich. Wenn man sich als Lehrerin also für das große Format entscheidet, stellt dies sicher auch erhöhte Anforderungen an die konkrete Unterrichtsorganisation einer jeden Stunde.

Wichtig ist auch, ob zu dem Schulbuch ein Arbeitsheft geliefert wird, in dem die Kinder die Lösungen direkt eintragen können. Ein solches Arbeitsheft erspart langwieriges Eintragen und Einzeichnen der Aufgaben und damit sicher auch oftmals selbstgefertigte Arbeitsblätter. Es ist allerdings die Frage, ob dieses Arbeitsheft lehrmittelfrei genehmigt ist. Sonst kommen natürlich erhebliche zusätzliche Kosten auf die Eltern zu.

Natürlich muss man auch auf die Qualität des Schulbuchs achten, auf einen robusten Einband und auf gute Bindung. Denn das Buch soll ja immerhin einige Jahre benutzt werden. (Das Argument, aus hygienischen Gründen müsse jedes Jahr ein neues Schulbuch angeschafft werden, erscheint nicht stichhaltig, wenn die Bücher in ordentlicher Qualität vorliegen und von den Kindern auch ordentlich gehalten werden.)

Natürlich ist auch der Preis ein Entscheidungskriterium, allerdings sollte nicht allein davon abhängig gemacht werden, ob man ein Buch anschafft oder ablehnt.

Wichtiger ist dagegen die Gestaltung des Lehrerhandbuchs. Es sollte Aussagen und Anregungen zur Unterrichtspraxis enthalten, Differenzierungshilfen und Motivationsmöglichkeiten geben, eventuelle Hinweise auf zusätzliche Literatur und den Einsatz von Medien. Es sollte nach einem festen Schema gestaltet sein, damit die Lehrerin dieses Hilfsmittel schnell und sicher handhaben kann.

Beispiel:

(1. Klasse, Lehrerhandbuch, nach Lauter, 1982–86).

Das Lehrerhandbuch stellt zunächst die entsprechende Seite des Schulbuchs im Kleinformat dar, damit man sich schnell orientieren kann. Dann finden sich folgende Abschnitte:

– Ziele: Hier werden die Feinlernziele dieses Unterrichtsthemas angegeben.
– Methodisch-didaktische Hinweise: Damit werden die didaktischen Hintergründe sowie die im Buch benutzten methodischen Realisierungen genauer dargestellt und begründet.
– Arbeitsaufgaben: Es werden Sinn und Möglichkeiten der einzelnen Aufgaben, wie sie im Schulbuch aufgeführt sind, erläutert, gegebenenfalls mit Lösungen.
– Weiterführende Aufgaben: Hier werden weiterführende Aktivitäten zur Differenzierung oder Vertiefung angegeben.

Außerdem ist noch Platz für eigene Anmerkungen und Eintragungen vorgesehen.

3 Zusammenfassung

Zur konkreten Beurteilung von Schulbüchern ergibt sich nach den vorangegangenen Ausführungen folgender Kriterienkatalog:

Fachliche Kriterien:

– Sind alle im Lehrplan geforderten Inhalte ausreichend berücksichtigt und dargestellt?
– Werden die mathematischen Zeichen, Symbole und Begriffe fachlich richtig verwendet?
– Kommt es vor, dass Bezeichnungen für mathematische Begriffe wechseln?
– Ist eine korrekte Schreibweise eingehalten, z. B. Gleichungen untereinander?
– Ist das Verhältnis zwischen „reiner" und „angewandter" Mathematik (in der Grundschule z. B. konkretisiert durch Aufgaben zur Arithmetik und Sachaufgaben) ausgeglichen?
– Kommen die zugrunde liegenden mathematischen Strukturen und Gesetzmäßigkeiten implizit zum Ausdruck?
– Gibt es Querverbindungen zu anderen Fächern?

Didaktische Kriterien:

– Bietet das Buch ausreichend Situationen an, die ein analysierendes und begründendes Unterrichtsgespräch ermöglichen?
– Regt das Buch zum kreativen Weiterdenken an?
– Gibt das Buch Anregungen, Situationen aus der Umwelt und dem täglichen Leben unter mathematischen Gesichtspunkten zu sehen und aufzubereiten?
– Werden die mathematischen Grundtechniken des Klassifizierens, Ordnens, Generalisierens, Konkretisierens, Analogisierens und Formalisierens gepflegt?
– Sind die allgemeinen Ziele und die speziellen eines jeden Kapitels aufeinander bezogen?
– Ist das Buch an der jeweiligen Altersstufe orientiert?
– Gibt es konkrete Arbeitsmaterialien zu diesem Schulbuch?
– Ist das operative Prinzip berücksichtigt durch Arbeitsmaterial, reversible Aufgabenstellung usw.?
– Ist Übereinstimmung zwischen Arbeitsmaterial und Schulbuch gewährleistet?
– Wie ist die aktuelle Lebenswelt dargestellt?
– Ist die Rolle der Frau im Schulbuch realistisch und ausgeglichen dargestellt?
– Welche allgemeinen didaktischen Prinzipien sind im Schulbuch realisiert, z.B. das Prinzip der Schülerorientierung oder das Integrationsprinzip?
– Wie sind die mathematik-didaktischen Prinzipien, z.B. das Aufbauprinzip, das dynamische Prinzip, das mathematische Variationsprinzip oder das Prinzip der Variation der Veranschaulichung realisiert?

Methodische Kriterien:

– Ist das Übungsmaterial reichhaltig, abwechslungsreich und offen gestaltet?
– Sind die Aufgaben wenigstens teilweise in zusammengehörenden Sachbereichen gestellt?
– Sind die Aufgaben so gestaltet, dass sie weitgehend selbstständig bearbeitet werden können?
– Sind ausreichend motivierende, vor allem intrinsisch motivierende Situationen vorgestellt?
– Gibt es Differenzierungsmöglichkeiten zur quantitativen und vor allem qualitativen Differenzierung?
– Ist die mathematische Fachsprache zurückhaltend, aber korrekt benutzt?
– Wird im Schulbuch Wert auf eine kindgemäße sprachliche Gestaltung gelegt?

Formale Kriterien:

- Entspricht das Format den Vorstellungen des beabsichtigten Unterrichts?
- Gibt es zum Schulbuch ein Arbeitsheft?
- Kann der Preis akzeptiert werden?
- Wie ist das Lehrerhandbuch gestaltet?

Mit der Beantwortung dieser Fragen sollte man sich aber nicht begnügen. Vielmehr wird empfohlen, an zwei oder drei eng umgrenzten Themenbereichen eine vergleichende Mikroanalyse zwischen einzelnen Schulbüchern durchzuführen. Dabei sollten insbesondere Fragen des verwendeten didaktischen Modells beantwortet werden. Die vergleichende Analyse kann für das ganze Buch nicht geleistet werden, aber für die genannten zwei oder drei Themen ist dies eine nützliche Aufgabe, die in Kleingruppen von Kollegen durchgeführt wird.

XV. Literaturverzeichnis

Aebli, Hans: Das operative Prinzip, 1985/11, Mathematiklehren

Aebli, Hans: Grundformen des Lernens, Stuttgart, 1978, Klett

Athen, Hermann, Bruhn, J.: Lexikon der Schulmathematik, Köln, 1976/77, Aulis Deubner

Ausubel, D. P.: Some psychological and educational limitations of learning by discovery, 1964, The Arithmetic Teacher

Backes, Adelheid u. a.: Mädchen und Frauen in Büchern der Grundschule – Gutachten der Kommission „Rollenklischees in Schulbüchern", Saarbrücken, 1988, Leitstelle zur Durchsetzung der Gleichberechtigung der Frauen – Der Minister für Kultus, Bildung und Wissenschaft des Saarlandes

Barth, Sabine: Vorbereitung der Zehnerüberschreitung, 1986/3, Mathematische Unterrichtspraxis

Bauer, Gabriele, Lukarsch, S.: Eindringen in einen neuen Zahlenraum, 1989/4, Mathematische Unterrichtspraxis

Bauersfeld, Heinrich: Subjektive Erfahrungsbereiche als Grundlage einer Interaktionstheorie des Mathematiklernens und -lehrens, in: Lernen und Lehren von Mathematik, IDM Bd. 6, Köln, 1983, Aulis Verlag Deubner

Bauersfeld, Heinrich: Einige Bemerkungen zum Frankfurter Projekt, in: Materialien zum Mathematikunterricht in der Grundschule, Frankfurt a.M., 1972, Arbeitskreis Grundschule e. V.

Bauersfeld, Heinrich u. a.: alef – Wege zur Mathematik, Hannover, 1971, Schroedel

Becker, Georg E.: Planung von Unterricht, Weinheim, 1989, Beltz

Becker, Georg E.: Auswertung und Beurteilung von Unterricht, Weinheim, 1988, Beltz

Bender, Peter: Zum mathematischen Alltagswissen unserer Kinder, 1985/2, Mathematische Unterrichtspraxis

Besuden, Heinrich: Handbuch mit Handlungsanweisungen für die Verwendung von Arbeitsmitteln im Anfangs-Mathematikunterricht, Osnabrück, 1989, H. Th. Wenner

Bloom, Benjamin: Taxonomie von Lernzielen im kognitiven Bereich, Weinheim, 1972, Beltz

Blum, Herbert: Tägliches Kopfrechnen – ein lustbetontes Spiel, 1984/2, Mathematische Unterrichtspraxis

Bong, Uwe: Beurteilung mündlicher Leistungen im Mathematikunterricht, in Beiträge zum Mathematikunterricht, Bad Salzdetfurth, 1983, Franzbecker

Borgards, Wilhelm: Methodische Behandlung der Rechenschwäche, Berlin, 1973, Carl Marhold Verlagsbuchhandlung

Bracht, Wilfried, Pietschner, H.: Bildaufgaben für Mathematik 3., Offenburg, 1980, Karl Mildenberger

Brand, Gisela: Sachaufgaben aus dem Bereich „Welt der Arbeit", 1982/3, Mathematische Unterrichtspraxis

Bredenkamp, Karin, Weinert, F. E.: Lernprozesse, Studienbrief 2 – Fernstudienlehrgang Erziehungswissenschaft, Tübingen, 1976, Deutsches Institut für Fernstudien

Bremer, Uta, Dahlke E.: Schwierigkeiten im Prozess des Lösens von Sachaufgaben, in: Vollrath: Sachrechnen, Stuttgart, 1980, Ernst Klett Verlag

Brenner, Anton, Gunzenhäuser R.: Computer und Informatik in der Schule, Stuttgart, 1987, Ernst Klett Verlag

Brenner, Anton: Schwierigkeiten mit dem kleinen Einmaleins – Bericht über Erfahrungen mit Grundschülern zu Beginn des 3. Schuljahrs, 1980/3, Mathematische Unterrichtspraxis

Bromme, Rainer, Hömberg, E.: Die andere Hälfte des Arbeitstages – Interviews mit Mathematiklehrern über alltägliche Unterrichtsvorbereitung, Bielefeld, 1981, Institut für Didaktik der Mathematik

Bruner, Jerome S.: Der Prozess der Erziehung, Berlin, 1972, Berlin Verlag

Bruner, Jerome S. u. a.: Studien zur kognitiven Entwicklung, Stuttgart, 1971, Klett

Buhl, Christa: Das Rechenlotto einmal anders, 1987/1, Mathematische Unterrichtspraxis

Dichanz, Horst, Kolb, G.: Mediendidaktik – Entwicklung und Tendenzen, in: Dichanz: Medien im Unterrichtsprozess, München, 1974, Juventa Verlag

Dicker, Heinz: Leistungsbeurteilung in Mathematik, Frankfurt a.M., 1979, Peter Lang

Dienes, Zoltan P.: Methodik der modernen Mathematik, 1970, Herder

Dienes, Zoltan P.: Aufbau der Mathematik, Freiburg, 1969, Herder

Dienes, Zoltan P., Golding E. W.: Mathematisches Denken und logische Spiele, Freiburg, 1968, Herder

Dohse, W.: Das Schulzeugnis, Weinheim, 1967, Beltz

Dollase, R.: Das Prinzip der Situationsbezogenheit, in: Wöhler: Didaktische Prinzipien, München, 1979, Ehrenwirth

Döring, Klaus Wolf: Lehr- und Lernmittel, Weinheim, 1969, Beltz

Eberlein, Birgit: Freie Arbeit im Mathematikunterricht der Grundschule, 1989/4, Mathematische Unterrichtspraxis

Epping, Jürgen: Rechnen mit der Hundertertafel, in: Floer/Haarmann: Mathematik für Kinder, 1982, Arbeitskreis Grundschule e. V.

Feiks, Dietger: Zur Didaktik und Methodik mathematischer Lernspiele, 1986/1, Mathematische Unterrichtspraxis

Feiks, Dietger, Seibold, G., Seibold, W.: Stundenblätter Mathematik 1. Schuljahr, Stuttgart, 1984, Ernst Klett Verlag

Feil, Sophie, Lauter, J.: Mathematik 4, Bilinguale Materialien für den Mathematikunterricht mit Ausländerkindern, Grünwald, 1985, Institut für Film und Bild

Feil, Sophie: Mathematik 3, Bilinguale Materialien für den Mathematikunterricht mit Ausländerkindern, Grünwald, 1984, Institut für Film und Bild

Feller, Gisela: Diagnose und Analyse von Mathematikleistungen in der Primarstufe, Frankfurt a.M., 1983, Peter Lang

Floer, Jürgen: Arithmetik für Kinder, Frankfurt a. M., 1985, Arbeitskreis Grundschule

Floer, Jürgen: Zur Komplexität arithmetischer Lernprozesse, in: Lorenz: Lernschwierigkeiten: Forschung und Praxis IDM 10, Köln, 1984, Aulis Verlag Deubner

Floer, Jürgen, Haarmann, F.: Mathematik für Kinder, Weinheim, 1982, Beltz

Fraedrich, Anna Maria: Das „Spiegeltanzspiel" – Ein Unterrichtsbeispiel zum Thema „Achsensymmetrie", 1987/2, Mathematische Unterrichtspraxis

Franke, Peter: Unterricht planen – Unterricht vorbereiten, Donauwörth, 1977, Auer

Fricke, Arnold, Besuden, H.: Mathematik in der Grundschule, Band 3, Arbeitsheft G, Teil 1, Stuttgart, 1978, Klett

Fricke, Arnold: Operative Zahlerfassung, in: Piaget u. a., Rechenunterricht und Zahlbegriff, Braunschweig, 1970, Westermann

Fricke, Arnold: Operative Lernprinzipien im Mathematikunterricht der Grundschule, in: Fricke/Besuden: Mathematik, Elemente einer Didaktik, Stuttgart, 1970, Klett

Fricke, Arnold, Besuden, H.: Mathematik, Elemente einer Didaktik, Stuttgart, 1970, Klett

Gagné, Robert M.: Die Bedingungen des menschlichen Lernens, Hannover, 1973, Hermann Schroedel Verlag

Geisreiter, Ernst: Die Arbeitsprojektion im Unterricht, in: Schnitzer: Medien im Unterricht, München, 1977, Ehrenwirth

Gerster, Hans-Dieter: Schülerfehler bei schriftlichen Rechenverfahren, Freiburg, 1982, Herder

Glatfeld, Martin (Hrsg.): Das Schulbuch im Mathematikunterricht, 1981, Vieweg

Glück, Gerhard: Rechenleistung und Rechenfehler, Tübingen, 1971, Dissertation

Gnirk, Hajo, Homann, G./Lubeseder, U.: Strategiespiele für die Grundschule, Hannover, 1970, Hermann Schroedel Verlag

Gösele, Renate: Fehler und Fehlerursachen beim Rechnen mit der Größe Zeit im Mathematikunterricht der Grundschule, unveröffentlichte Zulassungsarbeit, Schwäbisch Gmünd, 1981

Grass, Karl, Hole, Werner: 1x1 der Mathematik, 1.–4. Schuljahr, 1974, Körber und Fetzer

Griesel, Heinz: Die Neue Mathematik für Lehrer und Studenten, Hannover, 1971, Schroedel

Grissemann, Hans: Lernbehinderung heute, Bern, 1989, Verlag Hans Huber

Hagmüller, Peter: Einführung in die Unterrichtsvorbereitung, Düsseldorf, 1983, Verlag Schwann-Bagel

Haller, H. D.: Differenzierung als Problem und Aufgabe der Unterrichtsorganisation, 1970/2, Die Deutsche Schule

Hammermüller, Siegfried, u. a.: Mathematik, Lehrbuch für die Klasse 3, Berlin, 1987, Volk und Wissen

Hanisch, Günter: Förderung latenter Leistungsdimensionen – ein empirischer Nachweis, in: Beiträge zum Mathematikunterricht, Bad Salzdetfurth, 1989, Franzbecker

Harsch, Marita, Kammerer, D., Lauter, J.: Zahlerfassung bei geistig behinderten Kindern, 1983, Zeitschrift für Heilpädagogik

Haussmann, Kristina: Taktile Erfahrungen im Geometrieunterricht der Grundschule, 1985/1, Mathematische Unterrichtspraxis

Hayen, Jürgen, u. a.: Gamma 5, 1979, Ernst Klett Verlag

Heckhausen, H.: in: Weinert u. a.: Funkkolleg Pädagogische Psychologie, 1974, Fischer

Hefendehl-Hebeker, Lisa: Ein Bühnenstück zu einem mathematischen Märchen: Als die Null in das Zahlenreich kam, 1985/3, Mathematische Unterrichtspraxis

Hole, Volker: Motivation im Mathematikunterricht in der Grundschule, in: Lauter: Der Mathematikunterricht in der Grundschule, Donauwörth, 1978, Auer

Hole, Volker: Erfolgreicher Mathematikunterricht, 1973, Herder

Homagk, Fritz, Keune, D.: Von der Handlung zur Symbolisierung – Steckwürfel im Mathematikunterricht ..., 1989, Mathematische Unterrichtspraxis

Hopf, Diether: Unterrichtsorganisation und Differenzierung, Tübingen, 1976, Deutsches Institut für Fernstudien

Huss, Tatjana: Akustische Darstellung von Zahlen, 1990/3, Mathematische Unterrichtspraxis

Ingenkamp, Karlheinz: Beurteilen und Beraten in der Schule, Fernstudienlehrgang Erziehungswissenschaft, Tübingen, 1976, Deutsches Institut für Fernstudien

Keller, Monika: Spiel und kognitives Lernen, ein Widerspruch? In: Daublebsky, Spielen in der Schule, Stuttgart, 1983, Ernst Klett

Kikowatz, Monika: Zur Problematik der Beurteilung von Klassenarbeiten, 1982/4, Mathematische Unterrichtspraxis

Klöckener, Josef: Schreibrichtungsinversion beim Schreiben zweistelliger Zahlen, 1990/3, Mathematische Unterrichtspraxis

Klöckener, Josef: Der Einmaleinsführerschein, 1989/3, Mathematische Unterrichtspraxis

Kluge, Norbert: Spielpädagogik, Bad Heilbrunn, 1980, Verlag Julius Klinkhardt

Koblischke, Barbara: Fehler bei der schriftlichen Division, 1983/3, Mathematische Unterrichtspraxis

Kopka, Horst, Portmann, R.: Mathematische Sachzusammenhänge 4, Stufentests, Weinheim, 1976, Beltz

Krampe, Jörg, Mittelmann, R.: Spielen im Mathematikunterricht, Heinsberg, 1987, Agentur Dieck

Krampe, Jörg, Mittelmann, R.: Rechenspiele für die Klasse 3/4 – Ergänzungslieferung, Donauwörth, 1985, Auer

Krampe, Jörg, Mittelmann, R.: Rechenspiele für die Klasse 3/4, Donauwörth, 1983, Auer

Krampe, Jörg, Mittelmann, R.,Kern, B.: Rechenspiele für die Klasse 1/2, Donauwörth, 1983, Auer

Krampe, Jörg, Mittelmann, R.: Schülergerechter Mathematikunterricht in den Klassen 3/4, Donauwörth, 1983, Auer

Krauthausen, Günter, Herrmann, V.: Computer im Mathematikunterricht der Grundschule, 1991/1, Mathematische Unterrichtspraxis

Krüger, Kurt, Hylla E., Bargmann, R.: Zahlenrechnen ZR 4, Weinheim, 1965, Beltz

Lauter, Josef: Methodik der Grundschulmathematik, Donauwörth, 1989, Auer

Lauter, Josef: Zahl und Form, Ausgabe Baden-Württemberg/Bayern, 1982–86, Auer

Lauter, Josef: Behandlung der Ordnungszahlen im 1. Schuljahr, 1981/1, Mathematische Unterrichtspraxis

Lauter, Josef: Der Mathematikunterricht in der Grundschule, Donauwörth, 1978, Auer

Lauter, Josef: Kriterien zur Arbeit mit dem Lehrbuch im Mathematikunterricht der Grundschule, 1971, Die Schulwarte

Leutenbauer, Helmut: Das praktische Übungsbuch für den Mathematikunterricht in der Grundschule, Donauwörth, 1980, Auer

Lorenz, Holger: Teilleistungsschwächen, in Lernschwierigkeiten: Forschung und Praxis, IDM Band 10, Köln, 1984, Aulis Verlag Deubner

Loser, F.: Die Übung im Unterricht und ihr Beitrag für eine pädagogische Theorie des Lehrens und Lernens, 1968/2, Zeitschrift für Pädagogik

Lörcher, Gustav A.: Lernhindernisse im Mathematikunterricht der Grundschule, in Lorenz: in Lernschwierigkeiten: Forschung und Praxis, IDM Band 10, 1984, Aulis Verlag Deubner

Lörcher, Gustav A.: Mathematische Grundbegriffe, Lexikon für die Schulpraxis mit ausländischen Kindern, Stuttgart, 1981, Neckar-Verlag

Löthe, H.: Rechnereinsatz in Grundschule und Sekundarstufe I, 1984, Oldenbourg-Verlag, Lehrer Journal

Mager, R. F.: Lernziele und programmierter Unterricht, Weinheim, 1965, Beltz

Maras, Rainer: Unterrichtsgestaltung in der Grundschule, Donauwörth, 1985, Auer

Meißner, Hartwig: Strategien beim Taschenrechner-Spiel: Zielwerfen, 1986, in: Beiträge zum Mathematikunterricht 1986

Menzel, Klaus, Thode, R., Plieninger, M.: Computer – Werkzeug für alle Lehrer, Stuttgart, 1990, J. B. Metzler

Mietzel, Gerd: Kombinierter Schultest, Braunschweig, 1974, Westermann

Ministerium für Kultus und Sport Baden-Württemberg: Stütz- und Förderunterricht an Grundschulen, 1984

Ministerium für Kultus und Sport Baden-Württemberg: Lehrplan Grundschule, 1983

Ministerium für Kultus und Sport Baden-Württemberg, Verordnung über die Schülerbeurteilung in Grundschulen und Sonderschulen vom 29.11.1983

Ministerium für Kultus und Sport Baden-Württemberg, Verordnung über die Notenbildung vom 5. Mai 1983

Mittelmann, Rolf, Krampe, J.: Bewertung von Klassenarbeiten, 1987/3, Mathematische Unterrichtspraxis

Möller, Christine: Technik der Lernplanung, Weinheim, 1973, Beltz

Müller, Gerhard N.: Ein ganzheitlicher Zugang zum Einmaleins, Bad Salzdetfurth, 1989, Franzbecker, in: Beiträge zum Mathematikunterricht

Müller, Gerhard, Wittmann, E. Ch.: Der Mathematikunterricht in der Primarstufe, Braunschweig, 1984, Vieweg

Nestle, Fritz: Alternativen im Mathematikunterricht: Ziele, Medien, Methoden, München, 1986, Lexika-Verlag

Odenbach, Karl: Die Übung im Unterricht, Braunschweig, 1974, Westermann

Ottmann, Anton: Probleme im Mathematikunterricht bei Ausländerkindern, 1982/1, Mathematische Unterrichtspraxis

Ottmann, Anton, u. a.: Wir fördern mathematisches Denken bei Kindern mit Sprachschwierigkeiten, Hamburg, 1980

Öttle, Christine: Typen und Akzeptanz von Übungsspielen, 1987/3, Mathematische Unterrichtspraxis

Paulitsch, Annelies: Wie die Zahlen Mathematik machen, Köln, 1986, Aulis

Petersen, Karin: Probleme mit der Größe Gewicht, 1987/4, Mathematische Unterrichtspraxis

Peterßen, Wilhelm H.: Handbuch Unterrichtsplanung, München, 1982, Ehrenwirth

Piaget, Jean: Rechenunterricht und Zahlbegriff, Braunschweig, 1970, Westermann

Piaget, Jean, Szeminska A.: Die Entwicklung des Zahlbegriffs beim Kind, Stuttgart, 1969, Klett

Picker, B.: Mathematik Grundschule NEU Band 2, 1980, Schwann

Potschka, Hermann: Die mathematische Übung in ihrer didaktischen Struktur, 1978, Westerm. Päd. Beiträge

Radatz, Hendrik: Was können sich Schüler unter Rechenoperationen vorstellen?, 1990/1, Mathematische Unterrichtspraxis

Radatz, Hendrik: Schwierigkeiten bei der Anwendung arithmetischen Wissens am Beispiel des Sachrechnens, in: Lorenz: Lernschwierigkeiten: Forschung und Praxis IDM 10, 1984, Aulis Verlag Deubner

Radatz, Hendrik, Schipper, W.: Handbuch für den Mathematikunterricht an Grundschulen, Hannover, 1983, Schroedel

Radatz, Hendrik: Fehleranalysen im Mathematikunterricht, Braunschweig, 1980, Vieweg

Rommel, Ulrich P.: Struktureller Tafelanschrieb im Mathematikunterricht, 1980/1, Mathematische Unterrichtspraxis

Schiestl, Peter: Kopfrechnen – Auf der Suche nach geeigneten Spielformen, 1988/3, Mathematische Unterrichtspraxis

Schif, Beate: Hängt die Fähigkeit des Lösens von Sachaufgaben von der Formulierung ab?, 1987/1, Mathematische Unterrichtspraxis

Schiffler, Horst: Spielformen als Lernhilfe, Freiburg, 1982, Verlag Herder

Schiffler, Horst: Schule und Spielen, Ravensburg, 1976, Otto Maier Verlag

Schmidt, Roland: Mathematik, Denken und Rechnen 1–4, Braunschweig, 1976ff., Westermann

Schnitzer, Albert: Medien im Unterricht, München, 1977, Ehrenwirt Verlag

Schulz, Wolfgang: Unterricht – Analyse und Planung, in: Heimann, Otto, Schulz, W.: Unterricht, Analyse und Planung, Hannover, 1970, Hermann Schroedel Verlag

Skinner, Burrhus F.: Die Wissenschaft vom Lernen und die Kunst des Lehrens, in: Correll, Werner: Programmiertes Lernen und Lehrmaschinen, Braunschweig, 1965, Westermann

Stampe, Eckart: Repetitorium Fachdidaktik Mathematik, Bad Heilbrunn, 1984, Klinkhardt

Steinberg, Günter: Verwendungsmöglichkeiten für das Schulbuch, in: Glatfeld: Das Schulbuch im Mathematikunterricht, Braunschweig, 1981, Vieweg

Steiner, Gerhard: Mathematik als Denkerziehung, Stuttgart, 1973, Ernst Klett Verlag

Strunz, Kurt: Der neue Mathematikunterricht in pädagogisch-psychologischer Sicht, Heidelberg, 1971, Quelle und Meyer

Uhr, Hermann: Möglichkeiten der inneren Differenzierung im Mathematikunterricht der Grundschule, in: Lauter: Der Mathematikunterricht in der Grundschule, Donauwörth, 1978, Auer

Viet, Ursula: Leistungsdifferenzierung im Mathematikunterricht des 5. und 6. Schuljahrs, 1976, Schroedel, Beiträge zum Mathematikunterricht

Vortmann, Hermann, Schmid, H.: Die Übung im Mathematikunterricht der Grund- und Hauptschule, Ratingen, 1975, Henn

Weinschenk, Curt: Rechenstörungen, Bern, 1970, Verlag Hans Huber

Wilimski, Helmut: Schnecken kriechen … – Ein Unterrichtsbeispiel für die 3. Jahrgangsstufe, nicht nur für den Bereich der Längenmaße, 1987/1, Mathematische Unterrichtspraxis

Willand, Hartmut: Pädagogik der Lernbehinderten, München, 1983, Ehrenwirt

Wimmer, Gertrud: Mathematik für ausländische und deutsche Schüler, 1985/4, Mathematische Unterrichtspraxis

Winter, Heinrich: Didaktische und methodische Prinzipien, in: Mathematikunterricht zwischen Tradition und neuen Impulsen, IDM Nr. 7, Köln, 1984

Winter, Heinrich: Vorstellungen zur Entwicklung von Curricula für den Mathematikunterricht in der Gesamtschule, Ratingen, 1972, A. Henn Verlag, Beiträge zum Lernzielproblem

Wittmann, Erich, Müller, G.: Handbuch produktiver Rechenübungen, Stuttgart, 1990, Klett

Wittmann, Erich: Objekte – Operationen – Wirkungen: Das operative Prinzip in der Mathematikdidaktik, 1985, Mathematiklehren

Wittmann, Erich: Mathematisches Denken bei Vor- und Grundschulkindern, Braunschweig, 1982, Vieweg

Wittmann, Erich: Grundfragen des Mathematikunterrichts, Braunschweig, 1974, Vieweg

Zech, Friedrich: Grundkurs Mathematikdidaktik, Weinheim, 1977, Beltz

Zitterbart, Eduard: Das Text- und Sachrechnen in der Grundschule, in: Lauter: Der Mathematikunterricht in der Grundschule, Donauwörth, 1978, Auer

XVI. Sachregister